Literaturwissenschaft in Theorie und Praxis

Eine anglistisch-amerikanistische Einführung

Herausgegeben von Ralf Schneider

unter Mitwirkung von Christina Spittel

gn̲v Gunter Narr Verlag Tübingen

Bibliografische Information der Deutschen Bibliothek

Die Deutsche Bibliothek verzeichnet diese Publikation in der Deutschen Nationalbibliografie; detaillierte bibliografische Daten sind im Internet über <http://dnb.ddb.de> abrufbar.

© 2004 · Gunter Narr Verlag Tübingen
Dischingerweg 5 · D-72070 Tübingen

Internet: http://www.narr.de
E-Mail: info@narr.de

Druck: Gulde, Tübingen
Verarbeitung: Nädele, Nehren
Printed in Germany

ISSN 0941-8105
ISBN 3-8233-6023-X

Inhalt

Zu diesem Band

Die vorliegende Einführung in zentrale Theorieansätze der (anglistischen und amerikanistischen) Literaturwissenschaft und in deren Anwendung bei der Literaturanalyse und -interpretation geht auf mehrere Anlässe zurück. Der wichtigste Impuls war die Tatsache, daß es Studierenden der Literaturwissenschaft, wie man immer wieder aus ihren eigenen Reihen hört, an einer Orientierung in der Vielfalt der Theorien fehlt. Einen Überblick über die theoretischen Grundlagen des Faches verschafft sich manche/r Studierende erst bei der Vorbereitung auf das Examen – und damit viel zu spät. Da Studierende der Anglistik und/oder Amerikanistik auch in ihren anderen Studienfächern mit verschiedenen Theorien konfrontiert werden, wird diese Verunsicherung oft noch verstärkt. Die Beiträge dieses Bandes basieren auf einer Ringvorlesung, die wiederholt am Seminar für Englische Philologie der Universität Tübingen gehalten wurde, um diesen Mißständen entgegenzuwirken. Daß die Hörsäle bei diesen Gelegenheiten stets überdurchschnittlich gefüllt waren, bestätigte mehr als deutlich die Annahme, daß eine solche Einführungs- und Überblicksveranstaltung einen tatsächlichen Bedarf bedient. Bald wurde dann auch der Ruf nach der schriftlichen Verfügbarkeit dieser Orientierung laut.

Ein weiterer Impuls für diesen Band ging von den Lehrenden der Literaturwissenschaft selbst aus: Für die Darlegung theoretischer Positionen, die praktische Anwendung und die kritische Prüfung ihrer Plausibilität ist in den Sitzungen eines Seminars, das nicht vorrangig der Theorievermittlung gewidmet ist, oft viel zu wenig Zeit. Selbst wenn sich ein bestimmter Theorieansatz für ein Textkorpus, das im Seminar eingehender behandelt wird, besonders eignet, wird dann zwar in die grundlegenden Konzepte und Anwendungsmöglichkeiten dieses einen Ansatzes eingeführt, aber die Abgrenzung von oder auch Überschneidung mit anderen Theorien, Modellen und Methoden muß in den Hintergrund treten. Eine Einführung, die wichtige Theorieansätze der (anglistischen und amerikanistischen) Literaturwissenschaft praxisnah und im vergleichenden Überblick darstellt, war daher ebenso ein Wunsch der Lehrenden wie der Studierenden.

Die Literaturwissenschaft hat bekanntlich seit mehr als drei Jahrzehnten eine Fülle von Zugangsweisen zur Literatur und ihren Bezügen zu anderen kulturellen Phänomenen erarbeitet. Wir befinden uns heute in der Situation, aus der zeitlichen Distanz von einigen Dekaden kritisch beurteilen zu können, welche Theorieansätze (oder Teile derselben) sich in der Praxis literaturwissenschaftlichen Arbeitens bewährt haben – sei es in Seminarraum und Vorlesungssaal oder im Kontext der Forschung. Innovative Theorieansätze geben wichtige Denkanstöße für die Fortentwicklung der Literaturwissenschaft, etablieren sich oft aber, wenn überhaupt, erst mit erheblicher Verzögerung im täglichen 'Geschäft' der Interpretation,

Lehre und Forschung. Es besteht für Literaturwissenschaftler/innen immer eine
Spannung zwischen dem Anspruch, die Forschung durch theoretische Erneuerung
weiterentwickeln zu wollen, und der Notwendigkeit, in der Lehre die Studierenden
zunächst mit den grundlegenden theoretischen Fragestellungen und deren Anwendungen vertraut zu machen – zumal in den Lehrveranstaltungen des Grundstudi-
ums – und so erst die Ausgangslage für weitere Theoriefortschritte zu schaffen.
Die Praxis der Lehre formt daher so manchen theoretischen Anspruch der Forschung in Richtung auf das pragmatisch Machbare und didaktisch Sinnvolle um.

Die hier versammelten Beiträge stellen sich daher explizit *nicht* zur Aufgabe,
den allerneuesten Theorietrends nachzuspüren; es kann und soll auch nicht Anliegen dieses Bandes sein, 'missionarisch' für die Etablierung von noch in der Entwicklung begriffenen Theorieformationen einzutreten. Vielmehr soll es darum
gehen, wichtige Fragestellungen, Konzepte, Begriffe und Methoden der heute in
Anglistik und Amerikanistik (und nicht nur dort) gängigen literaturwissenschaftlichen Ansätze vorzustellen und im Hinblick auf ihre Anwendungsrelevanz kritisch
zu bewerten – wobei natürlich Ausblicke auf den aktuellen Diskussionsstand und
auf mögliche Weiterentwicklungen gegeben werden. Die Beiträge sind so strukturiert, daß der jeweils vorgestellte Ansatz in seiner Entwicklung referiert und, wo
sich dies anbietet, auch am konkreten Textbeispiel angewendet wird. Die Leser/
innen werden damit in die Lage versetzt, die Plausibilität von Theorieansätzen, die
Nachvollziehbarkeit ihrer Modellvorstellungen und die Durchführbarkeit und Er-
giebigkeit ihrer Verfahren zu testen. So soll diese Einführung nicht zuletzt dem
Eindruck der hermetischen Abgeschlossenheit und Unantastbarkeit entgegenwirken, den Darstellungen neuerer Literaturtheorien bisweilen vermitteln. Schon den
Vorträgen der Vorlesungsreihen war daran gelegen zu demonstrieren, daß Literaturtheorie nicht von der dogmatischen Verkündung von Wahrheiten, sondern vom
kritischen Einwand lebt, vom Versuch, Lesarten und die Wege dorthin verständlich zu machen und ihre Plausibilität zu diskutieren. Natürlich kann dieser Band
eine eigenständige Einarbeitung in die hier nur skizzierten Theorien allenfalls initiieren, keinesfalls aber ersetzen – schon weil es unmöglich ist, die Theorien im
Rahmen der vorgegebenen Platzbeschränkungen erschöpfend darzustellen. Wenn
aber die Beiträge den Leser und die Leserin zu einer weiteren, kritischen Auseinandersetzung mit den vorgestellten Theorieansätzen anregen und die Vielfalt der
Herangehensweisen an Literatur demonstrieren könnten, dann hätte dieses Projekt
seine wichtigsten Ziele erreicht. Zahlreiche Querverweise zwischen den Beiträgen
und der Index am Ende des Bandes sollen diese Auseinandersetzung erleichtern.

Abschließend seien all jene genannt, die an der Entstehung dieses Buches beteiligt waren. An erster Stelle danke ich den Kolleginnen und Kollegen des Seminars für Englische Philologie der Universität Tübingen sowohl für ihre Beteili-
gung an den Ringvorlesungen als auch für ihre Bereitschaft, Vortragsmanuskripte
erheblich zu überarbeiten, damit ein Einführungsbuch erstellt werden konnte, das
sich von einer Vorlesungsreihe doch erheblich unterscheiden soll und muß. Dan-

ken möchte ich auch den Tübinger Studierenden, die dieses Projekt mit ihrem ungebrochenen Interesse auf den Weg gebracht und in Gang gehalten haben. Herr Dr. Stephan Dietrich vom Gunter Narr Verlag hat sich für das Zustandekommen dieses Buches eingesetzt und seine Entstehung betreut. Ohne die akribische und unermüdliche redaktionelle Mitarbeit von Christina Spittel läge der Band jetzt nicht vor – sie sei an dieser Stelle noch einmal ausdrücklich dankend hervorgehoben. Ursula Schröter und vor allem Sigrid Handel haben in verschiedenen Phasen an der Erstellung der Druckvorlage gearbeitet. Mein herzlicher Dank gilt ihnen allen.

RS, Tübingen im August 2003

Ralf Schneider

Plädoyer für eine theoriegeleitete Literaturwissenschaft – Einleitung und Überblick

1. Einleitung

Viele Studierende der Literaturwissenschaften haben zu Beginn des Studiums das Gefühl, daß sie eigentlich keine Theorie brauchen, um ein Buch zu lesen und zu verstehen. Sie befürchten, daß ihre erste, subjektive und zumeist stark emotional ausgeprägte Reaktion auf einen literarischen Text durch ausgiebiges Theoretisieren und durch Versuche, ihre Interpretation zu objektivieren, zunichte gemacht wird. Exotisch anmutende Fachtermini und komplexe Denkmodelle schrecken zudem davon ab, sich mit einem Gegenstand abstrakt zu beschäftigen, der doch so einfach zugänglich zu sein scheint – Lesen können schließlich die meisten, und über Literatur reden kann jeder, der ein Buch gelesen hat. Literaturtheorien erscheinen da überflüssig, und Theorie wird als das Gegenteil von Praxis empfunden. Dieser einführende Beitrag setzt sich zum Ziel, vom Gegenteil überzeugen: Er versteht sich als Plädoyer für eine theoriegeleitete Literaturwissenschaft und will versuchen, plausibel zu machen, daß und wozu wir Literaturtheorie(n) in der literaturwissenschaftlichen Praxis brauchen.[1]

Diese Überzeugungsarbeit soll in drei Schritten geleistet werden. An erster Stelle steht eine grundsätzliche (und daher etwas ausführlichere) *wissenschaftstheoretische* Begründung. Darin wird gezeigt, was Wissenschaft im allgemeinen und Literaturwissenschaft im besonderen überhaupt leisten kann und will. Im Zuge dieser Überlegungen wird es notwendig sein zu prüfen, inwiefern allgemeine Kriterien für Wissenschaftlichkeit, die vorrangig im Kontext der Naturwissenschaften formuliert wurden, auch auf die Literaturwissenschaft angewandt werden können.[2] Die zweite Begründung, die ich *wissenschaftshistorisch* nennen möchte,

---

[1] Eine ähnliche Position wie die nachfolgend ausführlicher entwickelte vertritt auch Nünning (1998b) in seiner Einleitung zu einem Sammelband, der vergleichbar konzipiert ist wie der vorliegende, aber bei der Auswahl der vorgestellten Ansätze und der Strukturierung der Beiträge andere Schwerpunkte setzt (Nünning 1998a).

[2] Zur allgemeinen Wissenschaftstheorie siehe Stegmüller (1973 und 1983), Ströker (1973) und Luhmann (1990); die Stellung der Literaturwissenschaft diskutieren Bode (1992 und 1996), die Beiträge in den Bänden von Danneberg/Vollhardt (1992) und Griesheimer/Prinz (1991) sowie Eibl (1976 und 1992) und Fricke (1991). Vgl. auch die weiteren Titel zu wissenschaftstheoretischen und -geschichtlichen Fragen der Literaturwissenschaft in Abschnitt 1 der Bibliographie.

wird aufzeigen, daß und wie sich Wissenschaften entwickeln und verändern. Auch hier muß gefragt werden, ob sich die Literaturwissenschaft dabei so verhält wie andere Wissenschaften oder nicht. Gleichzeitig wird bei diesem Begründungsschritt ein erster Überblick über die in diesem Buch dargestellten Theorieansätze gegeben. Der dritte Schritt wird *methodische und didaktische* Fragestellungen knapp skizzieren. Es soll dabei der Wert literaturwissenschaftlicher Theorien sowohl für das Studium als auch für die Lehre der Literatur herausgestellt werden.

2. Wissenschaftstheoretische Argumentation: Erkenntnis, Wissenschaftlichkeit und Terminologie

Das wissenschaftstheoretische Argument stützt sich auf philosophische Überlegungen zu den Grenzen und Möglichkeiten dessen, was der Mensch überhaupt wissen und erkennen kann, also auf die Erkenntnistheorie, die mit dem Fachterminus als *Epistemologie* (von griechisch *episteme* = das Verstehen) bezeichnet wird. Wissenschaft, so denkt man allgemein, dient der Wahrheitsfindung: Sie soll durch möglichst ausgefeilte Betrachtungsmethoden der wahren Natur der Dinge auf den Grund gehen, und Aufgabe des Wissenschaftlers ist es, die gewonnenen Erkenntnisse für die Gesellschaft nutzbar zu machen. Nun ist es aber aus Sicht der Erkenntnistheorie, oder Epistemologie, keineswegs so, daß die wahre Natur der Dinge sich dem Betrachter unmittelbar erschließt und man nur hinsehen müßte, um sie zu entdecken. Unsere Fähigkeit, etwas Neues zu erkennen, ist paradoxerweise immer eingeschränkt durch das, was wir bereits wissen. Der Philosoph Karl Raimund Popper hat diesen Sachverhalt ausführlicher dargelegt, indem er zwei Modellvorstellungen vom Erkennen einander gegenübergestellt hat: das "Kübelmodell" und das "Scheinwerfermodell" der Erkenntnis.

Als Kübelmodell können wir die weit verbreitete – und stark vereinfachende – Vorstellung bezeichnen, die viele Menschen vom Wissen und Erkennen haben. Nach dieser Ansicht steht am Anfang des Erkenntnisprozesses die Wahrnehmung der Welt als "reine Erfahrungen", durch die wir Wissen erwerben. Der menschliche Geist dient dabei als Auffanggerät, eben wie ein Kübel, in dem nach und nach das Wissen über die Welt zusammengetragen wird und der zugleich über einen inneren Mechanismus zur Bearbeitung der Erfahrungen verfügt: "Die Wahrnehmungen sind sozusagen der Rohstoff, der dem Kübel von außen zugeführt wird und der in dem Kübel einer Art von (automatischer) Verarbeitung oder Verdauung unterworfen wird – einer Art von systematischer Klassifikation [...]." (Popper 1984 [1972]: 355) In der Geschichte der Philosophie nennt man solche Vorstellungen auch 'empiristisch', d.h. durch Beobachtung oder aus der Erfahrung gewonnen. Wissenschaft wäre diesem Verständnis von Erkennen nach nichts anderes als die fortschreitende Ansammlung des durch Erfahrung gewonnenen Wissens über die Welt. Der Wissenschaftler müßte dann jedoch ein Mensch sein, der mit einer besonderen Gabe oder mit besonderen Techniken des Erkennens ausgestattet ist.

Dieser Ansatz ist insofern problematisch, als er von einem eher passiven Erkenntnisakt ausgeht, bei dem sich die Natur der Dinge dem Menschen direkt mitteilt. Im Gegensatz zum Kübelmodell nimmt das Scheinwerfermodell an, daß Erkenntnis ein äußerst aktiver, selektiver und immer schon von Vorannahmen geleiteter Vorgang ist. Ein Beispiel kann illustrieren, warum *diese* Vorstellung von Erkenntnis als "Scheinwerfermodell" bezeichnet wird. Stellen wir uns vor, daß wir eine Versuchsperson in stockfinsterer Nacht in einen Wald schicken mit dem Auftrag, nach dem nächtlichen Waldspaziergang einen Bericht zu verfassen, in dem sie die Beschaffenheit des Waldes beschreiben soll. Die Person hat ein Hilfsmittel bei sich, nämlich eine Taschenlampe oder einen kleinen Scheinwerfer. Auf dem Weg durch den Wald wendet sie ihre Lichtquelle in alle Richtungen, um möglichst viel vom Bestand des Waldes zu erfassen. Am Ende stellt sie einen Bericht auf, in dem sie alles, was sie beobachtet hat, tatsachengetreu auflistet. Nähme man das Kübelmodell der Erkenntnis als Ausgangspunkt, könnte man nun sagen, daß unser Kandidat Beobachtungen angesammelt hat, die ihn dazu befähigen, das Wesen des Waldes zu beschreiben. Ehrlicherweise müßte er jedoch zugeben, daß er über alle Dinge, die nicht in den Lichtkegel seines Scheinwerfers gefallen sind, keine Auskunft geben kann; sie können in seinem Bericht gar nicht auftauchen. Ob es vielleicht andere Dinge gab und wie sie beschaffen waren, entzieht sich seiner (Er-) Kenntnis.

Die Wirklichkeit zu erkennen, und somit auch die Möglichkeiten und Grenzen der Wissenschaft – so lautet natürlich die Quintessenz aus diesem bodenständigen Beispiel und die Grundannahme des Scheinwerfermodells der Erkenntnis – hängen davon ab, welche Ausschnitte der Wirklichkeit überhaupt ins Blickfeld gelangen und wie dieses Blickfeld beschaffen ist. Die Metapher vom Scheinwerfer läßt sich nämlich folgendermaßen übersetzen: Die finstere Nacht ist der Zustand des Nichtwissens, der Moment der Fragestellungen. Der Wald ist der gewählte Untersuchungsgegenstand, und der Scheinwerfer steht für die Annahmen und Erwartungen des Fragenden bzw. Wissenschaftlers sowie für die Untersuchungsmethoden, die er aus diesen Annahmen und Erwartungen abgeleitet hat. Wie komplex der gesamte Untersuchungsgegenstand ist und wie er in seiner Gänze tatsächlich beschaffen ist, ist der Erkenntnis nicht unmittelbar zugänglich. Das Scheinwerferlicht der Fragestellungen und Methoden macht immer nur bestimmte Teile auf eine bestimmte Art überhaupt wahrnehmbar, und dies auch nur in dem Maße, wie die Art der Lichtquelle es erlaubt – mit einem Infrarotsichtgerät sieht man nachts im Wald schließlich ganz andere Dinge. Erkenntnis wird nach diesem Modell also nicht über passives Sammeln von Sinneseindrücken erworben, sondern über aktives und selektives Suchen nach Bestätigung bewußter oder unbewußter Vorannahmen.

Diese philosophische Position läßt sich mit einer Reihe von epistemologischen Ansätzen in Bezug setzen, die man als 'konstruktivistisch' bezeichnen kann. Der Konstruktivismus ist keineswegs eine Erfindung der neuesten Philosophie, er ist in jüngerer Zeit aber u.a. durch neurobiologische Erkenntnisse untermauert worden.[3] Auf der Basis biologischer Untersuchungen der Funktionsweise von Zellen und Zentralnervensystemen lebender Organismen sind zahlreiche Forscher zu dem Schluß gekommen, daß Organismen ihre Umwelt durch Wahrnehmung niemals unmittelbar abbilden, sondern sie vielmehr auf Anregung von Sinnesreizen erst konstruieren.[4] Ohne hier auf die biologischen Grundlagen (und die nicht unumstrittenen philosophischen und wissenschaftstheoretischen Konsequenzen) des Konstruktivismus in seinen diversen Spielarten einzugehen, kann zur Verdeutlichung festgehalten werden, daß neurobiologisch gesehen alle Sinneseindrücke in derselben elektrochemischen Weise als Reiz durch die Nervenzellen zum Gehirn gelangen – gleich, von welchem Sinnesorgan sie ausgehen. Die Nervenzelle unterscheidet nicht, ob sie einen Geruch, einen Geschmack, ein visuelles Bild oder die Empfindung von Wärme oder Kälte transportiert. Das, was wir als Sinneseindrücke von der 'Welt da draußen' wahrnehmen, sind demnach niemals unverarbeitete Abbildungen der Umwelt, sondern ihnen wird erst im Zentralnervensystem, und vorrangig im Gehirn, Sinn zugewiesen. Vergegenwärtigt man sich dann noch, daß von den Zellen im Gehirn nur 20% überhaupt für die Verarbeitung von Außenreizen zuständig sind und sich die restlichen 80% gewissermaßen mit sich selbst beschäftigen, dann wird abermals deutlich, wie sehr unsere Wahrnehmung der Welt von den Konstruktionstätigkeiten unseres Nervensystems abhängig ist. Der Konstruktivismus besagt jedoch nicht, daß sich jeder Mensch seine eigene, mit anderen völlig inkompatible Welt schafft, denn die 'biologische *hardware*' ist bei allen Menschen einigermaßen gleich, und wir entwickeln unsere Mechanismen der Sinnkonstruktion glücklicherweise in sozialen Kontexten und verständigen uns unaufhörlich mit anderen über die gemeinsam 'konstruierte' Wirklichkeit.

Diese Vorstellungen von Erfahrung und Erkenntnis haben Auswirkungen auf unser Verständnis von Wahrheit und damit auch auf unsere Erwartungen gegenüber Wissenschaft. Wir haben es nämlich mit einem Wahrheitsbegriff zu tun, der nicht mehr den Verweis auf die 'objektiv' vorhandene Welt als Argument nutzen kann, weil es dazu keinen unmittelbaren Zugang gibt. Daher werden in der Wissenschaftstheorie häufig folgende Kriterien als Grundanforderungen an die Güte wissenschaftlicher Theorien genannt: An erste Stelle steht die *Intersubjektivität*, also die Nachvollziehbarkeit von Aussagen durch potentiell jeden Menschen. Die

---

[3] Zur Einführung in eine Richtung des Konstruktivismus, die sich "Radikaler Konstruktivismus" nennt, vgl. Schmidt (1987) und von Glasersfeld (1992).

[4] Berühmtheit haben die chilenischen Forscher Humberto Maturana und Francisco Varela erlangt, deren Buch *Der Baum der Erkenntnis* (1987 [1984]) die biologischen Grundlagen der Erkenntnistheorie darlegt.

Intersubjektivität ersetzt das Kriterium der Objektivität, das ja, wie bereits angedeutet wurde, erkenntnistheoretisch bedenklich ist. Dann folgen *Falsifizierbarkeit*, *Widerspruchsfreiheit* und *Anwendbarkeit*. Diese Kriterien werden im folgenden näher erläutert, und es wird überprüft, inwiefern sie auch die Wissenschaftlichkeit der Literaturwissenschaft bestimmen.

Der erste Schritt des wissenschaftlichen Arbeitens besteht immer darin, sich der Vorannahmen über den jeweiligen Gegenstandsbereich bewußt zu werden und diese zu beschreiben; mit dem Fachterminus ausgedrückt: Man muß seine Vorannahmen *explizieren*. Im Alltagsleben ist es aus ganz pragmatischen Gründen notwendig, den Großteil der Vorannahmen über die Welt unbewußt oder implizit zu lassen. Denn wenn wir bei ganz banalen Konfrontationen mit der Umwelt immer erst bewußt unsere Erwartungen abwägen müßten, dann wären wir nicht überlebensfähig. Sind wir etwa eine Wegstrecke gegangen, haben wir zuvor eine ganze Reihe von Vorannahmen über unterschiedliche Untergründe aktiviert, z.B. die Erwartung, ob der Weg aus festem Boden besteht oder vielleicht aus Sumpf oder Treibsand. Diese Vorannahmen mögen unbewußt sein, aber erst sie ermöglichen uns überhaupt die Bewältigung einer solch trivialen Situation. Die impliziten Vorannahmen über die Welt hat Popper mit dem Begriff *Theorie* bezeichnet. Demzufolge kann er davon sprechen, daß jede Erfahrung immer schon "theoriegetränkt" ist. Wenngleich also jeder Kontakt mit der Welt schon von Theorie geleitet ist, kann sich die Wissenschaft, wenn sie Intersubjektivität erreichen will, nicht mit impliziten Hypothesen zufrieden geben. Deshalb beginnt Wissenschaft mit der Explikation von Hypothesen. Die Hypothesenexplikation ist die erste und grundlegendste Maßnahme, die nachvollziehbar macht, mit welchen Gegenständen und Fragestellungen man sich in seiner Wissenschaft überhaupt beschäftigt.

Übertragen wir die oben skizzierten erkenntnistheoretischen Grundpositionen auf die Literaturwissenschaft, dann müssen wir sagen, daß auch Literatur niemals theoriefrei, d.h. frei von Vorannahmen und Erwartungen, gelesen wird. Demnach müssen auch die Hypothesen, mit denen wir Texten begegnen, expliziert werden, wenn wir nicht nur subjektive Literaturkritik sondern Literatur*wissenschaft* betreiben, also "Aussagen von möglichst großer Prüfbarkeit und Reichweite" (Eibl 1992: 176f.) herstellen wollen. Wer behauptet, er ginge völlig unvorbelastet und ohne Theorie an einen Text heran, der sagt damit eigentlich nur aus, daß er sich seiner Vorannahmen nicht – noch nicht oder nicht mehr – bewußt ist. Da dieses Problem eng mit der methodisch-didaktischen Frage zusammenhängt, komme ich im dritten Begründungsschritt darauf zurück.

Die Naturwissenschaften versuchen, die Wissenschaftlichkeit ihrer Theorien zu gewährleisten, indem sie die einmal explizierten Hypothesen durch Untersuchungen und Tests am Gegenstand, also empirisch, überprüfen. Auf den ersten Blick erscheint es daher paradox, daß Popper als grundlegendes Kriterium für Wissenschaftlichkeit nicht die Verifizierbarkeit, sondern die *Falsifizierbarkeit* einer Theorie ansetzt. Es soll also nicht bewiesen werden, wie zutreffend die

Theorie ist, sondern an welchen Stellen sie *nicht* zutrifft. Erinnern wir uns aber daran, daß eine 'objektive Wirklichkeit' nicht als Vergleichsgrundlage für die Gültigkeit einer Theorie zur Verfügung steht, dann wird klar, daß Theorien nicht etwa Aussagen über die Wahrheit sind, sondern Gefüge von explizierten Hypothesen, und die erwartete Erklärungsleistung der Hypothesen muß bestätigt oder verworfen werden. Die Philosophin Elisabeth Ströker beschreibt dies so:

> Die Falsifizierbarkeit einer Theorie bedeutet mithin nicht einfach ihre Fehlerhaftigkeit, sondern ist vielmehr ein Anzeichen ihrer Realitätsbezogenheit: erst die Möglichkeit ihres Scheiterns an der Erfahrung bietet die Gewähr dafür, daß eine Theorie empirisch gehaltvoll ist. [Falsifikation] dient [...] der Auffindung und Erprobung von leistungsfähigeren Theorien und wird somit zum Vehikel des Erkenntnisfortschritts der Wissenschaft. (Ströker 1973: 77f.)

Nur wer die begrenzte Reichweite seiner eigenen Hypothesen anerkennt, wird diese Reichweite auch austesten und erweitern und damit seine Theorie – schon im Verlauf der Formulierung – verfeinern und verbessern können. Falsifizierbarkeit bedeutet also, den Grundstein für die Erweiterung des Gültigkeitsbereichs einer Aussage zu legen.[5]

Wir müssen jedoch feststellen, daß es Falsifizierbarkeit im strikten naturwissenschaftlichen Sinne in der Literaturwissenschaft nicht geben kann. Naturwissenschaftliche Theorien haben gewöhnlich Prognosekraft, d.h. die Naturwissenschaften versuchen, Gesetzmäßigkeiten der Natur zu erfassen. Sie müssen daher in ihren Theorien auch gesetzesartige Voraussagen aufstellen, indem sie prognostizieren, daß beim Zusammenwirken genau definierter Faktoren ein ganz bestimmtes Ergebnis zu erwarten ist, also etwa eine bestimmte Menge einer chemischen Substanz mit einer bestimmten Menge einer anderen Substanz unter genau festgelegten äußeren Bedingungen auf immer gleiche Weise reagiert. Im Test wird anschließend festgestellt, ob das vorhergesagte Ergebnis eingetreten ist. Eine Falsifikation ist daher immer dann leicht zu erbringen, wenn das prognostizierte Ergebnis nicht eintritt. Daß es in der Literaturwissenschaft aber nicht um die Feststellung naturgegebener Gesetzmäßigkeiten geht, dürfte unmittelbar einleuchten. Aussagen etwa über das Werk eines Autors und seine Verbindungen zum kulturellen Kontext seiner Zeit oder aber eine Interpretation eines einzelnen Textes sind spezielle Aussagesätze, die nur auf den jeweiligen Fall zutreffen und nicht ohne weiteres verallgemeinert werden können. Wenn man z.B. feststellt, daß sich in manchen postkolonialen Romanen in den Konstellationen der Figuren das

---

[5]   Einen solchen Prozeß, in dem zunächst Hypothesen von begrenzter Reichweite aufgestellt werden, die dann am Gegenstand überprüft und angepaßt werden, hat übrigens auch die philosophische Hermeneutik als wissenschaftliches Verfahren gefordert; namentlich Hans Georg Gadamer hat dies mit dem Bild des 'hermeneutischen Zirkels' besonders anschaulich beschrieben, wobei Gadamer aber von einem anderen Wahrheitsbegriff ausgeht als der Konstruktivismus; vgl. Gadamer (1972).

Verhältnis von ehemaliger Kolonie zur Kolonialmacht ausdrückt, oder daß der Verzicht auf 'allwissende' Erzählinstanzen im Roman des Modernismus das gesellschaftliche Klima der Unsicherheit und die zunehmende Konzentration auf die Subjektivität der Erfahrung zu Beginn des 20. Jahrhunderts spiegelt, erhebt man damit keineswegs den Anspruch, allgemeine Theoriesätze zu formulieren. Es handelt sich vielmehr um spezielle Aussagen, die Erklärungen für beobachtete Phänomene anbieten. Die festgestellten Rahmenbedingungen eignen sich nicht zur Prognose weiterer Ergebnisse, und solche Aussagen sind damit weder verifizierbar noch falsifizierbar. Steht Falsifizierbarkeit also offenbar gar nicht zur Debatte, so erlangt allerdings das Kriterium der Intersubjektivität um so größere Bedeutung: Wir können und wollen keine Naturgesetze der Literatur formulieren, sondern mit unseren Theorien Deutungen von literarischen Phänomenen hervorbringen, die von möglichst vielen Menschen nachvollzogen werden können. Daß dies nicht immer der Fall ist, sieht man daran, daß jede literaturwissenschaftliche Theorie und ihre Ergebnisse auch kritisiert werden können und kritisiert worden sind – die Beiträge in dem vorliegenden Band gehen daher auch auf Kritik an den von ihnen vorgestellten Ansätzen ein.

Um die Explikation und intersubjektive Überprüfbarkeit von Hypothesen gewährleisten zu können, verwendet die Wissenschaft Begriffe, Modelle und Methoden. Begriffe und Modelle garantieren die Widerspruchsfreiheit von Theorien, während Methoden, auf die wir erst im dritten Begründungsschritt zurückkommen, den Bereich der Anwendbarkeit von Theorien betreffen. Ein Begriff ist die konzeptuelle und sprachliche Fassung von Informationen über einen sichtbaren (oder auch nur gedanklichen) 'Gegenstand'. Begriffe erfassen Gegenstände unterschiedlichster Komplexität – 'Tasse' und 'Nagetier' sind ebenso Begriffe wie 'Liebe', 'Bruttosozialprodukt' oder 'Passatzirkulation' – und können zu anderen Begriffen in unterschiedlichen Verhältnissen stehen, etwa als Hierarchien – 'Tasse' kann 'Geschirr' untergeordnet werden, 'Geschirr' wiederum 'Hausrat' usw. Wissenschaftler, die ihre Annahmen über die Wirklichkeitsbereiche explizieren, mit denen sie sich beschäftigen, tun letztlich nichts anderes, als Begriffe für die zu beobachtenden (oder auch nur zu denkenden) Phänomene zu finden und diese Begriffe zueinander in regelhafte Beziehungen zu setzen. Theorien bestehen also aus Begriffssystemen oder Terminologien, in denen Begriffe auf geregelte, sinnvolle und strukturierte Weise miteinander verknüpft werden. An diesen Baustein wissenschaftlicher Theorien ist ein grundlegendes Kriterium für die Wissenschaftlichkeit von Theorieansätzen geknüpft: das Postulat der Widerspruchsfreiheit. Nur wenn die Begriffe eines Ansatzes eindeutig belegt sind, also nicht etwa ein Begriff zwei unterschiedliche Sachverhalte bezeichnet, und wenn die Begriffe so zueinander in Relation gebracht werden, daß keine internen Widersprüche entstehen, weiß jeder, der sich mit diesem Bereich beschäftigt, was mit welchem Begriff beschrieben wird. Wird dann die Wahl der Bezeichnung zudem noch intersubjektiv als dem Gegenstand angemessen empfunden, so erhöht sich zudem die Nachvollziehbarkeit. Eine widerspruchsfreie und plausible Terminologie trägt somit entscheidend zur Intersubjektivität einer Theorie bei.

Daß ein Begriff intersubjektiv gleichzeitig als widerspruchsfrei und angemessen für den zu beschreibenden Gegenstand oder Sachverhalt empfunden wird, ist allerdings schwieriger zu erreichen, als es zunächst den Anschein hat, denn das Ziel der terminologischen Präzision kann fast immer nur um den Preis erreicht werden, daß man bei der Allgemeinverständlichkeit Abstriche macht. Die Gruppe, für die intersubjektive Nachvollziehbarkeit gegeben ist, wird um so kleiner, je weiter sich die Begriffe vom Alltagsverständnis entfernen. Die reibungslose Verständigung funktioniert dann meistens nur noch unter den ausgebildeten Mitgliedern einer wissenschaftlichen Disziplin und erfordert die Festlegung und ständige Verfeinerung von Begriffen, die zunehmend nur noch dem Eingeweihten verständlich sind. Dies ist im übrigen keineswegs das Privileg der Wissenschaft: Sämtliche Berufsgruppen, seien es akademische, administrative, handwerkliche oder künstlerische, verfügen über ein definiertes Vokabular, das sich dem Laien zunächst nicht unmittelbar erschließt – man denke etwa an die Bezeichnungen, die ein Handwerker für seine Werkzeuge hat (z.B. verschiedene Arten von Sägen, die für den Laien einfach nur 'Sägen' sind) oder für die Materialien, mit denen er arbeitet. Während sich die Öffentlichkeit aber bei manchen wissenschaftlichen Disziplinen, insbesondere naturwissenschaftlichen wie etwa der Astrophysik oder der Nuklearmedizin, eher damit abfindet, als Laie nicht mitreden zu können, ist man im Falle der Literaturwissenschaft dazu offenbar weniger bereit. Das liegt natürlich daran, daß der zentrale Gegenstand der Literaturwissenschaft, die literarischen Texte, auch für jedermann im privaten Leben relevant sind, und daß das Reden über Bücher, die man gelesen hat, eine weit verbreitete Kulturpraxis ist. Der Germanist Harald Fricke hat in seiner sprachphilosophisch begründeten Studie zur Wissenschaftlichkeit der Literaturwissenschaft folgendes Dilemma festgestellt: "Die Sprache der Literaturwissenschaft darf [...] um ihrer breiten Verständlichkeit willen keine formale Sprache sein [also nicht etwa in mathematischen Formalismen ausgedrückt werden; R.S.]; sie muß aber in allen ihren Elementen den intersubjektiven Anforderungen einer wissenschaftlichen Explikation standhalten können." (Fricke 1991: 27) An anderer Stelle warnt Fricke allerdings vor der Annahme, die Literaturwissenschaft müsse nun für alle Bereiche der Welt neue Begriffe definieren:

> Eine Definition ist immer nur so gut wie ihre Verwendung im weiteren Argumentationszusammenhang. Gerade in einem so unübersichtlichen Fach wie der Literaturwissenschaft sollte man also niemals *mehr* definieren, als man zum einen wirklich *braucht* und zum anderen sachlich *einlösen* kann. Andernfalls vollzieht man nicht mehr als die bloße Gebärde wissenschaftlicher Exaktheit. (ebd.: 183; Hervorhebungen im Original)

Es muß demnach klar sein, daß Terminologie nicht ursprünglich dazu gedacht ist, Außenstehende zu beeindrucken, und sie darf auch kein Selbstzweck sein – wenngleich sich dieser Eindruck bei Studierenden wie Laien bisweilen einstellen mag. Die Auseinandersetzung mit den Termini des Faches, das man studiert, gehört zu den Grundanforderungen an ein erfolgreiches Studium. Wer eine Theorie verstehen will, muß ihre Begriffe kennen und mit ihnen umgehen können.[6]

Beschreibungen von Wirklichkeitsbereichen durch Begriffe werden in der Wissenschaft häufig in *Modellvorstellungen* zusammengefaßt.[7] Modelle bilden selektiv zentrale Aspekte eines komplexen Phänomens ab. Modelle sind hilfreich und notwendig, weil sie die Komplexität von ansonsten unüberschaubaren Wirklichkeitsausschnitten reduzieren. Viele 'Realitäten', mit denen sich die Wissenschaft beschäftigt, können überhaupt nur vereinfacht und modellhaft erfaßt werden, weil sie jenseits der Möglichkeiten der menschlichen Betrachtung liegen – man denke etwa an das Atommodell oder an Darstellungen der Gravitations- und Rotationsverhältnisse in Planetensystemen. Solche Wirklichkeitsbereiche sind entweder hochkomplex oder dem menschlichen Auge nicht zugänglich (oder beides), so daß die Modellvorstellung entscheidend dabei hilft, sich auf die in einem bestimmten Zusammenhang zentralen Aspekte der Fragestellung zu konzentrieren. Horst Franz Flaschka bezeichnet das Denken und Forschen mit Modellen als

Denken im zweiten Durchgang [...], nachdem zuvor das menschliche Erkenntnisvermögen durch komplizierte Bedingungen oder komplexe Gegebenheiten bis an die Grenze seiner intellektuellen Leistungsfähigkeit strapaziert worden ist. In der Reduzierung der Probleme auf ein überschaubares und für den menschlichen Verstand adäquates Maß liegt die elementare ökonomische Funktion für die Anwendung von Modellen. (Flaschka 1981: 6)

Die Modelle können dann durch weitere Forschung, also durch Verfeinerung der Fragestellungen und Untersuchungsmethoden, erweitert, modifiziert oder gar revidiert werden. Sie sind also selbst nicht nur Dokumentation von bestehenden Hypothesen, sondern dienen auch der weiteren Hypothesenaufstellung und haben damit einen heuristischen (d.h. die Untersuchung leitenden) Wert. Modelle bergen aber auch Probleme, weil sie eben nur bestimmte Ausschnitte der Wirklichkeit darstellen und dabei notwendigerweise andere ausblenden. Man spricht daher auch von *blind spots* in Modellen – was wieder an die optische Metapher anknüpft, daß

---

6 In der Bibliographie sind in Abschnitt 3 einige Nachschlagewerke aufgeführt, die eine Orientierung über literaturwissenschaftliche Begrifflichkeiten ermöglichen. Ein anspruchsvoller und kritischer Umgang mit literaturtheoretischer Terminologie läßt sich nur bewerkstelligen, wenn man solche Nachschlagewerke häufig konsultiert und auch Definitionen miteinander vergleicht, um sich Klarheit über Begriffsinhalte und Beziehungen zwischen Termini zu verschaffen. Es empfiehlt sich darüber hinaus die Benutzung eines Fremdwörterbuchs, das dabei hilft, die lateinische oder griechische Herkunft vieler Fachtermini zu klären.

7 Zur Art und Funktion von (literatur-)wissenschaftlichen Modellen vgl. Flaschka (1981), Stachowiak (1983) und Bonheim (1998).

Erkenntnis etwas damit zu tun hat, was wir überhaupt sehen können und wollen, mit anderen Worten: was unser Scheinwerfer (im Wald des Gegenstandes) sichtbar macht.[8]

Es ist also festzuhalten, daß auch die Literaturwissenschaft zur Explikation und Überprüfung ihrer Annahmen Begriffe und Modelle entwickelt hat, für die zumindest das Kriterium der Widerspruchsfreiheit gelten muß, wenn das Hauptziel dieser Wissenschaft, die intersubjektive Nachvollziehbarkeit der Aussagen, erreicht werden soll. Diese Begriffe und Modelle können unser Herangehen an Texte leiten, indem sie einen Rahmen für spezielle Fragestellungen vorgeben, also den Lichtkegel unseres Scheinwerfers auf bestimmte Teilbereiche des Literarischen ausrichten. Damit bergen sie aber ebenso das Problem der *blind spots* wie alle anderen wissenschaftlichen Modelle.

3. Wissenschaftshistorische Argumentation: Theorieentwicklung, Theoriekonjunktur und Theorienvielfalt

Die *wissenschaftshistorische* Argumentation ist mit der epistemologischen und wissenschaftstheoretischen eng verknüpft. Betrachtet man nämlich die Geschichte der Wissenschaften, dann wird deutlich, daß der heutige Stand der Wissenschaft nicht auf ein fortschreitendes Ansammeln von Beobachtungen im 'Kübel des menschlichen Wissens' zurückzuführen ist, sondern daß die Menschen vielmehr zu unterschiedlichen Zeitpunkten in der Geschichte unterschiedliche Fragestellungen und Erwartungen an die Phänomene dieser Welt gerichtet haben und somit zu unterschiedlichen Erkenntnissen gelangten. Der Wissenschaftshistoriker Thomas Kuhn hat in seinem einflußreichen Buch *Die Struktur wissenschaftlicher Revolutionen* (1976 [1962]) größere Entwicklungen in den Naturwissenschaften nachgezeichnet und zur Beschreibung solcher Entwicklungen den Begriff des 'Paradigmenwechsels' geprägt. Dieser Begriff ist häufig auch in der Literaturwissenschaft verwendet worden – allerdings mit zweifelhaftem Nutzen, wie nachfolgend gezeigt werden soll.

Laut Kuhn erreicht eine wissenschaftliche Disziplin den Status einer 'normalen Wissenschaft', d.h. sie wird tonangebend, wenn die Mehrzahl der Wissenschaftler ihre Forschungstätigkeit auf Grundlage derselben Hypothesen und Modelle ausübt und ihre Begriffe, Modelle und Methoden an die nachfolgende Generation vermittelt. Den Bestand an Kenntnissen, Überzeugungen und Verfahrens-

---

[8]   Es ist daher auch kein Zufall, daß das Wort Theorie sich vom griechischen *theorein* = "zuschauen", "betrachten" herleitet – der Mensch scheint darauf angewiesen zu sein, für wahr zu halten ("wahrzunehmen"), was er mit eigenen Augen sehen, oder allgemeiner, mit den Sinnen aufnehmen kann. Es verwundert nicht, daß die Sprache für Erkenntnisprozesse häufig Ausdrücke aus dem Bereich der Sinneseindrücke verwendet: etwas "einsehen", "durchschauen", "überblicken", "klar sehen", "erfassen", "begreifen" usw.; dies gilt übrigens nicht nur für die deutsche Sprache.

weisen, der den Mitgliedern dieser Gruppe gemeinsam ist, also den Kern ihres wissenschaftlichen Weltbildes ausmacht, bezeichnet Kuhn als 'Paradigma'. Durch die Lehre der paradigmatischen Theorien, Modelle und Methoden sichert das Paradigma seinen eigenen Fortbestand und ist daher im Prinzip resistent gegen Veränderung. Die Naturwissenschaften entwickeln sich laut Kuhn, indem neue Paradigmen alte ablösen, und zwar nicht nur partiell, sondern ganz grundlegend – Fortschritt der Wissenschaft ist dieser Erklärung zufolge nicht als *E*volution, sondern nur als *Re*volution zu bezeichnen. So kann z.B. der Übergang von der ptolemäischen zur kopernikanischen Astronomie, also vom geozentrischen zum heliozentrischen Weltbild, nicht als schrittweiser Erkenntniszuwachs, sondern nur als radikale Ersetzung alter durch neue Erklärungsansätze beschrieben werden; und nach der Entdeckung des Sauerstoffs Ende des 18. Jahrhunderts konnte die Chemie viele ihrer vorherigen Gesetze nicht aufrechterhalten – zu unterschiedlich waren jeweils die Modellvorstellungen von der Wirklichkeit, mit denen alte und neue Ansätze operierten. Einzelne oder mehrere revolutionäre Denkmodelle, die sich häufig genug zufällig ergeben, während ein Forscher oder eine Forscherin eigentlich an einem ganz anderen Problem arbeitet (wie z.B. im Fall der Entdeckung der Röntgenstrahlen oder der Radioaktivität), werden zunächst von der Gemeinschaft der paradigmabeherrschenden Wissenschaftler nicht anerkannt. Irgendwann liefern sie aber die besseren Erklärungen für einige der Probleme, die in der normalen Wissenschaft nicht zufriedenstellend gelöst werden konnten. Wird ihre Erklärungskraft für bestimmte Teilprobleme anerkannt, dann wird bald die komplette Übernahme der zugrunde liegenden Denkmodelle zwingend, und erst im Nachhinein wird so recht deutlich, daß das alte Paradigma sich in einer Krise befand. Um die Metaphorik des Scheinwerfermodells der Erkenntnis wieder aufzugreifen: Es wird nicht bloß die Intensität oder Suchrichtung des Scheinwerfers verändert, sondern es wird plötzlich mit einer ganz anderen, neuartigen Lichtquelle gearbeitet. Die alten Scheinwerfer haben sich als untauglich erwiesen – und landen auf dem Schrottplatz der Wissenschaftsgeschichte.

Die Literaturwissenschaft ist im Vergleich mit anderen Wissenschaften wie der Astronomie, Chemie und Physik eine ziemlich junge Disziplin, und es wurde bereits dargelegt, daß sie sich in einigen Punkten grundlegend von den Naturwissenschaften unterscheidet. Und doch hat es insbesondere seit den späten 1960er und frühen 1970er Jahren vielfältige literaturwissenschaftliche Theorieentwicklungen gegeben.[9] Mit Kuhns Begriff des Paradigmenwechsels kann man offenbar

---

[9] Einige wichtige Theorien will dieser Band vorstellen. Die beste deutschsprachige Einführung in die Vorgeschichte der modernen anglo-amerikanischen Literaturtheorien und gleichzeitig eine gute Darstellung wichtiger neuerer Ansätze hat Hubert Zapf (1996) vorgelegt. Weitere Einführungen in und Überblicksdarstellungen zur Literaturwissenschaft und Literaturtheorie sind in der Bibliographie in Abschnitt 2 zusammengestellt; dort werden auch einige Bände aufgeführt, in denen wichtige theoretische Texte abgedruckt sind, zumeist mit Einleitungen und Kommentaren versehen, weshalb sich diese Textsammlungen gut dazu eignen, sich einen Überblick über verschiedene Positionen und ihre Argumentationsweise zu verschaffen: Brooker/Widdowson

den Eindruck erwecken, etwas revolutionär Neues und Besseres gefunden zu haben, wodurch sich vorherige Ansätze als falsch erweisen. Daher haben Theoretiker immer wieder von einem Paradigmenwechsel gesprochen, wenn Sie neue literaturtheoretische Ansätze vorschlugen. Der Paradigmenwechsel sollte quasi heraufbeschworen werden, was laut Kuhn nun einmal *nicht* die Natur der wissenschaftlichen Revolutionen ist.[10] Trotzdem schaffen es viele neue Ansätze, eine gewisse Anzahl von Anhängern zu mobilisieren, die sich der neuen Theorie verschreiben und für sie eintreten, als handele es sich um die einzig wahre, den Status eines Paradigmas verdienende Theorie, die alle anderen und vorherigen als überholt entlarven könnte. Um den Anspruch auf Wissenschaftlichkeit eines neuen Ansatzes unter Beweis zu stellen und dieser Theorie eine wahre Konjunktur zu verschaffen, kreieren neue Ansätze neue Begriffe, Modelle und Methoden. Wer diese erlernt bzw. anwendet, gehört dieser neuen Schule an, wer es nicht tut, bleibt Außenseiter. Frank Griesheimer hat dazu kritisch bemerkt: "Um monolithisch gesetzte Methoden oder Theorien formieren sich Diskursgemeinschaften, die sich über Jargons und Rituale eine künstliche Exklusivität herstellen und denen Hermetik, Ausgrenzung und Einschüchterung nicht etwa unterlaufen" (Griesheimer 1991: 30) – sondern, so können wir ergänzen, Teil der Strategie sind, mit der man sich im Wissenschaftsbetrieb Gehör und Respekt verschafft.

Die Herausbildung vieler konkurrierender Schulen ist offenbar ein Kennzeichen moderner Literaturwissenschaft, und Kuhn würde argumentieren, daß die bislang unentschiedene Konkurrenz vieler Ansätze zur selben Zeit ein Indiz dafür ist, daß die Literaturwissenschaft noch gar nicht zum Paradigma gereift ist. Wir müssen daher davon ausgehen, daß echte Paradigmen*wechsel* in der Literaturwissenschaft unwahrscheinlich sind. Das liegt in der Natur des Gegenstandes selbst, der Literatur und der damit zusammenhängenden Phänomene, begründet. Ich will im folgenden drei Gründe aufzeigen, die gegen Paradigmenwechsel in der Literaturwissenschaft sprechen: erstens die Vielfalt der Erkenntnisinteressen, die bei aller Unterschiedlichkeit doch Gemeinsamkeiten aufweisen, zweitens laufende Gegenstanderweiterungen und drittens die Interdisziplinarität literaturwissenschaftlicher Theorien.

Verschiedene Ansätze zielen auf verschiedene Teilbereiche des Literarischen ab. Sie benutzen also von vornherein unterschiedliche Scheinwerfer, um spezifische Ecken des literarischen Raumes auszuleuchten. Dabei greifen sie aber doch häufig auf Modellvorstellungen und Methoden älterer Theorieansätze zurück, erweitern und modifizieren sie, ohne sie je gänzlich zu verwerfen. Ein gutes Bei-

---

(1996), Kimmich/Renner/Stiegler (2000), Lodge (1972 und 1988), Rice/Waugh (1996) und Selden (1997).

[10] Es muß betont werden, daß dieser Gebrauch des Begriffs auf einem falschen Verständnis des Kuhnschen Ansatzes beruht. Im Gegensatz zu Popper glaubte Kuhn nämlich nicht, daß durch Verfeinerung oder Ablösung von Theorien eine Annäherung an die Warheit erzielt werden könne. Die Theorie nach dem Paradigmenwechsel ist laut Kuhn nicht besser, sondern anders.

spiel hierfür ist der New Criticism, ein Ansatz, der in den 1930er Jahren entwik-
kelt wurde und in England und Amerika lange einflußreich blieb. Er widmete sich
vorrangig der textimmanenten Analyse und war z.B. an den Spuren kultureller und
historischer Bedingungen literarischer Texte nicht interessiert. Heute würde sich
wohl kein Literaturwissenschaftler mehr als New Critic bezeichnen, doch hat dieser Ansatz immerhin die genaue Untersuchung der Beschaffenheit des Textes, das
sogenannte *close reading*, in die Literaturwissenschaft eingeführt. Mit welchem
theoretischen Ansatz man heute auch immer an literarische Texte herangehen
mag, man wird immer eine möglichst differenzierte Beschreibung der Gestaltung
des Textes vornehmen. Obwohl also der New Criticism deutlich auf den Text fokussiert war, steht er doch auch heute noch Ansätzen zur Verfügung, die sich zwar
vorrangig anderen Teilbereichen des Komplexes literarischer Kommunikation
widmen, also etwa dem Autor, dem Leser oder dem gesellschaftlichen Kontext,
dabei ihre Argumentation aber auch auf sorgfältige Lektüre der Texte stützen.

Daß solche Überlappungen nach wie vor die Literaturwissenschaft bestimmen,
wird deutlich, wenn man die heute gängigen Theorieansätze, die in diesem Band
vorgestellt werden, zu systematisieren versucht.[11] Der Strukturalismus, den der
Beitrag von Günter LEYPOLDT vorstellt, war ähnlich wie der New Criticism text-
zentriert angelegt, ebenso wie der Poststrukturalismus, in den Barbara KORTE ein-
führt – in beiden Ansätzen wird heute aber die Relevanz des historischen und kulturellen Umfeldes der Texte anerkannt. Andere Theorien richten ihr Augenmerk
von vornherein stärker auf die *Wechselwirkungen* zwischen Text und Gesellschaft,
wie die Diskurstheorie (bzw. Diskursanalyse), die von Eveline KILIAN referiert
wird, der New Historicism, dessen zentralen Konzepte Eckhard AUBERLEN darlegt, die postkoloniale Theorie, die Karen REHBERGER und Gerhard STILZ referieren, und die Literatursoziologie, der sich der Beitrag von Stefanie LETHBRIDGE
widmet. Der Leser steht im Mittelpunkt von speziell ausgewiesenen Rezeptionstheorien, über die mein Beitrag informiert, er wird aber in vielen anderen Ansätzen zumindest mitbedacht.

Nicht nur Überschneidungen zwischen den Erkenntnisinteressen sprechen gegen saubere Paradigmenablösungen, sondern auch fortlaufende Neubestimmungen
des *Gegenstands* der Literaturwissenschaft selbst. Bisher wurde stillschweigend
vorausgesetzt, daß der Begriff 'Literatur' an sich unproblematisch, der Gegenstand unserer Wissenschaft also einfach vorgegeben sei. Dies ist aber keineswegs
der Fall. Nimmt man den Begriff wörtlich, leitet also etymologisch das Wort 'Literatur' aus lateinisch *littera* = der Buchstabe her, so ist Literatur alles, was schriftlich aufgezeichnet ist. Wenn man weiterhin gemäß einer verbreiteten Gepflogen-
heit fiktionale von nicht-fiktionaler oder künstlerisch gestaltete von Gebrauchs-

---

[11] Solche Systematisierungen sind natürlich nicht ohne grobe Vereinfachungen möglich, denn auch
sie sind Modellbildungen, die bestimmte Merkmale erfassen und andere ausblenden. Sie sind
dennoch in zahlreichen Einführungen in die Literaturtheorie (s. Abschnitt 2 der Bibliographie) zu
finden, weil sie eine erste Orientierung in der Theorienvielfalt bieten.

literatur unterscheidet (Literaturwissenschaft befaßt sich schließlich nicht mit Bedienungsanweisungen und Beipackzetteln), kommt man wahrscheinlich dem nahe, was man sich spontan unter dem Begriff Literatur vorstellen kann: Literatur präsentiert fiktionale Welten, in denen Figuren handeln, denken und fühlen, und die mit besonderen sprachlichen Mitteln dargestellt sind.[12] Was aber ist etwa mit fiktionalen Welten, die entworfen und geäußert, aber nicht niedergeschrieben werden, wie es für einen großen Teil der westlichen Volksdichtung vor Verbreitung der Schrift, der Schreib- und Lesekundigkeit sowie der Einführung des Buchdrucks der Fall war (und sogar noch lange danach) und wie es in einigen Kulturkreisen der Erde bis heute der Fall ist? Hier müßte man von 'oraler', also mündlicher Literatur sprechen, und es wird daher manchmal auch der Begriff *orature* verwendet. Die Ausschließlichkeit der Schrift oder des gedruckten Buches als Definitionskriterium scheinen wir daher aufgeben zu müssen. Wie aber kann man den Gegenstand überhaupt eingrenzen? Auf fiktionale Welten, in denen Figuren handeln, sprechen, denken, fühlen usw. trifft man schließlich auch im Fernsehspiel und in der *Daily Soap*, im Kinofilm, in Computerspielen und Comics, ja sogar im Zirkus und im Kasperletheater. Die Literaturwissenschaft hat solche Phänomene lange Zeit ausgeblendet und selbst innerhalb der Gattung der Drucktexte ihren Gegenstand mittels der Trennung von 'hoher' und 'populärer' bzw. 'trivialer' Literatur noch enger eingegrenzt. Die Kriterien für einen so engen Literaturbegriff haben sich aber als wenig überzeugend erwiesen. Nicht zuletzt aufgrund des verbreiteten Rezeptionsverhaltens hat die Literaturwissenschaft unter anderem den Film als Erzählform anerkannt und ihrem Gegenstandsbereich zugeschlagen, wie Claudia STERNBERG in ihrem Beitrag zu diesem Band zeigt. Ein erweiterter Literaturbegriff und die Tatsache, daß Literatur im Umfeld vielfältiger kultureller Aktivitäten steht, wird heute zudem in kulturwissenschaftlichen Ansätzen oder Cultural Studies thematisiert, die Horst TONN in seinem Beitrag darstellt.

Neben der zunehmenden Untersuchung von Medienprodukten wie Kino- oder Fernsehfilmen hat die anglistische und amerikanistische Literaturwissenschaft eine weitere wichtige Gegenstandserweiterung dadurch erfahren, daß sich die Vorstellung davon, welche Texte *die* britische bzw. amerikanische Literatur, also den Literaturkanon, ausmachen, erheblich gewandelt hat. Feministische Ansätze, die Ingrid HOTZ-DAVIES in ihrem Beitrag vorstellt, haben nicht zuletzt darauf aufmerksam gemacht, daß der Kanon lange Zeit vorrangig aus männlichen Autoren bestand, und diesem Kanon Traditionen weiblichen Schreibens gegenübergestellt. Postkoloniale Literaturtheorien, die in dem Beitrag von Karen REHBERGER und Gerhard STILZ behandelt werden, haben u.a. gezeigt, daß geographisch und nationalpolitisch fundierte Vorstellungen von *englischer* Literatur zu kurz greifen und durch Begriffe wie 'New Literatures in English' oder 'anglophone Literatu-

---

[12] Über die Definition von Literarizität, Fiktionalität und Ästhetik wird seit der Antike eine Debatte geführt, deren Standpunkte hier nicht dargelegt werden können. Überblicke finden sich bei Grabes (1981) und Widdowson (1999).

ren' zu ersetzen sind. Solchen Theorieentwicklungen ist es zu verdanken, daß zahlreiche Texte von Autorinnen und Autoren mit ihrem jeweiligen sozio-kulturellen Umfeld überhaupt in das Blickfeld der Literaturwissenschaft kamen, der traditionelle Literaturkanon verändert, neubewertet, erweitert, kurz, das Literaturstudium immens bereichert wurde. Die vormals kanonisierten Autoren werden natürlich auch weiterhin gelesen – es wurde kein Paradigma abgelöst –, aber der Gegenstand ist wesentlich vielfältiger geworden.

Die Interdisziplinarität der einzelnen literaturwissenschaftlichen Theorien stellt, zusätzlich zu den unterschiedlichen Erkenntnisinteressen und den Neubestimmungen des Untersuchungsfeldes, einen weiteren Grund dar, warum echte Paradigmenwechsel in der Literaturwissenschaft eher unwahrscheinlich sind. Praktisch alle literaturtheoretischen Denkmodelle machen Anleihen bei anderen Disziplinen, und zwar sowohl bei geisteswissenschaftlichen als auch bei naturwissenschaftlichen. So ist z.B. ein textzentrierter Ansatz wie der Strukturalismus nicht denkbar ohne das sprachwissenschaftliche Zeichenmodell von Ferdinand de Saussure und die Methoden der linguistischen Merkmalsanalyse; der Poststrukturalismus führt diese Anleihen bei der Linguistik weiter, wie der Name schon andeutet. New Historicism und Feministische Literaturwissenschaft haben sich ebenfalls bei dieser Denkrichtung bedient, aber auch bei anderen, wie z.B. marxistischen Gesellschaftstheorien, der Psychoanalyse und anderen psychologischen Theorien. Auf die Psychologie greift auch die Rezeptionstheorie zurück, in jüngster Zeit vermehrt auf die Konzepte der neueren Kognitionswissenschaften.

Betrachtet man die Vielfalt der heute gängigen Theorien, Modelle, Methoden und Untersuchungsgegenstände, kann man also nicht behaupten, auch nur einer der Ansätze hätte einen – oder gar alle – anderen oder vorherigen als falsch entlarvt und könnte daher von einer neuen Forschergeneration zum alleinigen Paradigma erhoben werden. Wir können vielmehr von einer mehr oder minder friedlichen Koexistenz von Ansätzen sprechen, vielleicht sogar von einer Paradigmenvielfalt, die durchaus zulässig und überaus gewinnbringend ist. Denn jede neue Deutungsmöglichkeit eines literarischen Textes offenbart Wirkungspotentiale, die andere Ansätze gar nicht hätten aufdecken können, da ihre theoretischen und methodischen Scheinwerfer auf andere Aspekte ausgerichtet waren. Für die Literaturwissenschaft stellt sich im Gegensatz zu vielen naturwissenschaftlichen Disziplinen offensichtlich nicht die Frage, welcher Ansatz der richtige ist, sondern eher, bei welchem Erkenntnisinteresse welcher Ansatz die plausibelsten Erklärungen anzubieten hat. Wenn in der Literaturwissenschaft (und in den Beiträgen dieses Bandes) von Paradigmenwechseln die Rede ist, so immer in diesem übertragenen Sinn. Seit dem Theorieboom der 1970er Jahre hat sich übrigens bei manchen der hier eingeführten Ansätze bereits erwiesen, welche Konzeptionen sich mit Erkenntnisgewinn anwenden lassen und welche nicht. Der Wert eines literaturtheoretischen Ansatzes erweist sich demnach in der Leistungsfähigkeit seines Erklärungspotentials für den spezifischen Bereich, den er explizit als sein Erkenntnisinteresse ausgewiesen hat.[13] Kein einzelner Ansatz kann das Erklärungspotential aller anderen Ansätze in sich vereinen, und es ist auch unmöglich, die Fragestellungen aller bestehenden Ansätze gleichzeitig auf einen Text anzuwenden. Eine Supertheorie der Literatur kann es nicht geben, und die Vielschichtigkeit unseres Untersuchungsgegenstandes nötigt uns zum Glück auch gar nicht dazu, uns ein für allemal für einen einzelnen Ansatz zu entscheiden. Diese geradezu paradiesische Vielfalt der Möglichkeiten bringt allerdings auch das Problem mit sich, daß man viele Begriffe und Modelle erst erlernen muß, um den spezifischen Erkenntnisgewinn, den sie bieten, kritisch abschätzen zu können. Dies führt zum letzten Schritt des Plädoyers für eine theoriegeleitete Literaturwissenschaft, der methodisch-didaktischen Argumentation.

4. Methodisch-didaktische Argumentation: Anwendbarkeit, Lehr- und Lernbarkeit und Schlüsselqualifikationen

Hat eine wissenschaftliche Disziplin ihre Theorie expliziert, ihre Begriffe definiert und ihre Modelle entworfen, muß sie auch die Verfahren offenlegen, mit denen sie sich dem Untersuchungsgegenstand nähert und tatsächlich Ergebnisse erzielt. Eine Theorie ist also noch keine Anwendung, sondern nur deren gedankliches und begriffliches Gerüst. Sie muß dazu Methoden entwerfen, die an andere vermittelt werden können, muß also anwendbar, lehrbar und lernbar sein. Wer sich mit der Wirklichkeitssicht einer literaturwissenschaftlichen Theorie, wie sie sich in deren Begriffen und Modellen ausdrückt, beschäftigt hat, will in die Lage versetzt werden, Texte gemäß dieser Prämissen zu untersuchen. Die Anwendbarkeit einer Theorie hat durchaus auch gesellschaftspolitische Aspekte: Nur wenn eine Disziplin aufgrund nachvollziehbarer Methoden fortlaufend Ergebnisse von intersubjektiv nachvollziehbarer Reichweite erzielt, wird ihre Daseinsberechtigung in der Gesellschaft unangefochten bleiben. In einem immer stärker auf wirtschaftlichen Gewinn hin ausgerichteten gesellschaftlichen Klima hat die Literaturwissenschaft ohnehin keinen leichten Stand, da sie wohl kaum unmittelbar für ökonomischen Zugewinn in großem Stil sorgt. Daß die Leistungen der Literaturwissenschaft und anderer Geisteswissenschaften nicht nach einer einfachen Kosten-Nutzen-Rechnung bemessen werden können und dürfen, soll hier nicht vertieft werden. Der Wert von Einsichten in kulturelle Zusammenhänge und die Kenntnis von den sozialen Konstruktionen von Wirklichkeit, zu denen die Literatur und die Medien

---

[13] Die einzelnen Kapitel dieses Bandes zielen daher auch nicht darauf ab, den gesamten Bestand an Annahmen, Begriffen und Verfahren der jeweiligen Theorien zu referieren, sondern wählen diese schon kritisch im Hinblick auf ihre Anwendbarkeit aus. Zu jedem der vorgestellten Ansätze liegen umfangreiche Theorietexte, Erläuterungen und Textsammlungen vor, auf die in den Bibliographien am Ende der jeweiligen Beiträge hingewiesen wird. Daß die Kapitel eines solchen Einführungsbandes die einzelnen Theorien schon aus Platzgründen nicht umfassend darstellen können, liegt auf der Hand.

teilweise beitragen, die sie teilweise aber auch unterminieren, ist gewinnökonomisch nur schwer zu fassen. Die Literaturwissenschaft tut unter solchen Rahmenbedingungen aber auf jeden Fall gut daran, die wissenschaftlichen Standards, die sie erreichen kann, nicht herunterzuschrauben, und die methodische Schulung ist ein Teil dieser Standards.

Neben der gesellschaftlichen Notwendigkeit der methodischen Schulung liegt die fachinterne Notwendigkeit darin, daß die Ergebnisse einer Disziplin immer kritisch auf ihre Plausibilität zu überprüfen sind. Liefert eine Untersuchungsmethode nicht den erhofften Ergebnisreichtum, dann ist nach einer anderen Methode – so lange wie möglich auf Grundlage derselben theoretischen Prämissen – zu suchen. Es kann aber auch sein, daß man den Anspruch, im Rahmen einer bestimmten Theorie zu Ergebnissen zu kommen, ganz aufgeben und sich nach einer erfolgversprechenderen Theorie umsehen muß. Ein Ziel der Beschäftigung mit literaturtheoretischen Ansätzen ist es daher, sich begründet für die eine oder andere Theorie mit ihren Methoden entscheiden zu können. Die Vielfalt der Betrachtungsmöglichkeiten eines Textes wird nur von denen als bereichernd empfunden, die es verstehen abzuwägen, welche Fragestellungen und welche Untersuchungsverfahren für welches Interesse die besten Erklärungen bieten. Die Tatsache, daß die Literaturwissenschaft so viele Ansätze entwickelt hat, die mit gleicher Berechtigung zur Auswahl stehen, bietet Chancen, birgt aber auch Gefahren. Als Chance kann ein Pluralismus von Theorien und Methoden aufgefaßt werden, wenn z.B. die Kombination zweier Ansätze dabei hilft, die begrenzte Reichweite eines einzelnen Ansatzes zu überwinden und das Spektrum ihrer Untersuchungsergebnisse zu erweitern. Wie schon im Hinblick auf die Interdisziplinarität der Ansätze deutlich wurde, treten heute die wenigsten Literaturtheorien als 'reine' Lehre auf, die sich auf nur einen Aspekt von Literatur konzentrieren würden, und die wenigsten Literaturwissenschaftler sehen sich als Verfechter eines und nur eines Ansatzes. Didaktisch gesehen hat dieser Pluralismus aber vielleicht den Nachteil, daß man sich als Lehrender nicht kontinuierlich in kohärenten Begriffssystemen bewegt. Dennoch überwiegt hier ein nicht zu unterschätzender Vorzug: Man kann so die Vielfalt möglicher Untersuchungsmethoden andeuten und den Studierenden, die Eigeninitiative entwickeln wollen, viel mehr Anregungen für die Vertiefung der Verfahren geben, als wenn man eine Schule als letzte Wahrheit predigen würde.

Das Gegenteil des Theorien- und Methodenpluralismus stellt sich aus methodisch-didaktischer Sicht als wahre Schreckensvision dar: Literaturstudium ohne Reflexion der theoretischen Grundlagen der Literaturwissenschaft würde nicht nur zur hoffnungslosen Orientierungslosigkeit bei den Studierenden führen, sondern auch deren intellektuelle Eigeninitiative unterminieren. Wer mit Interpretationen anderer Leser konfrontiert wird, ohne nachvollziehen zu können, wie eine Lesart zustande gekommen ist, wird allenfalls in die Lage versetzt, diese Interpretation zu imitieren. Dies verhindert die Entwicklung von Transferkompetenz, also der Fähigkeit, ähnliche Fragestellungen auf andere Texte zu übertragen. Ein Verzicht auf Explikation von Theorien, Modellen und Methoden wäre zudem zutiefst undemokratisch, da man vorgefundene Lesarten einfach hinnehmen müßte, ohne sie kritisch überprüfen zu können. Theorielosigkeit käme also einer didaktischen Bankrotterklärung gleich, denn was das literaturwissenschaftliche Studium vermitteln will, ist ja nicht, 'endgültige' Interpretationen einiger wichtiger Texte aufsagen zu können, sondern die Fähigkeit, prinzipiell jeden literarischen Text und jedes literarische (oder kulturelle) Phänomen begründet und in-tersubjektiv nachvollziehbar zu behandeln.

Auf Theoriegebundenheit zu bestehen, hat neben dem *inner*disziplinären Aspekt der Lehr- und Lernbarkeit auch einen Nutzen für die außeruniversitäre Berufspraxis. Nur wer wissenschaftliche Überzeugungen in der Weise bewußt erworben hat, daß er seine Vorannahmen explizieren und begründen kann, warum welche Methode in welchem Fall anzuwenden ist, hat wirklich Grundlegendes gelernt, das auch auf andere Bereiche als die Literaturwissenschaft übertragbar ist. Auch im Hinblick auf die nicht unproblematische Arbeitsmarktsituation für geisteswissenschaftliche Hoschulabsolventen ist festzuhalten: Das Studium der Literaturwissenschaft qualifiziert Studierende erstens dafür, sich fortlaufend in kurzer Zeit mit ihnen zuvor vollkommen fremdem Material zu beschäftigen; sie können also – ganz abgesehen von dem inhaltlichen Wissenszuwachs über die Literatur – eine Einstellung zum Gegenstand ihrer Arbeit erwerben, die sich durch Flexibilität und Offenheit auszeichnet. Zweitens kann gelernt werden, für einen Phänomenbereich verschiedene Methoden der Problemlösung auszuprobieren und eine Möglichkeit zu wählen, die dann begründet als die erfolgversprechendste ausgewiesen werden kann. Dies aber sind Schlüsselqualifikationen von extrem hohem Transferwert. Egal, welche Berufslaufbahn die Studierenden später einschlagen: Die kritische Prüfung von Konzepten und Modellvorstellungen, mit denen sie konfrontiert werden, müssen sie eigenverantwortlich leisten können; und Flexibilität im Umgang mit neuen Problemstellungen sowie Überzeugungskraft beim Eintreten für einen Standpunkt werden sie ebenfalls immer benötigen.

Die Vermittlung dieser Schlüsselqualifikationen steht allerdings nicht immer im Mittelpunkt des universitären, philologischen Unterrichtsprogramms, sondern wird sich beim literaturwissenschaftlichen Studium gewissermaßen nebenher ergeben. Letztlich ist der/die Studierende hier aber zur eigenständigen Einarbeitung aufgefordert. Es ist unumgänglich, sich selbst mit Theorieansätzen zu befassen, sich ihre Begriffe und Modelle zu erarbeiten und auf Texte anzuwenden. Einen ersten Einstieg in einige Ansätze, aus denen ausgewählt werden kann, will diese Einführung vermitteln. Sie hätte ihr Ziel erreicht, wenn die Leserinnen und Leser am Ende wissen, welcher Scheinwerfer ihnen welchen Aspekt des vielfältigen Gegenstandsbereichs Literatur erhellen kann.

Bibliographie

1. Wissenschaftstheorie, Wissenschaftsgeschichte und die Position der Literaturwissenschaft

Bode, Christoph. 1992. *Den Text? Die Haut retten! Bemerkungen zur "Flut der Interpretationen" und zur institutionalisierten Literaturwissenschaft*. Graz, Wien: Droschl.
—. 1996. "Why Theory Matters." In: Ahrens, Rüdiger, Laurenz Volkmann (Hg.). *Why Literature Matters: Theories and Functions of Literature*. Heidelberg: Winter. 87-100.
Bonheim, Helmut. 1998. "Literaturwissenschaftliche Modelle und Modelle dieser Modelle." In: Nünning (Hg.). *Literaturwissenschaftliche Theorien, Modelle und Methoden*. 13-27.
Danneberg, Lutz, Friedrich Vollhardt (Hg.). 1992. *Vom Umgang mit Literatur und Literaturgeschichte: Positionen und Perspektiven nach der "Theoriedebatte"*. Stuttgart: Metzler.
Eibl, Karl. 1976. *Kritisch-rationale Literaturwissenschaft*. München: Fink.
—. 1992. "Sind Interpretationen falsifizierbar?" In: Danneberg/Vollhardt (Hg.). *Vom Umgang mit Literatur und Literaturgeschichte*. 169-183.
Flaschka, Horst Franz. 1981. *Modell, Modelltheorie und Formen der Modellbildung in der Literaturwissenschaft*. 2. Aufl. Köln: Böhlau.
Fricke, Harald. 1991. *Literatur und Literaturwissenschaft: Beiträge zu Grundfragen einer verunsicherten Disziplin*. Paderborn: Schöningh.
Gadamer, Hans-Georg. 1972. *Wahrheit und Methode*. 3., erw. Aufl. Tübingen: Mohr.
Glasersfeld, Ernst von. 1992. "Aspekte des Konstruktivismus: Vico, Berkeley, Piaget." In: Rusch, Gebhard, Siegfried J. Schmidt (Hg.). *Konstruktivismus: Geschichte und Anwendung*. Frankfurt am Main: Suhrkamp. 20-33.
Griesheimer, Frank. 1991. "Unmut nach innen: Ein Abriß über das Enttäuschende an der gegenwärtigen Literaturwissenschaft." In: Griesheimer/Prinz (Hg.). *Wozu Literaturwissenschaft?* 11-42.
—, Alois Prinz (Hg.). 1991. *Wozu Literaturwissenschaft? Kritik und Perspektiven*. Tübingen: Francke.
Gumin, Heinz, Heinrich Meier (Hg.). 1992. *Einführung in den Konstruktivismus*. Mit Beiträgen von Heinz von Foerster, Ernst von Glasersfeld, Peter M. Hejl, Siegfried J. Schmidt und Paul Watzlawick. München: Piper.
Kuhn, Thomas S. 1976 [1962]. *Die Struktur wissenschaftlicher Revolutionen*. 2., rev. u. um das Postskriptum von 1969 erg. Aufl. Frankfurt am Main: Suhrkamp. [Orig.: *The Structure of Scientific Revolutions*]
Luhmann, Niklas. 1990. *Die Wissenschaft der Gesellschaft*. Frankfurt am Main: Suhrkamp.
Maturana, Humberto R., Francisco J. Varela. 1987 [1984]. *Der Baum der Erkenntnis: Die biologischen Wurzeln menschlichen Erkennens*. Hamburg: Goldmann. [Orig.: *El árbol del conocimiento*]
Nünning, Ansgar (Hg.). 1998a. *Literaturwissenschaftliche Theorien, Modelle und Methoden: Eine Einführung*. 3. Aufl. Trier: WVT.
—. 1998b. "Vom Nutzen und Nachteil literaturwissenschaftlicher Theorien, Modelle und Methoden für das Studium: Eine Einführung in eine studentInnenorientierte Ein-

führung." In: ders. (Hg.). *Literaturwissenschaftliche Theorien, Modelle und Metho-den*. 1-12.

Popper, Karl R. 1984 [1972]. *Objektive Erkenntnis: Ein evolutionärer Entwurf*. 4. Aufl. Hamburg: Hoffmann und Campe. [Orig.: *Objective Knowledge*]

—. 1994 [1959]. *Die Logik der Forschung*. 10., verb. u. verm. Aufl. Tübingen: Mohr. [Orig.: *The Logic of Scientific Discovery*]

Schmidt, Siegfried J. 1975. *Literaturwissenschaft als argumentierende Wissenschaft*. München: Fink.

— (Hg.). 1987. *Der Diskurs des Radikalen Konstruktivismus*. Frankfurt am Main: Suhr-kamp.

— (Hg.). 1992. *Kognition und Gesellschaft: Der Diskurs des Radikalen Konstruktivismus 2*. Frankfurt am Main: Suhrkamp.

Stachowiak, Herbert (Hg.). 1983. *Modelle – Konstruktionen der Wirklichkeit*. München: Fink.

Stegmüller, Wolfgang. 1973. *Probleme und Resultate der Wissenschaftstheorie und analytischen Philosophie*. Bd. II: *Theoriestrukturen und Theoriedynamik*. Berlin: Springer.

—. 1983. *Rationale Rekonstruktion von Wissenschaft und ihrem Wandel*. Stuttgart: Re-clam.

Ströker, Elisabeth. 1973. *Einführung in die Wissenschaftstheorie*. München: Nymphenbur-ger Verlagsbuchhandlung.

Wagenknecht, Christian (Hg.). 1988. *Zur Terminologie der Literaturwissenschaft*. Akten des IX. Germanistischen Symposions der Deutschen Forschungsgemeinschaft, Würz-burg 1986. Stuttgart: Metzler.

2.   Einführungen in die Literaturtheorie, Überblicksdarstellungen und Textsammlungen

Ahrens, Rüdiger, Erwin Wolff (Hg.). 1978. *Englische und Amerikanische Literatur-theorie: Studien zu ihrer Entwicklung*. 2 Bde. Heidelberg: Winter.

Atkins, G. Douglas, Laura Morrow (Hg.). 1989. *Contemporary Literary Theory*. Amherst: University of Massachussetts Press; London: Macmillan.

Bennett, Andrew, Nicholas Royle. 1995. *An Introduction to Literature, Criticism and Theory: Key Critical Concepts*. London: Prentice Hall.

Bogdal, Klaus-Michael (Hg.). 1997. *Neue Literaturtheorien: Eine Einführung*. 2., neu-bearb. Aufl. Opladen: Westdeutscher Verlag.

Brooker, Peter, Peter Widdowson (Hg.). 1996. *A Practical Reader in Contemporary Literary Theory*. Hemel Hempstead: Harvester Wheatsheaf.

The Cambridge History of Literary Criticism. 1989-. General Editor: Peter Brooks. Cam-bridge: Cambridge University Press.

Collier, Peter, Helga Geyer-Ryan (Hg.). 1990. *Literary Theory Today*. Ithaca: Cornell University Press.

Eagleton, Terry. 1996 [1983]. *Literary Theory: An Introduction*. Oxford: Blackwell.

Fabian, Bernhard (Hg.). 1998. *Ein anglistischer Grundkurs: Einführung in die Literatur-wissenschaft*. 8., durchges. u. erw. Aufl. Berlin: Schmid.

Fokkema, Douwe, Elrud Ibsch. 1977. *Theories of Literature in the Twentieth Century: Structuralism, Marxism, Aesthetics of Reception, Semiotics.* London: Hurst.

Grabes, Herbert. 1981. *Fiktion – Imitation – Ästhetik: Was ist Literatur?* Tübingen: Deutsches Institut für Fernstudien an der Universität Tübingen.

Kavanagh, Thomas (Hg.). 1989. *The Limits of Theory.* Stanford: Stanford University Press.

Kimmich, Dorothee, Rolf Günter Renner, Bernd Stiegler (Hg.). 2000. *Texte zur Literaturtheorie der Gegenwart.* Stuttgart: Reclam.

Lodge, David (Hg.). 1972. *Twentieth Century Literary Criticism: A Reader.* London: Longman.

— (Hg.). 1988. *Modern Criticism and Theory: A Reader.* London: Longman.

Nünning, Ansgar (Hg.). 1998. *Literaturwissenschaftliche Theorien, Modelle und Methoden: Eine Einführung.* 3. Aufl. Trier: WVT.

Rice, Philip, Patricia Waugh (Hg.). 1996. *Modern Literary Theory: A Reader.* 3. Aufl. London: Arnold.

Selden, Raman (Hg.). 1997. *The Theory of Criticism: From Plato to the Present. A Reader.* 10. Aufl. London, New York: Longman.

—, Peter Widdowson. 1997. *A Reader's Guide to Contemporary Literary Theory.* 4. Aufl. London: Harvester Wheatsheaf.

Widdowson, Peter. 1999. *Literature.* London: Routledge.

Zapf, Hubert. 1996. *Kurze Geschichte der anglo-amerikanischen Literaturtheorie.* 2. Aufl. München: Fink.

Zima, Peter V. 1999. *The Philosophy of Modern Literary Theory.* London: Athlone.

3. Nachschlagewerke zur Literaturtheorie und literaturwissenschaftlichen Terminologie

Beck, Rudolf, Hildegard Kuester, Martin Kuester. 1988. *Terminologie der Literaturwissenschaft: Ein Handbuch für das Anglistikstudium.* Ismaning: Hueber.

Best, Otto F. 2000. *Handbuch literarischer Fachbegriffe: Definitionen und Beispiele.* 5. Aufl. Frankfurt am Main: Fischer.

Borchmeyer, Dieter, Viktor Žmegač (Hg.). 1994. *Moderne Literatur in Grundbegriffen.* 2. Aufl. Tübingen: Niemeyer.

Childers, Joseph, Gary Hentzi (Hg.). 1995. *The Columbia Dictionary of Modern Literary and Cultural Criticism.* New York: Columbia University Press.

Coyle, Martin, Peter Graside, Malcolm Kelsall, John Peck (Hg.). 1990. *Encyclopedia of Literature and Criticism.* London: Routledge.

Cuddon, John Anthony. 1992. *The Penguin Dictionary of Literary Terms and Literary Theory.* 3. Aufl. Harmondsworth: Penguin.

Groder, Michael, Martin Kreiswirth (Hg.). 1993. *The Johns Hopkins Guide to Literary Theory and Criticism.* Baltimore: Johns Hopkins University Press.

Lentricchia, Frank, Thomas McLaughlin (Hg.). 1995. *Critical Terms for Literary Study.* Chicago, London: Chicago University Press.

Makaryk, Irena R. (Hg.). 1993. *Encyclopedia of Contemporary Literary Theory: Approaches, Scholars, Terms.* Toronto: University of Toronto Press.

Nünning, Ansgar (Hg.). 2001. *Metzler Lexikon Kultur- und Literaturtheorie*. 2. Aufl. Stuttgart, Weimar: Metzler.

Preminger, Alex, Terry V.F. Brogan (Hg.). 1993. *The New Princeton Encyclopedia of Poetry and Poetics*. Princeton: Princeton University Press.

Renner, Rolf Günter, Engelbert Habekost (Hg.). 1994. *Lexikon literaturtheoretischer Werke*. Stuttgart: Kröner.

Günter Leypoldt

Strukturalismus

1. Einleitung

Der Strukturalismus wird heute gerne mit dem Etikett des Unmodernen behaftet. Nicht nur im anglo-amerikanischen Sprachraum verbindet man den Terminus mit einem veralteten Theoriediskurs, der zwar zwischen 1950 und 1970 einen wichtigen Beitrag zur Entwicklung moderner Methoden geleistet habe, inzwischen aber durch neuere literaturtheoretische Entwicklungen (Dekonstruktion, New Historicism, Systemtheorie, postkoloniale Literaturkritik, Cultural Studies, usw.) überholt sei. Diese Vorstellung basiert zum einen auf einer für die Geisteswissenschaften problematischen Idee des methodologischen Fortschritts;[1] darüber hinaus umfaßt der Strukturalismus zu viele verschiedene Phänomene, um sich zu einer naiven Vorstufe des Poststrukturalismus reduzieren zu lassen. Die zahlreichen als strukturalistisch bezeichneten Positionen mögen zwar eine gewisse Familienähnlichkeit besitzen, unterscheiden sich aber gelegentlich mehr voneinander als von ihren poststrukturalistischen Nachfolgern. Diese haben die strukturalen Theoreme nicht immer unbedingt aufgehoben, sondern oft lediglich ein darin schon angelegtes Potential zu radikalen Anwendungen geführt.[2] Wenn also heute gewisse Aspekte strukturalistischer Theoriebildung antiquiert erscheinen, liegt dies nicht am mangelnden Nutzen der Theoreme selbst, sondern eher an unserem Abstand vom Zeitgeist der Jahrhundertmitte, der in den klassischen Formulierungen dieser Theorieelemente genauso eingeschrieben ist wie in nicht-strukturalistischen Ansätzen der Zeit. Damit ließe sich auch erklären, daß wir heute noch mit Gewinn von Strukturalisten entwickelte Analyseverfahren benutzen (oft ohne sie als solche zu bezeichnen), aber häufig dazu neigen, das generelle Text-, Kultur- und Gesellschaftsverständnis vieler klassischer Strukturalisten abzulehnen.

Bevor ich im folgenden einige der wichtigsten theoretischen Prämissen des Strukturalismus und ihre praktische Anwendbarkeit diskutiere, sei zunächst eine grobe Skizze der wichtigsten Schulen vorausgeschickt: Die Grundlage fast aller Strukturalismen, literaturwissenschaftlicher und anderer, sind die linguistischen Arbeiten des Schweizer Sprachwissenschaftlers Ferdinand de Saussure, eines Ver-

---

[1] Zur Problematik des Fortschritts in den Wissenschaften vgl. auch den einführenden Beitrag in diesem Band, insbesondere S. 10-12.

[2] Dies wird im nachfolgenden Beitrag von Barbara Korte näher ausgeführt (S. 41-59).

treters der sogenannten Genfer Schule. Sein epochemachendes Werk *Cours de linguistique générale* (*Grundfragen der allgemeinen Sprachwissenschaft*) ist 1916 posthum erschienen, als eine von Studenten herausgegebene Zusammenfassung seiner zwischen 1906 und 1911 an der Universität Genf gehaltenen Vorlesungen zur allgemeinen Sprachwissenschaft. Eine weitere wichtige Station ist die aus einem Moskauer Kreis von Linguisten und Literaturwissenschaftlern (den sogenannten Russischen Formalisten) hervorgegangene Prager Schule, die sich 1926 unter dem Namen *Cercle linguistique de Prague* gebildet hat und stark von Saussures strukt:uraler Methode beeinflußt war. Ihre bekanntesten Gründungsmitglieder sind der Sprach- und Literaturwissenschaftler Roman Jakobson, der Phonologe Nikolai S. Trubetzkoy und der Ästhetiker Jan Mukařovský. Es ist hauptsächlich Jakobson zu verdanken, daß die strukturale Linguistik und Literaturwissenschaft international bekannt wurde. Während Mukařovskýs Modelle erst in den späten sechziger Jahren wahrgenommen wurden, hatte Jakobsons Übertragung von Prämissen der strukturalen Linguistik auf den literarischen Text großen Einfluß auf die Entwicklung einer dritten wichtigen Schule, des sogenannten französischen Strukturalismus, der vor allem mit den Namen des Literaturwissenschaftlers Roland Barthes und des Ethnologen und Kulturtheoretikers Claude Lévi-Strauss verbunden ist. Letzterer hat mit Jakobson eng zusammengearbeitet und die Prinzipien der strukturalen Linguistik auf die Analyse von Kulturen angewandt. Lévi-Strauss ist vielleicht der Hauptverantwortliche für die enorme Breitenwirkung des Strukturalismus in den fünfziger und sechziger Jahren des 20. Jahrhunderts.[3]

2. Theoretische Grundlagen und Methoden

Eine der grundlegenden theoretischen Prämissen der obengenannten Schulen läßt sich vom Begriff der Struktur ableiten. Während dieser in seinem lateinischen Ursprung (*structura*) nichts weiter heißt als Aufbau, Bau, Gefüge oder Zusammenfügung, wird er im Verständnis der Strukturalisten präziser definiert: als eine *Beziehung* zwischen den *Elementen* eines *Systems*. Folglich interessieren sich Strukturalisten weniger für die Untersuchung von Einzelphänomenen, die gleichsam 'atomistisch', d.h. losgelöst von ihrem Systemzusammenhang erfaßt werden,

---

[3]   Etwas weniger bekannt aber dennoch einflußreich ist die vor allem mit dem Namen des Linguisten Louis Hjelmslev verbundene Kopenhagener Schule, die Saussures Zeichenbegriff entscheidend weiterentwickelte. Innerhalb der französischen Strömungen ist das literatursoziologische Modell von Lucien Goldmann erwähnenswert, der marxistisch-hegelianische Ansätze mit dem Denken der Prager Schule zu einem "genetischen Strukturalismus" kombinierte. Nahezu alle Strukturalismen sind geprägt durch die ihrerseits von Saussure beeinflußten russischen Formalisten Viktor Šklovskij und Boris Ėjchenbaum, die im Gegensatz zu Jakobson in Moskau blieben und erst in den sechziger Jahren einem breiteren westlichen Publikum bekannt wurden. Zahlreiche Texte der russischen Formalisten sind in dem von Jurij Striedter (1994) herausgegebenen Sammelband abgedruckt.

sondern dafür, wie sich Elemente eines Systems zueinander verhalten, welche *Beziehungen* sie miteinander eingehen und welche systemrelevanten *Funktionen* sie übernehmen. Diese Grundtendenz des Strukturalismus läßt sich anhand folgender Graphik einer Kohlenwasserstoffverbindung verdeutlichen:

$$H-C\equiv C-\underset{\underset{H}{|}}{\overset{\overset{H}{|}}{C}}-H$$

Klassische Strukturmodelle, wie diese Darstellung eines Propinmoleküls, sind nicht an naturgetreuer Abbildung interessiert, sondern wollen Verhältnisse zwischen den Einzelelementen aufzeigen. Eine nicht-strukturale, photographische Repräsentation dieses Moleküls könnte zwar einen besseren Eindruck seines oberflächigen Aussehens vermitteln, aber nur wenig zum Verständnis seiner Funktionsweise beitragen: Der Blick durch das Elektronenmikroskop ließe bestenfalls drei scheinbar identische Kohlenstoffatome (C) erkennen, die mit vier scheinbar identischen Wasserstoffatomen (H) einen undurchsichtigen Knäuel bilden. Erst die in der Chemie übliche strukturale Analyse des Moleküls erfaßt die Verbindungen zwischen den Einzelelementen und zeigt, daß die Kohlen- und Wasserstoffatome eben nicht identisch sind, sondern sich durch ihre Stellung im Netz der Verbindungen auf zentrale Weise voneinander unterscheiden. Mit anderen Worten: Die spezifische Funktion jedes einzelnen Elements im System des Moleküls wäre einer nicht-strukturalen Untersuchung entgangen. Diese ist folglich *amimetisch* (nicht-abbildend) und analytisch: Ihr Erkenntnisziel ist das Herausarbeiten von Funktionsweisen, die so, wie sie im Strukturmodell gezeigt werden, in Wirklichkeit nicht zu sehen sind. Strukturmodelle sind also immer fiktiv, aber es sind nützliche Fiktionen, deren Schemata zum Verständnis des Objekts beitragen sollen.[4]

Die strukturale Linguistik nähert sich der Sprache auf ähnlich analytische Weise wie die obige Graphik der chemischen Verbindung. Die vor-strukturalistische Sprachwissenschaft des 19. Jahrhunderts war noch eher historisch-vergleichend, hatte ein stark deskriptives Moment und beschränkte sich im wesentlichen darauf zu zeigen, wie sich die Elemente einer Sprache aus den geschichtlichen und weltanschaulichen Bedingungen ihrer Zeit entwickelten. Saussure kritisierte daran, daß die bloße Katalogisierung einer Sprache bzw. das Nachzeichnen ihrer Entstehungsgeschichte nichts über ihre Funktionsprinzipien aussage und damit am Wichtigsten vorbeigehe. Eine Wissenschaft der Sprache müsse die "innere Ordnung" des Sprachsystems erfassen, anstatt sich im positivistischen Ansammeln

---

[4] Vgl. dazu auch die allgmeinen Anmerkungen zur Funktion wissenschaftlicher Modelle im einleitenden Beitrag zu diesem Band (S. 9f.).

äußerlicher Fakten zu verstricken. Diese für seinen Ansatz konstitutive Unterscheidung zwischen innen und außen illustriert Saussure mit einem Vergleich zwischen Sprachen und dem Schachspiel:

> Die äußere Sprachwissenschaft [wie etwa die Sprachgeschichte; G.L.] kann eine Unmenge von Einzelheiten zusammentragen, ohne dabei in das Netz eines Systems eingespannt zu sein. [...] Bei der inneren Sprachwissenschaft [d.h. der strukturalen Linguistik; G.L.] dagegen verhält es sich ganz anders: da kann man nicht irgendeine beliebige Disposition anwenden; die Sprache ist ein System, das nur seine eigene Ordnung zuläßt. Ein Vergleich mit dem Schachspiel wird das deutlicher machen. Da ist es nämlich verhältnismäßig leicht, zu unterscheiden, was äußerlich und innerlich ist: die Tatsache, daß es von Persien nach Europa gekommen ist, ist äußerlicher Art. Innerlich dagegen ist alles, was das System und die Spielregeln betrifft. Ob ich Holz- oder Elfenbeinfiguren anwende, ist gleichgültig für das System. Wenn ich aber die Zahl der Figuren verringere oder vergrößere, so greift das tief in die Grammatik des Spiels ein. [...] als innerlich zu gelten hat alles, was das System in irgendeinem Grade verändert. (1967 [1916]: 27)

Saussures Unterscheidung zwischen System-Innen und System-Außen, die auch seiner Unterscheidung von *langue* und *parole* entspricht,[5] prägt auch die Arbeiten der Prager Strukturalisten zur Phonologie. Die traditionelle Lautlehre hatte sich zu Anfang des 20. Jahrhunderts noch darauf konzentriert, die verschiedenen phonetischen Klangvariationen einer Sprache zu katalogisieren und durch Rekonstruktion von Lautverschiebungen die geschichtliche Entwicklung eines Lautbildes zu beschreiben. Für von Saussure beeinflußte Linguisten wie Jakobson und Trubetzkoy war das bloße Sammeln von Lautbildern sowie der Nachvollzug ihrer Entstehungsgeschichte etwa so nützlich wie die Erforschung der Herkunft des Schachspiels und der Beschaffenheit seiner Figuren: Es ging am Verständnis des zu untersuchenden Systems und seiner Funktionsregeln vorbei. Die Analyse von Lautbildern sei nur dann sinnvoll, so Trubetzkoy in seiner einflußreichen *Anleitung zu phonologischen Beschreibungen* von 1935, wenn sie die Funktion von Einzellauten innerhalb des bedeutungsgenerierenden Netzes von Lautbeziehungen einer Sprache erfasse (1958 [1935]: 5f.). Zum Beispiel unterscheiden sich die Klangbilder des Wortpaares 'Dach' und 'dich' zum einen durch die Differenz zwischen den beiden Vokalen, die phonetisch mit [a] und [ɪ] transkribiert werden. Zum anderen unterscheiden sie sich durch die unterschiedliche Aussprache des Graphems <ch>: Der im hinteren Gaumen erzeugte Laut in <Dach> wird mit [χ] transkri-

---

[5]   Diese Dichotomie trennt Sprache von Sprechen. *Langue* bezeichnet das Regelsystem einer Sprache als virtuelle Grammatik der Sprechergemeinschaft, die dem Individuum weder vollständig vorliegt, noch von ihm verändert werden kann. *Parole* bezeichnet den individuellen, potentiell unwiederholbaren Sprechakt, der in der strukturalen Linguistik eine geringere Rolle spielt.

biert, der Vordergaumenlaut in <dich> mit [ç]. Entscheidend für den strukturalistischen Phonologen ist nun aber, daß diesen Lautdifferenzen unterschiedliche Funktionen im sprachlichen System zukommen. Die Differenz zwischen den Vokallauten [a] und [ɪ] ist bedeutungsgenerierend; sie ist dafür verantwortlich, daß wir die beiden Wörter unterscheiden können. Folglich sind die Vokale /a/ und /ɪ/, in Trubetzkoys Terminologie, zwei eigenständige *Phoneme*. Der Unterschied zwischen [χ] und [ç] ist dagegen im Deutschen fast nie bedeutungsgenerierend. Wenn man die Endlaute in <Dach> und <dich> vertauscht (zu [daç] und [dɪχ]), klingt das zwar vielleicht, als wäre man kein Muttersprachler, aber die Wortbedeutungen bleiben gleich. Folglich sind die beiden Laute keine selbständigen Phoneme, sondern nur stellungsbedingte *phonetische Varianten* eines einzigen Phonems.[6]

Der Grundgedanke von Trubetzkoys Phonologie – daß die Bedeutung eines Wortes nicht von den Einzellauten abhängt, sondern von der Differenzqualität phonemischer Lautsysteme erzeugt wird – ist der wohl revolutionärsten Denkfigur der Saussureschen Linguistik verpflichtet: der Vorstellung von Sprache als einem System differentieller Werte. Sprache als Differentialsystem zu denken, heißt, daß sie nicht mehr als eine Anordnung positiver, in Worte gefaßter Ideen betrachtet werden kann, sondern als ein immanentes Relationssystem von Zeichen verstanden werden muß, deren Inhalt erst durch den *Unterschied* zu anderen Zeichen gebildet wird. Das einzelne Zeichen hat demnach keine Bedeutung, die sich durch eine gleichsam natürliche Referenzbeziehung zur außersprachlichen Wirklichkeit ergäbe, sondern es bedeutet nur, insofern es sich von anderen Zeichen unterscheidet. Dies wiederum heißt: Bedeutungen sind nicht stabile Einheiten, die wie Namensschildchen am bezeichneten Objekt hängen, sondern differentiale Funktionen. Saussure unterscheidet daher zwischen der Vorstellungsebene und der Lautebene eines Zeichens. Erstere nennt er das Signifikat (*signifié*, engl. *signified*, das Bezeichnete), letztere den Signifikanten (*signifiant*, engl. *signifier*, das Bezeichnende). Das System der Vorstellungen ist abhängig vom System der Lautbilder, nicht von der außersprachlichen Realität. Mit diesem Konzept der *Bilateralität* und *Arbitrarität* des Zeichens ersetzt Saussure die herkömmliche Vorstellung vom Zeichen als einer Verbindung zwischen Namen und Sache. Umberto Eco hat diesen Saussureschen Gedanken mit einer hilfreichen Tabelle illustriert (1991 [1972]: 86):

---

[6] Eine der seltenen Ausnahmen im Deutschen, in der die Differenz zwischen /χ/ und /ç/ phonemisch ist, wäre vielleicht die etwas konstruierte Unterscheidung zwischen /kuxen/ (dem Kuchen, den man ißt) und /kuçen/ (der kleinen Kuh).

Französisch	Deutsch	Dänisch	Italienisch
arbre	Baum		albero
bois	Holz	trae	legno
	Wald		bosco
forêt		skov	foresta

Ecos Vergleich zwischen den Wortfeldern verschiedener europäischer Sprachen zeigt, daß es keine universale Idee oder Vorstellung gibt, die etwa der deutschen Bezeichnung 'Wald' entspricht. Das Signifikat, das durch den Signifikanten 'Wald' aufgerufen wird, hängt direkt davon ab, wie dieser von den Signifikanten 'Holz' und 'Baum' differiert, d.h. welchen Wert ihm durch die Konvention im deutschen Sprachsystem zugewiesen wird. Da die anderen in der Tabelle aufgeführten Sprachen auf anderen Werteverhältnissen basieren, generieren die jeweiligen Übersetzungen von 'Wald' – französisch 'bois' und 'forêt', dänisch 'skov', italienisch 'bosco' und 'foresta' – andere Vorstellungsräume. "In einer solchen Tabelle", erläutert Eco,

> haben wir es nicht mehr mit 'Ideen', psychischen Einheiten und auch nicht mehr mit Referenten als Gegenständen zu tun: *Wir haben es mit Werten zu tun, die sich aus dem System herleiten.* Die Werte entsprechen zwar kulturellen Einheiten, sind aber als reine Differenzen definierbar und kontrollierbar. Sie werden nicht durch ihre Inhalte [...] definiert, sondern durch die Art und Weise, wie sie zu anderen Elementen des Systems in Opposition stehen, und durch die Stellung, die sie im System einnehmen. (ebd.: 86f.)

Die sprachphilosophischen Implikationen der Konzeption von Sprache als einem Wertesystem lassen sich durch den Vergleich mit wirtschaftlichen Systemen verdeutlichen (der Begriff des Wertes ist ja eine ökonomische Metapher). Der monatliche Preis einer Mietwohnung ist bekanntlich keine Entsprechung einer absoluten, stabilen und natürlichen Werteinheit. Mietpreise sind, wie jeder weiß, differentielle Werte, errechnen sich also aus der Differenz, die sie zu anderen Werten im Wirtschaftssystem einnehmen. Wenn in das System eingegriffen wird – indem etwa neue Häuser gebaut werden – verändert sich das Differential, und damit auch der Mietpreis. Genauso wenig wie es einen allgemeingültigen, 'wahren' Quadratmeterwert gibt, der dem 'Wesen' eines Quadratmeters entsprechen würde, ist Sprache Ausdruck einer essentiellen vorsprachlichen Welt. Während dieser Sachverhalt in Wirtschaftssystemen banal ist, lassen sich die sprachphilosophischen Konsequenzen der Differentialität schon schwieriger denken. Wenn die Bedeutungen der Wörter, mit denen wir die Welt benennen, nur differentielle Funktionen sind, die sich mit jeder Veränderung der Sprache wandeln, so heißt dies auch, daß unsere Sprache die Welt nicht abbildet, sondern in unserer Vorstellung erst erzeugt. Es gibt dann keine direkte Korrespondenz zwischen Sprache und Welt, kein Spiegelverhältnis zwischen den beiden Sphären. Auch die Vorstellung, daß eine Sprache so etwas wie der Ausdruck einer menschlichen Identität ist – oder auch einer nationalen Identität, wie sich die Romantiker dies noch vorstellten, wenn sie die Sprache organisch aus der 'Volksseele' wachsen sahen wie ein Blatt aus einem Baum –, läßt sich mit Saussure nicht mehr denken. In der strukturalen Linguistik gibt es also einen Bruch zwischen der Sprache und der Welt, zwischen dem Signifikat des Zeichens und seinem Referenten.[7]

3. Strukturalistische Verfahren der Literatur- und Kulturwissenschaften

Diese Überlegungen der strukturalen Linguistik hatten erheblichen Einfluß auf die Literatur- und andere Geisteswissenschaften. Das in frühen strukturalistischen Manifesten immer wieder anklingende Ziel war die Verwissenschaftlichung der Literaturkritik mit Hilfe der in der strukturalen Sprachwissenschaft entwickelten Methoden. Roman Jakobson beklagte schon in seinen frühesten, in Moskau entstandenen Schriften den methodischen Impressionismus zeitgenössischer Interpreten, die den literarischen Text einmal als Ausdruck des Autors, dann wieder als Reflexion einer außertextlichen Wirklichkeit, als Träger philosophischer oder politischer Inhalte oder als Indiz für geschichtliche Leserreaktionen behandelten. Wie überforderte Polizisten, die zunächst einmal alles und jeden am Tatort "samt den unbeteiligten Personen auf der Straße" (1972 [1921]: 31) auf das Revier schleppten, anstatt sich auf den wirklichen Täter zu konzentrieren, verzettelten sich Literaturwissenschaftler mit nur äußerlichen Fragen, die man eigentlich den Historikern, Psychologen, Philosophen und Sozialwissenschaftlern überlassen

---

[7] Dies ist der eigentlich radikale Gedanke an der Saussureschen Linguistik, der dann auch zu einem Hauptmotiv der dementsprechend oft als radikal wahrgenommenen Dekonstruktion wurde. Ihr Begründer Jacques Derrida übernahm Saussures differentiales Sprachmodell und wendete es dann gegen ihn, indem er es zu seiner letztmöglichen Konsequenz führte, nämlich zu einer skeptischen Sprachkonzeption, die keine Bedeutungsstabilität mehr kennt. Während Saussure die Frage, wie stabil auf dem Prinzip der Differenz basierende Bedeutungssysteme sein können, weitgehend ignoriert, zeigt Derrida, daß sich solche Systeme bei jedem einzelnen Sprechakt verändern und deshalb nicht von einem fixen System ausgegangen werden kann. Die sogenannte poststrukturalistische Wende besteht also nicht in einer Ablehnung, sondern einer nuancierten Weiterentwicklung der strukturalistischen Prämissen: Aus Saussures Differenz wird folglich bei Derrida eine Art "Differenz in Bewegung" ("différence en mouvement"), die Derrida mit dem Neologismus "différance" umschreibt. Eine Einführung in die Konzepte von Poststrukturalismus und Dekonstruktion und deren Auswirkungen auf die Literaturwissenschaft gibt der Beitrag von Barbara Korte in diesem Band (S. 41-59).

sollte. Eine Wissenschaft des literarischen Textes habe sich ausschließlich auf die Erforschung des letztlich für die ästhetische Wirksamkeit der Literatur (ihre Literarizität oder Poetizität) verantwortlichen Verfahrens zu konzentrieren. Das 1929 publizierte Manifest der Prager Schule, an dem Jakobson zusammen mit anderen Linguisten (u.a. Trubetzkoy) mitwirkte, formulierte folgerichtig eine deutliche Absage an die Praxis der zeitgenössischen Literaturgeschichtsschreibung, die den literarischen Text als Ausdruck von ideengeschichtlichen Fakten verstehe und damit einer "Mystik kausaler Beziehungen zwischen heterogenen Systemen" unterliege (Anonymus 1973 [1929]: 35).

Im Prager Manifest und anderen strukturalistischen Schriften zeigt sich freilich die implizite Utopie von der Begründung einer objektiven Wissenschaft des literarischen Kunstwerks, welche die Literarizität eines Textes als eine Art Phonemstruktur des Literarischen mit objektivierbaren linguistischen Kategorien messen können soll. Die letztliche Uneinlösbarkeit einer solchen Utopie wurde jedoch auch schon von den frühen Strukturalisten erkannt, und bereits Mitglieder der Prager Schule haben die Vorstellung eines autonomen und ahistorischen inneren Systems der Literatur problematisiert und teilweise aufgegeben.[8] Dabei wurde lediglich das für den Strukturalismus zentrale Denken in differentialen Beziehungen zu seiner logischen Konsequenz geführt: Wenn die Struktur des literarischen Werks nur in ihrer Differenz zur Struktur anderer Werke wahrgenommen wird, wie es der Russische Formalist Viktor Šklovskij bereits in seinem 1916 erschienenen Aufsatz "Kunst als Verfahren" formulierte, liegt es nahe, literarische Systeme auch in ihrem geschichtlichen Wandel zu begreifen und die poetische Struktur selbst als kontextabhängig zu verstehen. Spätere literaturtheoretische Entwicklungen, wie etwa die rezeptionstheoretischen Studien von Hans Robert Jauß, Umberto Eco und dem späten Roland Barthes, welche dieses im strukturalen Denken enthaltene kontextualistische Potential weiter ausgearbeitet haben, werden oft als 'poststrukturalistisch' eingestuft. Dagegen assoziiert man mit dem klassischen Strukturalismus vor allem die Tendenz zur formalisierten Beschreibung textimmanenter Beziehungen und Funktionen, wie sie von Jakobson gefordert wurde. Die von den Strukturalisten salonfähig gemachte Sensibilität für die systemischen Verhältnisse innerhalb des Textes hat trotz aller späterer Kritik eine ganze Reihe einflußreicher Textbeschreibungsmodelle und Typologien hervorgebracht, die auch heute noch als hilfreiche Arbeitsmittel für die literarische Analyse betrachtet werden.[9]

---

[8] Etwa in Mukařovskýs während der dreißiger Jahre entwickeltem dynamischen und kontextualistischen Textmodell, welches die poetische Funktion in ihrer Abhängigkeit von geschichtlichen Lesergruppen erfaßt (1967 [1940]: 13f., 1970 [1936]: 74f.).

[9] Aus dem strukturalen Denken entwickelte Textmodelle, die den Wandel literaturtheoretischer Moden überdauerten, sind z.B. Manfred Pfisters Einführung in die Dramenanalyse (1977), in der etwa Figurenqualitäten anhand differentialer Merkmalsoppositionen erfaßt werden, sowie die Narratologie von Gérard Genette (1989 [1973]), in der das Erzählen durch die Beziehungen von Elementen bestimmt ist und anti-psychologistisch aufgefaßt wird.

Ein berühmtes und repräsentatives Beispiel für den frühen strukturalistischen Umgang mit Texten ist Roman Jakobsons 1960 erschienene Interpretation des Wahlkampfslogans für den amerikanischen Präsidentschaftskandidaten und späteren Präsidenten Ike Eisenhower, "I like Ike", den er auf seine Poetizität untersucht, um das Prinzip der poetischen Funktion zu erläutern. Wichtig ist für Jakobson nicht nur die offensichtliche Tatsache, daß sich die durch drei konsonantische Phoneme (/l/, /k/, /k/) strukturierte Folge von Diphthongen reimt (/aɪ laɪk aɪk/) und dadurch eine gewisse Musikalität bekommt, sondern daß sich die Reimlaute in ihrer strukturellen Funktion unterscheiden. Die letzten beiden, in den Reimworten "like" und "Ike" enthaltenen Diphthonge wiesen deshalb eine interessante Beziehung auf, so Jakobson, weil das Lautbild des dritten Wortes (/aɪk/) vollkommen in dem des zweiten (/laɪk/) enthalten sei. Das Satzobjekt "Ike" werde vom Verb des Satzes "like" umhüllt, und folglich wirke diese Abfolge als ein nebensprachliches Bild eines Gefühls (jemanden mögen), das sein Objekt (den Präsidentschaftskandidaten) gänzlich einschließe: "a paranomastic image of a feeling which totally envelops its object" (1987 [1960]: 70). In der alliterierenden Wortfolge "I" und "Ike" sieht Jakobson ein weiteres funktionales Beziehungsverhältnis: Das Satzsubjekt /aɪ/ werde vom Satzobjekt /aɪk/ gänzlich umschlossen und funktioniere als ein nebensprachliches Bild eines liebenden *Subjekts* (des Sprechers), welches von dem von ihm geliebten *Objekt* (dem Präsidentschaftskandidaten) eingehüllt werde – "a paranomastic image of the loving subject enveloped by the beloved object" (ebd.).

Strukturalistisch an Jakobsons Vorgehen ist sein Fokus auf die funktionalen Beziehungsverhältnisse der inneren Ordnung des Texts. Seine Analyse ist beziehungsorientiert, weil sie Kontexte ausblendet und nur die strukturellen Spiegelverhältnisse und Symmetrien (genauer: Parallelismen) der linguistischen Formen in den Blick nimmt, im obigen Fall die in "I like Ike" nachgewiesenen Ähnlichkeitsrelationen zwischen Lautstruktur und semantischer Satzaussage. Des weiteren ist seine Analyse funktional orientiert, weil sie sich nur auf solche Ähnlichkeitsrelationen konzentriert, die zur poetischen Funktion beitragen, anstatt etwa alle Textstrukturen in ihrer Gesamtheit nachzuvollziehen.

Jakobsons Verfahren zeigt ein weiteres wichtiges Merkmal, welches die strukturalistischen Literatur- und Kulturwissenschaften von der strukturalen Linguistik übernommen haben, nämlich eine spürbare Tendenz zur Formalisierung und Abstraktion. Sein Nachweis der poetischen Funktion basiert auf der Paraphrase der Textoberfläche mit abstrakt gefaßten Beziehungsbeschreibungen, die als verborgenes Grundmuster gleichsam 'unter der Decke der Erscheinungen' verortet werden. Dieser Schritt vom Konkreten zum Abstrakten ist ein Hauptmotiv der strukturalen Analyse, und sie manifestiert sich in der Unterscheidung zwischen Oberflächen- und Tiefenstruktur, die vor allem durch die Methode des französischen Strukturalisten Claude Lévi-Strauss bekannt wurde (1971 [1958], 1973 [1962]). Lévi-Strauss war direkt von Trubetzkoy und Jakobson beeinflußt und übertrug die "Revolution" der Phonologie (1971 [1958]: 45) auf die Erforschung kultureller Systeme. Dabei interessierte er sich weniger für Spezifika konkreter Kulturen als für die grundlegende Grammatik des mythischen Denkens hinter der Zufälligkeit des kulturellen Einzelphänomens. Wie also Saussure das dem einzelnen Sprechakt zugrundeliegende Beziehungssystem (*langue*) betrachtet, Trubetzkoy das phonologische Netz hinter den phonetischen Einzellauten und Jakobson die poetisch funktionalen Parallelismen hinter dem Textmaterial, so geht es Lévi-Strauss um die tiefenstrukturellen Grundmuster unter der Oberfläche verschiedener kulturspezifischer Bedeutungen und Gebräuche. Die empirisch protokollierbaren Elemente, die der Ethnologe in seiner Feldarbeit vorfindet, werden dabei unabhängig von ihrem konkreten Inhalt als funktionstragende Elemente aufgefaßt. Das Wesen menschlicher Gesellschaften wird als Zusammenspiel einiger Regeln allgemeiner Art begriffen – Tauschregeln etwa oder Regelungen der Heirats- oder Verwandtschaftsbeziehungen –, die trotz ihrer scheinbaren Verschiedenheit strukturell vergleichbar sind. Besonders einflußreich waren Lévi-Strauss' Mythenanalysen (vor allem die des Ödipusmythos, 1971 [1958]), mit denen er zu zeigen versuchte, daß antike, indianische und Eskimomythen auf eine Struktur von Grundkonflikten zurückzuführen seien, die formal ähnlich beschrieben werden können wie die Phonemstruktur der Sprache.

Lévi-Strauss' Arbeiten hatten erheblichen Einfluß auf die strukturale Literaturwissenschaft und vor allem auf die Erzähltheorie des französischen Strukturalismus. Die Schemata und Diagramme, mit denen etwa Claude Bremont, Algirdas Greimas, Tzvetan Todorov und der frühe Roland Barthes versuchten, verschiedene literarische Texte auf einen tiefenstrukturellen Nenner zu bringen, kombinieren den systematisch universalistischen Ansatz der strukturalen Anthropologie mit den Studien der Russischen Formalisten zu einer Formengrammatik der Erzählung, wie sie zuerst in Vladimir Propps *Morphologie des Märchens* (1972 [1928]) praktiziert wurde. Propp hatte um die hundert russische Zaubermärchen nach ihren gemeinsamen abstrakten Handlungsstrukturen durchsucht und kam dabei zu dem Schluß, daß sich diese auf eine endliche Zahl von Funktionen (nämlich genau 31) zurückführen ließen, aus denen in unterschiedlicher Kombination unendlich viele Geschichten erzeugt werden könnten.[10] In Propps Analyse zeigt sich schon das strukturalistische Ziel einer allgemeinen Wissenschaft der literarischen Rede, die mit dem literarischen Text umgeht wie ein an syntaktischen Strukturen interessierter Linguist mit der Sprache. Im Gegensatz zu anderen formalistischen Schu-

---

[10]   Es handelt sich um Funktionen wie: 'Hilferuf', 'Kampf', 'Übergabe', 'Sieg', 'Auszug von Zuhause', etc. Bremond (1972 [1964]) erweitert Propps Kategorien, indem er sie fünf Handlungskategorien zuordnet. Todorovs "Kategorien der literarischen Erzählung" (1978 [1966]) führt den Briefroman *Les liaisons dangereuses* von Choderlos de Laclos (1782) auf drei grundsätzliche Beziehungstypen zurück, die durch Anwendung verschiedener Beziehungsregeln und Transformationsprozesse die komplexen Handlungsvarianten des Romans generieren können. Für eine hilfreiche Einführung in die Erzähltheorie des französischen Strukturalismus vgl. Fietz (1998 [1982]).

len des 20. Jahrhunderts, wie etwa dem anglo-amerikanischen New Criticism, geht
es dabei weniger um die Konstruktion 'kongenialer' Interpretationen 'großer' individueller Texte, sondern um die Beschreibung der wissenschaftlich erfaßbaren systemischen Regeln einer ganzen Reihe von Texten, wenn nicht gar, im Falle von
Lévi-Strauss, einer Art Grundstruktur des menschlichen Geistes. Deshalb neigen
die Lévi-Strauss nahestehenden strukturalistischen Schulen dazu, individuelle Autoren und spezifische Lesergruppen sowie auch die konkreten Bedeutungen eines
Textes zugunsten der abstrakteren tiefenstrukturellen Verhältnisse auszublenden.[11]

4. Anwendungspotentiale

Terry Eagletons hilfreiche Einführung in die Literaturtheorie (1993 [1983]) enthält ein Beispiel einer klassischen (also durch Textimmanenz und Abstraktion geprägten) strukturalen Textanalyse, die sich vielleicht gerade wegen ihrer polemi-
schen Überzeichnung für die einführende Diskussion strukturalistischer Arbeitsmittel eignet.[12] Um die strukturale Textanalyse von anderen abzugrenzen, entwirft
Eagleton zunächst folgende minimale Geschichte: Ein Junge verläßt sein Zuhause
nach einem Streit mit seinem Vater, wandert in der Mittagshitze durch den Wald
und fällt in eine tiefe Grube. Der Vater sucht ihn, kann ihn aber in der dunklen
Grube nicht sehen. In diesem Moment wird die Grube von der Sonne erhellt, der
Vater rettet den Sohn, und nach einer freudigen Versöhnung gehen beide nach
Hause. Die Interpretation dieser Geschichte, so Eagleton, hänge nun von den Erkenntnisinteressen des Interpreten ab: Die einen (z.B. psychoanalytische) Kritiker
fänden darin symbolische Akte des Ödipuskomplex, andere (z.B. *humanists*) wiederum die Dramatisierung der Schwierigkeiten menschlicher Interaktion, usw.
"What a structuralist critic would do", fährt Eagleton fort,

> would be to schematize the story in diagrammatic form. The first unit of sig-
> nification, 'boy quarrels with father', might be rewritten as 'low rebels against
> high'. The boy's walk through the forest is a movement along a horizontal
> axis, in contrast to the vertical axis 'low/high', and could be indexed as
> 'middle'. The fall into the pit, a place below ground, signifies 'low' again, and
> the zenith of the sun 'high'. By shining into the pit, the sun has in a sense
> stooped 'low', thus inverting the narrative's first signifying unit, where 'low'

---

[11] Dies gilt freilich nicht für die eher durch Mukařovský beeinflußten strukturalistischen Schulen,
    wie z.B. den von Lothar Fietz vertretenen, der Konstanzer Schule nahestehenden "funktionalen
    Strukturalismus" (1976), der sowohl intentionalistisch und kontextualistisch orientiert ist und sich
    vor allem gegen den strukturalistische Abkehr vom Subjekt wendet.

[12] Aufgrund der Tatsache, daß die in allen literaturwissenschaftlichen Grundlagenseminaren ge-
    lehrten textanalytischen Verfahren der Dramen-, Erzähltext- und Lyrikanalyse zumeist strukturali-
    stischen Prinzipien folgen, erübrigt es sich hier, eine Beispielanalyse vorzuführen. Das folgende,
    fingierte Beispiel Eagletons lenkt aber den Blick auf grundsätzliche Möglichkeiten und Grenzen
    der Anwendung.

struck against 'high'. The reconciliation between father and son restores an equilibrium between 'low' and 'high', and the walk back home together, signifying 'middle', marks this achievement of a suitably intermediate state. Flushed with triumph, the structuralist rearranges his rulers and reaches for the next story. What is notable about this kind of analysis is that, like Formalism, it brackets off the actual content of the story and concentrates entirely on the form. You could replace father and son, pit and sun, with entirely different elements – mother and daughter, bird and mole – and still have the same story. As long as the structure of relations between the units is preserved, it does not matter which items you select. (1993 [1983]: 95)

Eagletons Beispiel ist in mehrfacher Weise lehrreich: Es zeigt einerseits die Gefahren einer strukturalen Praxis, die dem Formalisierungs- und Abstraktionsdrang derart verfallen ist, daß sie ihre Methode *ad absurdum* führt. Andererseits wird aber auch deutlich, wie leicht es ist, Methoden zu diskreditieren, indem man sie bis ins Groteske vereinfacht. Ein Interpret wie Eagletons Strukturalist, dessen analytische Leistung sich darauf beschränkt, die Erzählung in vier Einheiten zu zerlegen und nach der Konstruktion von nichtssagenden Symmetrien "triumphierend" mit seinem "Lineal" herumzufuchteln, hätte auch mit nicht-strukturalistischen Methoden nichts Sinnvolleres hervorgebracht (auch nicht mit den von Eagleton bevorzugten).

Eine ernsthaftere strukturale Textanalyse müßte zunächst den von Eagleton gewählten analytischen Filter begründen, der das 'Wie' der Erzählung komplett ausblendet und sie auf das 'Was' beschränkt, also auf das, was man in der strukturalen Erzähltheorie als *histoire* (den erzählten Ereignissen) vom *discours* (den Erzählhaltungen) abgrenzt.[13] Diese Unterscheidung ist freilich keine natürlich gegebene, sondern rein analytisch begründbar: Im Gegensatz zu Küchengeräten, die sich, wenn man sie aufschraubt, in ihre Komponenten aufteilen, haben literarische Texte keine natürlichen Bruchstellen. Ihre Bestandteile werden nicht 'gefunden' sondern konstruiert, und die Art und Weise ihrer Konstruktion legitimiert sich ausschließlich durch ihren begrifflichen Nutzen. Dieser Nutzen ist in Eagletons Reduktion des Textes auf seine simple *histoire* jedoch nicht erkennbar. Ein aufgeklärter struktureller Ansatz würde deshalb Aspekte des *discours* der Geschichte miteinbeziehen, um einschätzen zu können, in welchem Erzählzusammenhang die Ereignisse stehen, welche Funktion sie haben, wie sie sich innerhalb des Gesamttextes positionieren. Wird die Geschichte des Jungen und seines Vaters etwa im

---

[13] Für die Unterscheidungen zwischen dem 'Was' und dem 'Wie' der Erzählung gibt es eine geradezu verwirrende Vielzahl von Begriffspaaren – neben *histoire/discours* etwa *story/discourse*, Geschichte/Fabel oder *fabula/sujet* –, wobei ähnliche Begriffe manchmal sehr unterschiedliche Phänomene beschreiben; vgl. Korte (1985). Auch der Diskursbegriff wird in sehr unterschiedlichen Zusammenhängen gebraucht und ist daher vieldeutig. Eine Einführung in einen Diskursbegriff, der mit dem obigen zwar nicht inkompatibel ist, aber doch andere Erkenntnisinteressen verfolgt, gibt Eveline Kilian in ihrem Beitrag "Diskursanalyse" in diesem Band (S. 61-81).

bierernsten Ton eines für das 19. Jahrhundert typischen moralisierenden Lehr-
stückes erzählt, so ist ihre Bedeutungsstruktur anders einzuschätzen, als wenn sie
mit ironischen Brechungen durchsetzt wird. Im ersteren Fall könnte sie als War-
nung für halsstarrige Söhne gelesen werden, im letzteren vielleicht als Parodie
ebensolcher Warnungen. Als Teil eines pathetischen Melodrams würde das Geschehen vielleicht an das Mitgefühl des Betrachters appellieren, während es im
Kontext eines absurden Dramas, mit tölpelhaften und stotternden Hauptfiguren,
eher die Absurdität menschlicher Kommunikation thematisierte. Die Ausblendung
dieser Informationen ist nicht, wie Eagleton impliziert, auf die strukturale Theorie
selbst zurückzuführen, sondern höchstens auf ihre verkürzte methodische Umsetzung. Eine konsequente Anwendung struktueraler Methoden ginge im Gegenteil
sogar davon aus, daß sich ohne Miteinbezug des Kontexts letztlich weder *discours*
noch *histoire* eines Textes einer umfassenden Funktionsbestimmung unterziehen
lassen.

Die strukturalistische Kernthese von der Differentialität von Zeichenbedeutun-
gen führt zu der (etwa für den Russischen Formalismus zentralen) Erkenntnis, daß
die ästhetisch wirksame Struktur des literarischen Textes nicht allein aus dem
atomistisch beschreibbaren textinhärenten Zeichenmaterial besteht, sondern aus
dessen Beziehungsverhältnissen zu anderen Texten, d.h. zumindest zu jenen Texten, welche die Interpretationsregeln der relevanten historischen Lesergruppen geprägt haben.[14] Das heißt, die *ästhetische Struktur* des Textes ist entscheidend von
den leserseits wahrgenommenen *Unterschieden* zu anderen in früherer Lektüre
verinnerlichten Texttraditionen abhängig. Folglich läßt sich die ästhetische Funktion von Eagletons Minimalgeschichte nur bestimmen, wenn man weiß, wie sie
sich zu den vom Leser internalisierten literarischen Folien verhält. Sie würde von
einem durch die strukturelle Gebrochenheit des modernen Dramas geprägten Rezipienten anders realisiert werden als etwa vom eher an symmetrische Auflösung
gewöhnten Publikum des englischen Neoklassizismus. In der Tat ist es in Anbe-
tracht grundlegend verschiedener Aktualisierungen der ästhetischen Struktur eines
Textes kaum mehr sinnvoll, von ein und dem selben Text zu reden bzw. von seiner
richtigen oder falschen Rezeption: Unterschiedliche historische Lesergruppen verfügen, in Mukařovskýs Worten, zwar über dasselbe "Artefakt" (sie sehen die gleichen Buchstaben), realisieren daraus aber oft abweichende "ästhetische Objekte"

---

[14] Zu diesen historischen Lesergruppen gehört freilich auch der historische Autor, der ja auch
gleichsam 'Leser' seines Textes ist, da er mit seinem intendierten bzw. konkreten Publikum
potentiell die grundsätzliche Zugehörigkeit zu einer Interpretationsgemeinschaft teilt. Einen Text
zu interpretieren, heißt demnach, ihn durch den Filter der für seine Entstehung wirksamen Interpretationsregeln zu betrachten. Diese schwache Berücksichtigung des Autors ist freilich nicht
gleichbedeutend mit der starken Autorzentriertheit eines zu Recht vom Strukturalismus in Frage
gestellten Biographismus, der den Text als 'Ausdruck' des Autors von seinen zugrundeliegenden
Interpretationsregeln abkoppelt. Die berühmten Plädoyers für den Tod des Autors im frühen französischen Strukturalismus (Barthes fordert schon 1963, den Autor vom Text zu 'amputieren'; vgl.
Fietz 1998 [1982]: 137) richten sich vorwiegend gegen die letztere, starke Variante.

(die von den systemischen Wahrnehmungsverhältnissen historischer Lesergruppen
abhängige ästhetische Gestalt und Wirkung des Artefakts; vgl. 1970 [1936]: 74f.).
Die Kontextabhängigkeit der Textstruktur betrifft darüber hinaus nicht nur formale sondern auch inhaltliche Aspekte. Auch die Beziehung der künstlerischen
Strukturen des Textes zu außerästhetischen Phänomenen (etwa ideengeschichtliche, sozio-politische, ethisch-moralische, psychologische o.ä. Voraussetzungen
der relevanten Lesergruppen) müssen, so Mukařovský, "als Struktur begriffen
werden", denn ästhetische und gesellschaftliche Aspekte "haben den Charakter
einer strukturellen Wechselseitigkeit" und "vereinigen sich zu einer Struktur höhe-
rer Ordnung" (1967 [1940]: 12). Zum Beispiel bedingt sich die Motivierung des
Plots (d.h. der kausalen Verknüpfung der Einzelereignisse) von Eagletons Erzählung durch die ideengeschichtlichen Voraussetzungen der Lesergruppen, welche
die vom Text offen-gelassenen kausalen Leerstellen zwischen den einzelnen Geschehnissen gemäß ihrem Weltverständnis verknüpfen. Elisabethanische Leser
würden beispielsweise dazu neigen, die Sonne als aktiven Handlungsträger der
Geschichte zu verstehen, dessen Eingriff in das Geschehen göttliche Vorsehung
manifestiert. Die symmetrische Abfolge des Geschehens wäre für solche Lesergruppen die sinnvolle Konsequenz einer von göttlicher Ordnung durchdrungenen
Welt. Dagegen würden die intendierten Leser eines typisch naturalistischen Romans wohl eher dazu neigen, die Plotverhältnisse der Geschichte weltimmanent zu
erklären, d.h. den Eingriff der Sonne vielleicht sogar als arbiträre Ironie einer
durch Zufall geprägten Welt zu interpretieren. Für solche Lesergruppen würde die
Symmetrie der Ereignisse wohl eher komisch wirken.

5. Schluß

Diese freilich sehr verkürzten Überlegungen zu Eagletons Parodie der strukturalen
Analyse sollten demonstrieren, daß das im Strukturalismus kultivierte Beziehungs-
denken genügend analytische Mittel liefert, um Texte nicht nur immanent, sondern
auch in ihren funktionalen Kontexten zu erfassen. Wenn sich die klassischen
strukturalen Analysen (wie etwa Jakobsons und Lévi-Strauss' berühmte Interpretation von Charles Baudelaires Gedicht "Les Chats") meist auf textinterne
Strukturen beschränkten, so handelt es sich dabei in der Regel um bewußte, durch
spezifische Erkenntnisinteressen legitimierte Entscheidungen. Letzteres kann man
nicht genug betonen. Die erkenntnistheoretische Modernität des strukturalen
Denkens besteht vor allem in seiner dezidiert anti-realistischen Grundhaltung, die
von Kritikern oft übersehen wird. Auch der in Eagletons Darstellung implizite
Vorwurf, die strukturale Literaturwissenschaft neige dazu, das Wesentliche an der
Literatur auszublenden und statt dessen abstrakte Formeln in den Text hinein-
zuinterpretieren, die an seiner Realität vorbeigingen, verkennt die anti-realistische
Pointe des strukturalen Denkens, nach der die Struktur des Modells nicht notwen-

digerweise die Struktur des untersuchten Objekts widerspiegeln muß. Diese
Überzeugung durchzieht die strukturalistische Theoriebildung seit Saussure und
zeigt sich eindrücklich in folgender methodologischer Überlegung des Kopenhagener Linguisten Louis Hjelmslev:

> [U]nter *strukturaler Linguistik* [muß man] eine Folge von Untersuchungen
> verstehen, die auf eine Hypothese zurückgehen, nach der es wissenschaftlich
> legitim ist, die Sprache als Struktur [...] zu beschreiben. [...] Man könnte
> vielleicht den Einwand erheben, daß, wenn es so ist, die Annahme einer struk-
> turalen Methode nicht vom untersuchten Objekt gefordert, sondern willkürlich
> vom Untersuchenden gewählt wird. Man ist auf diese Weise wieder beim alten,
> schon im Mittelalter diskutierten Problem, ob die Begriffe (Vorstellungen oder
> Klassen), die durch die Analyse freigelegt werden, sich von der Natur des
> Objekts selbst (*Realismus*) oder aus der Methode (*Nominalismus*) ergeben.
> Dieses Problem ist epistemologischer [d.h. erkenntnistheoretischer; G.L.] Art
> [...]. Das bedeutet, daß es für den Linguisten nicht entscheidend ist, ob das
> epistemologische Problem, als theoretisches Problem, 'realistisch' oder 'nomina-
> listisch' gelöst wird, und daß der Linguist als solcher daran vorbeigehen kann.
> (1974 [1957]: 109-111; vgl. Eco 1991 [1972]: 361f.)

Man sieht also an Hjelmslevs Wortwahl, wie vorsichtig sich der Strukturalist
gegenüber etwaigen Widerspiegelungsansprüchen verhält. Er betont, es sei nicht
seine Aufgabe, darüber zu entscheiden, inwieweit die angewandten Strukturmodelle das 'Wesen des Objekts' abbilden – darüber sollen Philosophen, Erkenntnis-
theoretiker oder Theologen streiten, wie sie es schon seit dem Mittelalter tun. Als
Linguist interessiert Hjelmslev lediglich die Frage, inwieweit seine strukturale
Beschreibung fruchtbare Erkenntnisse und Funktionsvokabulare liefert, welche die
Wirklichkeit nicht abbilden, sondern den Umgang mit ihr erleichtern. Freilich
haben sich Strukturalisten nicht immer, wie von Hjelmslev gefordert, erkenntnistheoretischer Überlegungen enthalten, sondern des öfteren versucht, das Verhältnis zwischen ihren Modellen und der Wirklichkeit zu bewerten. Vor allem Claude
Lévi-Strauss ist dafür kritisiert worden, daß sein Ansatz bisweilen vom strukturalistischen Operationsmodell in eine objektivistisch verstandene Formel für uni-
verselle Wahrheiten abgeglitten sei, in einen "ontologischen Strukturalismus", wie
Umberto Eco formuliert hat (1991 [1972]: 364-366). Andere Strukturalisten neigen zu einer mittleren Position, die einerseits Lévi-Strauss' "unreflektierte Gleichsetzung der Strukturen des Erklärungsmodells mit den Strukturen des erklärten
Gegenstandes" ablehnt (Fietz 1998 [1982]: 104), sich andererseits jedoch gegen
die Vorstellung einer gänzlichen Arbitrarität theoretischer Modelle sträubt. Dabei
wird etwa mit Bezug auf den Philosophen Karl Popper argumentiert, daß die ständige Verbesserung von wissenschaftlichen Modellen als evolutionäre Annäherung
an die Wirklichkeit zu verstehen sei (Fietz 1998 [1982]: 197). Eine Reihe von
durch den Strukturalismus beeinflußten Denkern (z.B. Michel Foucault) neigen al-

lerdings eher zu der (unter anderem von Thomas Kuhn gegen Popper formulierten) These, daß die Evolution und historische Abfolge wissenschaftlicher Modelle nichts über ihre Nähe zur Wirklichkeit aussagt, sondern lediglich über ihre temporäre Nützlichkeit zur Lösung bestimmter Probleme (vgl. Rorty 1998: 3-8). Diese philosophisch-wissenschaftstheoretische Position wird zwar mit der Postmoderne assoziiert, führt aber zu einer schon für den Strukturalismus nicht untypischen praktischen Konsequenz, nämlich der von Hjelmslev angedeuteten Ausklammerung erkenntnistheoretischer Fragen (d.h. Fragen der Korrespondenz zwischen Theorie und Wirklichkeit) bei der Bewertung von wissenschaftlichen Modellen.

Trotz der Modernität des strukturalen Denkens und obwohl zentrale strukturale Denkfiguren heute zum literaturtheoretischen Standardrepertoire gehören, dürfte sich der Terminus "Strukturalismus" als methodologische Bezeichnung kaum mehr retten lassen. Zu häufig ist er in den schematisierenden Methodenüberblicken des wachsenden literaturtheoretischen Markts vereinfachend mit veralteten Wissenschaftstrends der Jahrhundertmitte gleichgesetzt worden. Dies sollte jedoch nicht über den auch für einen kontextualistischen Umgang mit der Literatur ganz erheblichen methodologischen Nutzen strukturalistischer Textmodelle hinwegtäuschen.

Bibliographie

Anonymus [Jakobson, Trubetzkoy u.a.]. 1973 [1929]. "Methodische Probleme, die aus der Konzeption der Sprache als System erwachsen, und die Wichtigkeit dieser Konzeption für die slawischen Sprachen." In: Neumann, Hans (Hg.). *Der moderne Strukturbegriff*. Darmstadt: Wissenschaftliche Buchgesellschaft. 31-46.

Barthes, Roland. 1975. "An Introduction to the Structural Analysis of Narrative." *New Literary History* 6: 237-272. [Orig.: "Introduction à l'analyse structurale des récits"]

Bremond, Claude. 1972 [1964]. "Die Erzählnachricht." In: Ihwe (Hg.). *Literaturwissenschaft und Linguistik*. Bd. III: 177-217.

Culler, Jonathan. 1975. *Structuralist Poetics: Structuralism, Linguistics and the Study of Literature*. Ithaca: Cornell University Press.

Eagleton, Terry. 1993 [1983]. *Literary Theory: An Introduction*. London, Minneapolis: University of Minnesota Press.

Eco, Umberto. 1991 [1972]. *Einführung in die Semiotik*. München: Fink.

Fietz, Lothar. 1976. *Funktionaler Strukturalismus: Grundlegung eines Modells zur Beschreibung von Text und Textfunktion*. Tübingen: Niemeyer.

—. 1998 [1982]. *Der Strukturalismus: Eine Einführung*. 3., erw. Aufl. Tübingen: Narr.

Genette, Gérard. 1989 [1973]. *Narrative Discourse: An Essay in Method*. Übers. Jane E. Lewin. Ithaca: Cornell University Press. [Orig.: *Discours du récit*]

Greimas, Algirdas. 1972 [1967]. "Die Struktur der Erzählaktanten: Versuch eines generativen Ansatzes." In: Ihwe (Hg.). *Literaturwissenschaft und Linguistik*. Bd. III: 218-238.

Hjelmslev, Louis. 1974 [1957]. "Für eine strukturale Semantik." In: ders. *Aufsätze zur Sprachwissenschaft*. Stuttgart: Klett. 105-119.

Ihwe, Jens (Hg.). 1972. *Literaturwissenschaft und Linguistik*. 3 Bde. Frankfurt am Main: Athenäum.

Jakobson, Roman. 1972 [1921]. "Die neueste russische Poesie: Erster Entwurf." In: Stempel, Wolf-Dieter (Hg.). *Texte der Russischen Formalisten*. München: Fink. Bd. II: 18-135.

—. 1987 [1960]. "Linguistics and Poetics." In: Pomorska, Krystyna, Stephen Rudy (Hg.). *Language in Literature*. Cambridge/MA: Harvard University Press. 62-94.

Korte, Barbara. 1985. "Tiefen- und Oberflächenstrukturen in der Narrativik." *Literatur in Wissenschaft und Unterricht* 18.4: 331-352.

Lévi-Strauss, Claude. 1971 [1958]. *Strukturale Anthropologie*. Frankfurt am Main: Suhrkamp. [Orig.: *Anthropologie structurale*]

—. 1973 [1962]. *Das Wilde Denken*. Frankfurt am Main: Suhrkamp. [Orig.: *La pensée sauvage*]

Mukařovský, Jan. 1970 [1936]. "Ästhetische Funktion, Norm und ästhetischer Wert als soziale Fakten." In: ders. *Kapitel aus der Ästhetik*. Frankfurt am Main: Suhrkamp. 7-112.

—. 1967 [1940]. "Der Strukturalismus in der Ästhetik und in der Literaturwissenschaft." In: ders. *Kapitel aus der Poetik*. Frankfurt am Main: Suhrkamp. 7-33.

Pfister, Manfred. 1977. *Das Drama: Theorie und Analyse*. München: Fink.

Propp, Vladimir. 1972 [1928]. *Morphologie des Märchens*. München: Hanser.

Rorty, Richard. 1998. *Truth and Progress: Philosophical Papers III*. Cambridge: Cambridge University Press.

Saussure, Ferdinand de. 1967 [1916]. *Grundfragen der allgemeinen Sprachwissenschaft*. Hg. Charles Bally. Berlin: de Gruyter. [Orig.: *Cours de linguistique générale*]

Scholes, Robert. 1974. *Structuralism in Literature: An Introduction*. New Haven: Yale University Press.

Šklovskij, Viktor. 1994 [1916]. "Kunst als Verfahren." In: Striedter (Hg.). *Russischer Formalismus*. 2-35.

Striedter, Jurij (Hg.). 1994. *Russischer Formalismus: Texte zur allgemeinen Literaturtheorie und zur Theorie der Prosa*. 5. Aufl. München: Fink.

Titzmann, Michael. 1984. "Struktur, Strukturalismus." In: Kanzog, Klaus, Achim Masser (Hg.). *Reallexikon der deutschen Literaturgeschichte*. 2. Aufl. Berlin: de Gruyter. Bd. IV: 255-278.

Todorov, Tzvetan. 1978 [1966]. "Die Kategorien der literarischen Erzählung." In: Hillebrand, Bruno (Hg.). *Zur Struktur des Romans*. Darmstadt: Wissenschaftliche Buchgesellschaft. 347-369.

Trubetzkoy, Nikolai. 1958 [1935]. *Anleitung zu phonologischen Beschreibungen*. Göttingen: Vandenhoek und Ruprecht.

Barbara Korte

Poststrukturalismus und Dekonstruktion

1. Einleitung

Angesichts der Tatsache, daß selbst längere Einführungen in den Poststrukturalismus die Schwierigkeit ihres Unterfangens betonen, angefangen bei der Bestimmung ihres Gegenstandes, scheint eine Kürzestfassung für Einsteiger vermessen: "Das Wort 'Poststrukturalismus' bezeichnet einen Denkansatz, dem einfache Definitionen äußerlich bleiben müssen" (Bossinade 2000: ix).[1] Trotzdem sei ein Versuch hier gemacht, wenn auch mit nachdrücklichem Hinweis auf die umfangreicheren Einführungen mit ihren weiterführenden Literaturhinweisen sowie natürlich die zentralen Originaltexte dieser vielfach verzweigten Denkrichtung. Aus der beträchtlichen Zahl der als 'poststrukturalistisch' bezeichneten Theorieansätze in verschiedenen Disziplinen (mit so bedeutenden Vertretern wie Jacques Derrida, Julia Kristeva, Jacques Lacan, Jean-François Lyotard, Jean Baudrillard, Gilles Deleuze, Roland Barthes, Paul de Man u.a.) können im folgenden lediglich einige wenige Grundannahmen skizziert werden, die für den Umgang mit Texten der englischen Literaturen, insbesondere auch der sogenannt postmodernistischen Literatur, besonders relevant scheinen.

Wie der vorangegangene Beitrag von Günter Leypoldt gezeigt hat, beansprucht der Strukturalismus, wissenschaftlich-'objektiv' an die von ihm untersuchten Phänomene heranzugehen. Seine zentralen Prinzipien sind relativ klar faßbar und für die Analyse literarischer Texte unmittelbar anwendbar. Dies läßt sich für *post*strukturalistische Ansätze weniger behaupten, obwohl der Poststrukturalismus

---

[1] Vgl. auch Münker/Roesler (2000: viiif.): "Die Popularität des Poststrukturalismus allerdings geht einher mit einer kontinuierlichen Diskussion darüber, was und wen man im engen Sinn als poststrukturalistisch bezeichnen soll [...]. Die insgesamt so unklare Ausgangslage hat ihren schlichten Grund darin, daß es so etwas wie den Poststrukturalismus tatsächlich gar nicht gibt. Anstelle einer bestimmten philosophischen 'Schule' mit festumrissenen Grenzen bezeichnet der Terminus eine mehr oder weniger eindeutige Tendenz der Entwicklung von Teilen der Philosophie und verwandter geisteswissenschaftlicher Disziplinen zwischen ca. 1965 und heute. [...] Es gibt folglich keinen Text oder vergleichbares Material, welches man als das Programm oder Manifest des Poststrukturalismus bezeichnen könnte [...]. Überspitzt kann man deswegen sagen: *Über den Poststrukturalismus schreiben heißt, ihn zu erfinden.*" Zur Unklarheit trägt des weiteren bei, wenn poststrukturalistische Ansätze gelegentlich auch mit dem noch vageren Begriff 'postmodern' bezeichnet werden, wie etwa bei Selden/Widdowson (1997; siehe dort insbesondere Kapitel 6 und 7).

in den letzten Jahrzehnten des zwanzigsten Jahrhunderts, seit den in so vieler Hinsicht radikalen 1960er Jahren mit ihrer Hinterfragung traditioneller Hierarchien und Autoritäten (z.B. in der Studenten- und Frauenbewegung), aus dem Strukturalismus hervorgegangen ist, zuerst und besonders fruchtbar in Frankreich. In den Arbeiten von Roland Barthes etwa ist sehr deutlich nachvollziehbar, wie sich ein Poststrukturalist aus dem früheren Strukturalisten entwickelt hat.

Unter dem Begriff 'Poststrukturalismus' werden verschiedene Richtungen der neueren Literaturtheorie zusammengefaßt – je nach Textsammlung, Nachschlagewerk oder Einführungsband mit gewissen Abweichungen. Einigkeit herrscht dahingehend, den 'Dekonstruktivismus', ein primär vom Sprachzeichen ausgehendes und sprachkritisches Denkverfahren, als eine Art Keimzelle des Poststrukturalismus anzusehen, und hier ist der Anschluß an die strukturalistische Konzeption des sprachlichen Zeichens auch am offensichtlichsten. Der Dekonstruktivismus hat diese Vorstellung des sprachlichen Zeichens radikalisiert, wie unten genauer dargestellt wird. Als 'poststrukturalistisch' bezeichnet werden aber auch Ansätze, die mit dem Dekonstruktivismus gewisse Grundannahmen über das Verhältnis von Sprache und 'Welt' teilen, aber eine stärkere Rückbindung an soziokulturelle Kontexte vornehmen, wie einige Spielarten der feministischen Theorie bzw. der Gender Studies, der postkolonialen Theorie, der Diskursanalyse oder des New Historicism, die in anderen Beiträgen dieses Bandes vorgestellt werden. Auch sie betonen die Rolle der Sprache und anderer Zeichensysteme bei der Konstruktion unserer Vorstellungen von Welt und lassen Grundannahmen strukturalistischen Denkens hinter sich, an erster Stelle die Annahme von stabilen, zentral organisierten oder in binären Oppositionen denkbaren Sinnstrukturen, mit denen Menschen versucht haben, sich die Welt zu erklären und kulturelle Gebilde zu schaffen. Und auch diese Ansätze lassen sich subsumieren unter der verallgemeinerten Definition, die Bossinade (2000: ix) für Poststrukturalismus anbietet. Diesen bezeichnet sie als "einen Ansatz [...], der die Aufmerksamkeit auf die unterbelichteten oder verdrängten Prozesse der Sprache richtet und sie nach Möglichkeit zu reaktivieren versucht".

Poststrukturalistische Literaturtheorie ist ein Teilaspekt poststrukturalistischer Philosophie, d.h. des für die sogenannte Postmoderne charakteristischen Denkstils. Dieses Denken begegnet scheinbaren Sicherheiten, Bestimmtheiten und Autoritäten mit Skepsis und setzt ihnen eine radikale Un-Bestimmtheit (*indeterminacy*) entgegen: Nirgendwo – ob in der Religion, in der politischen Ideologie, im Verhältnis verschiedener sozialer Gruppen zueinander, im Verständnis des einzelnen Subjekts oder in dem allen kulturellen Konstrukten zugrundeliegenden Sinnsystem der Sprache – können unhinterfragbare, stabile Strukturen angenommen werden. Jean-François Lyotard (1984) hat für die *condition postmoderne* das Verschwinden der 'großen Erzählungen' (*grands récits*) postuliert, d.h. sämtlicher scheinbar alles erklärender Versuche der Stiftung von Sinn über die Welt. Kategorien, mit denen frühere Sinnsysteme operierten, werden in der poststrukturalistischen Philosophie als grundsätzlich instabil, als miteinander vermischt und hinterfragbar gedacht: zum Beispiel binäre Oppositionspaare wie Mann/Frau, weiße/nichtweiße Rasse, Ich/Andere usw. Neben dem Modell der binären Opposition ist ein anderes Modell der früheren 'abgesicherten' Sinnsysteme das eines zentrierten Systems: Ein Zentrum hält das System zusammen und verleiht ihm Sinn, fungiert als sinnstiftende 'Autorität'. So wurde z.B. in der traditionellen Familienstruktur Europas der Vater als das Zentrum der Familie angesehen; auch der Staat hatte 'Patriarchen' im Sinne zentraler Herrscherfiguren. Im System des Kolonialismus war die Kolonialmacht das Zentrum eines Imperiums; in den verschiedenen Ausprägungen der christlichen Religion stellt der dreifaltige Gott das unterhintergehbare Sinn-Zentrum dar usw. Derart Sinn versichernde Konstrukte werden im poststrukturalistischen Denken *de*-konstruiert:

> As Ihab Hassan remarks, postmodernism may be summarized by a list of words prefixed by 'de-' and 'di-': 'deconstruction, decentring, dissemination, dispersal, displacement, difference, discontinuity, demystification, delegitimation, disappearance' [Hassan 1989: 309]. In place of the centre, but not in its place, there is alterity, otherness, a multiplicity and dispersal of centres, origins, presences. (Bennett/Royle 1995: 186)

Im poststrukturalistischen Denken rücken an die Stelle traditioneller Sinnsysteme Vorstellungen von dynamischer, flexibler, vielfältiger und sogar widersprüchlicher Sinnstiftung. An die Stelle des Zentrums oder der binären Opposition rücken Konzepte wie Viel- oder Mehrdeutigkeit, Hybridität, Unentscheidbarkeit, Paradoxie, Ironie.

Es überrascht angesichts einer dergestalt bewußt-verunsichernden Denkart nicht, daß der Poststrukturalismus in der Literatur- und Kulturtheorie, insbesondere das dekonstruktive Verfahren, als notorisch schwierig gilt. Er hat trotzdem die Literatur- und Kulturwissenschaft der letzten Jahrzehnte maßgeblich geprägt:

> Poststructuralism and deconstruction transformed literary criticism in the 1970s and 1980s into something very different from the earlier practices of new criticism, formalism and structuralism. In these two decades literary criticism acquired a new complexity that many have seen in a negative light, an often jargonesque terminology, and an attitude of apparent self-importance at the expense of literature. [...] Deconstructions were acts of criticism which did not really respect the idea of a text as something with objective properties, and seemed more interested in the method employed by a critical discourse to represent a literary text. The reading had become more important than the thing read. (Currie 1996: 544)

In diesem Sinne haben auch Andrew Bennett und Nicolas Royle für den Titel ihrer *Introduction to Literature, Criticism and Theory* (1995) einen Cartoon gewählt, der zwei von der poststrukturalistischen Analyse im wörtlichen Sinne gefesselte

Zuhörer zeigt – an Marterpfähle gebunden und geknebelt sind sie den Ergüssen eines Kollegen ausgeliefert, wie die Bildunterschrift verdeutlicht: "There, as usual, was Edelson, delivering his post-structuralist analysis of the modern novel to the privileged few." Daß poststrukturalistische Ansätze nicht selten elitär-selbstverliebt wirken, liegt unter anderem an einem Sprachstil, der ihrem durch die zugrunde liegende Vorstellung von Sprache bedingten Denkstil entspricht: Viele der mehrdeutigen Sprachspiele, mit denen Poststrukturalisten operieren, sind tatsächlich nur Eingeweihten zugänglich und machen es schwierig, sich über die grundlegenden Annahmen des Poststrukturalismus und vor allem die Ergebnisse seiner Textlektüren zu *verständigen* – was, wie der einleitende Beitrag zu diesem Band zeigt, das Ziel eines literatur- und kulturwissenschaftlichen Diskurses sein sollte (und nicht die Knebelung der Adressaten). Trotzdem ist es wichtig, sich zumindest mit den wesentlichsten Grundzügen poststukturalistischen Denkens vertraut zu machen – vielleicht nicht, um künftig selbst Texte zu 'dekonstruieren', sondern weil poststrukturalistische Ansätze in vieler Hinsicht die Literatur- und Kulturwissenschaft sowie unsere Sicht auf Literatur und ihr Vermittlungssystem entscheidend beeinflußt haben. Nicht zuletzt hat poststrukturalistische Theorie auch viele Schriftsteller inspiriert, so daß eine Vertrautheit mit ihren Konzeptionen den Lektüregewinn vor allem sogenannter 'postmodernistischer' Literatur steigern kann.

2. Zeichentheoretische Grundannahmen

Die zeichentheoretische Fundierung der dezentralisierenden und destabilisierenden Vorgehensweise des Poststrukturalismus ist vor allem im sogenannten 'Dekonstruktivismus' entwickelt worden. Dessen wohl bekanntester Vertreter ist der Philosoph Jacques Derrida, der seine Theorie aus einer Kritik an der Zeichentheorie Ferdinand de Saussures entwickelt hat. Ein Hauptwerk Derridas ist *De la grammatologie* (1967, engl. *Of Grammatology*, 1976), aber einen geeigneten Einstieg in Derridas komplexes Œuvre stellt der frühe Aufsatz "Structure, Sign, and Play in the Discourse of the Human Sciences" (1966) dar, am besten mit einer begleitenden Lektüre von M.H. Abrams' ausgesprochen klarer, aber auch kritischer Darstellung dekonstruktivistischer Prinzipien in seinem Aufsatz "The Deconstructive Angel" (1977).[2]

Wie für Strukturalisten ist die Welt für Dekonstruktivisten nur als eine Welt der Zeichen – enger noch: als eine Welt *sprachlicher* Zeichen – sinnhaft. Allerdings wird die Struktur des Zeichens selbst und der Prozeß, in dem Zeichen Be-

---

[2] Beide sind abgedruckt in der nützlichen Sammlung wichtiger literaturtheoretischer Texte von Lodge (1988). Weitere relevante Textsammlungen haben Docherty (1993), Newton (1988) und Young (1981) zusammengestellt. Zu Derridas Einfluß in den gesamten Geisteswissenschaften vgl. auch den Band von Cohen (2001).

deutungen zugewiesen werden, die Semiose, im Dekonstruktivismus radikaler konzipiert als im Strukturalismus. Ausgangspunkt für den Dekonstruktivismus ist die These Ferdinand de Saussures, daß ein sprachliches Zeichen seine Bedeutung allein durch Differenzbeziehungen zu anderen Zeichen innerhalb des Systems einer Sprache erhält und *nicht* durch einen Referenten in der außersprachlichen Wirklichkeit, den es bezeichnet.[3] Zeichen haben für Saussure Bedeutung, weil im System einer Sprache eine Ausdrucksseite des Zeichens (= Signifikant, engl. *signifier*) und eine mentale Inhaltsseite (= Signifikat, engl. *signified*), einander zugeordnet sind, wenn auch arbiträr, etwa die Lautfolge [tri:] der mentalen Vorstellung 'Baum'. Die sprachsysteminhärente Bedeutung der Zeichen wird auf die außersprachliche Wirklichkeit, also einen real existierenden Baumbestand, lediglich projiziert. Alles, was für den Menschen bedeutungshaft ist, ist dies nur durch Sprache, die nicht durch die außersprachliche Wirklichkeit motiviert, sondern autonom ist. Daß wir einen Baum im Englischen als *tree* bezeichnen, hat nichts mit der Beschaffenheit eines wirklichen Baumes zu tun, sondern geschieht deshalb, weil im System der englischen Sprache ein Signifikant [tri:] – der völlig anders ist als der korrespondierende Signifikant, der im System etwa der deutschen Sprache mit dem Signifikat 'Baum' assoziiert ist – zu anderen Signifikanten und Signifikaten des Systems der englischen Sprache in Opposition steht. Die Pfeile in der folgenden schematischen Darstellung verdeutlichen die systeminhärenten Verbindungen zwischen Signifikat und Signifikant:

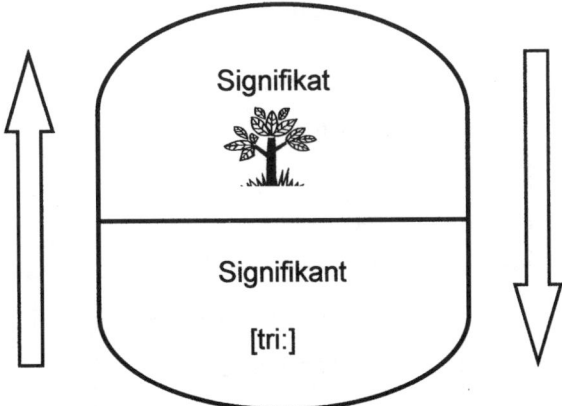

Abb. 1: Strukturalistisches Zeichenmodell nach Saussure (1967 [1916]: 78).

---

[3] Zum Zeichenbegriff Saussures siehe auch die Ausführungen im vorhergehenden Beitrag zum Strukturalismus (insbesondere S. 25-29).

Der Dekonstruktivismus radikalisiert Saussure nun insofern, als angenommen wird, daß es auch *innerhalb* des Sprachsystems mit seinen Differenzbeziehungen keine Stabilität gibt. Für Saussure waren Signifikant und Signifikat eines Zeichens wie die beiden Seiten eines Blattes Papier denkbar, und das Zeichen kann als Einheit aus Signifikant und Signifikat in einem Sprechakt auf eine außersprachliche Wirklichkeit bezogen werden. Wegen dieser grundsätzlichen Bedeutungs'garantie' war Saussures Zeichentheorie für Derrida trotz ihrer Betonung von bedeutungskonstituierender Differenz noch in einer Art des (westlichen) Denkens verhaftet, die er als 'logozentrisch' bezeichnet: Logozentrisch ist ein Denken, das von grundsätzlicher Sinngegebenheit ausgeht, wie sie etwa durch als positive Präsenz vorgestellte, 'transzendentale' Signifikate (sprachexterne Sinnautoritäten) garantiert wird. Ein solcher Logozentrismus dürfte schon nach Saussures Vorstellung des Sprachsystems eigentlich nicht möglich sein, denn das Signifikat ist auch für Saussure ja keine außersprachliche Präsenz, sondern konstituiert sich nur durch Differenzbeziehungen. Der Dekonstruktivismus betont gerade diese Tatsache und denkt sie weiter: "Ein unsinnliches, ursprüngliches, präsentes, ein 'transzendentales' Signifikat kann es nicht geben, da es aus der Differenzierungsstruktur der Signifikanten herausfallen würde und mit ihr in keinerlei Beziehung stehen könnte." (Münker/Roesler 2000: 43) Für den Dekonstruktivismus ist daher in der Sprache selbst grundsätzlich keine Bedeutungsstabilität denkbar: Eine verbindliche Kopplung von Signifikant und bestimmtem Signifikat ist eine Fehlannahme; Sinn ergibt sich nur aus einem ständig dynamischen 'Spiel' der Signifikanten, die jeweils in Texten präsent sind. Diese Signifikanten sind noch immer die Basis für Sinnkonstruktionen, aber diese Konstruktionen sind, da die Signifikanten kein verbindliches Signifikat haben, instabil, unverbindlich.

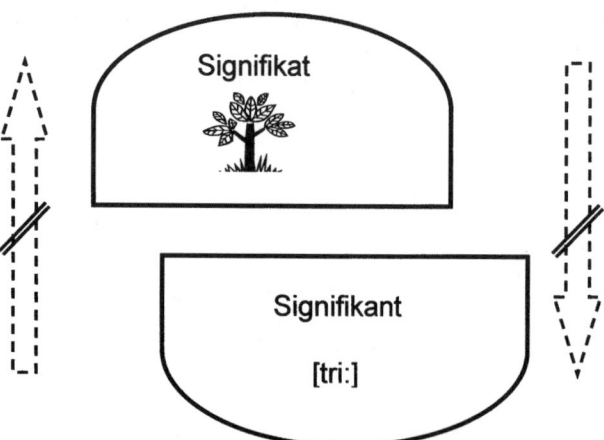

Abb. 2: Auflösung der Verbindung von Signifikat und Signifikant im Dekonstruktivismus

Welche Rolle ein Signifikant für die Bedeutung 'spielt', hängt davon ab, von welchen anderen Signifikanten im Text er umgeben ist, d.h. welche Signifikanten ihm vorangegangen sind und welche ihm noch folgen werden. Je nach Umgebung bedeutet ein Signifikant also immer anderes; er bedeutet nie für sich, nur als Teil der ganzen Kette, in der er steht. Die Konstitution von Sinn schiebt sich sozusagen durch die aufeinander folgenden Signifikanten – Sinn wird immer wieder aufgeschoben, nie endgültig und definit erreicht. Derrida hat für die unendliche Sinnaufschiebung im Spiel der Signifikanten, unter Rückbezug auf die bedeutungsstiftende Differenz bei Saussure, den Begriff *différance* geprägt. Wie für viele Termini des Poststrukturalismus üblich, handelt es sich hier um ein Sprachspiel, ein Spiel mit schillernden Bedeutungen, in dem sich der Begriff Differenz (franz. *différence*) mit der Verlaufsform des französischen Verbs *différer* (= aufschieben) mischt.

Illustrieren läßt sich die Vorstellung des immer weiter aufgeschobenen Ankommens bei einem Sinn am Beispiel des Suchens nach Bedeutungen in einem Lexikon (vgl. auch Selden/Widdowson 1997). Wenn man wissen will, was das Nomen *tree* in der englischen Sprache bedeutet, kann man im *Concise Oxford Dictionary* nachschlagen (hier zitiert nach der siebten Auflage) und findet folgende erste 'Definition': "perennial plant with single woody self-supporting stem or trunk usu. unbranched [...] for some distance above ground [...]". Für den Dekonstruktivisten ist diese Umschreibung der Wortbedeutung aber keinesfalls definit, sondern eine Kette von Signifikanten (*plant*, *trunk*, *wood*), die man wiederum im Lexikon nachschlagen könnte, usw. Würde man statt des *COD* das große etymologische *OED* benutzen, erhielte man nicht nur die heute gebräuchlichen lexikalischen Definitionen, sondern auch Einträge für Verwendungen des Signifikanten im Laufe seiner Sprachgeschichte, so daß sich die Verweise auf andere Signifikanten inflationär steigern würden. An ein bestimmtes, definites Signifikat für *tree* käme man aber nie.

Das Lexikon-Beispiel ist auch insofern illustrativ für Derridas Denkansatz, als ein Lexikon aus geschriebener Sprache besteht. Im Gegensatz zu Saussure, der vom *gesprochenen* Wort (der *parole*) ausging, baut die Zeichentheorie des Dekonstruktivismus auf Sprache in der materiellen Form der *Schrift* auf, und gerade dies macht die Radikalität des Dekonstruktivismus erst möglich. Gesprochene Sprache nämlich wird immer in einem bestimmten, gegenwärtigen Kontext verwendet, sie ist situationsbezogen und deshalb in ihren Bezügen relativ eindeutig. Schrift dagegen ist prinzipiell situationsunabhängig und damit grundsätzlich mehrdeutiger als das durch einen Situationskontext desambiguierte, gesprochene Wort. Zudem vermittelt Schrift heute noch Texte wie etwa die Bibel, das Beowulf-Epos oder die Dramen Shakespeares, die vor Jahrhunderten oder Jahrtausenden geschrieben wurden und die wir aufgrund des Sprach- und Kulturwandels mehr oder weniger anders verstehen, als dies zu ihrer Entstehungszeit geschehen wäre. Die vielen Sprachspiele (*puns*) bei Shakespeare etwa bedürfen heute oft umfangreicher An-

notationen, weil sich in der Geschichte der englischen Sprache seit der elisabethanischen Zeit Bedeutungsverschiebungen oder -verluste ergeben haben. Für den
Dekonstruktivismus gehen frühere Sinnelemente jedoch nie verloren. Sie haben
sich im Lauf seiner Verwendungsgeschichte sozusagen an einen Signifikanten
'geheftet' und werden in der Sprachspur der Schrift noch mitgeführt; der scheinbar absente frühere Sinn schwingt in allen Verwendungen eines Signifikanten
immer mit. Das Sinnspiel der Signifikanten kann sich in Schrift also nicht nur im
Text, sondern auch über die Zeit entfalten.

Mit derartigen Vorstellungen wird das Verhältnis zwischen Sprache und
außersprachlicher Wirklichkeit radikalisiert: Man kann nach dieser Vorstellung
nicht mehr, wie noch die strukturalistische Zeichentheorie annahm, gewissermaßen durch eine 'transparente' Sprache auf eine reale Objektwelt hinaussehen und
auf sie verweisen, sondern die Sprache und alle andere Zeichensysteme sind opak,
undurchsichtig. Die Welt ist für uns *nur* als eine Welt der Textualität erfahrbar:

> Die Zeichen verlieren ihre Transparenz auf eine außer ihnen bestehende Erfah-
> rungswelt, zu der sie eine illusionäre Zugänglichkeit suggerieren. Sie folgen
> nicht einer nach außen gerichteten Logik der Mimesis, sondern beziehen sich
> in vielfältiger und letztlich nicht kontrollierbarer und überschaubarer Weise
> aufeinander. Die Praxis kultureller Zeichenverwendung verweist nicht über
> sich hinaus, sondern expliziert nur ihren eigenen Prozeß, ihre eigene Aktivität.
> (Zapf 1996: 192)

Das heißt nicht, daß eine außersprachliche Realität per se abgestritten würde, wir
können nur nie Zugriff auf sie haben: "Il n'y a pas de hors-texte" ist eine weitere
vielzitierte Formulierung für diesen Umstand aus Derridas *De la grammatologie*
("There is nothing outside the text" in der englischen Übersetzung, 1976 [1967]:
163). Und es ist dieser Umstand, der einen besonders kritischen Umgang mit Sprache bedingt: Wenn Welt nur im und als Text besteht, ist es um so wichtiger, Texte
auf das hin zu überprüfen, was sie explizit an Sinn zu erzeugen scheinen, was sie
verschweigen und verdrängen – und was sie an absenter Bedeutung mitschwingen
lassen. Derridas *Methode* der Textdekonstruktion, die sich aus seinen sprachphilosophischen Prämissen ergibt, fassen Münker/Roesler wie folgt zusammen:

> Dekonstruktion bei Derrida bedeutete, philosophische Texte auf innere Wider-
> sprüche hin zu lesen und diese mit den formulierten Absichten der Texte zu
> konfrontieren. Damit zeigt er erstens, daß die von ihm derart konstruierten
> Texte auf der einen Seite etwas behaupten, was auf der anderen Seite genau
> diese Behauptung untergräbt, und zweitens, daß eine Behauptung immer nur
> funktioniert, wenn ihr Gegenteil ausgeschlossen wird. (Münker/Roesler 2000:
> 140)

3. Dekonstruktion und Literatur: Beispiele

Für die Literaturwissenschaft haben sich poststrukturalistische und spezifisch dekonstruktivistische Prämissen und Verfahren in verschiedener Hinsicht als fruchtbar erwiesen bzw. Literatur scheint geradezu prädestiniert, um poststrukturalistisch durchdacht zu werden, denn sie ist eine Form der Sprachverwendung, die durch ihren kreativ-spielerischen Umgang mit Sprache bestimmt ist und Nicht-Eindeutigkeit und Bedeutungsoffenheit besonders bewußt pflegt. So betont auch Bossinade: "Literatur wird im Poststrukturalismus als eine textliche Praxis interpretiert, die an die Fundamente der Form- und Sinnproduktion rührt." (Bossinade 2000: xif.)

Die Dekonstruktion eines literarischen Textes ist, wie das oben für Derrida charakterisierte Verfahren, ein Gegen-den-Strich-Lesen: Man liest den Text gegen die in ihm scheinbar offensichtlich angelegten, scheinbar stabilen und zentralisierten Bedeutungen und beginnt ein Spiel der Signifikanten. In der 'klassischen' Form der Dekonstruktion wird dabei die Sprach- und Zeichenseite des Textes, seine Textualität *an sich* favorisiert – unter Absehung von Bezügen, die der Text zu sozialen oder politischen Diskursen seiner Zeit hat. Gerade bei Literatur, die mimetischen Anspruch hat, d.h. in hohem Maße auf eine erkennbare außersprachliche Wirklichkeit referiert, wie etwa sogenannte 'realistische' Romane, kann das dekonstruktivistische Verfahren eine verfremdende – um nicht zu sagen befremdende – Lektüre zur Konsequenz haben. So stellt Mark Currie fest:

> It is very common to read deconstructions which see even the most realist text as a metalingual text. A realist novel can often be difficult to recognize in a deconstructive reading because the novel is treated as if it were some kind of obscure linguistic tract on the nature of language. This is a common theme in deconstruction – the idea that a novel is somehow always about itself, that it narrates its own constitution, or is always self-referential even when it seems to be referring to something other than itself. (Currie 1996: 547)

Auch Hubert Zapf schreibt in seiner Einführung zum Dekonstruktivismus:

> Literatur wird zum [...] Experiment, das den Bedeutungen und Erkenntnismöglichkeiten der Sprache auf den Grund zu gehen versucht. In der radikalen Weise, in der sie dies unternimmt, treibt sie die Infragestellung der Welt und des Selbst zum Extrem, und wird auf jeder Stufe neu mit der Zurückweisung einer kohärenten oder gar verläßlichen Antwort konfrontiert. Literarische Texte sind für [den amerikanischen Dekonstruktivisten J. Hillis] Miller Strukturen sprachlicher Reflexivität, die, statt auf identifizierbare Bedeutungen zu verweisen, unendlich in sich selbst zurücklaufen. Die Suche nach einem Fundament und Zentrum menschlicher Erkenntnis in der Sprache führt in einen infiniten Regreß und zur Einsicht in die Abwesenheit eines solchen Zentrums. (Zapf 1996: 213)

Die meisten vorliegenden dekonstruktivistischen Lesarten ganzer literarischer Texte sind komplex. Viele entstammen dem Umfeld der sogenannten Yale School, der neben Miller Paul de Man, Geoffrey Hartman und Harold Bloom zugerechnet werden.[4] Um sie nachvollziehen zu können, bedarf es einer sehr genauen Lektüre sowohl des dekonstruierten Primärtextes als auch des Textes, in dem die Dekonstruktion stattfindet. Ein recht eingängiges Beispiel ist J. Hillis Millers Lesart eines Klassikers der frühen modernistischen englischen Literatur, Joseph Conrads "Heart of Darkness". In dieser Geschichte macht sich der Erzähler Marlow auf die Suche nach dem im afrikanischen Urwald verschollenen Kolonialagenten Kurtz und findet ihn schließlich 'verwildert' bei einem Eingeborenenstamm. Heute gängige Lesarten dieses Textes sind von der postkolonialen Theorie inspiriert und lesen ihn als Kommentar über den europäischen Imperialismus in Afrika, d.h. sie stellen ihn in einen genau bestimmten soziokulturellen Kontext. Miller dagegen liest den Text ausschließlich über eine semiotische Analyse und weitgehend kontextfrei. Für ihn erzählt Conrads Text eine Suche nicht nach dem verschollenen Kolonialagenten, sondern eine Suche nach dem 'Gral' der Bedeutung.[5]

Mit einem moderat dekonstruktivistischen Ansatz läßt sich auch eine Kurzgeschichte von Charles Dickens, "The Signalman" von 1866, völlig anders als gewohnt lesen.[6] Es handelt sich um eine der vielen Geistergeschichten, die bei viktorianischen Lesern populär waren und die man in einem kontextsensitiven Interpretationsansatz in Bezug zu den Modernisierungstendenzen ihrer Entstehungszeit setzen kann, insbesondere zu Verunsicherungen, die durch progressive Säkularisierung und Technisierung (z.B. durch moderne Verkehrsmittel wie die Eisenbahn) ausgelöst wurden. Wenn man demgegenüber eine Lektüre auf der Ebene der reinen Signifikation einsetzen läßt, ist dies gerade bei dieser Geschichte nicht 'aus der Luft gegriffen'. Motivieren kann man einen solchen Zugang schon über den Titel, der auf den ersten Blick auf eine der Figuren der Handlung verweist – wenn man 'Signalman' als Kompositum mit dem Signifikat 'Stellwerkswärter' liest. Man kann eine andere Lesart aber auch allein bei dem Signifikanten 'Signal' einsetzen lassen.

Der anonyme Ich-Erzähler der Geschichte begegnet an einem Eisenbahntunnel einem Stellwerker, dem dreimal Geister erschienen sind, die ihm mit bestimmten Gebärden offenbar eine Mitteilung machen wollten. Nach zwei dieser Erscheinungen haben sich schon Unglücke auf der Zugstrecke ereignet, so daß der 'Signalman' nach der dritten Erscheinung wieder einen Zwischenfall erwartet. Allerdings ist der 'Signalman' trotz seines Namens kein guter Zeichenleser. Er kann die Ge-

[4] Ein wichtiger Aufsatzband der 'Yale Critics' ist *Deconstruction and Criticism* (Bloom et al. 1979). Als erste Einführung in das Denken de Mans siehe auch McQuillan (2001).
[5] Weitere Beispiele liefern die in der Bibliographie genannten Untersuchungen von Miller (1976, 1989) und Johnson (1980).
[6] Die folgende Interpretation ist im Kontext ihrer signifikanten Körpersprache bereits vorgelegt bei Barbara Korte, *Körpersprache in der Literatur* (1993: 56-58).

sten der Geister zwar als Signifikanten erkennen, ihnen aber kein Signifikat zuordnen. Die Beziehung zwischen Signifikant und Signifikat ist somit für den Signalman in exemplarisch Derridascher Sicht gelöst. Der Ich-Erzähler dagegen kann allen Gesten ein Signifikat zuweisen. Wenn der Stellwerker z.B. beschreibt, wie einer der Geister den linken Arm über sein Gesicht legt und mit dem rechten Arm heftig winkt, versteht das der Ich-Erzähler so: "it was the action of an arm gesticulating, with the utmost passion and vehemence, 'For God's sake, clear the way!'" (Dickens 1969 [1866]: 17) Die zweite Geistererscheinung warnt vor einem Todesfall, der sich in einem vorbeifahrenden Zug ereignet. Wieder schreibt allein der Ich-Erzähler der Gebärde ein Signifikat zu, während der Stellwerker nur den Signifikanten wiedergibt:

'It leaned against the shaft of the light, with both hands before the face. Like this.' Once more I followed his action with my eyes. It was an action of mourning. I have seen such an attitude in stone figures on tombs. (18)

Der dritte Geist wiederholt die erste Geste. Noch einmal wird durch den Erzähler ausdrücklich auf das Signifikat hingewiesen: "He repeated [...] that former gesticulation of 'For God's sake, clear the way!'." (19) Dem Stellwerker aber bleibt die genaue Bedeutung der Körpersprache weiterhin verborgen, was im Text der Geschichte sogar ausdrücklich hervorgehoben wird: "What is it warning against? [...] What is the danger? Where is the danger?" (20f.)

Der tragische Schluß der Geschichte bestätigt die Bedeutungszuschreibungen durch den Erzähler: Der Zugfahrer, der den 'Signalman' schließlich überfährt, wollte ihn warnen:

I said, 'Below there! Look out! Look out! For God's sake, clear the way!'
I started.
'Ah! it was a dreadful time, sir. I never left off calling to him. I put this arm before my eyes not to see, and I waved this arm to the last; but it was no use.' (24)

Betrachtet man "The Signalman" in dieser Weise als Text über die In-Bezug-Setzung von Signifikanten und Signifikaten, und nicht allein als Geistergeschichte, bekommt die Dimension des Ich-Erzählers ein ganz neues Gewicht, und es offenbart sich eine interessante Leerstelle in Dickens' Kurzgeschichte. Die Geschichte enthält nämlich keinerlei Hinweis, daß der Erzähler als Ich in der Handlung dem 'Signalman' jemals mitgeteilt hätte, welchen Sinn er den Geistergebärden zugewiesen hat – und dies, obwohl der Stellwerker ausdrücklich nach einem Signifikat fragt. Der Stellwerker wird vom Erzähler mit nicht einem einzigen Signifikanten gewarnt. *Er* könnte für den Stellwerker zu einem 'Signalman' werden, einem Zeichendeuter und Zeichengeber, scheint diese Rolle aber explizit zurückzuweisen. Damit aber stellt sich die Frage nach einer Schuld des Ich am Tod des 'Signalman'. Ist der Akt des Erzählens, d.h. der ganze Text, womöglich ein implizites

Eingeständnis dieser Schuld? Eine solche Lesart kann sich nicht zuletzt auf die
Tatsache stützen, daß die Worte des Zugführers, der den Signalman im wörtlichen
Sinne tötet, auf den Anfang der Geschichte zurückverweisen. Der Ich-Erzähler
verwendet nämlich hier die gleichen Worte und die gleiche Körpersprache wie der
todbringende Zugführer:

> 'Halloa! Below there!'
> [...] so steeped in the glow of an angry sunset, that I had shaded my eyes with
> my hand before I saw him at all. (11)

Das Ende der Geschichte verweist kreisförmig zurück, lenkt dadurch die Aufmerksamkeit auf die eigene Textualität und löst so womöglich wieder einen neuen Deu-
tungsprozeß aus – sofern ein Leser die Identität der Signifikanten zu Beginn und
Ende der Geschichte bemerkt. Interessanterweise vermittelt die Geschichte, wenn
man sie in der obigen Weise dekonstruiert, ein ähnliches Beunruhigungspotential
wie bei einer kontextsensitiven Lektüre als 'viktorianische Geistergeschichte'. Die
Desorientierung und Beunruhigung, die Viktorianer angesichts einer sich moderni-
sierenden Welt empfanden, scheint sich in dieser Geschichte auch auf ihrer semiotischen Ebene zu manifestieren, in der Art, wie hier das Problem der Zeichen und
Zeichendeutung eingebracht wird.

     Zugegebenermaßen scheinen solche dekonstruktivistisch inspirierten Lesarten
'weiter hergeholt' als herkömmliche Textauslegungen; trotzdem können sie aber
anhand des Textmaterials 'stimmig' sein. Dekonstruktion ist keine Einladung zu
einer völlig wilden Semiose. Allerdings sind Dekonstruktionen oft verblüffend,
vor allem für theoretisch ungeschulte Leser. Dies bringt David Lodge, der an der
Universität Birmingham lange Literaturwissenschaft einschließlich Literaturtheorie gelehrt hat, in einem seiner Romane zum Ausdruck: *Nice Work* (1988) ist eine
Mischung von zwei traditionellen Genres der englischen Literatur, der *industrial
novel* und der *campus novel*. In *Nice Work* stoßen in der Stadt Rummidge (d.h.
Birmingham) ein Industriemanager und eine Literaturdozentin aufeinander – ge-
zwungenermaßen und mit viel gegenseitigem Unverständnis. Ein Kollege der Dozentin behauptet: "You can't explain poststructuralism to someone who hasn't
even discovered traditional humanism." (Lodge 1989 [1988]: 218) Und tatsächlich
ist Vic Wilcox, der Manager, völlig verblüfft, als die Dozentin, die in neuer Theorie einschließlich Derrida bestens bewandert ist, für ihn während einer Autofahrt
die (allerdings nonverbale) Semiotik einer *Silk Cut*-Zigarettenwerbung virtuos dekonstruiert (wobei ihre Dekonstruktion mit einer feministischen Analyse einhergeht):

> The poster was the iconic representation of a missing name, like a rebus. But
> the icon was also a metaphor. The shimmering silk, with its voluptuous curves
> and sensuous texture, obviously symbolized the female body, and the elliptical
> slit, foregrounded by a ligher colour showing through, was still more obviously
> a vagina. The advert thus appealed to both sensual and sadistic impulses, the

desire to mutilate as well as penetrate the female body.

Vic Wilcox spluttered with outraged derision as she expounded this interpretation. He smoked a different brand, himself, but it was as if he felt his whole philosophy of life was threatened by Robyn's analysis of the advert. 'You must have a twisted mind to see all that in a perfectly harmless bit of cloth,' he said. (220)

Nice Work ist ein Roman mit postmodernistischen Elementen insofern, als er selbstreflexiv seine eigene Textualität betont: durch metafiktionale Elemente, die auf die eigenen Textverfahren hinweisen, durch Sprachspiele, Intertexte, Pastiches. Die Referenztexte des intertextuellen Spiels sind dabei nicht nur viktorianische Industrieromane und andere Universitätsromane, sondern eben auch literaturtheoretische Texte, wie auch in zahlreichen anderen Beispielen postmodernistischer Literatur. Ohne eine gewisse Kenntnis gerade der poststrukturalistischen Theorien, auf die Lodge rekurriert, können Leser das volle Aussagepotential dieses Romans nicht realisieren, und dies gilt oft für postmodernistische Literatur, auch wenn sie nicht wie im Fall von Lodge von Literaturwissenschaftlern geschrieben wurde.

Bei postmodernistischen Texten 'funktioniert' eine Lesart, die auf Zeichenhaftigkeit und Textualität abzielt, besonders gut, denn hier beherzigen die Texte selbst bereits Prinzipien, die die poststrukturalistische Theorie akzentuiert. Dazu gehört auch eine radikale Neubewertung des Verhältnisses von Autor und Leser. Wenn literarische Texte als grundsätzlich offen für Bedeutungskonstitutionen gesehen werden, werden die Leser zur eigentlichen bedeutungsstiftenden Instanz. Extrem formuliert: Die Leser werden zum Autor, weil sie den Text sozusagen nur als 'Sprungbrett' zur Sinnstiftung nutzen und nicht fragen, welche Bedeutungen der Verfasser des Textes beabsichtigt haben könnte. Roland Barthes hat in diesem Zusammenhang seine einflußreiche These vom 'Tod des Autors' vertreten: Der Autor – im französischen Original betont mit großem A als gottgleiche Bedeutungsautorität geschrieben – ist im Text abwesend; als sinnstiftender Ursprung oder transzendentaler Bedeutungs-Garant jenseits des Textes spielt er für die Lektüre eines Textes keine Rolle. Sinnstiftung findet im Akt des Lesens allein statt, wenn auch auf der Basis von Text, den ein 'Schrift-Steller' zu Papier gebracht hat:

We know now that a text is not a line of words releasing a single 'theological' meaning (the 'message' of the Author-God) but a multi-dimensional space in which a variety of writings, none of them original, blend and clash. The text is a tissue of quotations drawn from the innumerable centres of culture. [...] the writer can only imitate a gesture that is always anterior, never original. His only power is to mix writings, to counter the ones with the others, in such a way as never to rest on any of them. [...] Succeeding the Author, the scriptor no longer bears within him passions, humours, feelings, impressions, but rather this immense dictionary from which he draws a writing that can know no halt.

[...]

Once the Author is removed, the aim to decipher a text becomes quite futile. To give the text an Author is to impose a limit on that text, to furnish it with a final signified, to close the writing. [...] In the multiplicity of writing, everything is to be *disentangled*, nothing *deciphered*; the structure can be followed, 'run' (like the thread of a stocking) at every point and at every level, but there is nothing beneath: the space of writing is to be ranged over, not pierced; writing ceaselessly posits meaning ceaselessly to evaporate it, carrying out a systematic exemption of meaning. In precisely this way literature [...], by refusing to assign a 'secret', an ultimate meaning, to the text (and to the world as text), liberates what may be called an anti-theological activity, an activity that is truly revolutionary since to refuse to fix meaning is, in the end, to refuse God and his hypostases – reason, science, law. (Barthes 1968; zitiert nach Lodge 1988: 170f.)

Mit dem Autor wird in dieser Passage sehr nachdrücklich die Vorstellung verabschiedet, literarische Texte könnten unverwechselbare Originale sein, in sich abgeschlossene, in einer bestimmten Weise und unveränderlich bedeutungshaltige 'Werke'. Sie sind eben nur 'Texte' – und zwar Texte, die immer auf schon vorhandene andere Textualitäten rekurrieren. Sie sind ein Sinn-Spiel aus Texten und laden Leser zum eigenen Sinnspiel ein.

Terry Eagleton resümiert zu Barthes und den Konsequenzen aus dessen Position für die Literaturkritik:

The literary work is now no longer treated as a stable object or delimited structure, and the language of the critic has disowned all pretensions to scientific objectivity. The most intriguing texts for criticism are not those which can be *read*, but those which are 'writable' (*scriptible*) – texts which encourage the critic to carve them up, transpose them into different discourses, produce his or her semi-arbitrary play of meaning athwart the work itself. The reader or critic shifts from the role of consumer to that of producer. [...] The 'writable' text, usually a modernist one, has no determinate meaning, no settlled signifieds, but is plural and diffuse, an inexhaustible tissue or galaxy of signifiers, a seamless weave of codes and fragments of codes, through which the critic may cut his own errant path. (Eagleton 1996 [1983]: 119)

Barthes hat sein Lektüreverfahren in dem Buch *S/Z* (1975 [1970]) an einem französischen Text des 19. Jahrhunderts vorgeführt, Balzacs Kurzgeschichte "Sarrasine" – also einem Text, der vermutlich nicht für eine derartige Lektüre verfaßt wurde. Eagleton weist zu Recht darauf hin, daß modernistische Texte mit ihren von vornherein offeneren semantischen Strukturen und ihrer hohen Sprachbewußtheit einer Lektüre auf der Basis poststrukturalistischer Prinzipien besonders affin sind. Vor allem in der *post*modernistischen Literatur findet man jedoch Beispiele, die im Sinne von Barthes explizit *writerly* sind, also die 'Schriftstellerschaft' des Lesers nachdrücklich herausfordern. Der wohl bekannteste postmodernistische Text eines britischen Schriftstellers ist John Fowles' *The French Lieutenant's Woman* (1987 [1969]). Dieser Roman zeichnet sich durch eine hohe Intertextualität und viele Pastiches zu Textsorten der viktorianischen Zeit aus, d.h. zur Textwelt einer Epoche, in der er selbst spielt. Relevant in unserem Kontext ist jedoch die Behandlung des Autor-Leser-Verhältnisses in diesem Roman. Fowles spielt hier nicht nur mit der Konvention des auktorialen und allwissenden Erzählers des 'typischen' viktorianischen Romans, sondern auch mit dem Konzept des Autors. In einer in der Kritik besonders beachteten metafiktionalen Stelle im 55. Kapitel findet sich 'der Autor' plötzlich in der Handlung seines Romans wieder und sitzt der von ihm geschaffenen Romanfigur Charles in einem Zugabteil gegenüber. Er betrachtet Charles und wendet sich in dieser Situation innerhalb der fiktionalen Welt direkt an den Leser:

> A whistle sounded, and Charles thought he had won the solitude he craved. But then at the very last moment, a massively bearded face appeared at his window. [...] The latecomer muttered a 'Pardon me, sir' and made his way to the far end of the compartment. [...] There was something rather aggressively secure about him; he was perhaps not quite a gentleman [...]. [T]he train passed through the red and green valleys towards Cullompton. Charles saw its church, without knowing where the place was, and soon afterwards closed his eyes. He had slept poorly that previous night. For a while his travelling companion took no notice of the sleeping Charles. But as the chin sank deeper and deeper – Charles had taken the precaution of removing his hat – the prophet-bearded man began to stare at him, safe in the knowledge that *his* curiosity would *not* be surprised. [...] Now the question I am asking, as I stare at Charles, is not quite the same as the two above. But rather, what the devil am I going to do with you? (Fowles 1987 [1969]: 346-348; Hervorhebungen im Original)

Schon diese 'metaleptische' Verletzung der etablierten Erzählebenen und der Grenze zwischen fiktionaler und außerfiktionaler Welt unterläuft die konventionelle 'Autorität' des Autors; diese Autorität wird weiter unterminiert, da der 'Autor' unentschieden ist, wie er seine Geschichte beenden soll und schließlich die Wahl zwischen zwei Schlüssen den Lesern überläßt. Noch extremer in dieser Hinsicht ist ein Romanexperiment von B.S. Johnson: *The Unfortunates* (1969); dieser Roman wird mit losen Seiten im Karton geliefert, so daß jeder Leser sich seine Reihenfolge selbst zusammenstellen kann.

4. Schluß

Der hier in Grundzügen vorgestellte poststrukturalistische Ansatz operiert stark textintern. Er geht von Texten als Gebilden aus Signifikanten aus und fragt nach den von diesen auslösbaren Prozessen der Bedeutungskonstitution. Man könnte gegen den Dekonstruktivismus also den Vorwurf erheben, ähnlich 'kontextblind' zu operieren, wie dies der klassische Strukturalismus, der 'textimmanente' Ansatz der Textinterpretation oder der New Criticism getan haben – also unter weitest- gehender Abstrahierung von allen soziokulturellen Bezügen, die literarische Texte in der Regel auch haben, und unter Absehung von den gesellschaftskritischen und wertorientierten Aussagen, die viele literarische Texte explizit machen. So kom- mentiert M.H. Abrams denn auch kritisch die Positionslosigkeit des Dekonstrukti- vismus:

> His [Derrida's] origin and ground are his graphocentric premises, the closed chamber of texts for which he invites us to abandon our ordinary realm of ex- perience in speaking, hearing, reading, and understanding language. And from such a beginning we move to a foregone conclusion. For Derrida's chamber of texts is a sealed echo-chamber in which meanings are reduced to a ceaseless echolalia, a vertical and lateral reverberation from sign to sign of ghostly non- presences emanating from no voice, intended by no one, referring to nothing, bombinating in a void. (Abrams 1977; zitiert nach Lodge 1988: 270)

Tatsächlich lesen sich manche Dekonstruktionen so, aber dekonstruktive Grund- verfahren können durchaus auch genutzt werden, um bei kontextsensibleren Lek- türen ideologischen Widersprüchen eines Textes auf die Spur zu kommen, wie oben bereits im Beispiel aus Lodges *Nice Work* angedeutet wurde, wo Dekon- struktion zur Entlarvung sexistischer Werbesemiotik eingesetzt wird.

In der Tat lassen sich Elemente eines in solchem Sinne de-konstruierenden Verfahrens in anderen Ansätzen wiederfinden, die ebenfalls als 'poststrukturali- stisch' bezeichnet werden. Für den New Historicism und Cultural Materialism, für die Gender Studies und die postkoloniale Theorie ist Literatur *nicht* von soziokul- turellen Kontexten trennbar: Das Verhältnis von sprachlicher Konstruktion und Referenz auf Welt mag problematisch und widersprüchlich sein, aber Texte sind keineswegs nur ein Spiel mit Signifikanten; sie werden gesehen als Aussage- oder Diskurssysteme, die in einer gesellschaftlich-kulturell bedingten Weise zur Kon- struktion von Weltsichten beitragen.[7] Als poststrukturalistisch ausgerichtet kann man diese Spielarten der zeitgenössischen Theorie dann bezeichnen, wenn sie auf die Pluralität, Vielstimmigkeit und Widersprüchlichkeit der Weltkonstruktionen hinweisen.

Abschließend sei auch nicht verschwiegen, in welchem Maße ein poststruk- turalistisch anti-autoritäres Denken auf die Disziplin der Anglistik/Amerikanistik

---

[7] In den New Historicism (und seine Abgrenzung vom Cultural Materialism) führt Eckhard Auber- len in seinem Beitrag zu diesem Band ein (S. 83-115), zu den Gender Studies siehe den Beitrag von Ingrid Hotz-Davies (117-139) und zur postkolonialen Theorie den von Karen Rehberger und Gerhard Stilz (141-162). Der Diskursbegriff wird im nachfolgenden Beitrag von Eveline Kilian erläutert (61-81).

selbst abgefärbt hat, etwa den Umgang mit einem 'Kanon' der englischen Literatur. Die Annahme, es gäbe einen verbindlichen Kanon der großen Werke, der 'Klassiker', der englischen Literatur, in deren Zentrum als gottgleiche Figur Shakespeare steht, darf heute als gründlich hinterfragt – wenn auch nicht als völlig aufgegeben – gelten. Wir lesen und analysieren zwar noch immer 'Größen' wie Shakespeare, aber wir rezipieren sie neu und anders. Und wir lesen heute auch ganz 'andere' Autoren gleichberechtigt neben den ehemals kanonisierten: die Texte von Schriftstellerinnen, von Autoren und Autorinnen aus den früheren Kolonien, populärkulturelle Texte in verschiedenen Medien (ob Comics oder Fernsehproduktionen), die nach früheren Vorstellungen noch als 'trivial' und kulturmarginal gegolten hätten. Allein am Beispiel des akademischen Rezeptionsverhaltens erkennt man also, wie stark poststrukturalistisches Denken auch unsere Disziplin selbst bereits verändert hat. Wie beim Strukturalismus handelt es sich beim Poststrukturalismus um eine Denkrichtung, die in unserem Zugang zu einzelnen Texten, vor allem aber auch unserem Umgang mit Literatur auf Dauer Spuren hinterlassen hat.

Bibliographie

1.   Primärtexte

Dickens, Charles 1969 [1866] . "The Signalman." In: Dolley, Christopher (Hg.). *The Penguin Book of English Short Stories*. Harmondsworth: Penguin. 11-24.
Fowles, John. 1987 [1969]. *The French Lieutenant's Woman*. London: Pan.
Lodge, David. 1989 [1988]. *Nice Work*. Harmondsworth: Penguin.

2.   Zitierte und ausgewählte weiterführende Literatur

Abrams, M[eyer] H[oward]. 1988 [1977]. "The Deconstructive Angel." In: Lodge (Hg.). *Modern Criticism and Theory*. 265-276.
Barthes, Roland. 1975 [1970]. *S/Z*. Übers. Richard Miller. London: Cape.
—. 1988 [1968]. "The Death of the Author." In: Lodge (Hg.). *Modern Criticism and Theory*. 166-172; auch in: Newton (Hg.). *Twentieth-Century Literary Theory*. 154-158.
Bennett, Andrew, Nicholas Royle. 1995. *An Introduction to Literature, Criticism and Theory: Key Critical Concepts*. London: Prentice Hall.
Bloom, Harold, et al. (Hg.). 1979. *Deconstruction and Criticism*. New York: Seabury; London: Routledge and Kegan Paul.
Bogdal, Klaus-Michael (Hg.). 1990. *Neue Literaturtheorien: Eine Einführung*. Opladen: Westdeutscher Verlag.
Bossinade, Johanna. 2000. *Poststrukturalistische Literaturtheorie*. Stuttgart, Weimar: Metzler.
Brooker, Peter (Hg.). 1992. *Modernism/Postmodernism*. London: Longman.

Cohen, Tom (Hg.). 2001. *Jacques Derrida and the Humanists: A Critical Reader*. Cambridge: Cambridge University Press.

Culler, Jonathan. 1983. *On Deconstruction: Theory and Criticism After Structuralism*. London: Routledge.

Currie, Mark. 1996. "Poststructuralism and Deconstruction." In: Bradford, Richard (Hg.). *Introducing Literary Studies*. London: Prentice Hall; Harvester Wheatsheaf. 544-558.

Derrida, Jacques. 1976 [1967]. *Of Grammatology*. Übers. Gayatri Chakravorty Spivak. Baltimore: Johns Hopkins University Press. [Orig.: *De la grammatologie*]

—. 1988 [1966]. "Structure, Sign, and Play in the Discourse of the Human Sciences." In: Lodge (Hg.). *Modern Criticism and Theory*. 107-123; gekürzt auch in: Newton (Hg.). *Twentieth-Century Literary Theory*. 147-154. [Orig.: "La structure, le signe, et le jeu dans le discours des sciences humaines"]

Docherty, Thomas (Hg.). 1993. *Postmodernism: A Reader*. 2. Aufl. Hemel Hempstead: Harvester Wheatsheaf.

Eagleton, Terry. 1996 [1983]. "Post-Structuralism." In: ders. *Literary Theory: An Introduction*. 2. Aufl. Oxford: Blackwell. 110-130.

Easthope, Anthony. 1991. *British Post-Structuralism: Since 1968*. London: Routledge.

Harari, Josué V. (Hg.). 1979. *Textual Strategies: Perspectives in Post-Structuralist Criticism*. London: Methuen.

Harvey, David. 1989. *The Condition of Postmodernity: An Enquiry into the Origins of Cultural Change*. Oxford: Blackwell.

Hassan, Ihab. 1989. "Beyond Postmodernism? Theory, Sense, and Pragmatism." In: Hoffmann, Gerhard (Hg.). *Making Sense: The Role of the Reader in Contemporary American Fiction*. München: Fink. 306-327.

Horstmann, Ulrich. 1983. *Parakritik und Dekonstruktion: Eine Einführung in den amerikanischen Poststrukturalismus*. Würzburg: Königshausen und Neumann.

Hutcheon, Linda. 1988. *A Poetics of Postmodernism: History, Theory, Fiction*. London: Routledge.

Jameson, Fredric. 1991. *Postmodernism, or the Cultural Logic of Late Capitalism*. London: Verso.

Johnson, Barbara. 1980. *The Critical Difference: Essays in the Contemporary Rhetoric of Reading*. Baltimore: Johns Hopkins University Press.

Korte, Barbara. 1993. *Körpersprache in der Literatur*. Tübingen: Narr.

Lodge, David (Hg.). 1988. *Modern Criticism and Theory: A Reader*. London: Longman.

Lyotard, Jean-François. 1984. *The Postmodern Condition: A Report on Knowledge*. Manchester: Manchester University Press. [Orig.: *La condition postmoderne*]

McQuillan, Martin. 2001. *Paul de Man*. London: Routledge.

Miller, J. Hillis. 1976. "Stevens' 'Rock' and Criticism as Cure." *Georgia Review* 30: 5-31 und 330-348.

—. 1989. "Heart of Darkness Revisited." In: Murfin, Ross C. (Hg.). *Heart of Darkness: A Case Study in Contemporary Criticism*. New York: St. Martin's Press. 206-220.

Münker, Stefan, Alexander Roesler. 2000. *Poststrukturalismus*. Stuttgart, Weimar: Metzler.

Newton, Kenneth McMillan (Hg.). 1988. *Twentieth-Century Literary Theory: A Reader*. Houndmills: Macmillan.

Norris, Christopher. 1991. *Deconstruction: Theory and Practice*. Überarb. Aufl. London: Routledge.

Royle, Nicholas (Hg.). 2000. *Deconstructions: A User's Guide*. London: Macmillan.

Sarup, Madan. 1992. *An Introductory Guide to Post-Structuralism and Postmodernism*. Hemel Hempstead: Harvester Wheatsheaf.

Saussure, Ferdinand de. 1967 [1916]. *Grundfragen der allgemeinen Sprachwissenschaft*. Hg. Charles Bally. 2. Aufl. Berlin: de Gruyter. [Orig.: *Cours de linguistique générale*]

Selden, Raman, Peter Widdowson. 1997. *A Reader's Guide to Contemporary Literary Theory*. 4. Aufl. London: Harvester Wheatsheaf.

Welsch, Wolfgang. 1993. *Unsere postmoderne Moderne*. 4. Aufl. Berlin: Akademie Verlag.

Young, Robert (Hg.). 1981. *Untying the Text: A Post-Structuralist Reader*. London: Routledge.

Zapf, Hubert. 1996. "Poststrukturalismus und Dekonstruktion." In: ders. *Kurze Geschichte der anglo-amerikanischen Literatutheorie*. 2. Aufl. München: Fink. 189-204.

Zima, Peter V. 1994. *Die Dekonstruktion: Einführung und Kritik*. Tubingen: Francke.

Eveline Kilian

Diskursanalyse

1. Einleitung

Der Diskursbegriff hat in literatur- und kulturwissenschaftlichen Zusammenhängen seit den 1970er Jahren mehr und mehr an Gewicht gewonnen, und zwar vor allem in Folge der Rezeption der Werke des französischen Philosophen Michel Foucault. Der Impuls, der für diese Disziplinen von seinem Ansatz ausging, kann folgendermaßen skizziert werden: Die Vorstellung, daß unsere Realität über Diskurse strukturiert ist, die ihre je spezifischen Gegenstände erst hervorbringen, ermöglichte einen Perspektivenwechsel weg von einer Untersuchung der fachspezifischen Gegenstände und ihrer Bedeutungszusammenhänge hin zu den Bedingungen ihres Zustandekommens. In der Literaturwissenschaft führte dies etwa zu einer Hinterfragung der Analyseeinheiten traditionell hermeneutischer Herangehensweisen, wie etwa der des 'Autors' oder des 'literarischen Textes', und lenkte den Blick auf die diskursiven Bedingungen ihres Entstehens (Kittler/Turk 1977: 35; Bogdal 1999: 11-27). Der Foucaultschen Logik folgend, wird der literarische Text als in einem Geflecht von Diskursen situiert betrachtet, von denen er zudem selbst durchzogen wird. Daraus resultiert, daß er nicht mehr isoliert, sondern nur noch in einem größeren Gefüge von Bezügen untersucht werden kann. Dies erfordert ein Studium ganz unterschiedlicher Quellen, was wiederum eine entschiedene Erweiterung des Textbegriffs nach sich zieht, eine Entwicklung, die vor allem auch für den New Historicism von Bedeutung war.[1]

Wenngleich der Zugriff auf Foucaults Schriften sich in vielen Beiträgen eher diffus und eklektisch ausnimmt und deshalb verschiedentlich auf das Fehlen eines klar umrissenen Foucaultschen Ansatzes in der Literaturwissenschaft hingewiesen worden ist (vgl. Kirchhofer 1997: 277), lassen sich doch einige Felder herausarbeiten, in denen mit einiger Konsistenz und Erkenntnisgewinn diskursanalytische Vorgehensweisen zum Tragen kommen. Ich möchte in diesem Beitrag vor allem solche Beispiele etwas genauer besprechen, die sich um einen oder mehrere Einzeltexte gruppieren und die deshalb auch in kompakter Form nachvollziehbar und zugänglich sind. Was hier aus Platzgründen nicht im Detail zur Sprache kommen kann, sind die sehr breit angelegten Studien zur historischen Diskursanalyse, die

---

[1] Zum New Historicism vgl. den Beitrag von Eckhard Auberlen in diesem Band (83-115).

entweder einzelne Diskurse in einem bestimmten Zeitraum in ihren Ausfächerungen darlegen, wie etwa die Studie von Nikolaus Wegmann zu den Diskursen der Empfindsamkeit im 18. Jahrhundert (Wegmann 1988), oder solche, die die diskursiven Strukturen einer ganzen Epoche, das, was Foucault 'Episteme' nennt, und ihren Wandel rekonstruieren (z.B. Küpper 1990). Worauf des weiteren ebenfalls nicht eigens eingegangen werden kann, sind die jüngeren Versuche, Begriffsgeschichte und (sozial-)historische Diskursanalyse zu verbinden, eine Diskussion, die vor allem mit Bezug auf Reinhart Kosellecks begriffsgeschichtlichen Ansatz und das langjährige Publikationsprojekt *Geschichtliche Grundbegriffe: Historisches Lexikon zur politisch-sozialen Sprache in Deutschland* (zwischen 1972 und 1997; herausgegeben von Otto Brunner, Werner Conze und Reinhart Koselleck) geführt wird. Die Diskussion zielt auf eine stärkere Betonung der in der Konzeption bereits angelegten, aber in der praktischen Umsetzung nicht immer hinreichend eingelösten diskursiven Verankerung der Begriffe im Sinne einer konsequenteren Kontextualisierung, die sich auf eine breitere Quellenbasis stützt und nicht nur kanonisierte, sondern auch randständige Werke und mehr oder weniger kurzlebige Texte der Alltagskultur umfaßt.[2]

2. Zum Diskursbegriff

Bevor wir das Potential der Diskursanalyse für die Literaturwissenschaft genauer erörtern, sind einige Anmerkungen zum Diskursbegriff notwendig. Seine vielfältige Verwendung in alltagssprachlichen und diversen spezialwissenschaftlichen Kontexten wie etwa der Erzähltheorie, der Linguistik, der Soziologie, der Sozialpsychologie, der Philosophie und der Kulturwissenschaft hat eine Vielzahl von Bedeutungsnuancen hervorgebracht, die sich zum Teil überschneiden, zum Teil aber auch deutlich voneinander abweichen. In der Erzähltheorie ist Diskurs (frz. *discours*) der Komplementärbegriff zu Geschichte (*histoire*), dem Dargestellten, Erzählten, und bezeichnet die Ebene des erzählerischen Gestaltens, des Erzählvollzugs (Genette 1980 [1972]: 25-32; Chatman 1980 [1978]: 9). Die Diskursanalyse in der Linguistik versteht sich als Gegenentwurf zur sprachsystembezogenen Linguistik, die sich vor allem mit der Analyse von syntaktischen Strukturen beschäftigt. Sie konzentriert sich auf über den Satz hinausgehende sprachliche Einheiten, und zwar in erster Linie auf die mündliche Rede, auf Redezusammenhänge und deren Funktionsweise hinsichtlich der Interaktionsdynamik zwischen den DialogpartnerInnen, wie sie die Dialog- und Konversationsanalyse untersucht, aber auch auf Texte wie etwa Gebrauchsanweisungen oder Zeitungsmeldungen und deren sprachliche Verweisstrukturen sowie die darin wirksam werdenden Mechanismen der Leserlenkung. Diskurs meint hier also eine abgrenzbare Einheit eines

---

[2] Vgl. dazu die Beiträge in Bödeker (2002a), insbesondere den des Herausgebers selbst (2002b); sowie van Gelderen (1998).

gesprochenen oder geschriebenen Textes oder, spezifischer, jede Art von sprachlicher Kommunikation, die einen zielgerichteten Austausch zwischen einem Sender und einem Rezipienten beinhaltet (vgl. dazu Ehlich 1994 und Mills 1997: 1-6 und 135-142). Die Soziologie, die Sozialpsychologie und die sogenannte Kritische Linguistik, wie sie etwa von Norman Fairclough vertreten wird, richten ihr Augenmerk stärker auf die soziale Komponente von sprachlichen Äußerungen und Redezusammenhängen, auf die von ihnen produzierten Machtmechanismen und Hierarchisierungsprozesse, auf Strategien der Autorisierung sprechender Subjekte oder, noch allgemeiner, auf die Art und Weise, wie Diskurse das soziale Feld strukturieren. Der Diskursbegriff oszilliert hier zwischen dem oben genannten linguistischen und einem weiter gefaßten, von Foucault inspirierten Konzept (vgl. Fairclough 1995 und Jaworksi/Coupland 1999).

Da die diskurstheoretischen Ausführungen[3] Foucaults für den literaturwissenschaftlichen Umgang mit dem Diskursbegriff von besonderer Bedeutung sind, werden sie im folgenden kurz dargestellt. Ich beziehe mich dabei vor allem auf zwei seiner Schriften, *Archäologie des Wissens* (1981 [1969]) und *Die Ordnung des Diskurses* (1991 [1972]): *Archäologie des Wissens* ist sein Versuch, mit Hilfe der Diskursanalyse in einem doppelten Wurf die Geschichte, insbesondere die Ideengeschichte, anti-teleologisch und anti-totalisierend von ihren Diskontinuitäten und Brüchen her zu denken und gleichzeitig das Subjekt seiner Souveränität und bedeutungsstiftenden und -steuernden Macht zu entheben, indem er es als ein dem Diskurs gewissermaßen ausgeliefertes entwirft (1981 [1969]: 23 und 283-301).[4] *Die Ordnung des Diskurses*, seine Antrittsvorlesung am Collège de France im Jahre 1970, hat die Prozesse der gesellschaftlichen Produktion und Organisation von Diskursen zum Thema. In Foucaults Œuvre findet sich keine systematische Definition von Diskurs, und seine Verwendung des Begriffs ist keineswegs einheitlich, wie er im übrigen selbst bemerkt: "[Ich glaube], daß ich, statt allmählich die so schwimmende Bedeutung des Wortes 'Diskurs' verengt zu haben, seine Bedeutung vervielfacht habe." (1981 [1969]: 116) Dennoch lassen sich eine Reihe von Grundprinzipien und Verwendungsweisen herauspräparieren, die für unsere weiteren Überlegungen hilfreich sind.

Foucault definiert Diskurs erstens als "allgemeines Gebiet aller Aussagen" (ebd.). Das ist die am stärksten verallgemeinernde Ebene, die zum Beispiel in *Die Ordnung des Diskurses* verhandelt wird. Sie impliziert, daß unser gesamtes Wissen über die Welt und die Wirklichkeit durch Diskurse strukturiert ist und daß

---

[3] Die Formulierung 'diskurstheoretische Ausführungen' ist mit Bedacht gewählt. Foucaults Texte enthalten eine Reihe von zentralen Darlegungen zu einer Theorie des Diskurses (besonders *Die Ordnung des Diskurses*), aber insgesamt sind seine Darstellungen und – oft im Zuge der Analyse spezifischer Diskurse – entwickelten Überlegungen zu heterogen und zu wenig systematisch, um von einer genuinen Diskurstheorie zu sprechen.

[4] Zu einer kritischen Auseinandersetzung mit diesem Projekt vgl. Dreyfus/Rabinow (1982: 1-100) und Macdonell (1986: 82-100).

diese die Bedingungen des Konzeptualisierbaren abstecken. Das heißt, der Diskurs begrenzt sowohl den Gegenstand unseres Wissens als auch die Art und Weise, wie wir diesen konzeptuell erschließen können.

Eine zweite Definition bezeichnet Diskurs als "individualisierbare Gruppe von Aussagen" (ebd.). Hier wird der Diskursbegriff pluralisiert, wobei Diskurs sich sowohl auf ein spezifisches Wissensgebiet als auch auf einen bestimmten Gegenstand beziehen kann. Foucault spricht sowohl vom medizinischen Diskurs, vom Diskurs der Naturgeschichte oder von wissenschaftlichen Diskursen allgemein (52, 105, 99) als auch von den Diskursen über den Wahnsinn oder dem Diskurs des Kontinuierlichen (50, 23). Hier wären zum Beispiel der Geschlechterdiskurs, der Weiblichkeitsdiskurs, der Großstadtdiskurs der Moderne o.ä. zu plazieren. Manchmal trennt er diese beiden Aspekte auch terminologisch in Diskurs und Diskursgegenstand (67). Und hier sind natürlich nicht immer scharfe Trennungen möglich, denn ein Diskursgegenstand kann von verschiedenen Disziplinen unterschiedlich gefaßt werden: Der psychiatrische Diskurs über den Wahnsinn ist ein anderer als etwa der juristische. Diese Diskurse können "sich überschneiden und manchmal berühren, [...] einander aber auch ignorieren oder ausschließen" (34). Gelegentlich bezeichnet Foucault als weitere Variante auch die Rede einer Person als Diskurs, zum Beispiel der Diskurs eines Kranken oder der eines Kriminellen (Foucault 1988 [1975]: 311).

Der Diskurs ist, drittens, eine produktive Kraft. Das heißt, daß er sich nicht eines bereits fest konturierten Gegenstandes annimmt, sondern daß er diesen Gegenstand selbst in seiner spezifischen Form hervorbringt. So behandelt Foucault Diskurse als "Praktiken [...], die systematisch die Gegenstände bilden, von denen sie sprechen" (Foucault 1981 [1969]: 74; ebenso 50 und 68). Diese Position impliziert eine Abkehr vom sogenannten Widerspiegelungsmodell, also von der Vorstellung, daß Sprache eine vorhandene Realität lediglich abbilde. Stattdessen bedient Foucault sich der für den Poststrukturalismus, aber auch für den Strukturalismus, typischen Auffassung, daß unser Bild der Wirklichkeit durch die in unserer Kultur zur Verfügung stehenden sprachlichen Formen und konzeptuellen Muster strukturiert wird.[5] Wie Ralf Konersmann sagt, beschreibt der Diskursbegriff nicht nur die Organisation des Wissens, sondern auch seine Produktion (Konersmann 1991: 77). Das beste Beispiel hierfür sind die im ersten Band von *Sexualität und Wahrheit* analysierten Diskurse über den Sex, die diesen Gegenstand konstituieren, indem sie "anatomische Elemente, biologische Funktionen, Verhaltensweisen, Empfindungen und Lüste in einer künstlichen Einheit zusammen[...]fassen" (Foucault 1983 [1976]: 184).[6]

---

[5]   Siehe dazu auch S. 27 und 37f. (zum Strukturalismus) sowie S. 45 und 47 (zum Poststrukturalismus) in diesem Band.

[6]   Der Sex ist eine wörtliche Übersetzung des französischen *le sexe* und ist ein nur schwer ins Deutsche übersetzbarer Begriff. Er umfaßt sowohl die körperlich-biologischen Aspekte des Geschlechts als auch die damit assoziierten Verhaltensweisen und Begehrensstrukturen.

Viertens ist der Diskurs eingebunden in ein komplexes Gefüge von Macht und Widerstand. In *Die Ordnung des Diskurses* stellt Foucault eine klare Verbindung zwischen Diskurs und Macht her: "[D]er Diskurs [...] ist dasjenige, worum und womit man kämpft; er ist die Macht, deren man sich zu bemächtigen sucht." (Foucault 1991 [1972]: 11) In jeder Gesellschaft, so Foucault, werde die Produktion von Diskursen "kontrolliert, selektiert, organisiert und kanalisiert" (ebd.). Dies geschieht zum Beispiel durch bestimmte Regeln und Anordnungsprinzipien, die dafür sorgen, daß Aussagen innerhalb eines Diskurses verläßlich klassifiziert werden können. Sie bilden gleichzeitig die Grenzen der jeweiligen (wissenschaftlichen) Disziplin, innerhalb derer Aussagen als wahr oder falsch eingestuft werden. Das heißt, daß es keine absolute Wahrheit gibt, sondern nur eine diskursiv produzierte, die genau deshalb Gültigkeit hat, weil sie den Regeln des betreffenden Diskurses genügt. Und daraus läßt sich ebenfalls ableiten, daß der Diskurs die Parameter setzt, innerhalb derer sich unser Denken bewegt. Dieses diskursinterne Kontrollsystem wird ergänzt durch eine Reihe von äußeren Begrenzungsfaktoren. Dazu gehören das Verbot, über bestimmte Dinge zu sprechen, etwa im Bereich der Sexualität oder der Politik, des weiteren Grenzziehungen, zum Beispiel zwischen Vernunft und Wahnsinn, die es ermöglichen, bestimmte Aussagen auszuklammern oder abzuwerten und andere zu privilegieren; und schließlich die kontrollierte Öffnung der Diskurse für bestimmte Gruppen und Individuen. Diese Ausschlußmechanismen und die Regelung des Zugangs zu den Diskursen schreibt Foucault gesellschaftlichen Institutionen wie etwa dem Erziehungssystem, der Justiz oder der Medizin zu (vgl. ebd.: 10-13).

In *Die Ordnung des Diskurses* wie auch in *Archäologie des Wissens* versteht Foucault Diskurs als ein sich selbst regulierendes Gebilde, das von einer Eigendynamik getrieben und durch die genannten Kontrollmechanismen gelenkt wird und das in keiner Weise den Stempel der Subjekte trägt, die sich seiner bedienen. Die Subjekte erscheinen hier als reine Funktion des Diskurses, als Medium, durch das dieser spricht. Es handelt sich dabei um ein stark hierarchisch strukturiertes Modell, das er später, beginnend mit dem ersten Band von *Sexualität und Wahrheit*, durch ein "strategische[s] Modell" (1983 [1976]: 124) ersetzt, welches "die produktive Effizienz, den strategischen Reichtum und die Positivität der Macht" (106) ans Licht bringt. Hier geht Foucault von einem Geflecht von Machtbeziehungen aus, die das ganze soziale Feld durchziehen, in die alle Personen eingebunden und die reversibel sind, so daß sich Positionierungen immer wieder ändern können. Macht ist also kein homogenes Gebilde, sondern ein dynamisches Feld von permanenten Kräfteverschiebungen, von "unaufhörlichen Kämpfen und Auseinandersetzungen" (113). Diese Akzentverschiebung berührt auch die Beziehung zwischen den verschiedenen Diskursen:

[D]ie Welt des Diskurses ist nicht zweigeteilt zwischen dem zugelassenen und dem ausgeschlossenen oder dem herrschenden und dem beherrschten Diskurs.

Sie ist als eine Vielfältigkeit von diskursiven Elementen, die in verschieden-
artigen Strategien ihre Rolle spielen können, zu rekonstruieren. (122)

Diese Konfiguration ermöglicht es, Widerstand als komplementäre Kraft zur
Macht zu konzeptualisieren, gewissermaßen als deren notwendige Kehrseite:

Wo es Macht gibt, gibt es Widerstand. [...] Machtverhältnisse [...] können nur
kraft einer Vielfalt von Widerstandspunkten existieren, die in den Machtbeziehungen die Rolle von Gegnern, Zielscheiben, Stützpunkten, Einfallstoren
spielen. Diese Widerstandspunkte sind überall im Machtnetz präsent. (116f.)

Während Foucault in diesen Formulierungen immer noch eine große Zurückhal-
tung übt, die Interdependenz von Macht und Widerstand auf aktiv handelnde Subjekte zu beziehen, räumt er ihnen im zweiten und dritten Band von *Sexualität und
Wahrheit* eine deutliche Handlungsverfügung ein, die er mit dem Begriff der Freiheit korreliert. Diese Freiheit beinhaltet das Moment des Widerstands, das dem
einseitigen Machtverlauf eine Grenze setzt und das eine Richtungsänderung oder
Umkehrung bewirken kann (Foucault 1981/82: 790 und 794). Freiheit in diesem
Sinne besteht darin, innerhalb des Feldes von Machtbeziehungen zu agieren und
zu reagieren (vgl. Foucault 1980: 98).

Auf der Grundlage dieser Ausführungen läßt sich, als fünfter Aspekt der Definition, das Verhältnis zwischen Diskurs, Macht und Subjekt noch einmal präziser fassen: Foucaults Subjekt ist nicht autonom und dem Diskurs vorgängig, sondern wird durch diesen, wie auch alle anderen Diskursgegenstände, erst hervorgebracht:

Man wird also darauf verzichten, im Diskurs ein Phänomen des Ausdrucks zu
sehen [...]; man wird darin eher ein Feld von Regelmäßigkeiten für verschiedene Positionen der Subjektivität sehen. Der so begriffene Diskurs ist nicht die
majestätisch abgewickelte Manifestation eines denkenden, erkennenden und es
aussprechenden Subjekts. (Foucault 1981 [1969]: 82)

Gleichzeitig ist das Subjekt aber auch Agens in einem dynamischen Kräftefeld,
das kollaborieren, aber auch widerständig sein, und das diskursive Verschiebun-
gen herbeiführen kann. Noch einmal anders gewendet heißt das, daß die Handlungsermächtigung des Subjekts als Teil eines diskursiv erzeugten Machtgefüges
anzusehen ist, welches das Individuum als Vehikel der Macht konstituiert und
damit auch dessen aktives Verhältnis zur Macht mitbestimmt. Dazu noch einmal
Foucault: "The individual is an effect of power, and at the same time, or precisely
to the extent to which it is that effect, it is the element of its articulation. The
individual which power has constituted is at the same time its vehicle." (Foucault
1980: 98)

3. Diskurs und Literatur

Die Literatur selbst spielt in Foucaults Denken eine sehr untergeordnete Rolle. In seinen frühen Schriften referiert er zwar immer wieder auf sie, er analysiert aber an keiner Stelle ihre Funktion und ihren Stellenwert im Feld gesellschaftlich-kultureller Diskurse in einer auch nur annähernd systematischen Weise. Wie er selbst in einem Interview aus dem Jahre 1975 sagt: "For me literature was something I observed, not something I analyzed, or reduced, or integrated into the very field of analysis." (Foucault 1988 [1975]: 307) In *Die Ordnung der Dinge* entwirft er die Literatur, am Beispiel von Autoren wie Stéphane Mallarmé oder Antonin Artaud, innerhalb seiner Theorie der Moderne als "eine Art 'Gegendiskurs'" (1974 [1966]: 76), die die Sprache aus ihrer Repräsentationsfunktion löst, sich dieser widersetzt und als "völlig auf den reinen Akt des Schreibens bezogene [...] Form" in "eine[r] radikale[n] Intransitivität" immer nur auf sich selbst verweist (365f.). Es ist zurecht kritisiert worden, daß Foucault hier eine bestimmte Auffassung von Literatur, nämlich ganz allgemein gesprochen das anti-realistische Schreiben, unzulässigerweise generalisiert,[7] und er selbst hat sich von dieser Position einige Jahre später auch wieder distanziert (vgl. Foucault 1988 [1975]: 309f.).

In der Folge der literaturwissenschaftlichen Rezeption der Diskurstheorie Foucaults wurde die Frage, ob Literatur als eigenständiger Diskurs betrachtet werden kann, immer wieder kontrovers diskutiert. Mehr Einigkeit besteht dagegen darüber, daß es Diskurse *über* die Literatur gibt, etwa den der Literaturkritik oder der Literaturwissenschaft. Diese Bereiche können diskursanalytisch beleuchtet werden, zum Beispiel indem man, wie eingangs angedeutet, nach den historischen Entstehungsbedingungen der Kategorie des Autors oder der Literatur fragt. Foucault selbst ging der ersten Kategorie in einem später unter dem Titel "What is an Author?" erschienen Vortrag von 1969 nach.[8] Für Foucault ist 'der Autor' ein diskursives Konstrukt, dessen Entstehung ideengeschichtlich eng mit der Herausbildung des modernen Individuums und damit mit den Konstitutionsbedingungen moderner Subjektivität zusammenhängt (Foucault 1984 [1969/1979]: 101 und 118). Ein Blick in die Geschichte konfrontiert uns mit unterschiedlichen Auffassungen von Autorschaft, so daß die Autorfunktion als historisch variables und prinzipiell wandelbares Konzept angesehen werden muß: "[G]iven the historical modifications that are taking place, it does not seem necessary that the author function remain constant in form, complexity, and even existence" (119). Des weiteren untersucht er, welche Rolle die Autorfunktion in ihrer gegenwärtigen Form einnimmt: Sie erlaubt zum Beispiel, Texte unter der Rubrik eines 'Autors' als Einheit zu gruppieren, ihnen dadurch Authentizität zuzusprechen, oder sie in

---

[7] Zu einer Diskussion der in *Die Ordnung der Dinge* dargelegten Auffassung von Literatur als Gegendiskurs vgl. Geisenhanslüke (1997: 13-30, 132-169 und 213-217) sowie During (1992: 113-118) und Freundlieb (1995: 306-310).

[8] Vgl. dazu auch Bogdal (1999: 135-152).

einen Entwicklungszusammenhang zu bringen, der durch einen biographischen Rückgriff motiviert wird (im vorliegenden Beitrag geschieht dies etwa, wenn vom Unterschied zwischen dem 'frühen' und dem 'späten' Foucault die Rede ist); darüber hinaus verbindet sich die Autorfunktion mit der Kategorie des Eigentums: Der Autor ist Eigentümer seiner Werke. Auf dieser Grundlage sind sie urheber-rechtlich geschützt, ist er aber auch für sie verantwortlich und kann gegebenenfalls zur Rechenschaft gezogen werden, etwa im Falle von Gerichtsverfahren wegen ihres verfassungsfeindlichen, oder, wie bei Radclyffe Halls Roman *The Well of Loneliness* (1982 [1928]; s.u. Abschnitt 5), vermeintlich obszönen und moralisch verwerflichen Inhalts. An Foucaults Aufsatz sehen wir sehr deutlich, worauf die Diskursanalyse abzielt: Es geht ihr gerade nicht um die Analyse eines Autors und seiner Werke, seiner Situierung in einer literarischen Tradition o.ä., sondern um eine Reflexion über diese Kategorien selbst, über ihre historische Verortung und ihre Funktion.

Ähnlich läßt sich mit der Frage 'Was ist Literatur?' verfahren. Dazu noch ein-mal Foucault:

> [W]hat is the threshold beyond which a discourse [...] begins to function in the field known as literature? In order to know what literature is, I would not want to study its internal structures. I would rather grasp the movement, the little process, by which a type of non-literary discourse, neglected, forgotten as soon as it was made, enters the literary field. (Foucault 1988 [1975]: 311; dazu auch Schmidt 1988: 138)

Die Erörterung der historischen Dimension des Literaturbegriffs konzentriert sich auf die sich verschiebenden Grenzen zwischen literarischen und nicht-literari-schen Texten, die durchaus auch ideologiekritisch beleuchtet werden können. So geht es in der Kanondiskussion, wie sie vor allem von seiten der feministischen Literaturwissenschaft geführt worden ist, um ein Hinterfragen von Ein- und Aus-schlußmechanismen und von Kriterien, die die Werke von Autoren gegenüber denen von Autorinnen privilegieren, mit dem Ziel, das, was als Kanon gilt, zu mo-difizieren.[9] Dieser Prozeß kann im Rahmen von Foucaults Machttheorie als Kon-frontation von Macht und Widerstand gelesen werden.

Die Zuordnung der Literatur selbst zur Kategorie der Diskurse ist abgelehnt worden mit der Begründung, Literatur stelle kein eigenes Wissensgebiet dar, wie dies für andere Diskurse, etwa den ökonomischen oder den medizinischen der Fall sei (vgl. v.a. Freundlieb 1995: 319f.). Literatur bediene sich lediglich in eklekti-scher Weise ausgewählter Elemente anderer Diskurse und lasse sich deshalb kaum mit den Parametern der Foucaultschen Diskursanalyse in Einklang bringen, so Dieter Freundlieb (1995: 319). Literarische Produktion sei somit auch nicht mit

---

[9]   Zur Kanondiskussion in der feministischen Literaturwissenschaft siehe Seite 124f. im vorliegen-den Band. Die Problematik des literarischen Kanons wird auch vom Poststrukturalismus (vgl. S. 57 in diesem Band) und den Cultural Studies (S. 246) berührt.

Wissensproduktion gleichzusetzen (Kammler 1990: 39). Diese Sachverhalte scheinen mir jedoch der Präzisierung zu bedürfen. Der Literatur kommt insofern ein Sonderstatus zu, als sie zum einen ein diskursiv abgegrenzter Gegenstand ist, wie wir gesehen haben, zum andern aber selbst wiederum eine sprachliche Wirklichkeit produziert, die zu der ebenfalls diskursiv verfaßten, außerliterarischen Realität in einer variablen Ähnlichkeitsrelation steht. Diese Doppelung beinhaltet zwar, daß Literatur zum Teil auf andere Diskurse zurückgreift, nicht aber, daß sie deren Wissensfundus lediglich reproduziert. Wie andere Diskurse verfügt auch die Literatur über eine Produktivkraft, mit der sie ihre Gegenstände auf die ihr eigene Weise hervorbringt. Dies kann zum Beispiel beinhalten, daß sie bestehende Diskurse kritisch beleuchtet und bestimmte Diskursgegenstände neu konzeptualisiert, sie modifiziert, und so einen neuen Wissenshorizont eröffnet. Wenn man zudem davon ausgeht, daß sich ein Diskurs nicht nur über seinen Gegenstandsbereich bestimmt, sondern auch über den spezifischen Modus, in dem über diesen gesprochen wird, und über die Zulassungsbeschränkungen, die verfügen, wer sich dieses Diskurses bedienen darf und wer nicht (Winko 1996: 468), dann zeigt sich, daß diese Faktoren für die Literatur ebenfalls zutreffen. Der Modus des Sprechens korreliert mit poetologischen Vorgaben, Gattungsnormen, Formtraditionen und -konventionen, die literarische Darstellungsweisen bestimmen und zugleich historisch kontingent (d.h. durch die jeweiligen Umstände bedingt) sind. Und die Ein- und Ausschlußprozesse werden über die verschiedenen Instanzen des Literaturbetriebes geregelt, die entscheiden, welche Texte welcher Autoren als 'Literatur' akzeptabel sind und welche nicht. Aus diesen Gründen ist es durchaus angemessen, von einem 'literarischen Diskurs' zu sprechen.

4. Literaturanalyse als Interdiskursanalyse

Vom literarischen Diskurs spricht auch Jürgen Link, der die institutionalisierte Literatur als einen der "Sonderfälle" betrachtet, "in denen bestimmte Gesellschaftstypen interdiskursive Elemente als eigenen Diskurs (zum Zweck der Praktikenintegration) konstituieren" (Link 1983: 17). Link ist einer der führenden Vertreter der Diskursanalyse in Deutschland. In seinen Ausführungen stützt er sich explizit auf Foucault (Link 1983: 9; Link/Link-Heer 1990: 92). Sein Ausgangspunkt ist die seit dem 19. Jahrhundert stark fortschreitende Ausdifferenzierung der verschiedenen Wissensfelder, zum Beispiel dem juristischen, medizinischen, politökonomischen usw., die er mit Foucault Diskurse nennt. Er beruft sich also auf die oben angeführte zweite Definition von Diskurs. Diese zunehmende Spezialisierung der Diskurse erschwert die Kommunikation, weil, so könnte man sagen, die Schnittmenge zwischen diesen Diskursen immer kleiner wird und die SprachteilnehmerInnen nur jeweils über einen geringen Ausschnitt aus dieser Diskursvielfalt verfügen. Dieses Problem wird dadurch aufgefangen, so Link, daß es neben den Spezialdiskursen einen sogenannten interdiskursiven Bereich gibt, den er dem 'Alltagswissen' beziehungsweise den "Textsorten der *Popularisierung*" (Link 1988: 293; Hervorhebung im Original) oder aber den Massenmedien zuordnet (Link/Link-Heer 1990: 93) und der selektiv auf einzelne Elemente aus den Spezialdiskursen zugreift, diese in andere Kontexte einbaut und so "Diskursinterferenzen und Diskursberührungen" hervorbringt (Link 1988: 288f.). Ein solch interdiskursiver Bereich, der eine Brücke schlägt zwischen den verschiedenen arbeitsteiligen Praxisbereichen und sozialen Schichten, ist zum Beispiel die Konversation (Link 1983: 12).

Link bezeichnet solche Diskursbestandteile, mit denen "punktuell ein übergreifender integraler gesellschaftlicher *Inter-Diskurs* hergestellt wird" als "*elementar-literarisch*" (ebd.: 12; Hervorhebung im Original), und zwar erstens deshalb, weil es sich dabei um Bilder, Symbole, Metaphern u.ä. handelt,[10] die, so die sehr vage Formulierung, "uns intuitiv 'literarisch' anmuten", und zweitens, weil sich die Literatur dieser "spontan, anonym und kollektiv produzierten 'literarischen' Formen alltäglicher und praktischer Diskurse [bedient], die [...] die notwendigen 'Halbfabrikate' für die 'eigentliche' Literatur paratstellen" (9; ebenso 21). An diesen Formulierungen sehen wir bereits, daß Link der Literatur keinen Sonderstatus einräumt, der auf der Literatur eigenen *ästhetischen* Prinzipien fußt. Vielmehr ist die 'eigentliche' Literatur, ganz im Sinne der Foucaultschen Logik, vor allem gekennzeichnet durch ihren institutionalisierten Status, der über Ein- und Ausschlußmechanismen des literaturwissenschaftlichen Diskurses produziert wird.[11] Darauf verweist auch seine Gegenüberstellung von elementarer und institutionalisierter Literatur (25). Beiden Sparten fällt die beschriebene Funktion der (Re-)Integration spezialisierter Diskurse zu, so daß das "generative [...] Formgesetz" der Literatur die "Kombinatorik von Diskursen" darstellt (15). (Institutiona-

---

[10] Ein Beispiel, das Link untersucht, sind Heiratsannoncen, die verschiedene Diskurse mittels metaphorischer Verfahren miteinander verknüpfen, etwa wenn dort von einem 'Sonderangebot', einem 'Gebrauchtmodell Bj. 32' oder einem 'kernigen Rheinhessen' die Rede ist (siehe dazu Link 1983: 27-32).

[11] Diese Sichtweise unterschlägt in ihrer radikalen Form die kreative Leistung des Autors, der in der Lage ist, ein sprachliches Gebilde zu schaffen, das eben mehr ist als nur eine Ansammlung elementar-literarischer Versatzstücke, und unterliegt den gleichen Widersprüchen, die, sozusagen als treibender Motor, bei Foucault zwischen den frühen und den späteren Schriften zu einer Re-Etablierung des zwar durch die Diskurse eingeschränkten, aber handlungsfähigen Subjekts geführt haben. Auch bei Link finden wir ein Oszillieren zwischen diesen verschiedenen Positionen, wie sich etwa an der folgenden Bemerkung zur Verwendung elementar-literarischer Formen in den Konversationen in Fontanes Romanen ablesen läßt, die das Autorsubjekt in sein Recht setzt: "Kommen mir also die einzelnen elementar-literarischen Formen wie 'Halbfabrikate' vor, so wäre die Konversation bereits ein vollständiges Arsenal davon – es fehlte ihr sozusagen bloß noch ein Fontane, um Roman zu werden." (Link 1983: 14) Ebenso wird das Kreativitätsmoment betont, wenn Link argumentiert, daß die "neue Sinndeutung der Symbole bei den Dichtern überhaupt nur möglich ist, weil sie auf dem schon vorhandenen Klavier der kulturell paratgehaltenen Versionen des Materials ihr virtuoses Spiel beginnen kann" (Link 1988: 303).

lisierte) Literatur entsteht dann, so Link, wenn die elementar-literarischen Formen durch ein bestimmtes diskursives Verfahren verbunden werden, das wiederum anderen Praktiken entlehnt sein kann. Ein in der Literatur gängiges Schema ist das der Narration (30, 62). Der literarische Diskurs ist demnach "ein diskursintegrierender Diskurs", der gerade durch dieses Merkmal der Integration 'fremder' Diskurse seine Eigenständigkeit gewinnt (48).[12]

Der hier beschriebene Prozeß wird dadurch abgerundet, daß ein permanenter Austausch zwischen Literatur und spezialisierten Diskursen angenommen wird, und zwar in dem Sinne, daß einerseits Literatur sich interdiskursiver Elemente bedient, und andererseits die spezialisierten Diskurse, oder aber andere Interdiskurse, wiederum "literarische [...] Diskursparzellen" aufgreifen, so daß hier von einem "geschlossenen Produktions-Reproduktions-Kreislauf" gesprochen werden kann (22; ebenso 40f.). Eine solche Dissemination literarischer Versatzstücke liegt etwa vor, wenn in einer Heiratsannonce ein Steppenwolf eine Diotima sucht (32), oder wenn in einem politischen Kontext davon die Rede ist, daß auf der Bühne Europas womöglich Biedermann und die Brandstifter gespielt würde (40).

Betrachten wir im folgenden ein Beispiel für ein Kollektivsymbol,[13] also eine der elementar-literarischen Formen, das Link selbst ausführlich bespricht, und zwar das des Ballons (vgl. ebd.: 48-72 und Link 1988). Der Ballon ist für die Diskurswelt des 19. Jahrhunderts deshalb so ergiebig, weil er zunächst als unerhörte technische Innovation, die eine ganz neue Bewegungsform und Wahrnehmungsperspektive erlaubte, die gesamte Gesellschaft in all ihren Bereichen interessierte und damit die Grundlage für seine Übertragbarkeit und sprachliche Integration in verschiedene Praxisbereiche bot (vgl. Link 1983: 13). Außerdem war er leicht

---

[12] Die von Link hier getroffene Unterscheidung zwischen Spezialdiskursen und dem diskursintegrierenden literarischen Diskurs ist innerhalb seiner Argumentation schlüssig, es sollte aber darauf hingewiesen werden, daß die sogenannten Spezialdiskurse unterschiedliche Grade von Spezialisierung aufweisen und ihnen deshalb ebenfalls mehr oder weniger ausgeprägte Integrationsfunktionen zukommen können. So definiert etwa Terence Ball in Anlehnung an Foucault, und ähnlich wie Link, Diskurs als "the sub-language spoken in and constitutive of a particular discipline, domain, sphere or sub-community". Als Beispiele nennt er "the discourse of economics, of law, of medicine, of computer programming" (Ball 1998: 79). Interessanterweise greift er aber den politischen Diskurs, der bei Link zu den Spezialdiskursen gerechnet wird, heraus, um dessen interdiskursives Potential und damit Brückenfunktion zwischen den Spezialdiskursen aufzuzeigen: "Political discourse is [...] a bridging language, a supra-discourse spanning and connecting the several sub-languages; it is the language that we supposedly share in our common capacity as citizens, not as speakers of specialized sub-languages." (ebd.) Und genau in diesem Feld der Interaktion zwischen den Diskursen, wenn Elemente aus anderen Diskursen in den politischen eintreten, siedelt Ball die Möglichkeit der Bedeutungsveränderung von Konzepten an.

[13] In Links Verwendungsweise verfügt das Symbol im Vergleich zu den einfachen Tropen (Metapher oder Metonymie) über eine komplexere Struktur und zeichnet sich "durch die Analogiebeziehung mehrerer Glieder sowohl auf der Bild- wie der Sinnebene" aus. Des weiteren definiert er das Kollektivsymbol als "Symbol mit kollektivem Produzenten und Träger". Es ist in ein relativ festes semantisches Raster oder Bildfeld eingebunden, "an dem kollektiv und weitgehend spontan und anonym 'weitergedichtet' werden kann" (Link 1983: 50).

anschließbar an die bereits vorhandene Bewegungs-Topik, der er ein neues Element, nämlich die dominant vertikale Bewegung hinzufügte (51). Zur Illustration möglicher Integration eines solchen Symbols in die Literatur wählt Link ein Streitgespräch zwischen zwei Lehrern, einem Altphilologen und einem Chemielehrer, aus Karl Immermanns Roman *Die Epigonen* von 1836. In der Rede des Altphilologen taucht der Ballon "als Metapher für Faszinationskraft klassischer Posie" auf: "Nicht unpassend hat ein großer Dichter und Weiser gesagt [dies ist ein intertextueller Verweis auf einen Goethebrief aus dem Jahre 1798; E.K.], man fühle sich wie in einer Montgolfiere schwebend, sobald man Homer zur Hand nehme." Der andere hingegen verwendet dasselbe Bild, um die aus solchem Schweben resultierende 'mangelnde Erdhaftung' zu kritisieren: "Ja leider, leider, haben wir [...] seit Jahrhunderten in der Luft geschwebt, und es dürfte nicht schwer sein nachzuweisen, daß auch die Fehltritte jener unglücklichen Jünglinge [der radikalen Studenten im Roman; E.K.] nur das Stolpern derer sind, die aus der Wolkenhöhe endlich wieder auf festen Grund und Boden sich niederlassen." (Link 1988: 287) Auf ein Kollektivsymbol kann also in unterschiedlich wertender Weise Bezug genommen werden, und diese Werthaltung nennt Link diskursive Position (290). Durch die Möglichkeit unterschiedlicher ideologischer Verortung werden die Kollektivsymbole mit einer gewissen Ambivalenz aufgeladen, und das Spezifikum der Literatur ist nun nach Link, daß sie "mit Vorliebe ambivalentes Material" verarbeitet, und zwar "auf eine Weise, die die Ambivalenz wahrt und häufig künstlich steigert" (301).

5. Die Interaktion von Literatur und anderen gesellschaftlich-kulturellen Diskursen: Einige Beispiele

Ausgehend von diesen Überlegungen möchte ich im folgenden einige weitere Beispiele zumindest in Umrissen vorführen, die auf unterschiedliche Weise das Verhältnis von Literatur und anderen gesellschaftlich-kulturellen Diskursen in den Blick nehmen. Im ersten Fall liegt der Fokus auf der Interaktion zwischen literarischen Texten und einem Spezialdiskurs, dem psychologisch-medizinischen Diskurs der Moderne, auf der Grundlage eines spezifischen Diskursgegenstandes, dem *cross-dressing*. Die Frage ist hier, auf welche Weise der literarische Diskurs dieses Phänomen aufgreift und ob er dessen diskursive Verortung und konzeptuelle Vernetzung mit benachbarten Kategorien wie Geschlecht oder Homosexualität reproduziert oder modifiziert.[14] Anders als in Links Ballon-Beispiel, das beschreibt, wie eine elementar-literarische Form in einem Roman metaphorisch zur Besetzung unterschiedlicher ideologischer Positionen eingesetzt wird, geht es hier um das literarische Ausloten eines in einer anderen Disziplin diskursiv etablierten

---

[14] Dieses Beispiel wird ausführlich besprochen in Kilian (1998).

Wahrheitsanspruchs über einen bestimmten Gegenstand und, in einem weiteren Sinne, dessen gesellschaftliche Implikationen.

Um die Verankerung von *cross-dressing* oder Transvestitismus, wie es in der damaligen Fachsprache heißt, im psychologisch-medizinischen Diskurs der Zeit zu rekonstruieren, werden die einschlägigen Schriften der Sexologen, vor allem die von Magnus Hirschfeld, Havelock Ellis und Richard von Krafft-Ebing herangezogen. Sie belegen, daß *cross-dressing* als eigenständiges Phänomen etabliert wird, indem es zum einen von anderen Bereichen wie etwa Homosexualität oder Fetischismus abgegrenzt wird, in deren Kontext es zuvor diskutiert wurde, und indem zum anderen eine weitere Ausdifferenzierung innerhalb des Transvestitismus selbst stattfindet. Gerade letztere Binnendifferenzierung ergibt durch vielfältige Kombinationen des *cross-dressing* mit anderen geschlechtsbezogenen Charakteristika eine schier unüberschaubare Anzahl von Variationen. Der emanzipatorische Gestus dieser Untersuchungen besteht erklärtermaßen unter anderem darin, durch Vorführen dieser geradezu unendlichen Mischungsverhältnisse die Vorstellung eines simplen Dualismus der Geschlechter aufzubrechen. Ein zentraler Widerspruch in dieser Theorie ergibt sich allerdings daraus, daß diese vielfältigen Differenzierungen für das Individuum keinerlei selbstbestimmten Freiraum zur Überschreitung der Geschlechtergrenzen bereithält, weil nach Ansicht der führenden Sexologen jede Form dieser sexuellen Zwischenstufen angeboren, das heißt in der Konstitution des Menschen verankert und deshalb unveränderlich ist. Was hier also vorliegt ist das, was Foucault die "Einkörperung der Perversionen" genannt hat (Foucault 1983 [1976]: 58). Dieselbe biologische Fundierung gilt auch für die idealtypische Definition der beiden Geschlechter, und zwar in einem umfassenden Sinne, der den gesamten Erfahrungs- und Handlungsbereich des Individuums umschließt.

Für die literarischen Texte der Zeit ist zunächst einmal festzuhalten, daß sie *cross-dressing* fast immer in Verbindung mit Homosexualität betrachten, also eine der möglichen Varianten dominant setzen. Ein zentraler Text für diese Debatte ist Radclyffe Halls Roman *The Well of Loneliness* von 1928. Die Protagonistin Stephen Gordon trägt bereits als Kind mit Vorliebe Jungenkleidung und weist alles weiblich Konnotierte von sich. Sie ist lesbisch und verhält sich in ihren Beziehungen zu anderen Frauen nach männlichen Rollenmustern. Im Roman selbst liefern die Schriften der Sexologen das Erklärungsmuster für Stephens Veranlagung, so daß der Roman als eine Art Popularisierung dieser Theorien fungiert. Hall übernimmt das Gedankengebäude des psychologisch-medizinischen Diskurses ungebrochen mit dem Ziel, durch diese wissenschaftliche Anbindung Verständnis für solchermaßen von der Geschlechternorm abweichende Individuen zu erwirken, allerdings um den Preis der impliziten Akzeptanz aller Widersprüchlichkeiten des zugrundegelegten Diskurses. Vergleichen wir nun diese Verarbeitung mit Virginia Woolfs im gleichen Jahr erschienenen Roman *Orlando*, der, ganz anders, den Diskurs der Sexologen auf radikale Weise unterminiert. Er erzählt die phantastische Biographie einer Figur, deren Lebensgeschichte sich vom 16. bis zum Beginn des 20. Jahrhunderts erstreckt, die dabei aber nur um zwanzig Jahre älter wird, und die sich etwa in der Mitte des Textes plötzlich von einem Mann in eine Frau verwandelt. Die Verschränkung von Geschlechtswechsel und geschlechterkonformer beziehungsweise geschlechterverwirrender (Ver-)Kleidung erlaubt es Woolf, jedwede festgelegte Zuordnung und damit auch die biologische Fundierung der Geschlechtskonstitution zu unterlaufen und stattdessen ein frei verfügbares, wandelbares und unvorhersehbares Zusammenspiel von männlichen und weiblichen Anteilen in der jeweiligen Figur zu inszenieren. Durch den Einsatz erzählerischer Verfahren wie Allegorie oder Märchenelemente (besonders in der Verwandlungsszene), die außerhalb der Gesetze der Logik und der kausalen Verknüpfungen liegen, wird ein separater Bereich einer literarischen Wahrheit etabliert, der sich dezidiert von den einschlägigen Fachdiskursen distanziert, wie die folgende Textstelle zeigt:

> Many people, [...] holding that such a change of sex is against nature, have been at great pains to prove (1) that Orlando had always been a woman, (2) that Orlando is at this moment a man. Let biologists and psychologists determine. It is enough for us to state the simple fact; Orlando was a man till the age of thirty; when he became a woman and has remained so ever since. (Woolf 1993 [1928]: 98)

Jedwede Klassifizierungswut wird ad absurdum geführt, so etwa die behördliche, die versucht, Orlando nach dessen Geschlechtswandel einen juristisch eindeutigen Status zuzuschreiben, ein Unterfangen, das an der Komplexität der im Roman gesetzten Realität kläglich scheitert. In *Orlando* sind Geschlecht und Sexualität beständig im Fluß begriffen. Dies steht in klarem Widerspruch zu den gerade gegenläufigen Tendenzen der Sexologen, die die Geschlechtskonstitution mit immer neuen Kategorisierungen und Klassifizierungen zu fassen und zu fixieren suchten.

Die Zusammenschau von literarischen Texten mit einem für diese Texte relevanten extraliterarischen Diskurs hat hier zwei Erkenntnisfunktionen. Erstens erlaubt die Lektüre von Texten, die den medizinisch-psychologischen Diskurs konstituieren, eine ideologiekritische Sicht auf diesen Diskurs. Und zweitens kann dadurch ein Einblick in das Potential literarischer Texte gewonnen werden, mit den ihnen eigenen Möglichkeiten gesellschaftlich-kulturelle Festschreibungen zu reflektieren und Welten zu entwerfen, die diese Festschreibungen unterlaufen und anders konzeptualisieren.

Im nächsten Beispiel fungiert der literarische Text als Modell für das Zusammenspiel von Macht und Widerstand, in dem das Einnehmen bestimmter Subjektpositionen als Möglichkeit gedacht wird, diskursive Kräfteverschiebungen herbeizuführen. Hier liegt der Schwerpunkt also vor allem auf dem oben (als Aspekt vier und fünf der Definition des Diskursbegriffes) angeführten Komplex von Diskurs, Macht und Subjekt, wie er in Foucaults späteren Schriften erörtert sowie in der Nachfolge vor allem in der Gender-Theorie weiterentwickelt worden ist. Es handelt sich um Maureen Duffys *The Microcosm* aus dem Jahre 1966, ein experimenteller Roman, der das Leben homosexueller Menschen, vor allem lesbischer Frauen, in einer heterosexuellen Gesellschaft thematisiert.[15] Macht und Widerstand sind bezogen auf den dominanten Diskurs über Geschlecht und Sexualität respektive den von diesem ausgeschlossenen Positionen und werden im Roman als Gegensatz von Zentrum und Peripherie oder, noch anders, von *mainstream* und Subkultur konzeptualisiert. Im Zentrum des Romans steht ein nach dem legendären 'Gateways' gestalteter Lesbenclub im London der frühen 1960er Jahre. Dieser 'unterirdische', in einem Kellergeschoss angesiedelte subkulturelle Ort bildet eine Art Enklave, einen Mikrokosmos, der die diskursive Unsichtbarkeit lesbischer Lebensformen in seiner räumlichen Abgeschiedenheit wiederholt. Die Protagonistin nennt diesen Club 'The House of Shades', eine Bezeichnung, die sowohl die ausgeblendete Existenz der Klientel konnotiert als auch deren Immobilität und Stagnation – "Sometimes I think we're all dead down here" (Duffy 1989 [1966]: 5), heißt es gleich zu Beginn. Sie bezieht sich weiterhin darauf, daß die Besucherinnen des Clubs den herrschenden Diskurs selbst so internalisiert haben, daß sie ihn noch in ihren intimen Beziehungen fast bruchlos als "echoes of the world above" (ebd.) reproduzieren. Dies manifestiert sich nicht nur darin, daß die Figuren in zwei völlig getrennten Welten, einer privaten und einer öffentlichen, leben und so die Unsichtbarkeit ihrer eigenen Differenz kultivieren, sondern auch darin, daß sie in ihren Verhaltensweisen die Geschlechtsrollenverteilung der heterosexuellen Welt wiederaufnehmen. Die Protagonistin durchläuft im Roman eine Entwicklung, die sie schließlich diese Idee eines geschlossenen Mikrokosmos zugunsten eines integrativen Modells zurückweisen läßt, das Zentrum und Peripherie miteinander konfrontiert und das für sie selbst eine Zusammenführung ihres privaten und ihres öffentlichen Selbst bedeutet:

> [I]t's a fallacy. There's no such thing as a microcosm. [...] it's not complete in itself, it's only part of the whole [...]. We're part of society, part of the world whether we or society like it or not, and we have to learn to live in the world and the world has to live with us. (287)

Das Subjekt ist hier kein passiver Spielball des Diskurses, sondern es kann als diskursiv verankertes aktiv an gesellschaftlichen Definitionsprozessen partizipieren und damit den herrschenden Diskurses von seinen Grenzen aus unterminieren. Diese Handlungsermächtigung des Subjekts wird in der Theorie unter dem Begriff *agency* geführt (z.B. de Lauretis 1990: 139), der, wie dieser Text zeigt, sowohl das sprachliche als auch das situative Handeln umfaßt. In *The Microcosm* impliziert

---

[15] Dieser Roman wird im Detail besprochen in Kilian ([im Druck], Kap. 7.3).

diese veränderte Sichtweise eine Bewegung hin zur Pluralisierung der Existenz-
weisen und schließlich auch zu einer Ablehnung der den Geschlechterdiskurs fun-
dierenden strikten Geschlechterbinarität: "there are millions of ways, all elements
in the kaleidoscope, shaken together we make the pattern" (274). Die hier vor-
geführte Initiative einzelner Figuren realisierte sich in den darauffolgenden Jahrzehnten in weitaus größerem Maßstab durch verschiedene politische Bewegungen
wie die Frauen- oder Homosexuellenbewegung, die als öffentlich wirksamere Widerstandspunkte den Geschlechterdiskurs auf wahrnehmbarere Weise in Frage
stellen konnten.

   Auf der Ebene der literarischen Gestaltung, also des *discours* im narratologischen Sinne, dupliziert Duffy die angesprochenen Bewegungen. So korreliert das
Moment der Vielfalt geschlechtlicher Seinsweisen mit der polyphonen Struktur
des Textes, der, zumeist mit den Mitteln der Bewußtseinsdarstellung, ganz verschiedene Charaktere in Szene setzt. Duffys spezifische Verwendung von Eigen-
namen und Pronomina – die *butches*, also die 'männlichen' Lesben, tragen männliche Vornamen und werden wechselweise mit männlichen und weiblichen Pronomina benannt – zeigt die Unzulänglichkeiten einer binären Geschlechtercodierung
in der Sprache und sorgt auf der Ebene der Rezeption für Deutungsunsicherheit.
Und schließlich wiederholt sich die Interaktion von Zentrum und Peripherie in der
experimentellen Schreibweise des Textes, die eine deutliche Anlehnung an die
Ästhetik der Moderne aufweist und so einen Versuch darstellt, eine marginalisier-
te Thematik an den literarischen Kanon anzuschließen. Diese Darstellungsweisen
zeigen noch einmal auf eindrückliche Weise, daß der literarische Diskurs über
eigene Verfahren verfügt, um seine Gegenstände zu konturieren.

   An dieser Stelle ist dennoch eine einschränkende Bemerkung angebracht. Solche diskursinterferierenden Texte wie die oben besprochenen sind natürlich aufgrund ihres Erkenntnispotentials für eine Analyse von besonderem Interesse. Folglich besteht vor allem von seiten der Literaturwissenschaft eine gewisse Versu-
chung, der Literatur eine besondere Subversions- und Renovationskraft zuzuschreiben. Diese Möglichkeit ist ihr zwar aufgrund des ihr eigenen Imaginations-
raumes prinzipiell gegeben, sie kann aber keinesfalls generell für alle literarischen
Texte in Anspruch genommen werden, wie nicht zuletzt die diskursbestätigenden
Beispiele zeigen, so daß eine diesbezügliche Funktionsbestimmung für jeden Text
individuell erfolgen muß (vgl. dazu auch Küpper 1990: 31).

Die bisher angeführten Beispiele beschäftigten sich alle, wenn auch auf unterschiedliche Weise, mit der Ver- und Bearbeitung kulturell-gesellschaftlicher Diskurse in der Literatur. Man kann aber auch den umgekehrten Weg gehen und nach
literarischen Strukturen und Elementen in diesen verschiedenen Diskursen fragen.
Von diesem Blickwinkel aus betrachtet läßt sich unter anderem feststellen, daß
das Narrative ein Strukturprinzip vieler Diskurse ist (Kolkenbrock-Netz 1988:
268). Anders gewendet kann man also auch eine literaturwissenschaftlich moti-

vierte Analyse solcher nicht-literarischen Diskurse durchführen. Für diese Richtung soll hier exemplarisch eine Studie genannt werden, *Criminal Conversations* (1998) von Laura Hanft Korobkin, die sich mit der Integration literarischer Muster in den juristischen Diskurs beschäftigt. Kernstück ihrer Untersuchung ist der 1875 vor Gericht verhandelte Fall Tilton gegen Beecher, in dem der berühmte Prediger Henry Ward Beecher des Ehebruchs mit Elizabeth Tilton angeklagt war. Korobkin unterzieht das lange Schlußplädoyer der Verteidigung einer eingehenden Textanalyse und kommt zu dem Ergebnis, daß sich Beechers Anwalt einer Reihe von rhetorischen Strategien, Erzählmustern und anderer Versatzstücke bedient, die für den sentimentalen Roman typisch sind, etwa das Motiv des zu Unrecht beschuldigten, leidenden Helden, und wie sie nicht zuletzt von der Schwester des Angeklagten, der Schriftstellerin Harriet Beecher Stowe, in ihrem Roman *Uncle Tom's Cabin* (1852) verwendet werden. Damit kann Korobkin zeigen, wie der literarische Diskurs einen anderen Spezialdiskurs infiltriert.

6. Schlußbemerkungen

Die hier vorgeführten Analyseverfahren weisen die Diskursanalyse als ein ausgesprochen flexibles Instrumentarium zur vielseitigen Kontextualisierung literarischer und nicht-literarischer Texte aus. Literatur wird dabei konsequent in einem Netzwerk von kulturellen und gesellschaftlichen Praktiken verortet, die am Prozeß der diskursiven Wirklichkeitskonstruktion teilhaben. Die bislang vorliegenden Forschungsergebnisse erlauben noch keine abschließende Einschätzung und Bewertung der Diskursanalyse, wohl aber eine Zwischenbilanz. Zuerst zu den Kritikpunkten: Die konstatierte Flexibilität des Ansatzes basiert auf einem schwer faßbaren und nicht eindeutig festlegbaren Diskursbegriff. Dieser Mangel an definitorischer Präzision ist Foucault und der Diskursanalyse immer wieder zum Vorwurf gemacht worden (z.B. Frank 1988; Freundlieb 1995). Daraus ergibt sich die Notwendigkeit, daß die Abgrenzung der einzelnen Diskurse in der jeweiligen Analyse selbst nach plausiblen und nachvollziehbaren Kriterien erfolgen muß. Die Problematik setzt sich fort, wenn es um die Rekonstruktion von Diskursen geht. Diese kann nie vollständig und erschöpfend sein (vgl. Wegmann 1988: 26f.), sondern ist als unabschließbarer Prozeß zu denken, der immer wieder neue diskursive Positionen und Verschränkungen hervorbringen kann. Hier ist allerdings anzumerken, daß alle Bereiche, die sich der Rekonstruktion von historischen oder zeitgenössischen Kontexten widmen, mit dieser Schwierigkeit konfrontiert sind, wobei die diskursanalytischen Untersuchungen noch auf ein vergleichsweise breites Quellenspektrum zurückgreifen (vgl. auch Winko 1996: 476), ein Vorzug, der ja zum Beispiel den Versuch, die traditionelle Begriffsgeschichte in eine sozialhistorische Diskursanalyse zu überführen, motiviert.

Was sich für die geistes- und sozialwissenschaftlichen Bereiche als außerordentlich fruchtbar erwiesen hat – und das zeigt die große Anzahl von Forschungsbeiträgen, die mehr oder weniger explizit mit Foucaults Ansatz arbeiten –, ist sein Insistieren auf einem radikalen Historisieren aller, auch scheinbar ontologischer Gegebenheiten, die all seinen Diskursanalysen zugrunde liegt. Zwei Denkbewegungen kommen dabei immer wieder zum Einsatz. An erster Stelle zu nennen ist eine konstruktivistische, nämlich die Vorstellung von Realität als einem diskursiv verfaßten Gebilde, eine Konzeption, die im übrigen nicht, wie häufig mißverstanden, die Existenz einer materiellen Realität leugnet, sondern die lediglich postuliert, daß das Spezifische dieser Materialität, die Form, in der wir sie wahrnehmen und in der sie auf uns wirkt, durch diskursive Strukturen bereits vorgeformt ist. In diesem Zusammenhang sprechen wir vom materiellen Effekt der diskursiv erzeugten Realität. Zweitens, und das folgt daraus, ist die Annahme natürlich verbürgter, und damit unabänderlicher Gegebenheiten das Resultat einer diskursiven Naturalisierung. Das heißt, diese Gegebenheiten werden erst durch den Diskurs selbst als dem Diskurs vorgängig etabliert. Man kann unschwer erkennen, von welchem Nutzen diese Überlegungen vor allem für die Geschlechterforschung sind, und damit auch für eine *gender*-orientierte Literaturwissenschaft, denn mit diesen Mitteln läßt sich die scheinbar natürlich fundierte Geschlechterdifferenz, und in Analogie dazu die existierende Geschlechterordnung kritisch beleuchten, etwa indem man ihre Konstruktionsmechanismen aufdeckt. Manche literarische Texte produzieren alternative Entwürfe, die den Geschlechterdiskurs modifizieren und ihrerseits in die gesellschaftlich-kulturelle Zirkulation möglicher Konzeptualisierungen eingespeist werden.

Die Diskursanalyse stellt weiterhin ein wichtiges Bindeglied zwischen Literaturwissenschaft und Cultural Studies dar.[16] Ein guter Teil der kulturwissenschaftlichen Studien geht von der "discursive construction of cultural forms" (Barker/Galasiński 2001: 1) aus und stützt sich auf Foucaults Verständnis von Diskurs als einer regulierenden Praxis, durch die unser kulturelles Wissen entsteht (ebd.: 12). Diese Grundannahme erlaubt eine die Grenzen der Disziplinen überschreitende, also transdisziplinäre Analyse gesellschaftlicher Diskurse, vornehmlich im Sinne von Diskursgegenständen, aber auch, ausschnittweise, von einzelnen Spezialdiskursen, sowie deren Funktion im Prozeß kultureller Bedeutungsstiftung. Die Sprach- und Textgebundenheit von Diskursen macht sie zudem besonders zugänglich für eine literaturwissenschaftlich geschulte Analyse, wie das Beispiel von Korobkins 'Lektüre' des juristischen Diskurses gezeigt hat.

---

[16] Zu den Cultural Studies siehe auch den Beitrag von Horst Tonn im vorliegenden Band (S. 241-264).

Bibliographie

Ball, Terence. 1998. "Conceptual History and the History of Political Thought." In: Hampsher-Monk/Tilmans/van Vree (Hg.). *History of Concepts*. 75-86.

Barker, Chris, Dariusz Galasiński. 2001. *Cultural Studies and Discourse Analysis: A Dialogue on Language and Identity*. London: Sage.

Bödeker, Hans Erich (Hg.). 2002a. *Begriffsgeschichte, Diskursgeschichte, Metapherngeschichte*. Göttingen: Wallstein.

—. 2002b. "Reflexionen über Begriffsgeschichte als Methode." In: ders. (Hg.). *Begriffsgeschichte, Diskursgeschichte, Metapherngeschichte*. 73-121.

Bogdal, Klaus-Michael. 1999. *Historische Diskursanalyse der Literatur: Theorie, Arbeitsfelder, Analysen, Vermittlung*. Opladen: Westdeutscher Verlag.

Chatman, Seymour. 1980 [1978]. *Story and Discourse: Narrative Structure in Fiction and Film*. Ithaca, London: Cornell University Press.

de Lauretis, Teresa. 1990. "Eccentric Subjects: Feminist Theory and Historical Consciousness." *Feminist Studies* 16.1: 115-150.

Dreyfus, Hubert L., Paul Rabinow. 1982. *Michel Foucault: Beyond Structuralism and Hermeneutics*. With an Afterword by Michel Foucault. Chicago: University of Chicago Press.

Duffy, Maureen. 1989 [1966]. *The Microcosm*. London: Virago.

During, Simon. 1992. *Foucault and Literature: Towards a Genealogy of Writing*. London, New York: Routledge.

Ehlich, Konrad (Hg.). 1994. *Diskursanalyse in Europa*. Frankfurt am Main: Lang.

Fairclough, Norman. 1995. *Critical Discourse Analysis: The Critical Study of Language*. London, New York: Longman.

Fohrmann, Jürgen, Harro Müller (Hg.). 1988. *Diskurstheorien und Literaturwissenschaft*. Frankfurt am Main: Suhrkamp.

Foucault, Michel. 1974 [1966]. *Die Ordnung der Dinge: Eine Archäologie der Humanwissenschaften*. Übers. Ulrich Köppen. Frankfurt am Main: Suhrkamp. [Orig.: *Les mots et les choses: Une archéologie des sciences humaines*]

—. 1980. "Two Lectures – Lecture Two: 14 January 1976." In: ders. *Power/ Knowledge: Selected Interviews and Other Writings 1972-1977*. Hg. Colin Gordon. New York: Harvester Wheatsheaf. 78-108.

—. 1981 [1969]. *Archäologie des Wissens*. Übers. Ulrich Köppen. Frankfurt am Main: Suhrkamp. [Orig.: *L'archéologie du savoir*]

—. 1981/82. "The Subject and Power." *Critical Inquiry* 8: 777-795.

—. 1983 [1976]. *Sexualität und Wahrheit*. Bd I: *Der Wille zum Wissen*. Übers. Ulrich Raulff, Walter Seitter. Frankfurt am Main: Suhrkamp. [Orig.: *Histoire de la sexualité: La volonté de savoir*]

—. 1984 [1969/1979]. "What is an Author?" Übers. Josué V. Harari. In: Rabinow, Paul (Hg.). *The Foucault Reader*. London: Penguin. 101-120. [Orig.: "Qu'est-ce qu'un auteur?"]

—. 1988 [1975]. "The Functions of Literature." In: ders. *Politics, Philosophy, Culture: Interviews and Other Writings 1977-1984*. Hg. Lawrence D. Kritzman. Übers. Alan Sheridan u.a. New York, London: Routledge. 307-313.

—. 1989a [1984]. *Sexualität und Wahrheit*. Bd. II: *Der Gebrauch der Lüste*. Übers. Ulrich Raulff, Walter Seitter. Frankfurt am Main: Suhrkamp. [Orig.: *Histoire de la sexualité: L'usage des plaisirs*]

—. 1989b [1984]. *Sexualität und Wahrheit*. Bd. III: *Die Sorge um sich*. Übers. Ulrich Raulff, Walter Seitter. Frankfurt am Main: Suhrkamp. [Orig.: *Histoire de la sexualité: Le souci de soi*]

—. 1991 [1972]. *Die Ordnung des Diskurses: Inauguralvorlesung am Collège de France, 2. Dezember 1970*. Übers. Walter Seitter. Mit einem Essay von Ralf Konersmann. Frankfurt am Main: Fischer. [Orig.: *L'ordre du discours*]

Frank, Manfred. 1988. "Zum Diskursbegriff bei Foucault." In: Fohrmann/Müller (Hg.). *Diskurstheorien und Literaturwissenschaft*. 25-44.

Freundlieb, Dieter. 1995. "Foucault and the Study of Literature." *Poetics Today* 16.2: 301-344.

Geisenhanslüke, Achim. 1997. *Foucault und die Literatur: Eine diskurskritische Untersuchung*. Opladen: Westdeutscher Verlag.

Genette, Gérard. 1980 [1972]. *Narrative Discourse*. Übers. Jane E. Lewin. Oxford: Blackwell. [Orig.: *Discours du récit*]

Hall, Radclyffe. 1982 [1928]. *The Well of Loneliness*. With a Commentary by Havelock Ellis. London: Virago.

Hampsher-Monk, Iain, Karin Tilmans, Frank van Vree (Hg.). 1998. *History of Concepts: Comparative Perspectives*. Amsterdam: Amsterdam University Press.

Jaworski, Adam, Nikolas Coupland. 1999. "Introduction: Perspectives on Discourse Analysis." In: dies. (Hg.). *The Discourse Reader*. London, New York: Routledge. 1-44.

Kammler, Clemens. 1990. "Historische Diskursanalyse (Michel Foucault)." In: Bogdal, Klaus-Michael (Hg.). *Neue Literaturtheorien: Eine Einführung*. Opladen: Westdeutscher Verlag. 31-55.

Kilian, Eveline. 1998. "Zwischen Exzentrizität und wissenschaftlicher Vereinnahmung: *Cross-dressing* im psychologischen und literarischen Diskurs der Moderne." In: Assmann, Aleida, Monika Gomille, Gabriele Rippl (Hg.). *Sammler – Bibliophile – Exzentriker*. Tübingen: Narr. 275-297.

—. [im Druck]. *geschlechtSverkehrt: Theoretische und literarische Perspektiven des gender-bending*. (Habilitationsschrift, Universität Tübingen).

Kirchhofer, Anton. 1997. "The Foucault Complex: A Review of Foucauldian Approaches in Literary Studies." *ZAA* 45: 277-299.

Kittler, Friedrich A., Horst Turk. 1977. "Einleitung." In: dies. (Hg.). *Urszenen: Literaturwissenschaft als Diskursanalyse und Diskurskritik*. Frankfurt am Main: Suhrkamp. 9-43.

Kolkenbrock-Netz, Jutta. 1988. "Diskursanalyse und Narrativik: Voraussetzungen und Konsequenzen einer interdisziplinären Fragestellung." In: Fohrmann/ Müller (Hg.). *Diskurstheorien und Literaturwissenschaft*. 261-283.

Konersmann, Ralf. 1991. "Der Philosoph mit der Maske: Michel Foucaults *L'ordre du discours*." In: Foucault. *Die Ordnung des Diskurses*. 51-94.

Korobkin, Laura Hanft. 1998. *Criminal Conversations: Sentimentality and Nine-teenth-Century Legal Stories of Adultery*. New York: Columbia University Press.

Küpper, Joachim. 1990. *Diskurs-Renovatio bei Lope de Vega und Calderón: Untersu-chungen zum spanischen Barockdrama. Mit einer Skizze zur Evolution der Diskurse in Mittelalter, Renaissance und Manierismus.* Tübingen: Narr.

Link, Jürgen. 1983. *Elementare Literatur und generative Diskursanalyse.* München: Fink.

—. 1988. "Literaturanalyse als Interdiskursanalyse: Am Beispiel des Ursprungs literari-scher Symbolik in der Kollektivsymbolik." In: Fohrmann/Müller (Hg.). *Diskurstheo-rien und Literaturwissenschaft.* 284-307.

—, Ursula Link-Heer. 1990. "Diskurs/Interdiskurs und Literaturanalyse." *Lili* 77: 88-99.

Macdonell, Diane. 1986. *Theories of Discourse: An Introduction.* Oxford: Blackwell.

Mills, Sara. 1997. *Discourse.* London, New York: Routledge.

Schmidt, Siegfried J. 1988. "Diskurs und Literatursystem: Konstruktivistische Alternativen zu diskurstheoretischen Alternativen." In: Fohrmann/Müller (Hg.). *Diskurstheorien und Literaturwissenschaft.* 134-158.

van Gelderen, Martin. 1998. "Between Cambridge and Heidelberg: Concepts, Languages and Images in Intellectual History." In: Hampsher-Monk/Tilmans/van Vree (Hg.). *History of Concepts.* 227-238.

Wegmann, Nikolaus. 1988. *Diskurse der Empfindsamkeit: Zur Geschichte eines Gefühls in der Literatur des 18. Jahrhunderts.* Stuttgart: Metzler.

Winko, Simone. 1996. "Diskursanalyse, Diskursgeschichte." In: Arnold, Heinz Ludwig, Heinrich Detering (Hg.). *Grundzüge der Literaturwissenschaft.* München: dtv. 463-478.

Woolf, Virginia. 1993 [1928]. *Orlando.* London: Penguin.

Eckhard Auberlen

New Historicism

1. Einleitung: Die Wende zur Geschichte in den 1980er Jahren

Beim Kongress der Modern Language Association of America im Jahre 1986 bedauerte der Vorsitzende, J. Hillis Miller, einer der führenden Poststrukturalisten und Dekonstruktivisten, daß die Literaturwissenschaft seit Anfang der 1980er Jahre die Wendung von der Theorie und Sprachbetrachtung zur Geschichte vollzogen habe:

> Literary study in the past few years has undergone a sudden, almost universal turn away from theory in the sense of an orientation toward language as such and has made a corresponding turn toward history, culture, society, politics, institutions, class and gender conditions, the social context, the material base. (Miller 1987a: 283)[1]

Diese Wende zu Geschichte und Gesellschaft entsprang einem wachsenden Unbehagen am Poststrukturalismus: Ihm wurde ein Gefangensein im Studium einer Welt der Zeichen ohne Wirklichkeitsbezug vorgeworfen; seine Kontextblindheit und Standpunktlosigkeit raube den Texten ihre Relevanz, weil das Bewußtsein verlorengehe, daß in Texten über Werte gestritten und um gesellschaftliche Macht oder deren Dekonstruktion gekämpft wird. Der Beitrag von Barbara Korte in diesem Band (S. 41-59) zeigt, daß diese Vorwürfe sicherlich einige Berechtigung haben, daß der Poststrukturalismus aber auch durchaus in kontextbezogenen Ansätzen weiterlebt. Claire Colebrook (1998: 23f.) weist zu Recht darauf hin, daß für Jacques Derrida der Text als Zeichensystem nicht auf nur *eine* Bedeutung festgelegt werden kann, wie sich an dem von den Poststrukturalisten so gerne inszenierten Sprachspiel des Gegen-den-Strich-Lesens offenbart. Daraus resultiert aber keineswegs ein totaler Relativismus, denn die Determination einer Textbedeutung erfolgt vom sozialen Kontext her. Radikal ausgedrückt: Jeder Text bedarf der Einbettung in einen sozialen Kontext, um etwas zu bedeuten. Dies gilt nicht

---

[1] Siehe kritisch hierzu Montrose (1989: 15) und Mullaney 1996; siehe auch Cox/Reynolds (1993: 6). Miller weist Vorwürfe zurück, daß es im Poststrukturalismus um ein steriles Herumspielen mit Sprache gehe. In *The Ethics of Reading* (1987b) geht es Miller um den Nachweis der gesellschaftlichen Nützlichkeit poststrukturalistischen Lesens: "Ethics itself has a peculiar relation to that form of language we call narrative" (3).

nur für den mündlichen, sondern letztlich auch für den schriftlichen Text. Kompliziert wird der Vorgang allerdings dadurch, daß der 'Kontext' selbst auch wieder 'Text' als ein Ensemble von gesellschaftlich konstruierten Sinndeutungen ist. Man kann diese Sinndeutungen als fiktiv bezeichnen, muß sich aber im klaren sein, daß sie oft genug gesellschaftliches Handeln motivieren; sie sind 'real' für diejenigen, die in oder mit diesen Sinndeutungen leben. So gesehen ist die Wende zur Geschichte keine totale Gegenbewegung gegen den Poststrukturalismus, sondern nur eine Abkehr von dessen Freude am ingeniösen Ausloten semantisch möglicher alternativer Lesarten – und eine Hinwendung zum determinierenden Kontext, so fiktiv und vielfältig dieser auch sein mag. Man kann somit den Poststrukturalismus auch als letzte Phase und endgültigen Bruch mit jeder Art von textimmanenter Interpretation verstehen.

Im Gegenzug gegen die Sprachspielverliebtheit des Poststrukturalismus fanden in den 1980er und 1990er Jahren Forschungsrichtungen verstärkte Beachtung, bei denen das Verlangen nach gesellschaftlicher Wirkung der Ausgangspunkt des ganzen Unternehmens war, wie z.B. die marxistische Literaturwissenschaft, die nun allerdings durch die Rezeption des Poststrukturalismus einen grundlegenden Wandel durchlief (Gallagher 1989), die feministische Literaturwissenschaft oder Untersuchungen zur Literatur ethnischer Minderheiten sowie die von Edward Said und anderen Ende der 1970er Jahre angeregten Colonial und Postcolonial Studies.[2] War die Entwicklung der Literaturwissenschaft vom New Criticism zum Strukturalismus und dann zum Poststrukturalismus von einer chronologischen Aufeinanderfolge gekennzeichnet, so fächerten sich mit der Wende vom sprachorientierten Poststrukturalismus zu Gesellschaft und Geschichte mehrere Forschungsansätze je nach ihrem Gegenstand zu einem Nebeneinander verschiedener Richtungen aus, die aber alle etwas vom Poststrukturalismus gelernt hatten. Mit Ralf Schneider zu sprechen: Die poststrukturalistische Taschenlampe ließ sich durchaus weiter verwenden, nur mußte sie etwas umgebaut werden, damit sie besser für die jeweilige neue Sucharbeit eingesetzt werden konnte.[3]

Der Begriff des New Historicism wurde zunächst von Stephen Greenblatt 1982 in einem von der Zeitschrift *Genre* in Auftrag gegebenen Sammelband mit Beiträgen zur englischen Renaissance verwendet. Im nachhinein stellt er hierzu fest: "I collected a bunch of essays and then, out of a kind of desperation to get the introduction done, I wrote that the essays represented something I called a 'new historicism'" (1990: 146). Greenblatt ist von seinem Selbstverständnis her nicht in erster Linie Theoretiker, sondern engagierter, kulturanthropologisch orientierter Interpret von literarischen und nicht-literarischen Texten. Er war selbst überrascht, daß aus einer interpretatorischen Praxis ("a practice rather than a doctrine", ebd.)

---

[2] In die feministische Literaturwissenschaft (und Gender Studies) führt Ingrid Hotz-Davies in ihrem Beitrag zum vorliegenden Band (S.117-139) ein; zur Postkolonialen Literaturtheorie siehe das Kapitel von Karen Rehberger und Gerhard Stilz (S. 141-162).

[3] Zu dieser Metapher siehe den einführenden Beitrag in diesem Band (S. 1-22, bes. S. 3f.).

eine neue Richtung der Literaturwissenschaft hervorging, in deren Mittelpunkt ihn die Fachwelt alsbald stellte. Bei aller Skepsis gegenüber Theoriegebäuden geht Greenblatt aber keineswegs völlig unreflektiert an die von ihm analysierten Texte heran, auch wenn er oft als Einstieg in sein Thema Geschichten und Anekdoten verwendet und der Leserschaft des öfteren auf langen Strecken vorenthält, wohin die Reise eigentlich geht. Neuhistoristische Arbeiten beginnen selten mit den im deutschen literaturwissenschaftlichen *well-made essay* üblichen theoretischen Klärungen. Greenblatt gibt selbst – aber bezeichnenderweise erst in seinem dritten Buch – eine Erläuterung für seine Vorgehensweise:

> What is crucial for me [...] is the insistence on contingency, the sense if not of a break then at least of a swerve in the ordinary and well-understood succession of events. The historical anecdote functions less as explanatory illustration than a disturbance, that which requires explanation, contextualization, interpretation. (1990: 5)

Diese Betonung von Kontingenz (im Sinne von zufälliger Nachbarschaft) und der Wunsch nach einem Durchkreuzen gängiger Geschichtsauffassungen ist ein Erbe des Poststrukturalismus. Während es aber im Poststrukturalismus eine lebhafte Theoriediskussion gab, hat im Falle des New Historicism das Interesse am Zugang zu Erkenntnis mittels *story-telling* und eine ausgeprägte Aversion gegen Systembildungen dazu geführt, daß die Theoriediskussion während der ersten Dekade auch im Vergleich zur feministischen Literaturwissenschaft und zu den Postcolonial Studies einen recht geringen Raum einnahm. Doch haben die Erfolge der interpretatorischen Praxis des New Historicism das Bedürfnis nach einer weiteren Klärung der Grundlagen geweckt.[4] Inzwischen gibt es internationale Konferenzen und eine beträchtliche Zahl von Arbeiten, die sich kritisch mit Greenblatt und dem New Historicism auseinandersetzen (vgl. Pieters 1999a). Greenblatt ist sich aber durchaus bewußt, daß auch sein Ansatz nicht ohne Abstraktion und Selbstreflexion über die eigene Vorgehensweise auskommen kann, und er selbst erbrachte bei allem Widerstreben gegen jegliches Systemdenken die einflußreichsten Beiträge zur Theoriereflexion des New Historicism; die Theoriedebatte ist – *for better or for worse* – auf Greenblatt fixiert.[5]

In der Einleitung zu *Renaissance Self-Fashioning* (1980) entwickelt Greenblatt seine Auffassung von der Rolle der Literatur im kulturellen Prozeß der Identitätsbildung; das Einleitungskapitel von *Shakespearean Negotiations* (1988) plaziert Literatur im Feld der "Circulation of Social Energy";[6] das Kapitel "Invisi-

---

[4] Laden (1999: 62) setzt sich gar zum Ziel, das 'generative Modell', das der Produktion neuhistoristischer Interpretation zugrunde liegt, zu ermitteln.

[5] Weitere wichtige Beiträge zur Theoriediskussion stammen von Montrose (1989), Howard (1986), Liu (1989), Colebrook (1998), Geldof (1999) und Harris (1999). Siehe auch McAlindons (1995a) Verriß von Greenblatts "Invisible Bullets".

[6] Diese Gedanken werden in "Towards a Poetics of Culture" weiter entwickelt (1990: 146ff.).

ble Bullets" im selben Band verdeutlicht die Rolle, die er dem Theater im Prozeß
der Stabilisierung der politischen Ordnung (*containment*) während der Renaissance in England zuschreibt. "Murdering Peasants" in *Learning to Curse* (1990) befaßt sich mit den Schwierigkeiten, ein historisches Ereignis – den Sieg über auf-
ständische Bauern – in den tradierten ritterlichen Ehrenkodex einzufügen; es
kommt dabei zum Konflikt von panegyrischen Gattungskonventionen und adeli-
gem Standesdünkel wegen des Sieges über einen nicht ebenbürtigen Gegner. In
"Resonance and Wonder" im selben Band und in der Einleitung zu *Marvelous
Possessions* (1991) versucht Greenblatt weiter, sein Anliegen zu verdeutlichen,
eine Literatur- und Kulturwissenschaft zu betreiben, bei welcher das Staunen über
das Sonderbare einer Kultur erhalten bleibt und die Verflochtenheit eines beob-
achteten Phänomens mit dem es umgebenden kulturellen Gewebe deutlich wird.
Ich werde mich im folgenden auf Greenblatts Arbeiten in den 1980er Jahren konzentrieren, weil von ihnen wichtige Impulse für die Entstehung und Breitenwirkung des New Historicism ausgingen.

Greenblatt holte sich Anregungen bei einer Vielzahl von Denkern, von denen
einige hier kurz angesprochen werden sollen, da sie den New Historicism zu situ-
ieren helfen. Er nennt die Namen dieser Denker meist, ohne sich eingehender mit
deren Theorien auseinanderzusetzen, so daß man letztlich aus seiner interpretatorischen Praxis schließen muß, was er übernommen hat und in welcher Weise
er das Übernommene abgewandelt hat. Greenblatts Literaturstudium in Yale stand
ganz im Zeichen des New Criticism von W.K. Wimsatt, dessen "absolute convic-
tions" (Greenblatt 1990: 1) bei Greenblatt auf inneren Widerstand stießen. Als
Fulbright-Stipendiat in England hörte er dann Vorlesungen von Raymond Williams, in welchen Literatur von einem marxistischen Ansatz her in gesellschaftliche
Zusammenhänge gerückt wurde (ebd.: 2).

Williams gab das marxistische Basis-Überbau-Modell auf und begriff Kultur
als ein heterogenes, dynamisches Gebilde, in welchem verschiedenste gesellschaftliche Praktiken samt deren Deutungen miteinander konkurrierten. Damit
wich bei ihm das 'vulgärmarxistische' Konzept des ökonomisch determinierten
Materialismus dem eines umfassenderen *cultural materialism*, der englischen Variante des New Historicism, die Williams entscheidend prägte.[7] Texte sind nicht
mehr Teil eines Überbaus, dessen ideologische Basis im Ökonomischen es vom
Interpreten zu entlarven gilt, sondern sie bringen gesellschaftliche Erfahrungen
verschiedener Gruppen und Individuen zum Ausdruck und sind mit einer Wir-
kungsabsicht verbunden, wie z.B. im Falle des viktorianischen realistischen Romans mit der Schaffung von sozialer Kohärenz zwischen verschiedenen Gesell-
schaftsgruppen, die sich in der Industriegesellschaft fremd zu werden drohen.

---

[7]   Zu Unterschieden zwischen dem englischen *cultural materialism* und dem amerikanischen New
       Historicism siehe Cohen (1987: 36f.) und Hawthorn (1996: 3ff.). Eine tiefschürfende Analyse von
       Williams' Beitrag zum *cultural materialism* bietet Colebrook (1998: 140-154).

Sehr beeindruckt war Greenblatt auch von der in den 1920er Jahren und dann im Zeichen der Weltwirtschaftskrise entstandenen Kulturkritik Kenneth Burkes (Greenblatt 1990: 3), die seit den 1960er Jahren zunehmende Anerkennung fand. Burke schrieb Künstlern und Kritikern die Aufgabe zu, gesellschaftliche Fehlentwicklungen mit "barometric minds" (Burke 1957 [1941]: 173; Rueckert 1963: 37) zu registrieren und in 'counter-statements' Gegenkräfte gegen das die Gesellschaft dominierende technologisch-rationale Denken zu mobilisieren. Wie Williams und anders als die orthodoxen Marxisten sah auch Burke die Dichtung und Literatur nicht nur als passive Widerspiegelung ökonomischer Gegebenheiten, sondern als 'artistic representation' im Sinne symbolischen Handelns. So fragt er etwa bei einem Gedicht oder einer Metapher, was diese für den Dichter und was sie für den einzelnen Leser und die rezipierende literarische Öffentlichkeit leistet (Burke 1957 [1941]: 22f.). Literatur birgt als symbolisches Handeln das Potential in sich, den Weg zu einem besseren Leben zu weisen (Rueckert 1963: 37). Literaten können für Burke aber sowohl eine die Machtinteressen der herrschenden Klasse bewahrende 'Priesterfunktion' als auch eine gesellschaftskritische 'Prophetenfunktion' (1957 [1941]: 179) übernehmen. Greenblatt interessiert wie Johan Huizinga vor allem die Verwendung symbolischer Formen für die theatralische Selbstdarstellung des Hofes; außerdem könnte Huizingas Interesse an der Geschichte der Gefühle ('emotional history') Greenblatts Untersuchungen zur Stellung von Literatur innerhalb einer Zirkulation sozialer Energien angeregt haben (Veenstra 1999: 222).

Der wohl wichtigste Impuls für die Entstehung des New Historicism ging vom französischen Psychologen, Historiker und Sozialphilosophen Michel Foucault aus, der Anfang der 1980er Jahr wiederholt als Gastprofessor an der University of California in Berkeley weilte, wo er zur selben Zeit wie Greenblatt lehrte. Foucault versuchte, die ältere Ideengeschichte durch eine Geschichte sich ablösender Denksysteme und Wissensformationen – Diskurse – zu ersetzen; damit ist Foucault zweifelsohne ein Stück weit Strukturalist, doch sah er anders als Claude Lévi-Strauss und anders als der Poststrukturalismus die Zeichensysteme einer Kultur als Mittel zur Ausübung von gesellschaftlicher Macht.[8]

Des weiteren standen für die interpretatorische Praxis des New Historicism Clifford Geertz und Michail Bachtin Pate. Vom Kulturanthropologen Geertz lernte Greenblatt, daß Menschen – in weit größerem Maße als gemeinhin angenommen – als *cultural artifacts* in das semiotische Gewebe pragmatischer gesellschaftlicher Zusammenhänge eingebunden sind (Greenblatt 1980: 3) und daß auch Episodisches und scheinbar Nebensächliches im Verfahren der 'dichten Lesart' (*thick description*) schlaglichtartig Aufschluß über die gesamtkulturelle Situation einer Gesellschaft zu einem bestimmten Zeitpunkt geben kann. Bachtin verdankt

---

[8]   Zum Ansatz Michel Foucaults siehe den Beitrag "Diskursanalyse" von Eveline Kilian in diesem
       Band (S. 61-81). Zu Lévi-Strauss vgl. auch die Bemerkungen im Beitrag "Strukturalismus" von
       Günter Leypoldt (insbesondere S. 31-33).

Greenblatt den geschärften Blick zum einen für die Vielstimmigkeit und Dialogizität von Texten, zum andern dafür, daß sich im Karnevalesken der Subkultur Protest gegen die Dominanz der offiziellen Kultur ausdrückt. Vom Poststrukturalismus übernahm Greenblatt das Bewußtsein, daß fiktive Texte nicht einer realen Gesellschaft gegenüberstehen, sondern daß die Diskurse, mittels derer definiert wird, was Realität ist, selbst fiktiv sind.

Außerdem trug Greenblatt dazu bei, daß die Hermeneutik, die in Deutschland spätestens seit Hans-Georg Gadamer zum Rüstzeug eines jeden Literaturwissenschaftlers gehört, auch in den USA Fuß faßte. Greenblatt ist ein reflektierter Hermeneutiker, der die Toten befragt, um zu sehen, wie anders sie waren und dann doch feststellen muß, daß er immer wieder sich selbst und nicht diesen begegnet (1988: 20).

Neben Greenblatt gehören zu den Hauptvertretern dieser Richtung z.B. Louis A. Montrose, Jonathan Dollimore, Alan Sinfield, Leonard Tennenhouse, Jonathan Goldberg, Catherine Gallagher, Steven Mullaney, Leah S. Marcus und Laura Lunger Knoppers.[9] Inzwischen wurde der Ansatz, der zunächst an Renaissance-Studien entwickelt wurde, auch in anderen Forschungsbereichen wie "the construction of the social body in and by the nineteenth-century novel" (Litvak 1988: 121) und "the politicized view of landscape" in der Lyrik der Romantik (Liu 1989: 727) fruchtbar gemacht. Außerdem gibt es Bemühungen, den New Historicism in andere Philologien wie die Germanistik (Baßler 2001 [1995]) und die Klassische Philologie (Schmitz 2002: 175-192) zu übertragen, wobei das Selbstverständnis der New Historicists, mehr Praxis als Theorie zu bieten, den Transfer erschwerte. Ich werde mich im folgenden hauptsächlich auf Greenblatts Renaissance-Studien konzentrieren.

2. Wie Literaturwissenschaft und Geschichtswissenschaft zueinander fanden

Aus Greenblatts kurzer Einleitung für den Sammelband in *Genre* ist ersichtlich, daß sich der New Historicism von seiner Namensgebung her sowohl von der kontextfeindlichen werkimmanenten Betrachungsweise des New Criticism wie auch von der positivistischen historischen Forschung programmatisch absetzt[10] und letztlich die Kluft zwischen beiden zu überbrücken sucht. Während meiner Studienzeit in den 1960er Jahren lagen meine beiden Fächer Geschichte und Anglistik weit auseinander. Theoriereflexion gab es im Geschichtsstudium nur sehr wenig. Die damals gelehrte Geschichtswissenschaft war trotz der Bewunderung

---

[9]   Die Arbeiten dieser Forscherinnen und Forscher sind in Abschnitt 2 der Bibliographie aufgelistet. Allerdings verstand der New Historicism sich selbst nie als Schule, sondern als Konvergenz verschiedener Spezialinteressen (Montrose 1989: 19).

[10] An eine Auseinandersetzung mit dem von Friedrich Meineke beschriebenen 'alten' Historismus war dabei nicht gedacht.

für geistes- und ideengeschichtliche Werke der 1920er und 1930er Jahre vorwiegend positivistisch ausgerichtet. Das bedeutete, daß beim Studium der Geschichte just diejenigen Texte ausgeklammert wurden, die beim Literaturstudium im Mittelpunkt standen. Die Verwendung fiktionaler Literatur verbot sich für Historiker, da man auf der Suche nach Fakten war und das Fiktionale eben kein Faktum für Historiker darstellte; im Literaturstudium, das noch stark im Zeichen des in den 1930er bis 1950er Jahren vor allem von Cleanth Brooks (1966 [1947]) und W.K. Wimsatt (1967 [1954]) entwickelten New Criticism stand, wurden dagegen ausschließlich fiktionale Texte auf ihre Strukturelemente und Kompositionsprinzipien hin untersucht. Somit waren nicht nur die herangezogenen Textsorten sehr verschieden, sondern auch der Umgang mit ihnen.

Die Beschäftigung mit Biographie, Quellenforschung, Ideengeschichte und gesellschaftlichem Hintergrund, wie sie die ältere Anglistik betrieb, galt im New Criticism als Ausweichen vor der eigentlichen Aufgabe der Literaturwissenschaft, dem Durchleuchten des kunstvollen, harmonischen Strukturgefüges literarischer Texte. Am literarischen Text sollte gezeigt werden, daß auch noch die kleinsten Details bedeutungsvoll aufeinander bezogen sind und ein stimmiges Ganzes hervorbringen, wobei allerdings 'Ambiguität' – Mehrdeutigkeit ohne Bruch im Textgefüge – als besonderes Kennzeichen von Poetizität verstanden wurde.

Dem New Criticism verdanken wir viele Analysetechniken, wie sie heute noch als *close reading* im Proseminar gelehrt und gelernt werden. Nur stimmen wir heute mit den Grundannahmen des New Criticism zum Status und zur Rolle von Literatur in der Gesellschaft nicht mehr überein. Das Augenmerk richtet sich im New Criticism vor allem auf die Loslösung des Textes aus gesellschaftlichen Handlungszusammenhängen. Die angemessene Rezeptionshaltung ist im New Criticism die des 'interesselosen Wohlgefallens', wobei 'interesselos' keineswegs emotionales Engagement beim Lesen ausschließt, sondern lediglich eine Distanznahme des Lesers von unmittelbaren zweckbestimmten Handlungszusammenhängen beinhaltet. Er soll dadurch zu selbstlosem, wahrhaft ethischem Erkennen im Sinne von Kants kategorischem Imperativ befähigt werden.[11] Der Text gilt als Zuflucht des Humanen vor dem Zugriff gesellschaftlichen Zweckdenkens – und wird somit autonom.

Autonomie bedeutet im New Criticism nicht nur Loslösung von Literatur aus Handlungszusammenhängen, sondern auch Autonomie des Einzeltextes, denn in ihm – und allein in ihm – wird nach dieser Auffassung die gewünschte Harmonie und Stimmigkeit erzielt. Der New Criticism schaffte gewissermaßen die Literaturgeschichte ab und ersetzte sie durch das *close reading* einzelner Texte. 'Autonomie des literarischen Textes', 'Individualität des Kunstwerks als Ausdruck der Individualität des Künstlers', 'Studium einzelner Texte statt Literaturgeschichte' – dies alles zeigt, daß zwischen der im Zeichen des New Criticism stehenden Lite-

---

[11] Mit dieser These setzt sich Miller kritisch in *The Ethics of Reading* (1987b) auseinander.

raturwissenschaft und der damals weiter fortbestehenden positivistischen Geschichtswissenschaft ein tiefer Graben lag. Dies änderte sich aber, als man sich in
der Literaturwissenschaft darauf besann, daß der strukturalistische Ansatz keineswegs nur für werkimmanente Interpretationen geeignet, sondern auf ganze Text-
korpora übertragbar war, wie dies Vladimir Propp (1972 [1928]) bereits in der
Märchenforschung gezeigt hatte. Der Strukturalismus hob mit seinem Begriff der
Tiefenstruktur bereits die Vorstellung von der Autonomie des einzelnen sprachlichen Kunstwerks auf, indem er die jeweilige individuelle Realisierung der Tiefenstruktur als bloßes Phänomen der Oberfläche abwertete. Der Einzeltext wird somit
bereits im Strukturalismus zum Schauplatz der Inszenierung von Diskursen; dies
beinhaltet eine Abkehr vom Konzept der Werkimmanenz.

Im Poststrukturalismus wird dann betont, daß es aufgrund von Konflikten zwischen den im Text inszenierten Diskursen zu Brüchen in der Struktur literarischer
Texte kommt. Wo für den New Critic Harmonie und Stimmigkeit in der Komplexität das Hauptkriterium für den Wert eines Textes war, sieht der Poststrukturalist gerade in den Konflikten und Brüchen im Text ein Kriterium für den Bedeu-
tungsreichtum eines Textes. Neben der Aufhebung des Textes als in sich abge-
schlossenes Ganzes fand auch eine Einebnung der Unterscheidung zwischen literarischen und nicht-literarischen Texten statt. Mit dem Aufgeben des Autonomie-
begriffs und dem Interesse an nicht-literarischen Diskursen des jeweiligen Zeitalters öffnete sich die Literaturwissenschaft erneut für eine Zusammenarbeit mit
anderen Wissenschaften, zur Interdisziplinarität, wobei der entscheidende Impuls
für die Annäherung von Literatur- und Geschichtswissenschaft von Michel Foucault ausging.

In der Geschichtswissenschaft ebnete die Ablösung der positivistischen durch
die poststrukturalistische Geschichtsauffassung gleichermaßen den Weg zu einer
Zusammenarbeit. In der positivistischen Geschichtswissenschaft dienten die Texte
rein zur Dokumentation: Sie wurden zur Ermittlung von 'Tatsachen' wie in einem
Zeugenverhör vor Gericht ausgewertet, um aus zahllosen Detailuntersuchungen
den Gang der 'öffentlichen' Geschichte herauszufinden. Für Augenzeugenberichte
interessiert sich diese Geschichtswissenschaft nicht als Zeugnisse zu Einzelschick-
salen, sondern nur als Vorstufe bei der Ermittlung der *great story* oder des *master
discourse*, des Bildes vom großen Gang der öffentlichen Geschichte. In der poststrukturalistischen Geschichtswissenschaft wird 'Geschichte' dagegen nicht als
Faktensammlung, sondern als Konstrukt des Historikers gesehen. Die *great story*,
den *master discourse*, kann es für sie gar nicht geben (Cox/Reynolds 1993: 1),
denn jeder erlebt Zeitgeschichte anders. Die poststrukturalistische Geschichtswissenschaft hat gerade an den Erfahrungen von Randgruppen besonderes Interesse.
An die Stelle der *great story* tritt die Polyphonie der vielen Stimmen. Für den
poststrukturalistischen Historiker sind die Quellentexte ebensosehr Konstrukt wie
seine eigene Interpretation der Vergangenheit. Anstatt Quellen auf ihre Wahrheit
hin auszuwerten und sie dann wie Schlacke nach dem Ausschmelzen des Erzes auf

die Deponie zu bringen, bleibt der Historiker an der Subjektivität seiner Informanten interessiert und tritt mit ihnen in einen Dialog: "The role of the historian is being re-conceived in certain quarters as a 'listening into' the testimony of someone else, as a form of dialogue, rather than as a cross-examination." (Rigney 1999: 24)

Die neue, vom Poststrukturalismus beeinflußte Geschichtsschreibung schließt fiktionale Texte als Quellen nicht mehr aus, sondern entdeckt die 'Geschichte des Imaginären' als neues Forschungsgebiet: Das Imaginäre wird als Sinndeutung historischer Erfahrungen verstanden. "Jeder Sektor einer differenzierten Gesellschaft [besitzt sein] Imaginäres" (Patlagean 1990: 244). Im Zuge neuhistoristischer Betrachtungsweisen findet eine Entdeckung der Rolle des Imaginären aber auch in Bereichen statt, die man bisher als gänzlich von biologischen Fakten bestimmt und deshalb für unhistorisch hielt. So gibt es eine interessante Studie von David B. Morris (1991) zur Geschichte des Schmerzes, in der es um den historischen Wandel in der Sinngebung von Schmerz geht. In einer anderen Studie (Honig 1999) geht es um geschichtliche Wandlungen des Begriffs der Kindheit: Kindheit ist nicht einfach ein biologisches Faktum, sondern ein von der Gesellschaft zu verschiedenen Zeiten verschieden interpretiertes und abgegrenztes Phänomen. Es ist klar, daß bei solchen Studien ein hohes Maß an Interdisziplinarität erforderlich ist.

Geschichts- und Literaturwissenschaft sind im Zeichen des Poststrukturalismus weitgehend miteinander verschmolzen. Dies hat beachtliche Konsequenzen für die Methode des Erkenntnisprozesses. Dem New Historicism geht es nicht um Kausalzusammenhänge, sondern um das Erkennen von 'conceptual connections' (Schalkwyk 1999), d.h. Geschichte wird bei vorwiegend synchroner Betrachtungsweise wie ein Kunstwerk gelesen. Greenblatt nennt den New Historicism in diesem Sinne auch *A Poetics of Culture*. Er geht mit Vorliebe von Anekdoten und an der Peripherie großen Geschehens liegenden Begebenheiten aus und zeigt darin Merkmale neuer Tendenzen auf. So wird z.B. eine autobiographische Episode ("merry tale") in Thomas Mores *Dialogue of Comfort* zum Aufhänger seiner Ausführungen über die Selbstdarstellung des Individuums und des Staates in der Renaissance. Auch ihm geht es oft um das Erkunden divergierenden Erlebens von Randgruppen, an deren Leid oft genug unmenschliches Verhalten der Machthaber deutlich wird. Damit ist bereits angedeutet, wie die Wiedereinführung der Dimension der Macht in den literaturwissenschaftlichen Diskurs bei Greenblatt – wie bei Foucault – programmatisch wird. Zunächst ist aber konkreter zu untersuchen, wie sich Greenblatt die Relation von literarischem Text und gesellschaftlichem Kontext in seinen Renaissance-Studien vorstellt.

3. Greenblatts Sicht der Relation von literarischem Text und gesellschaftlichem Kontext

Anders als für den poststrukturalistischen Standpunkt eines Roland Barthes gibt es für Greenblatt keinen Tod des Autors. Aber Greenblatt macht deutlich, daß der Autor beim Verfassen von Texten nicht allein ist, auch wenn er im stillen Kämmerlein schreibt. Vielmehr benutzt er in hohem Maße vorhandene gesellschaftliche Diskurse und Institutionen, um seinen Text zu erstellen. Greenblatt unterscheidet mehrere Weisen, in welcher Autoren gesellschaftliche Anleihen machen. Er erläutert dies am Beispiel des Dramatikers und unterscheidet dabei erstens *appropriation* als Aneignung ohne Bezahlung, wie dies z.B. beim Gebrauch der Sprache als gesellschaftlicher Institution der Fall ist. Die zweite Weise der Anleihe ist *purchase*: Hierzu gehört die Errichtung des Theatergebäudes sowie die gesamte Nutzung des Theaters als gesellschaftlicher Institution, aber auch der Kauf abgelegter Kleider der Aristokratie durch die Schauspieler zur Verwendung für die Kostümierung. Adelige gaben oft ihren Dienern ihre abgetragenen Kleider als Entgelt für geleistete Dienste. Die Diener verkauften sie an Schauspieler weiter, die sie in ihren Rollen als Adelige in den Theaterstücken benötigten. Der Kauf der Kleidung war aber nur der erste Schritt bei der Imitation adeligen Auftretens und adeliger Sitten im Theater. Damit ergeben sich bereits Überschneidungen mit der *symbolic acquisition*, der dritten Form der gesellschaftlichen Anleihe des Dramatikers. Darunter ist die Nachahmung symbolisierender Weltinterpretation gesellschaftlicher Gruppen zu verstehen. So wurde z.B. das Hofzeremoniell im Theater ausgiebig nachgeahmt und die Rolle von Monarchen so gut imitiert, daß dies manche Zeitgenossen beunruhigte. *Symbolic acquisition* ist auch die Verwendung zeitgenössischer Diskurse und Gemeinplätze aus dem Bereich der Erziehung der Kinder oder der Haltung der anglikanischen Kirche zu exorzistischen Praktiken, auf die sich Shakespeare in *King Lear* bei Gestaltung der Eröffnungsszene bzw. bei Edgars Auftritt in den Szenen auf der Heide bezog. Man könnte ebenso gut Ergebnisse der älteren Forschung wie die Dramatisierung von Melancholie-Auffassungen in *Hamlet* oder von der durch Ehrgeiz in Unordnung geratenen *great chain of being* in *Macbeth* unter diesem Aspekt sehen, und es würde deutlich, daß die Transformation von außerliterarischen Diskursen im Theater sinngemäß auch schon vor dem New Historicism sehr erfolgreich erforscht wurde. In der älteren Literaturwissenschaft sprach man allerdings in irreführender Weise vom *background*.

Der New Historicism problematisiert zu Recht den *background*-Begriff: Die im Text inszenierten zeitgenössischen Diskurse sind eben nicht bloßer Hintergrund, sondern gehen in zentrale Kategorien des gestalteten Textes ein, etwa in den Handlungsverlauf oder in die Figurenkonstellation, die Charakterisierung, die Metaphorik und die Schauplatzgestaltung. Greenblatt interessiert dabei vor allem, welche Wandlung ein Diskurs, ein Ritual oder ein symbolischer Gegenstand durchmacht, wenn er im literarischen Text aufgegriffen wird, oder wenn er im Theater, bei der Selbstinszenierung von Macht, oder auch bei der Identitätsbildung des Individuums im außerliterarischen sozialen Bereich eine aktive Rolle übernimmt. Weil es sich hier um wechselseitige Grenzüberschreitungen zwischen Diskursen der Literatur und anderen Bereichen der als 'Text' verstandenen geschichtlichen Realität handelt, zieht Greenblatt es vor, den statischen Begriff des Hintergrunds durch *hidden transactions* und *negotiations* als Metaphern aus dem Bereich von Politik und Kommerz zu ersetzen.

Greenblatt wirft dabei den Begriff der Autonomie von Kunst keineswegs vollständig über Bord, wie dies für den Poststrukturalismus und die sogenannten 'non-poetic New Historicists' (Laden 1999: 60f.) wie Goldberg, Tennenhouse und Mullaney typisch ist. Er betont vielmehr, daß die Lösung des Theaters aus unmittelbaren Handlungszusammenhängen des politischen Lebens der Shakespearezeit die unabdingbare Voraussetzung dafür war, daß Staatsgeschäfte überhaupt auf die Bühne gebracht werden durften. Dies zeigt sich z.B. daran, daß sich Königin Elizabeth die Darstellung der Geschichte der Tudormonarchie und der religiösen Konflikte der englischen Reformation in Historienstücken ausdrücklich verbat. Trotzdem kann man Greenblatt zustimmen, wenn er betont, daß aufgrund der Fiktionalität oder des zeitlichen Abstands die Teilnahme des Publikums an nahezu allen Lebenssituationen auf der elisabethanischen Bühne möglich wurde: "What then is the social energy that is being circulated? Power, charisma, sexual excitement, collective dreams, wonder, desire, anxiety, religious awe, free-floating intensities of experience" (Greenblatt 1988: 19). Somit ist die Fiktionalität und partielle Abgelöstheit des Theaters und der Literatur paradoxerweise die Voraussetzung dafür, daß sie die Erschütterungen im Kulturgefüge einer Zeit geradezu seismographisch aufzuzeichnen vermögen: "Great art is an extraordinarily sensitive register of the complex struggles and harmonies of culture." (1980: 5)

Greenblatt möchte anhand literarischer und außerliterarischer Texte "insight into the half-hidden cultural transactions through which great works of art are empowered" (1988: 4) erlangen. Für ihn ist der literarische Text in ganz besonders hohem Maße mit sozialer Energie aufgeladen. Der Interpret spürt anhand von Texten den sozialen Energien nach, die bei deren Entstehung am Werk waren oder bei einer späteren Rezeption von der umgebenden Gesellschaft ins Spiel gebracht werden. Ein ästhetisch gut gelungener Text fungiert als Metapher für die "dynamic cultural forces from which it has emerged" (1990: 170; Biebuyck 1999: 177) und trägt mittels Erregen von Staunen ("wonder") zur gesteigerten Aufmerksamkeit des Rezipienten bei; diese gesteigerte Aufmerksamkeit richtet sich für Greenblatt aber nicht auf die kunstvolle Struktur des Textes wie im New Criticism, sondern auf den Einblick in die Dynamik der im Text aufgezeigten sozialen Energien. Für Greenblatt schützen die von sozialer Energie aufgeladenen Texte keineswegs immer das *humanum* einer Gesellschaft zu einem bestimmten Augenblick ihrer Geschichte. Es können auch Vorurteile und Haß sein, in denen sich gesellschaftliche Energien konzentrieren, wie in der Darstellung des Juden in Christopher Marlowes Drama *The Jew of Malta* (ca. 1590).

Ein Bereich, in welchem *negotiations* zwischen Literatur bzw. Theater und geschichtlicher Lebenswelt während der Renaissance besonders stark mit sozialer Energie aufgeladen sind, ist für Greenblatt der des *self-fashioning* des Individuums. Greenblatt greift hier einen weitverbreiteten Ausdruck des elisabethanischen Englischen auf, bei dem es um eine bewußte Gestaltung von Identität geht, die nicht mehr als unabänderlich von der Gesellschaft vorgegeben verstanden wird. Im Zeitalter der Tudor- und Stuartmonarchie war die Vorstellung, daß das Leben wie ein Schauspiel sei, geradezu sprichwörtlich: D.h. man betrachtete das eigene Leben wie auch das Leben anderer aus einer gewissen Distanz und beurteilte es als einen geglückten oder mißglückten Auftritt. Wie Jacob Burckhardt (1958 [1860]) sieht Greenblatt die Renaissance als Zeitalter, in welchem sich die Menschen aufgrund des Verfalls des Feudalsystems in urbanen Gesellschaften[12] und aufgrund der Entdeckung anderer Kulturen in der 'Neuen Welt' der Künstlichkeit und Gestaltbarkeit ihrer Identität bewußt wurden. Doch ist bei Greenblatt die gesteigerte Mobilität in der Gestaltung von Identitäten nichts wirklich Befreiendes, sondern ein von Angst und erzwungener Anpassung an Machtstrukturen belasteter Raum, wie er eindrücklich an Thomas More und an der am Hofe Heinrichs VIII. entstandenen Lyrik Thomas Wyatts zeigt. Obwohl die gesellschaftlichen Zwänge deutlich sind, ist die Identitätsbildung dennoch ein aktiver Vorgang des imaginativen Selbstentwurfs, der verschiedene Möglichkeiten offenläßt, und nicht eine bloße Widerspiegelung des Verfalls des Feudalsystems und des aufkommenden Frühkapitalismus mit seinem Wettbewerb zwischen konkurrierenden Individuen (Colebrook 1998: 198 ff.).

Die Analyse des *Renaissance self-fashioning* ist der Ausgangspunkt von Greenblatts Studium des Verhältnisses von Literatur und Gesellschaft: "[Self-fashioning] invariably crosses the boundaries between the creation of literary characters, the shaping of one's own identity, the experience of being molded by forces outside one's control, the attempt to fashion other selves." (1980: 3) Literatur kommt somit eine aktive Rolle im Kulturprozeß zu. Geschichte und Literatur formen sich wechselseitig.

Da sich für Greenblatt die Identitätsbildung des Individuums im machtpolitischen Raum vollzieht, ist es nur ein kleiner Schritt von seiner Analyse des *self-fashioning* von Individuen zur Analyse der Selbstdarstellung von Macht als theatralischem Vorgang. In der Renaissance läßt sich ein waches Bewußtsein dafür beobachten, daß das *self-fashioning* als scheinbar identitätsloses Konstruieren einer Identität als Mittel der Manipulation und Täuschung eingesetzt werden kann – scheinbar identitätslos, weil der Manipulierende meint, über eine grenzenlose

---

12 Greenblatt übersieht hier, daß sich der Adel in den italienischen Stadtstaaten durchaus seine Vormachtstellung bewahrte.

Freiheit zu verfügen, und dabei vergißt, in welchem Maße er selbst von sozialen Verhältnissen geprägt ist. Machiavelli bietet eine Fülle von Beispielen, wie der Politiker Situationen zum Zweck der Ausübung von Macht manipuliert oder manipulieren kann. Für Greenblatt gründet der Staatsgedanke der frühen Neuzeit in Machtkalkül und in Betrug: Wer sich nicht verstellen kann, kann nicht regieren (*qui nescit dissimulare nescit regnare*): "The founding of the modern state, like the self-fashioning of the modern prince, is shown to be based upon acts of calculation, intimidation, and deceit." (1988: 52f.)

Theaterstücke sind hervorragend dafür geeignet, die reiche Vielfalt an Selbstrepräsentationen der Macht auf der Bühne nachzuahmen – z.B. durch die Verwendung prunkvoller Kostüme. Zugleich kann das Publikum im Theater auch hinter die Kulissen offizieller Selbstdarstellung geführt werden: So eröffnet Richard III dem Publikum seine 'machiavellistischen' Pläne in Monologen. In *Henry IV* wird das Publikum in Prince Hals Karriereplanung eingeweiht, und es durchschaut die kaltblütige Staatsräson von Hals Bruder, John of Lancaster. Wegen dieses Blicks hinter die Kulissen wurde Shakespeare bereits von marxistischen Shakespeare-Interpreten in der DDR als der große Infragesteller gefeiert. Greenblatt sieht in Shakespeare gleichfalls den "relentless demystifier" und "interrogator of ideology" (1988: 23), gelangt aber zu einem ganz anderen Ergebnis als die marxistischen Interpreten vor ihm, denn er sieht Shakespeare letztlich doch als Komplizen der Macht, da er das Subversive nur artikuliere, um das Publikum von der Notwendigkeit von dessen Eindämmung zu überzeugen.[13]

McAlindon attackiert Greenblatts Argumentationsweise bei der Interpretation von Shakespeares zweiter Tetralogie mit beißender Kritik:

> How anyone who is consciously devoted to the relentless demystification of a particular power structure could write plays designed to reinforce it, or how an audience presented with so fiercely negative a view of monarchical authority could be persuaded to glory in it, is never acknowledged as a problematic assault on common sense. (McAlindon 1995a: 423f.)

So fragwürdig Greenblatts Interpretation von Shakespeares zweiter Tetralogie in "Invisible Bullets" auch ist, so ist doch nicht von der Hand zu weisen, daß seine *containment*-These durchaus für die Analyse zahlreicher elisabethanischer und jakobäischer Texte taugt, wenn man sie als Ausdruck von Überzeugungen und nur in seltenen Fällen als bewußtes machiavellistisches Täuschungsmanöver versteht.[14]

---

[13] Atheismusvorwürfe im elisabethanischen Zeitalter sieht Greenblatt in diesem Sinne als machiavellistische Erfindungen: "If the atheist did not exist, he would have to be invented." (1988: 23)

[14] Siehe z.B. Thomas Moisans (1987) Verwendung der *containment*-These in seiner Analyse der Funktion des Juden in Shakespeares *Merchant of Venice*. Die Darstellung von Subversivem in der *Jonsonian court masque* steht gleichfalls ganz im Zeichen von *containment*; siehe die Ausführungen zu Ben Jonsons "Oberon" im folgenden Abschnitt.

Obwohl Greenblatt außer bei Marlowe[15] in der Zähmung des Subversiven die dominante politische Denkfigur im elisabethanischen Drama sieht, findet sich bei ihm auch eine weniger an Täuschung und Manipulation orientierte Auffassung, wie sich Subversives in Texten artikuliert. Greenblatt geht davon aus, daß jede Selbstdarstellung zugleich eine Abgrenzung vom anderen bedeutet, ähnlich wie sich bei Foucault 'Vernunft' im Zeitalter der Aufklärung durch Abgrenzen vom 'Wahnsinn' definiert. So kommt es, daß selbst affirmative Texte, d.h. Texte, welche die vorhandene Gesellschaftordnung stützen, *nolens volens* auch Subversives als 'alien voices' mit registrieren:

> Why, we must ask ourselves, should power record other voices, permit subversive inquiries, register at its very center the transgressions that will ultimately violate it? The answer may be in part that power, even in a colonial situation, is not monolithic and hence may encounter and record in one of its functions materials that can threaten another of its functions; in part that power thrives on vigilance, and human beings are vigilant if they sense a threat; in part that power defines itself in relation to such threats or simply to that which is not identical with it. (Greenblatt 1988: 37)

Vom Textbegriff her ist hier – anders als bei der machiavellistischen Version der *containment*-These – Greenblatts Nähe zum Poststrukturalismus spürbar, für den Texte mehr bedeuten, als ursprünglich vom Autor intendiert ist. Bei Terry Eagleton ist der implizite subversive Subtext auch als 'das Unbewußte des Textes' (Eagleton 1996 [1983]: 158), als Rebellion des Unterbewußten gegen die Opfer, welche der zweckorientierten Vernunft gebracht werden, zu verstehen (vgl. Geldof 1999). Greenblatt und die anderen New Historicists beschäftigen sich mit Vorliebe mit dem Aufspüren von vermeintlichen, mehr oder weniger ungewollt mit eingeschriebenen subversiven Komponenten von Texten. Catherine Gallagher und Edward Pechter (Pechter 1987: 294) stellen deshalb von ihren gegensätzlichen weltanschaulichen Positionen her mit einigem Recht fest, daß der New Historicism als eine Revitalisierung des Marxismus nach seiner poststrukturalistischen Verwandlung angesehen werden kann.

Nun verzichtet aber Greenblatt überraschenderweise darauf, diese Mitthematisierung des Subversiven im marxistischen Sinne als Indiz für ein inhärentes Selbstauflösungspotential von Macht zu interpretieren. Greenblatt sympathisiert durchaus mit den subversiven Kräften eines Zeitalters, doch spricht er in geradezu selbstquälerischer Weise dem Protest – jedenfalls in der Renaissance – die letztliche Ernsthaftigkeit ab, oder er sieht das Subversive als von der Macht selber produziert, um die Dringlichkeit von dessen *containment* vorzutäuschen.[16] Eine

---

[15] Bei Marlowe nimmt für Greenblatt das Subversive die Gestalt eines destruktiven Spiels an und enthält damit auch nicht die von der Neuen Linken gewünschte sozialrevolutionäre Komponente.

[16] Vgl. hierzu die Kritik McAlindons (1995a) an Greenblatts überzogenem Bild allgegenwärtiger 'machiavellistischer' Manipulation von Untertanen im elisabethanischen Zeitalter.

klare Unterscheidung zwischen dem *containment*-Modell und dem poststrukturalistischen Modell der Artikulation von subversiven *alien voices* nimmt Greenblatt nicht vor.

Greenblatts *containment*-These wird keineswegs von allen New Historicists akzeptiert, vor allem nicht in der machiavellistischen Variante bewußter politischer Manipulation. Dollimore sieht die jakobäische Tragödie als Ausdruck einer tiefgreifenden kulturellen Krise und sogar als Wegbereiterin der Revolution von 1642 (Dollimore 1984: 3). Colebrook weist darauf hin, daß im *cultural materialism* Dollimores und Sinfields die Ideologie selbst die Stimmen hervorbringt und artikuliert, die sie unterdrücken will (Colebrook 1998: 144), was Greenblatts zweiter These "Power thrives on vigilance" (Greenblatt 1988: 37) entspricht. Es wäre sicherlich verfehlt, sich auf der Ebene der Theorie für das eine oder das andere Modell des Verhältnisses von Subversion und Machterhalt zu entscheiden; es ist vielmehr angebracht, von einer Vielfalt von Möglichkeiten auszugehen, wie dies in Raymond Williams' Kulturbegriff vorgezeichnet ist, nach welchem Ideologien und literarische Werke keine kohärenten Gebilde sind: "Any dominant feature of a culture is also accompanied by residual and emergent forces" (Colebrook 1998: 145).

4. Ein Anwendungsversuch des neuhistoristischen Ansatzes: Ben Jonsons "Oberon"

Da es dem New Historicism um Wiedergewinnung von Historie geht, soll im folgenden die Transferierbarkeit von Greenblatts Ansatz an einem weiter zurückliegenden Text erprobt werden, der aus heutiger Sicht als sehr zeitbezogen erscheint und in Deutschland nicht zum traditionellen Curriculum eines Anglistikstudiums gehört: Ben Jonsons 1611 am Hofe Jakobs I. aufgeführtes Maskenspiel "Oberon" (ca. 1611). Der New Criticism interessierte sich für die Maskenspiele überhaupt nicht, denn es handelt sich hier offensichtlich nicht um autonome Kunst, sondern um Kunst im Dienste der Selbstdarstellung des Hofes und der Monarchie. Die zahlreichen *court masques* fanden erst durch die Forschungen von Stephen Orgel und Roy Strong Beachtung und wurden dann zu einem beliebten Forschungsgebiet des New Historicism.[17] Gerade der soziale Kontext der Aufführung am Hofe, das Verflochtensein dieser Aufführungen mit der Selbstdarstellung der Monarchie als dem Machtzentrum der Nation erregte das besondere Interesse der New Historicists.

Das im Königspalast von Whitehall aufgeführte Maskenspiel "Oberon" beginnt bei verdunkelter Bühne, was in Aufführungen im Globe-Theater bei Tage unter freiem Himmel nicht möglich gewesen wäre; die *court masque* verwendete

---

[17] Als Einführung in die *court masque* siehe Orgel (1965 und 1975), Lindley (1984) und Auberlen (2000).

bereits raffinierte Lichteffekte. Als Silhouette wird im Mondlicht die Gestalt eines Satyrs, eines bocksbeinigen und gehörnten Waldmenschen sichtbar. Uns sind die Skizzen des Hofarchitekten Inigo Jones erhalten, der die Szenerie und Kostüme entwarf und für den technischen Ablauf verantwortlich war.[18] Der Satyr ruft nach seinen Artgenossen im Wald (Abb. 1), wird aber zuerst vom Echo getäuscht. Dann strömen sie aber alle herbei zu einem grotesken Tanz vor einer Landschaft von Wald und Felsen (Abb. 2). Der Anführer der Satyre ist Silenus, eine Figur der antiken Mythologie, die z.B. in Platons *Symposion* (1957: 215a - 217a) zur Beschreibung von Sokrates dient: häßlich im Äußeren, aber die Herberge für Götterbilder im Inneren. Jonson entnahm die Gestalt aber vor allem einer Hirtenekloge Vergils, in welcher Silenus als ein meist leicht angetrunkener, in einer Grotte nächtigender Greis beschrieben ist, der die Satyre mit seiner Poesie und seinem Wissen um die Geheimnisse der Welt in Bann schlägt und von ihnen zum Dank mit Blumen bekränzt wird. Silenus teilt den Satyren mit, daß Prinz Oberon mit seiner Schar von Rittern in derselben Nacht zu seinem Palast im Wald kommt, um dort dem auf König Arthurs Thron sitzenden König Jakob zu huldigen. Das Bühnenbild verwandelt sich und zeigt das Schloß Oberons von außen (Abb. 3), vor dem sich die Satyre versammeln und darüber sprechen, wie sie in übermütig roher Weise die eingeschlafenen Wächter aufzuwecken gedenken. Es findet ein weiterer grotesker Tanz der Satyre statt, bis Silenus sie zur Ruhe gemahnt, während sich in einer 'Verwandlungsszene' die Palasttore öffnen und das Bühnenbild das neoklassizistische Innere des Schlosses zeigt (Abb. 4). Hier ist Oberons ritterlicher Hofstaat versammelt (Abb. 5). Oberon (Abb. 6) besteigt einen Triumphwagen, der, von Bären gezogen, sich auf den Thron Jakobs im Publikum zubewegt. Die Grenze zwischen Bühne und Zuschauerraum ist jetzt gänzlich aufgehoben. Der Königspalast von Whitehall wird nun als identisch mit dem Palast Oberons gesetzt. Es folgt ein dritter Tanz, in welchem die Satyre ihre Begeisterung über den ungewohnten Glanz in Oberons Palast zum Ausdruck bringen, dann werden sie von den Wächtern zur Ruhe gemahnt:

> Give place, and silence; you were rude too late:
> This is a night of greatness and of state,
> Not to be mix'd with light and skipping sport –
> A night of homage to the British court,
> And ceremony, due to Arthur's chair,
> From our bright master, Oberon the fair.[19]

---

[18] Siehe Abbildungen 1 bis 6. Die Abbildungen sind entnommen *A Book of Masques: In Honour of Allardyce Nicoll* (Cambridge: Cambridge University Press, 1967).

[19] Ben Jonson, "Oberon", zitiert nach der Ausgabe von Richard Hosley (siehe Jonson 1967 [1611]: 60).

Abb. 2: Felsenlandschaft

Abb. 1: Zwei Satyre

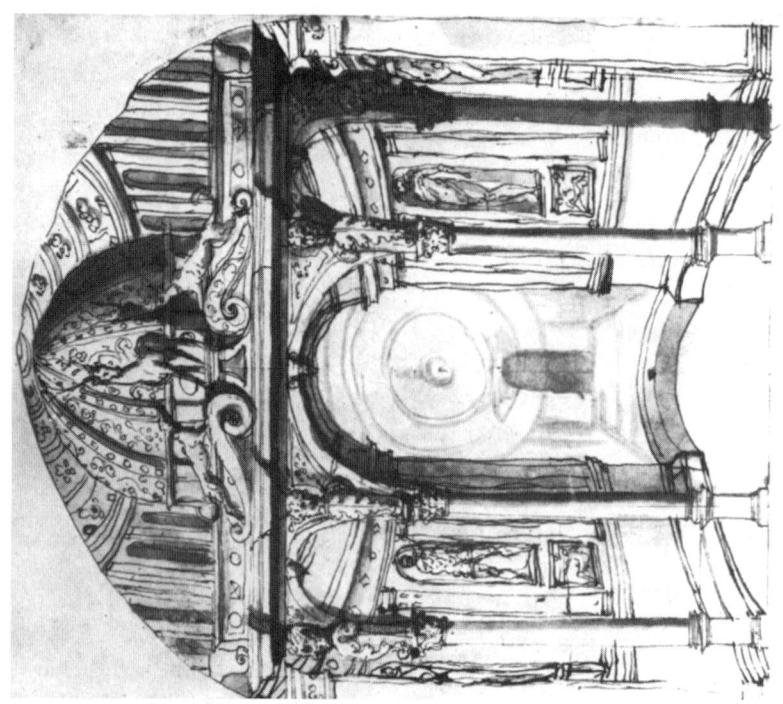

Abb. 4: Detail von Oberons Palast

Abb. 3: Oberons Palast

Abb. 6: Oberon

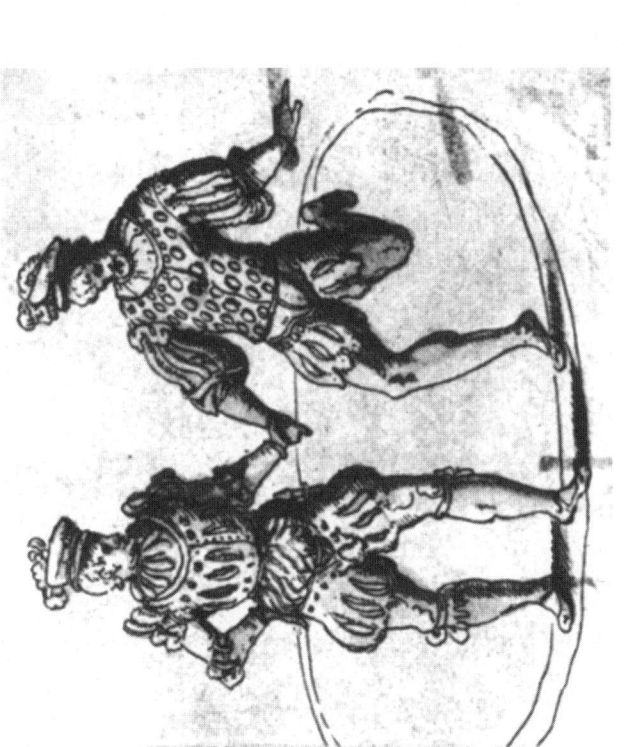

Abb. 5: Angehörige des Hofstaates Oberons

Dieser Teil der *court masque* besteht aus Huldigungsgesängen und Tänzen der Ritter zu Ehren Oberons und Jakobs. In diese Tänze wird das gesamte Publikum einbezogen. Das Spiel endet mit der Ankündigung des Tagesanbruchs.

Es ist unschwer zu erkennen, daß das ganze Maskenspiel auf die Huldigung Oberons für den auf Arthurs Thron sitzenden König Jakob ausgerichtet ist. Dies zeigt sich bereits an der Sitzordnung im Theater. Von einer späteren *court masque* ist der Grundriß von Bühne und Auditorium erhalten (Abb. 7).[20] In der Mitte des Auditoriums steht, auf drei Treppenstufen erreichbar, der erhöhte Königsthron, der von allen gesehen werden kann, da die Sitzreihen den Thron auf drei Seiten umgeben. Der König als gedachte Sinnmitte des Maskenspiels war also allen Zuschauern nicht weniger sichtbar als die Schauspieler auf der Bühne. Das perspektivische Bühnenbild ist gleichfalls auf den auf dem Thron sitzenden König ausgerichtet, so daß auch hierdurch die Zentralposition des Monarchen markiert ist.

Die Aufführung war vom Publikum wie von den Schauspielern her so exklusiv wie nur möglich. Die Rolle Oberons wurde von Jakobs ältestem Sohn Heinrich, dem Kronprinzen, die der Ritter von Adeligen gespielt; nur die grotesken Rollen und die Rollen mit viel Text wurden von Berufsschauspielern übernommen, weil die Adligen wenig Lust hatten, längere Passagen auswendig zu lernen und nur in schönen Kostümen und würdevollen Rollen auftreten wollten. Die Adeligen waren demgegenüber durchaus zu anspruchsvolleren Tanzeinlagen bereit, denn der Tanz gehörte traditionellerweise zu den *courtly graces* einer adeligen Erziehung. Jakob sah sich ganz besonders gerne an, wie der Duke of Buckingham, sein intimer Günstling, die Galliard – einen lebhaften, fröhlichen Tanz – mit vielen athletischen Kapriolen tanzte.

Anders als im öffentlichen Theater wurden die Frauenrollen nicht von Knaben, sondern von adeligen Damen gespielt. Die adeligen Schauspieler verkleideten sich nicht bis zur Unkenntlichkeit, sondern wollten ganz im Gegenteil in ihren heroisch-mythologischen Rollen durchaus als Königin Anna, Lady Arabella Stuart, Sir Thomas Howard oder der Earl of Arundel erkannt werden.[21] Das Publikum sollte durchaus merken, daß Jakobs Sohn Heinrich, der Prince of Wales, in der Rolle des Oberon seinem Vater huldigte.

---

[20] Abbildung 7 adaptiert, der größeren Deutlichkeit wegen, eine Reproduktion des Grundrisses aus Orgel (1975: 28).

[21] Die Namen von 16 adeligen Damen, die in Jonsons "The Masque of Beauty", und von 8 adeligen Herren, die in Jonsons "Hymenai" auftraten, werden bei Orgel (1965: 474-477) aufgelistet; siehe auch die "List of Masquers and Tilters" in Jonson (1950 [1925]: 428-445).

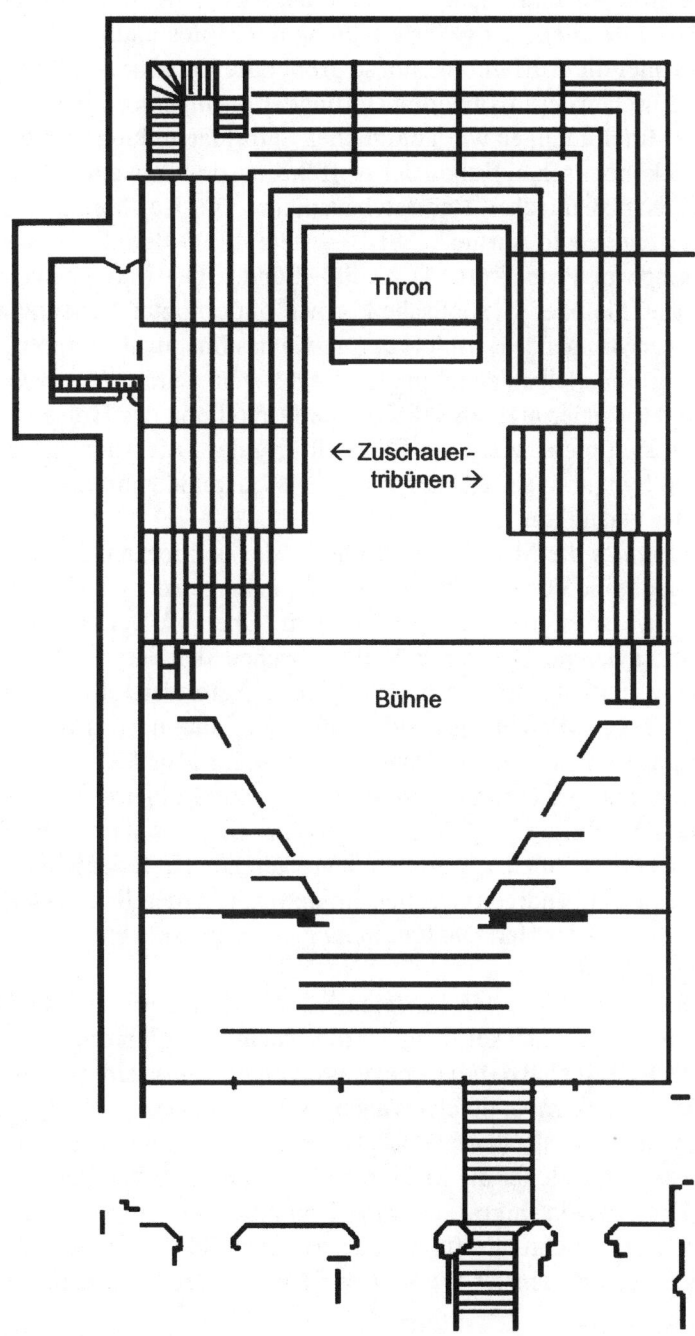

Abb. 7: Grundriß von Bühne und Saal (aus "Florimène")

Für nur eine oder zwei Aufführungen wurde ein ungeheurer Kostenaufwand getrieben, und dieser diente allein der Selbsterhöhung des Hofes und der Monarchie, denn je prunkvoller die Aufführung, um so größer die Ehre für den König und um so größer das Ansehen der involvierten Höflinge. *Conspicuous expenditure* war ein wichtiges Mittel adeliger wie königlicher Selbstdarstellung und das krasse Gegenteil zum ökonomischen Kalkül der Aufführungspraxis in den öffentlichen Theatern der elisabethanischen Berufsschauspieler. Die Aufführung von Jonsons "Pleasure Reconciled to Virtue" (1618) kostete 4.000 Pfund, die von James Shirleys "Triumph of Peace" (1634) 21.000 Pfund.[22] Die Maskenspiele dienten dazu, die Monarchie über symbolische Formen mit erhöhter Bedeutung auszustatten. Sie sind hervorragende Beispiele dafür, wie das Imaginäre zur politischen Identitätsbildung und Selbstdarstellung herangezogen wurde. Die *court masque* war während der Regierungszeit Jakobs eine Darstellung des Hofes vor sich selbst und spielte sich nicht wie unter Elisabeth in aller Öffentlichkeit im Freien ab. Dies war ein Symptom der Abkapselung der Monarchie vom Volk, die sich unter Karl I. weiter verstärkte.

Da in den *court masques* die Monarchie als Quelle der politischen Ordnung zelebriert wird, wird auch mit Vorliebe "the monarch's management of misrule" als *containment* des Subversiven thematisiert, so auch in "Oberon". Der Hof definiert sich im Gegensatz zu den unzivilisierten Waldmenschen, den Satyren. In der Figur des Silenus wurde zu Recht von den Interpreten eine Selbstdarstellung Ben Jonsons gesehen: Er leistet als Dichter den ersten Schritt der Zähmung des Wilden nach Art des Orpheus, um den sich beim Klang harmonischer Musik die wilden Tiere friedlich scharen. Dies ist ein in der Renaissance häufig zitierter Mythos von der zivilisierenden Macht der Dichtung. Ben Jonson schreibt aber, wie im konventionellen Herrscherlob üblich, die größere zivilisierende Kraft der Monarchie zu. Silenus geleitet die unbändigen Gesellen einigermaßen ordentlich zu Oberons Palast, wo sie vom Glanz der Herrschaft in Bann geschlagen sind und in ihrer Weise der Monarchie huldigen.

Wie die Mehrzahl der erhaltenen Maskenspiele[23] der Zeit Jakobs I. und Karls I. besteht "Oberon" aus einem grotesken Teil, der die Mächte der Unordnung zur Darstellung bringt. Dieser Teil hieß *antimasque*, was eigentlich *antic masque* also groteskes Maskenspiel bedeutet, aber durchaus auch als 'Gegenmaske' zur folgenden *main masque* verstanden werden darf. Es folgt dann eine Verwandlungsszene, die *transformation scene*, in welcher die Mächte der Unordnung gebändigt werden. Hier setzte der Hofarchitekt Inigo Jones eine Drehbühne ein oder tauschte, begleitet von raffinierten Beleuchtungseffekten, das Bühnenbild schnell aus. Die Verwandlung wurde in verschiedenster Weise dem Charisma der Monarchie zu-

---

[22] Vgl. Styan (1996: 188). Styan bezeichnet das Maskenspiel dort irrtümlicherweise als "Triumph of Love"; vgl. dagegen die Angaben von Edmund Gosse zu Shirleys "Triumph of Peace" (Shirley [o.J.]: 438).

[23] Styan (1996: 188) spricht von "more than a hundred masques, many of them now lost".

geschrieben: Es konnte als besonderes Talent des Herrschers in ausgleichender *Mediation* von Konflikten dargestellt werden; oder als *Repression* des verhaßten Anderen; oder als *Eroberung und Vernichtung* antagonistischer Kräfte im Staat (Auberlen 2000). Daran war zu erkennen, wie sicher oder bedroht die Verfasser der Maskenspiele die Lage der Monarchie zum jeweiligen Zeitpunkt ansahen.

In "Oberon" geht es sehr sanft zu: Der Vertreter der Monarchie, der die Kräfte der Unordnung bändigt, ist Heinrich, der Prince of Wales, in der Rolle Oberons, der seinerseits einem Ranghöheren, dem König und Vater, huldigt und damit als Vorbild für alle Untertanen fungiert. Die Satyre lassen sich sehr bereitwillig zivilisieren. Weit häufiger wird aber in diesen Maskenspielen Theaterdonner eingesetzt, um die Mächte der Unordnung gänzlich von der Bühne zu vertreiben. Es folgt dann die *main masque*, in welcher das Mysterium monarchischer Ordnung in Form harmonischer Musik und würdevollen Tanzes unter Teilnahme aller Anwesenden zelebriert wird; die Grenze zwischen Bühnenraum und Auditorium ist nun gänzlich aufgehoben.

In "Oberon" wird vor allem der Arthurmythos zur Überhöhung der Monarchie eingesetzt, aber auch die Vorstellung von der *great chain of being*, an deren unterem Ende des Menschseins die Satyre – halb Tier, halb Mensch – als Repräsentanten der nicht-höfischen Untertanen des Königs stehen. Ben Jonson will aber in "Oberon" nicht so sehr die gewöhnlichen Untertanen herabsetzen, sondern für eine integrative Politik des Königs plädieren. Widerspenstige Untertanen sollen durch sanfte Mittel zur Huldigung gebracht werden.

Sehen wir die *court masque* als Feld von *negotiations* oder *hidden transactions*, so verdient die Rolle des Silenus als Repräsentant des Dichters besondere Beachtung. Ben Jonson stellt der Monarchie in ästhetisch ansprechender Weise Diskurse der klassischen Dichtung bereit, beansprucht aber im Austausch dafür einen höheren Platz in der gesellschaftlichen Hierarchie als ihm von Geburt her zustehen würde (Auberlen 1984: 93-132). Die humanistischen Dichter waren traditionellerweise bemüht, die antiken Vorbilder den gewandelten gesellschaftlichen Verhältnissen ihrer Zeit anzupassen und doch den antiken Prototyp durchscheinen zu lassen. Die Klassikerimitation und –adaption eröffnete dem Dichter somit ein Feld von Kreativität bei gleichzeitigem Wandel der Funktion der Diskurse, Gattungen und Motive. So erscheint auch Silenus in "Oberon" nicht nur als Aufseher der Satyre wie bei Vergil, sondern als derjenige, der das Subversive in den Satyrfiguren so weit bändigt, daß sie – seinem und dem Vorbild Oberons folgend – zu einer Huldigung für die Monarchie bereit sind.

Bei "Oberon" handelt es sich um einen Text, der von seiner *social energy* her vom Bedürfnis nach Harmonisierung gesellschaftlicher Konflikte geleitet ist: Im Akt der Huldigung aller Anwesenden konstituiert sich die Monarchie als von allen gewollte natürliche Ordnung gewissermaßen immer wieder neu. Der in "Oberon" vollzogene friedliche Integrationsvorgang entspricht der Begrenztheit der gesellschaftlichen Spannungen in der Nation zu jener Zeit, jedenfalls aus der Sicht Ben

Jonsons. Es ist faszinierend zu sehen, wie die *court masque* trotz der Exklusivität und Selbstverfangenheit des Publikums doch wie ein Seismograph auf die Wandlungen und Erschütterungen im Selbstbewußtsein der Monarchie reagiert und selbst aktiv in den politischen Prozeß einzugreifen versucht. Bereits in den 1630er Jahren, als die Lage im Land während der *Eleven Years' Tyranny* der Herrschaft Karls I. ohne Parlament so überraschend ruhig zu sein schien und niemand an einen Bürgerkrieg dachte, werden die *court masques* aggressiver im Umgang mit den subversiven Elementen in der *antimasque*. In William Davenants "Salmacida Spolia" (1640) geht es nicht mehr um die Versöhnung der Gegensätze, sondern um die totale Vernichtung des Gegners. An den heftiger werdenden Beteuerungen, daß das Charisma des Herrschers den Sieg davon tragen wird, wird gerade die Unfähigkeit des Monarchen zum *management of misrule* deutlich. Die Maskenspiele präsentieren das Subversive lediglich als das Unzivilisierte und gewinnen ihm durch Ästhetisierung zum Grotesken einen Unterhaltungswert ab. Zu Konfliktlösungen oder zur inhaltlichen Auseinandersetzung mit dem innenpolitischen Gegner können sie so keinen genuinen Beitrag leisten.

5. Schluß: Kritische Einwände gegen den New Historicism

An den Arbeiten der New Historicists wurde immer wieder deren "arbitrary connectedness" (Cohen 1987: 37f.; vgl. Laden 1999: 59; Schalkwyk 1999: 137) bemängelt. Neuhistoristische Arbeiten neigen zu assoziativen Verknüpfungen und unreflektierten Analogiebildungen, zu einem 'Zusammenkleistern' (*lumping*), unter bewußter Außerachtlassung von diachronen Kausalzusammenhängen, weil es ihnen um das synchrone Beziehungsgeflecht einer Kultur geht. Doch wird dieser Anspruch keineswegs immer eingelöst. Oft ist der Übergang von wörtlicher zu metaphorischer Bedeutung das Trittbrett für kühne Gedankensprünge. Ein virtuoses Beispiel neuhistoristischer Vorgehensweise ist Steven Mullaneys faszinierende *tour de force* in "Strange Things, Gross Terms, Curious Customs: The Rehearsal of Culture in the Late Renaissance" (1983). Mullaney geht vom weitverbreiteten Interesse an Raritäten- und Kuriositätensammlungen im 17. Jahrhundert aus. Er sieht das englische Theater der Shakespearezeit – gleichfalls von einem Hang zum Seltsamen bestimmt – als Wunderkammer und zitiert für diese metaphorische Verwendung sogar einen Zeitgenossen. Im nächsten Schritt setzt er den Wandel im 17. Jahrhundert von der Raritätensammlung zum systematisch geordneten Museum mit dem Aufkommen des regelorientierten neoklassizistischen Theaters gleich und bringt beide mit dem Aufstieg der Naturwissenschaften in Verbindung. Mullaney mag mit dieser These sogar Recht haben, doch bleiben Unterschiede zwischen der chaotischen Raritätensammlung des Virtuoso und den sicherlich als weniger unstrukturiert wahrgenommenen Theaterstücken gänzlich unreflektiert. Wie McAlindon (1995a) zeigt, erliegt auch Greenblatt in "Invisible

Bullets" dem Hang zum *lumping*, wenn er, von einer Passage in Machiavelli ausgehend, verschiedenste Dokumente in höchst fragwürdiger Weise als Zeugen für eine das ganze Alltagsleben durchdringende manipulative Repressionspolitik der Tudormonarchie heranzieht.[24]

Eine äußerst beliebte Stilfigur neuhistoristischer Arbeiten ist der Chiasmus, wie im Titel des von Greenblatt herausgegebenen Sonderbands von *Genre* "The Forms of Power and the Power of Forms in the Renaissance", oder in der oft zitierten Definition des New Historicism von Louis Montrose "as a reciprocal concern with the historicity of texts and the textuality of histories" (Montrose 1989: 20 und 1986: 8; vgl. Laden 1999: 67ff.). Obwohl beide Chiasmen wichtige Grundanliegen des New Historicism recht gut auf den Punkt bringen, werden derlei Chiasmen auch gelegentlich zu bloßen Manierismen (z.B. Montrose 1989: 24). In der Interpretationspraxis kommt es darauf an, daß jeweils ganz konkret ge-zeigt wird, worin die Verschränkung von analysiertem Text und historischem 'Kontext' besteht bzw. welche Form von Macht und welche Macht welcher Form gemeint ist.

Ein zwiespältiges Echo rief Greenblatts Vorliebe für Anekdoten, bizarre historische Details und Berichte zu scheinbar peripheren Ereignissen hervor. Greenblatt bemerkt hierzu in *Marvelous Possessions* ganz im Sinne poststrukturalistischer Historiographie:

> It will not escape anyone who reads this book that my chapters are constructed largely around anecdotes, what the French call *petites histoires*, as distinct from the *grand récit* of totalizing, integrated, progressive history, a history that knows where it is going. As is appropriate for voyagers who thought that they knew where they were going and ended up in a place whose existence they had never imagined, the discourse of travel in the late Middle Ages and the Renaissance is rarely if ever interesting at the level of sustained narrative and teleological design, but gripping on the level of the anecdote. (1991: 2)

Zugleich fordert er, daß die Anekdoten in gewisser Weise repräsentativ sind:

> A purely local knowledge, an absolutely singular, unrepeatable, unique experience or observation, is neither desirable nor possible, for the traveler's discourse is meant to be useful, even if the ultimate design in which this utility will be absorbed remains opaque. (ebd.: 3)

Die Auswertung von *petites histoires* kann durchaus eine wichtige Bereicherung literaturwissenschaftlicher Methoden sein, wenn klargestellt wird, wofür sie repräsentativ sind, die Begleitumstände ihrer Entstehung analysiert und der Transfer der an ihnen entwickelten Folgerungen in andere Kontexte und Medien kritisch reflektiert werden. Das Studium von Bizarrheiten einer Kultur kann nützlich sein,

---

[24] Vor allem Greenblatts Interpretation von Thomas Harmans *A Caveat for Common Cursitors* (1965 [1567]) vermag nicht zu überzeugen.

um deren Fremdheit gewahr zu werden oder sich deren innere Verwerfungslinien und Uneinheitlichkeiten bewußt zu machen (Mullaney 1996: 25).

Theoriebildung bleibt im New Historicism weiterhin ein Desiderat, da auch die lebhafter gewordene Diskussion kein verbessertes Begriffsinstrumentarium hervorgebracht hat. Greenblatts drei Typen von *negotiations – appropriation*, *purchase*, *symbolic acquisition* – reichen bei weitem nicht aus, um auch nur die Vielfalt der von ihm selbst beschriebenen kulturellen Transaktionen einigermaßen differenziert zu erfassen. Die meisten von ihnen fallen unter den Begriff der 'symbolic acquisition', der so weit gefaßt ist, daß Unterbegriffe zur Steigerung des Erkenntnisgewinns unerläßlich werden. Im Bereich seiner Studien zum *self-fashioning* lassen sich Ansätze zu einer Typologie etwa in der Gegenüberstellung von Thomas More und William Tyndale sowie Edmund Spenser und Christopher Marlowe erkennen, doch verzichtet Greenblatt auf eine Systematisierung, obwohl sich daraus Anstöße für ein gründlicheres Durchdenken individueller und kollektiver Identitätskonstruktionen ergeben könnten.

Die 'non-poetic New Historicists' tragen wie die Poststrukturalisten dem unterschiedlichen Leseverhalten bei fiktionalen und bei 'Gebrauchstexten' ebenso wenig Rechnung wie bei literarischen und nicht-literarischen. Für Montrose steht fest: "To isolate a transhistorical aesthetic domain from didactic and instrumental categories of culture, to separate a literary canon from historical, political and philosophical discourses, are operations which appear to be conceptually alien to most sixteenth and seventeenth century writing" (1989: 24). Für Veenstra (1999: 225f.) fand dagegen gerade in der Renaissance eine Institutionalisierung von Literatur und Kunst statt; und Biebuyck (1999: 177) beanstandet, daß sich Greenblatt und die New Historicists trotz ihres kulturanthropologischen Ansatzes nicht um ein Verständnis ästhetischer Wahrnehmung als einer gesellschaftlichen Praxis und deren Wandelbarkeit bemühen. Die Erforschung der Geschichte des Lesens wird zu einem Desiderat.

Der New Historicism betreibt eine Literaturbetrachtung, die stark auf die Instrumentalisierung von Literatur im Kampf um gesellschaftliche Macht oder auf den Widerstand dagegen ausgerichtet ist, wobei Macht vorwiegend in der politischen Zentralinstanz, aber auch wie bei Foucault in der Familie, in Geschlechterbeziehungen und in wissenschaftlichen Diskursen lokalisiert wird. Den New Historicists wurde eine gedankliche Fixierung auf Macht vorgeworfen, welche die Texte verarme, zumal sich der Blick auf längst vergangene Machtkämpfe richte. Montrose erinnert aber – Abner Cohen zitierend – zu Recht daran, daß Machtfragen meist mit anderen Fragen verquickt sind und selten 'pur' auftreten:

> 'Power' is taken to be an aspect of nearly all social relationships, and 'politics' to be referring to the processes involved in the distribution, maintenance, exercise and struggle for power. [...] Power does not exist in a 'pure form' but is always inherent in social relationships. (A. Cohen 1976 [1974]: "Preface"; zitiert in Montrose 1980: 153)

Trotzdem ist festzustellen, daß zahlreiche neuhistoristische Arbeiten durch eine Fixiertheit auf den Willen zur Macht einiges übergehen, was Staunen über die kulturelle Fremdheit und die Einsicht in die kulturelle Verflochtenheit der untersuchten Texte gewähren könnte.

Die politische Geschichte wird von den New Historicists vornehmlich als ein Vorgang der Selbstinszenierung der Mächtigen und als Abfolge von Fassaden gesehen: "Theatricality models power" (Liu 1989: 723). Damit verengt sich das viel weiter gespannte Bedeutungsspektrum der Schauspielmetapher der Renaissance auf ein bloßes Machtkalkül, das ohnehin nicht aufging. An der Selbstdarstellung der Monarchie in der *court masque* zeigt sich in eklatanter Weise, daß *theatricality* wenig zu bewirken vermag, wenn sie nicht von Überzeugungen getragen wird, denn sie vermochte nicht einmal innerhalb der politischen Führungsschicht einen Konsensus herzustellen, der den englischen Bürgerkrieg hätte verhindern können. Der Lauf der Geschichte wird eben nicht nur von der Manipulation von Fassaden bestimmt: Es wird oft auch um Werte und Überzeugungen ge-stritten – nicht um 'ewige', sondern zeitbedingte Werte, die u.U. auch eine 'universale' Komponente enthalten, welche uns den Zugang zum Verständnis erleichtern. Die Selbstdarstellung einer Machtelite kann nur dann soziale Integrationskraft gewinnen, wenn sie an vorhandene Grundüberzeugungen gesellschaftlicher Gruppen anknüpft bzw. für neue Überzeugungen wirbt. Für den New Historicism Greenblattscher Couleur liegen Shakespeares zweite Tetralogie und die jakobäische *court masque* gar nicht so weit auseinander: Sie werben beide für eine Akzeptanz der Monarchie und plädieren mittels der Thematisierung von Subversivem für dessen *containment*. Die Unterschiede sind jedoch gravierend und erlauben eine Wertung, deren sich der New Historicism enthält: Bei Shakespeare liegt der Schwerpunkt auf einer Erkundung der Problematik einer dynastisch unzureichend legitimierten Monarchie. In der *Stuart court masque* findet keine konkrete Auseinandersetzung mit der Opposition statt; sie wird lediglich als unzivilisiert hingestellt oder rundweg verteufelt.

Greenblatts *containment*-Modell wurde nicht nur von McAlindon kritisiert. Geldof bezeichnet es "as an iron cage where no one really escapes from the effects of the cunning of power" (Geldof 1999: 211) und vergleicht es mit Theodor Adornos und Max Horkheimers Dialektik der Aufklärung, in welcher der aufklärerischen Idee, den Menschen mittels der kritischen Vernunft aus seiner selbstverschuldeten Unmündigkeit herauszuführen, eine Absage erteilt wird. Sie weicht einer "gloomy vision of modernity as total domination by instrumental and formal reason" (ebd.: 199). Bei Greenblatt sei die Lage sogar noch desperater, weil bei ihm die Literatur nicht mehr die Entfremdung im Sinne einer 'Negation der Negation' oder eines Darüberhinausgehens ('Exzess') zu überwinden vermag. Geldof hält diese Sicht der Herrschaft der Macht und der von ihr manipulierten Diskurse für zu einfach und zu pessimistisch. Er weist auf die höhere Komplexität gesellschaftlicher Prozesse hin:

When society is seen as a complex and ambiguous field of power and counter-power, of discourse and counter-discourse where individuals constitute *themselves* as particular subjects as much as they *are constituted* by structures of knowledge and power, resistance, difference, otherness becomes the rule instead of the unlikely and ungraspable excess. (203)

In dem Bereich zwischen den Diskursen und Gegendiskursen liegt ein Feld, in welchem gesellschaftlicher Wandel initiiert werden kann. Literatur ist nach Foucault sogar besonders dafür geeignet, etablierte Diskurse in Frage zu stellen.

Greenblatt ist sich bewußt, daß er oft nach Subversivem sucht, wo wenig dergleichen zu finden ist: "Indeed we may feel at this point that subversion scarcely exists and may legitimately ask ourselves how our perception of the subversive and orthodox is generated" (1988: 39; Liu 1989: 749f.). Liu führt die Suche nach Subversivem auf die Situation des akademischen Intellektuellen zurück, der von einer 'anxiety of marginality' geplagt ist und nachweisen will, daß Literatur und Literaturkritik doch etwas in der Gesellschaft bewirken. Liu wirft den New Historicists "no weighing of risk or gain, no cost/benefit analysis" (751) hinsichtlich ihrer nostalgischen Bewunderung des Subversiven vor: "The postmodern intellect fantasizes safely about subversion and transgression against 'the regime of power and knowledge that at once sustains and constrains us'." (749) Daß das artikulierte Subversive bei Greenblatt im Unterschied zu Montrose letztlich doch nur der Festigung von Macht dient, drückt für Liu die Resignation eines "post-May 1970, post-May 1968, post-1917, [...] post-1789"- Intellektuellen aus, der dem Intellekt gerne eine aktive Rolle in der Neugestaltung der Gesellschaft verschaffen würde (752). Greenblatt ist sich durchaus bewußt, daß sein Interesse am Subversiven und sein Unbehagen an der konservativen Haltung vieler Autoren der englischen Renaissance eingestandenermaßen sein eigenes postmodernes Unbehagen ist und daß wir das Subversive von damals heute nicht mehr als bedrohlich empfinden (Greenblatt 1988: 39). Unter den New Historicists gibt es divergierende Meinungen hinsichtlich der Möglichkeiten eines Kampfes gegen die ideologische Hegemonie der Tudor- und Stuart-Monarchie. Montrose bedauert die binäre Aufspaltung in *containment*- und *subversion*-Anhänger und sieht sie als "so reductive, polarized, and undynamic as to be of little or no conceptual value" (1989: 22).

Trotz bedenkenswerter Einwände gegen den New Historicism steht außer Zweifel, daß von dieser Richtung der Literaturwissenschaft eine Fülle von Beiträgen hervorgebracht wurde, die oft untersuchte 'alte' Texte gegen den Strich lesen und dadurch zu neuer Forschung anregen, wie etwa Jonathan Dollimores *Radical Tragedy* (1984),[25] oder die bisher unbeachteten Themen nachgehen wie dem Thema des Exorzismus in *King Lear* (Greenblatt 1988; Dijkhuizen 1999), familienrechtlichen Fragen in *King Lear* und *As You Like It* (Greenblatt 1990; Montrose 1981), der nicht nur auf Shakespeare (Barber 1959) beschränkten Interaktion zwi-

---

[25] Vgl. hierzu allerdings die Einwände von McAlindon (1995b).

schen Dichtung und Festkultur im England des 17. und 18. Jahrhunderts (Marcus 1986; Castle 1986) oder der Verflochtenheit von John Miltons *Paradise Lost*, *Samson Agonistes* und *Paradise Regained* mit der Niederlage des Puritanismus während der Restaurationszeit im 17. Jahrhundert (Knoppers 1994). Außerdem gibt es fruchtbare *negotiations* zwischen dem New Historicism und den kulturwissenschaftlich orientierten Forschungsrichtungen, die in den folgenden Beiträgen dieses Bandes vorgestellt werden. Es sei hier nur abschließend auf die Berührungspunkte zwischen Greenblatts Forschungen zum *self-fashioning* und dem Bewußtsein um Identität als Artefakt in der feministischen Literaturwissenschaft[26] und den Colonial und Postcolonial Studies hingewiesen.

Bibliographie

1. Zitierte Primärliteratur

Harman, Thomas. 1965 [1567]. "A Caveat for Common Cursitors." In: Judges, Arthur V. (Hg.). *The Elizabethan Underworld: A Collection of Tudor and Early Stuart Tracts and Ballads*. London: Routledge and Kegan Paul. [o.S.]
Jonson, Ben. 1967 [ca.1611]. "Oberon." Hg. Richard Hosley. In: *A Book of Masques: In Honour of Allardyce Nicoll*. Cambridge: Cambridge University Press. 43-70.
—. 1950 [1925]. *Play Commentary, Masque Commentary*. Hg. Charles H. Herford, Percy and Evelyn Simpson. (*Ben Jonson*, Bd. 10.) Oxford: Clarendon Press.
Platon. 1957. *Sämtliche Werke*. Bd. 2. Hamburg: Rowohlt.
Shirley, James. [o.J]. *James Shirley*. (The Best Plays of the Old Dramatists.) London: Fisher Unwin.
Virgil. 1994 [1916]. *Eclogues*. Übers. Henry Rushton Fairclough. (*Virgil*, Bd. 2.) Cambridge/MA: Harvard University Press.

2. New Historicism: Interpretatorische Praxis und Theoriedebatte (zitierte und weiterführende Literatur)

Auberlen, Eckhard, Adolfo Murgía [im Druck]. "Testing New Historicism: A Comment on Jürgen Pieters, ed. *Critical Self-Fashioning: Stephen Greenblatt and the New Historicism*. Frankfurt am Main: Lang, 1999." *ZAA*.
Baßler, Moritz (Hg.). 2001 [1995]. *New Historicism: Literaturgeschichte als Poetik der Kultur*. Mit Beiträgen von Stephen Greenblatt. 2., akt. Aufl. Tübingen: Francke.

---

[26] Vgl. Colebrook (1988: 201): "The idea of the self as the product of performance has also profoundly influenced the way in which gender has been read, both in Renaissance drama and other texts." Judith Lowder Newton ist dagegen der Meinung, daß in Studien zum New Historicism der Beitrag der feministischen Literaturwissenschaft zum neuen (poststrukturalistischen) Umgang mit Geschichte zu wenig Anerkennung finde und daß neuhistoristische Arbeiten nicht genügend 'gendered' in ihrer Vorgehensweise seien.

Biebuyck, Benjamin. 1999. "Greenblatt, Girard, and the Recontextualisation of Aesthetic Experience; or, What Does Aesthetic Practice Have to Do with Cultural Theories?" In: Pieters (Hg.). *Critical Self-Fashioning*. 174-195.

Castle, Terry. 1986. *Masquerade and Civilization: The Carnivalesque in Eighteenth-Century English Culture and Fiction*. Stanford/CA: Stanford University Press.

Cohen, Walter. 1987. "Political Criticism of Shakespeare." In: Howard, Jean E., Marion F. O'Connor (Hg.). *Shakespeare Reproduced: The Text in History and Ideology*. London: Methuen. 18-46.

Colebrook, Claire. 1998. *New Literary Histories: New Historicism and Contemporary Criticism*. Manchester: Manchester University Press.

Cox, Jeffrey N., Larry J. Reynolds (Hg.). 1993. *New Historical Literary Study: Essays on Reproducing Texts, Representing History*. Princeton: Princeton University Press.

Dijkhuizen, Jan Frans van. 1999. "Mystical Bodies: *King Lear* and the Discourse of Possession." In: Pieters (Hg.). *Critical Self-Fashioning*. 104-128.

Dollimore, Jonathan. 1984. *Radical Tragedy: Religion, Ideology and Power in the Drama of Shakespeare and his Contemporaries*. Brighton: Harvester Press.

—, Alan Sinfield (Hg.). 1994 [1985]. *Political Shakespeare: New Essays in Cultural Materialism*. 2. Aufl. Manchester: Manchester University Press.

—. 1994. "Shakespeare, Cultural Materialism and the New Historicism." In: Dollimore/Sinfield (Hg.). *Political Shakespeare*. 2-17.

—. 1994. "Transgression and Surveillance in *Measure for Measure*." In: Dollimore/Sinfield (Hg.). *Political Shakespeare*. 72-87.

Gallagher, Catherine. 1989. "Marxism and the New Historicism." In: Veeser (Hg.). *The New Historicism*. 37-48.

Geldof, Koenraad. 1999. "The Dialectic of Modernity and Beyond: Adorno, Foucault, Certeau, and Greenblatt in Comparison." In: Pieters (Hg.). *Critical Self-Fashioning*. 196-219.

Goldberg, Jonathan. 1982. "The Politics of Renaissance Literature: A Review Essay." *ELH* 49: 514-542.

—. 1983. *James I and the Politics of Literature: Jonson, Shakespeare, Donne, and Their Contemporaries*. Baltimore: Johns Hopkins University Press.

Greenblatt, Stephen. 1980. *Renaissance Self-Fashioning: From More to Shakespeare*. Chicago: University of Chicago Press.

—. 1982. "Introduction." In: *The Forms of Power and the Power of Forms in the Renaissance*. Sonderband von *Genre* 15: 2-6.

—. 1988. *Shakespearean Negotiations: The Circulation of Social Energy in Renaissance England*. Oxford: Clarendon Press.

—. 1990. *Learning to Curse: Essays in Early Modern Culture*. New York, London: Routledge.

—. 1991. *Marvelous Possessions: The Wonder of the New World*. Oxford: Clarendon Press.

Harris, Jonathan Gil. 1999. "Historicizing Greenblatt's 'Containment': The Cold War, Functionalism, and the Origins of Social Pathology." In: Pieters (Hg.). *Critical Self-Fashioning*. 150-173.

Hawkes, Terence (Hg.). 1996. *Alternative Shakespeares*. Bd. 2. London: Routledge.

Hawthorn, Jeremy. 1996. *Cunning Passages: New Historicism, Cultural Materialism and Marxism in the Contemporary Literary Debate*. London: Arnold.

Howard, Jean E. 1986. "The New Historicism in Renaissance Studies." *ELR* 16.1: 13-43.

Knoppers, Laura Lunger. 1994. *Historicizing Milton: Spectacle, Power, and Poetry in Restoration England*. Athens/GA: University of Georgia Press.

Laden, Sonja. 1999. "Greenblattian Self-Fashioning and the Construction of 'Literary History'." In: Pieters (Hg.). *Critical Self-Fashioning*. 59-86.

Litvak, Joseph. 1988. "Back to the Future: A Review Article on the New Historicism, Deconstruction, and Nineteenth-Century Fiction." *TSLL* 30.1: 120-149.

Liu, Alan. 1989. "The Power of Formalism: The New Historicism." *ELH* 56: 721-771.

Marcus, Leah S. 1986. *The Politics of Mirth: Jonson, Herrick, Milton, Marvell, and the Defense of Old Holiday Pastimes*. Chicago: University of Chicago Press.

McAlindon, Tom. 1995a. "Testing the New Historicism: 'Invisible Bullets' Reconsidered." *SP* 92.4: 411-38.

—. 1995b. "Cultural Materialism and the Ethics of Reading: or, the Radicalizing of Jacobean Tragedy." *MLR* 90.4: 830-846.

Moisan, Thomas. 1987. "'Which is the merchant here? and which the Jew?': Subversion and Recuperation in *The Merchant of Venice*." In: Howard, Jean E., Marian F. O'Connor (Hg.). *Shakespeare Reproduced: The Text in History and Ideology*. New York, London: Methuen. 188-206.

Montrose, Louis Adrian. 1977. "Celebration and Insinuation: Sir Philip Sidney and the Motives of Elizabethan Courtship." *Renaissance Drama* (n.s.) 8: 3-35.

—. 1980. "'Eliza, Queene of the Shepheardes' and the Pastoral of Power." *ELR* 10: 153-182.

—. 1981. "'The Place of a Brother' in *As You Like It*: Social Process and Comic Form." *Shakespeare Quarterly* 32.1: 28-54.

—. 1986. "Renaissance Literary Studies and the Subject of History." *ELR* 16.1: 5-12.

—. 1989. "Professing the Renaissance: The Poetics and Politics of Culture." In: Veeser (Hg.). *The New Historicism*. 15-36.

Mullaney, Steven. 1983. "Strange Things, Gross Terms, Curious Customs: The Rehearsal of Culture in the Late Renaissance." *Representations* 3: 40-67.

—. 1996. "After the New Historicism." In: Hawkes (Hg.). *Alternative Shakespeares*. 17-37.

Newton, Judith Lowder. 1989. "History as Usual? Feminism and the 'New Historicism'." In: Veeser (Hg.). *The New Historicism*. 152-167.

Pechter, Edward. 1987. "The New Historicism and Its Discontents: Politicizing Renaissance Drama." *PMLA* 102: 292-303.

Pieters, Jürgen. 1999a. (Hg.). *Critical Self-Fashioning: Stephen Greenblatt and the New Historicism*. Frankfurt am Main, Bern: Lang.

—. 1999b. "General Introduction." In: ders. (Hg.). *Critical Self-Fashioning*. 11-20.

Schalkwyk, David. 1999. "'Speaking Wittgenstein all along': Stephen Greenblatt and the Philosophical Contexts of the New Historicism." In: Pieters (Hg.). *Critical Self-Fashioning*. 129-149.

Sinfield, Alan. 1996. "How to Read *The Merchant of Venice* without Being Heterosexist." In: Hawkes (Hg.). *Alternative Shakespeares*. 122-139.

Schmitz, Thomas A. 2002. *Moderne Literaturtheorie und antike Texte: Eine Einführung.* Darmstadt: Wissenschaftliche Buchgesellschaft. 175-192.

Tennenhouse, Leonard. 1980. "The Counterfeit Order of *The Merchant of Venice.*" In: Schwartz, Murray M., Coppélia Kahn (Hg.). *Representing Shakespeare: New Psychoanalytic Essays.* Baltimore: The Johns Hopkins University Press. 54-69.

—. 1994. "Strategies of State and Political Plays: *A Midsummer Night's Dream, Henry IV, Henry V, Henry VIII.*" In: Dollimore/Sinfield (Hg.). *Political Shakespeare.* 109-128.

Veenstra, Jan R. 1999. "Thematizing Social Energy: The 'Bal des Ardents' and the Production of the Demonic in Medieval Culture." In: Pieters (Hg.). *Critical Self-Fashioning.* 220-237.

Veeser, H. Aram (Hg.). 1989. *The New Historicism.* New York, London: Routledge.

— (Hg.). 1994. *The New Historicism Reader.* New York, London: Routledge.

3.   Weitere zitierte und weiterführende Literatur

Auberlen, Eckhard. 1984. *The Commonwealth of Wit: The Writer's Image and His Strategies of Self-Representation in Elizabethan Literature.* Tübingen: Narr.

—. 2000. "Mediation, Repression or Conquest? Discourses of Peacemaking in Tudor and Stuart Court Entertainments." In: Reitz, Bernhard, Sigrid Rieuwerts (Hg.). *Anglistentag 1999 Mainz: Proceedings.* Trier: Wissenschaftlicher Verlag Trier. 199-212.

Bachtin, Michail M. 1979. *Die Ästhetik des Wortes.* Hg. Rainer Grübel. Übers. ders., Sabine Reese. Frankfurt am Main: Suhrkamp.

—. 1990 [1969]. *Literatur und Karneval: Zur Romantheorie und Lachkultur.* Übers. Alexander Kaempfe. Frankfurt am Main: Fischer.

Barber, Cesar L. 1959. *Shakespeare's Festive Comedy: A Study of Dramatic Form and its Relation to Social Custom.* Princeton: Princeton University Press.

Barthes, Roland. 1988. "The Death of the Author."In: Lodge, David (Hg.). *Modern Criticism and Theory: A Reader.* London: Longman. 166-172.

Brooks, Cleanth. 1966 [1947]. *The Well-Wrought Urn: Studies in the Structure of Poetry.* New York: Harcourt, Brace and World.

Burckhardt, Jacob. 1958 [1860]. *Die Kultur der Renaissance in Italien: Ein Versuch.* Stuttgart: Kröner.

Burke, Kenneth. 1965 [1935]. *Permanence and Change: An Anatomy of Purpose.* 2., überarb. Aufl. New York: Bobbs-Merrill.

—. 1957 [1941]. *The Philosophy of Literary Form: Studies in Symbolic Action.* 2., Überarb. Aufl. New York: Vintage.

Cohen, Abner. 1976 [1974]. *Two-Dimensional Man: An Essay on the Anthropology of Power and Symbolism in Complex Society.* Berkeley: University of California Press.

Collingwood, Robin G. 1986 [1946]. *The Idea of History.* London: Oxford University Press.

Eagleton, Terry. 1996 [1983]. *Literary Theory: An Introduction.* 2. Aufl. Oxford: Blackwell.

Foucault, Michel. 1995 [1969]. *Wahnsinn und Gesellschaft: Eine Geschichte des Wahns im Zeitalter der Vernunft.* Übers. Ulrich Köppen. Frankfurt am Main: Suhrkamp. [Orig.: *Histoire de la folie*]

—. 1972 [1969]. *The Archaeology of Knowledge and The Discourse on Language*. Übers. Alan Sheridan. New York: Pantheon Books. [Orig.: *L'archéologie du savoir*]

Gadamer, Hans-Georg. 1972 [1960]. *Wahrheit und Methode: Grundzüge einer philosophischen Hermeneutik*. 3., erw. Aufl. Tübingen: Mohr.

Geertz, Clifford. 1973. "Thick Description: Toward an Interpretive Theory of Culture." In: ders. *The Interpretation of Cultures: Selected Essays*. New York: Basic Books. 3-30.

Honig, Michael-Sebastian. 1999. *Entwurf einer Theorie der Kindheit*. Frankfurt am Main: Suhrkamp.

Huizinga, Johan. 1969 [1941]. *Herbst des Mittelalters: Studien über Lebens- und Geistesformen des 14. und 15. Jahrhunderts in Frankreich und in den Niederlanden*. 10. Aufl. Stuttgart: Kröner.

LeGoff, Jacques, Roger Chartier, Jacques Revel (Hg.). 1990. *Die Rückeroberung des historischen Denkens: Grundlagen der neuen Geschichtswissenschaft*. Übers. Wolfgang Kaiser. Frankfurt am Main: Fischer. [Orig.: *La nouvelle histoire*]

Lentricchia, Frank. 1980. *After the New Criticism*. Chicago: University of Chicago Press.

Lindley, David (Hg.). 1984. *The Court Masque*. Manchester: Manchester University Press, 1984.

Meinecke, Friedrich. 1936. *Die Entstehung des Historismus*. München: Oldenbourg.

Miller, J. Hillis. 1987a. "Presidential Address 1986: The Triumph of Theory, the Resistance to Reading, and the Question of the Material Base." *PMLA* 102: 281-291.

—. 1987b. *The Ethics of Reading: Kant, de Man. Eliot, Trollope, James, and Benjamin*. New York: Columbia University Press.

Morris, David B. 1991. *The Culture of Pain*. Berkeley: University of California Press.

Orgel, Stephen. 1965. *The Jonsonian Masque*. Cambridge/MA: Harvard University Press.

—. 1975. *The Illusion of Power: Political Theater in the English Renaissance*. Berkeley, Los Angeles: University of California Press.

—, Roy Strong. 1973. *Inigo Jones: The Theatre of the Stuart Court*. 2 Bde. London: Sotheby Parke Bernet.

Patlagean, Evelyne. 1990. "Die Geschichte des Imaginären." In: LeGoff/Chartier/Revel (Hg.). *Die Rückeroberung des historischen Denkens*. 244-276.

Propp, Vladimir. 1972 [1928]. *Morphologie des Märchens*. München: Hanser.

Rigney, Ann. 1999. "Literature and the Longing for History." In: Pieters (Hg.). *Critical Self-Fashioning*. 21-43.

Rueckert, William H. 1963. *Kenneth Burke and the Drama of Human Relationships*. Minneapolis: University of Minnesota Press.

Said, Edward W. 1993. *Culture and Imperialism*. London: Chatto and Windus.

Styan, John L. 1996. "The Court Masque." In: ders. *The English Stage: A History of Drama and Performance*. Cambridge: Cambridge University Press. 187-198.

Vickers, Brian. 1993. "New Historicism: Disaffected Subjects." In: ders. *Appropriating Shakespeare: Contemporary Critical Quarrels*. New Haven, London: Yale University Press. 217-271.

Williams, Raymond. 1958. *Culture and Society 1780-1950*. London: Chatto and Windus.

—. 1970. *The English Novel from Dickens to Williams*. London: Chatto and Windus.

Wimsatt, William K., Jr. 1967 [1954]. *The Verbal Icon: Studies in the Meaning of Poetry*. Lexington: University of Kentucky Press.

Ingrid Hotz-Davies

Feministische Literaturwissenschaft und Gender Studies

1. Einleitung: Was macht's, wer spricht?

Feminismus, Gender Studies, *queer studies*, *gay and lesbian studies*, *masculinity studies*: all dies sind verschiedene Versionen eines gemeinsamen Phänomens vor allem des 20. und beginnenden 21. Jahrhunderts, der Beschäftigung mit dem Geschlecht als zentrale Kategorie der sozialen, kulturellen und individualpsychologischen Beschaffenheiten des menschlichen Lebens, seinen Definitionen, Zuordnungen, Unterordnungen, Einschreibungen, Eingrenzungen und Ausgrenzungen. Diese Auseinandersetzung mit dem Geschlecht (und den Sexualitäten) erfaßt im 20. Jahrhundert nach und nach alle Bereiche der kulturellen und theoretischen Produktion und nimmt somit auch in der Literaturwissenschaft einen wichtigen Platz ein. Auf einen gemeinsamen Nenner gebracht liegt dahinter die Einsicht, daß das Geschlecht als soziale Kategorie (*gender*) eine zentrale, wenn nicht *die* zentrale Markierung in einem System von Unterscheidungen ist, das letztendlich in allen Aspekten des menschlichen Lebens, Denkens, Fühlens und Schreibens eine schwer vorherzusagende, dennoch aber nicht zu übersehende Wirkkraft entfaltet.

Der Gedanke, daß es hierbei sinnvoll ist, zwischen dem biologischen Geschlecht (*sex*) und seiner Aufladung mit soziokulturellen Bedeutungen (*gender*) zu unterscheiden, ist keine Erfindung des 20. Jahrhunderts, sondern kann bereits in Ansätzen in frühen feministischen Schriften wie zum Beispiel dem *Livre de la Cité des Dames* (1405) von Christine de Pizan ausgemacht werden. Auch wenn in jüngerer Zeit die philosophische Tragkraft dieser ehrwürdigen Unterscheidung in Zweifel gezogen worden ist, besonders von Judith Butler (1990), wird es doch sinnvoll sein, darauf zu bestehen, daß die Geschlechterstudien in besonderem Maße, wenn nicht gar ausschließlich, die Wirkweisen von *gender* untersuchen.

So weit es also die Fragestellungen und Methoden der Gender Studies betrifft (und unter diesem Begriff werde ich hier der Einfachheit halber zunächst alle derzeit praktizierten Richtungen verstehen), kann zu diesem Zeitpunkt kein Zweifel (mehr) bestehen an der Daseinsberechtigung dieser Disziplin, die inzwischen fast alle Bereiche erfaßt hat.[1] Dies wird sich auch in der vorhersehbaren Zukunft

---

[1] Bußmann/Hof (1997), von Braun/Stephan (2000); zur Literaturwissenschaft Würzbach (1998).

nicht ändern, solange nämlich das Geschlecht seine Fähigkeit, Menschen und Dinge zu bezeichnen, sie festzuschreiben, behält. Allerdings unterscheiden sich die Positionen bei der Frage, wo diese Disziplin anzusiedeln sei. Soll sie als optionale Zusatzmöglichkeit gelten, während der Rest der Wissenschaft auskommen kann, ohne die Frage nach dem Geschlecht zu stellen? Oder sollen und müssen die Gender Studies alle Disziplinen durchdringen, weil es keinen Bereich des menschlichen Handelns geben kann, auch keinen der Wissenschaft, in dem die Kategorie des Geschlechts nicht eine häufig unsichtbar gemachte, aber dennoch bedeutungsvolle Präsenz entfaltet? Vor letzterem Hintergrund erklären sich die Darstellungen, die weite Teile der modernen und postmodernen Theoriebildung als vom Feminismus beeinflußt sehen, sei es in Form von direkten Einflüssen oder von Gegenreaktionen und *backlash*-Phänomenen (Hutcheon 1989: 19-23).

Um der Frage nach der Randständigkeit bzw. Zentralität der Gender Studies für die Literaturwissenschaft näherzukommen, sei hier eine einflußreiche theoretische Einführung, die auch Studienanfängern gerne an die Hand gegeben wird, herangezogen, die deutlich die Position der Marginalität der Gender Studies zu vertreten scheint. In Terry Eagletons *Literary Theory* (1983) scheint es, als könne man über Kanonbildung in den *English Studies*, über Phänomenologie, Hermeneutik, Rezeptionstheorie, Strukturalismus, Poststrukturalismus und Psychoanalyse diskutieren, ohne die Frage nach dem Geschlecht zu stellen. Lediglich im Kapitel zum "Political Criticism" findet die feministische Theoriebildung neben der marxistischen flüchtig Erwähnung (ebd.: 204). Aus diesem Grund sucht man im Index auch vergebens nach Einträgen zur geschlechterorientierten Theorie. Das heißt allerdings nicht, daß diese Aussparung in diesem Text als feindseliger Akt zu lesen ist (schließlich ist auch Eagletons eigenes Anliegen, die marxistische Literaturwissenschaft, in dieser Weise an den Rand gedrängt). Im Gegenteil, Eagletons Schlußkapitel versteht sich auch als Kritik an eben diesem Ausblenden lebensweltlicher Realitäten aus der 'Theorie'. Und dennoch: An vielen Stellen seiner Diskussion wird die Rede über das Geschlecht geradezu zwingend als unterbeleuchtete – aber potentiell zentral relevante – Leerstelle sichtbar. Kann man also zum Beispiel die Frage stellen, was Literatur sei, ohne *gender* zu berücksichtigen? Offensichtlich – und die Relevanz des Geschlechts drängt sich bei Eagleton fast beiläufig in den Blick – nicht. Man bedenke etwa das Szenario, mit dem Eagleton die Auffassung versinnbildlichen will, daß Literatur als markierter Exzeß an Bedeutung gesehen werden kann:

> [...] literature is a kind of writing which, in the words of the Russian critic Roman Jakobson, represents an 'organized violence committed on ordinary speech.' [...] If you approach me at a bus stop and murmur 'Thou still unravished bride of quietness,' then I am instantly aware that I am in the presence of the literary. (ebd.: 2)

Ich würde sagen, daß in dieser hypothetischen Begegnung noch vor der Einsicht, daß 'ich' mich in der Gegenwart des Literarischen befinde, die Frage käme, wie diese Bushaltestellenkommunikation zu verstehen wäre. Dies würde wiederum in absolut bedeutungskonstituierender Weise davon abhängen, wer 'ich' bin und wer 'du' – und zwar nicht primär im Hinblick auf unsere soziale Schicht oder ethnische Herkunft, sondern auf unser Geschlecht und unsere sexuelle Orientierung. Bist 'du' männlich und 'ich' weiblich, käme ich wahrscheinlich lediglich zu dem Schluß, daß mir hier ein besonders literarischer und möglicherweise leicht aggressiver Antrag gemacht wird. Bin 'ich' männlich und 'du' weiblich, wäre die Situation die gleiche, nur erweitert um einen Normverstoß, der wiederum an unseren Geschlechtern hängen würde: Ich wäre dann als männliches Wesen feminisiert, sowohl durch die Tatsache als auch durch die Form deiner 'Brautwerbung'. Wäre 'ich' weiblich und 'du' auch, hätten wir einen Fall, bei dem eine zentrale normbestimmende Konvention der Heterosexualität für homoerotische Zwecke entwendet worden wäre. Wäre 'ich' männlich und 'du' auch, hätten wir sicher die explosivste und daher potentiell amüsanteste Verkehrung der Konvention, da 'ich' innerhalb der heteronormativen (also Gleichgeschlechtlichkeit ausschließende) Regel weder 'Braut' sein kann, noch 'du' mein kulturell sanktionierter 'ravisher'. Auf jeden Fall würde klar, daß man sich dieses Szenario an der Bushaltestelle nicht vorstellen kann, ohne es in einem Geflecht von Geschlechtern und möglichen sexuellen Orientierungen zu plazieren: Abhängig davon, wer spricht und wer angesprochen wird, ändert die 'Literatur', die sich in dem Satz "Thou still unravished bride of quietness" augenfällig artikuliert, ihre Bedeutung. Und dies gilt nicht nur für diese Begegnung, wenn man bedenkt, daß in dieser Zeile, die den Anfang zu John Keats' Gedicht "Ode to a Grecian Urn" bildet, nicht etwa eine wie auch immer geschlechtlich fixierte Person, sondern ein Gegenstand apostrophiert wird, nämlich die im Gedicht imaginierte griechische Vase.

Es ist diese Situiertheit, der sich die Gender Studies im weitesten Sinne widmen. Wer also spricht und zu wem, auch in der Literatur, ist hier nicht nebensächlich, sondern bestimmt die Fragen, die an einen Text herangetragen werden. Denn das geschlechtslose Sprechen, so sagt Benito Feijóo, der Autor einer spanischen *Defensa de las mujeres*, schon im 18. Jahrhundert, das ist den Engeln vorbehalten (zitiert in Schabert 1997: 12).

Man kann allerdings nicht annehmen, daß sich in der Literatur einfach Geschlechterstereotypen niederschlagen, die dann auch noch problemlos das Geschlecht des Autors oder der Autorin deckungsgleich reflektieren. Daher wird die Frage, ob es ein 'weibliches' oder 'männliches' Schreiben gibt, eigentlich seit den Anfängen des weiblichen Schreibens auch immer wieder kontrovers diskutiert.[2] Und während sich gewiß bestimmte Traditionen des männlichen und weiblichen Schreibens ausmachen lassen, muß immer auch mit gegenläufigen Befunden

---

[2] Zur Theorie des 20. Jahrhunderts vgl. Hof (1995).

gerechnet werden: also männliche Autoren, die traditionell 'weibliche' Positionen des Schreibens einnehmen und Autorinnen, die sich in 'männliche' Domänen einschreiben.

Zur Veranschaulichung mag hier das folgende Zitat aus D.H. Lawrences *Lady Chatterley's Lover* (1928) und seine (hier im Anschluß auszugsweise abgedruckte) Deutung durch die amerikanische Literaturwissenschaftlerin Kate Millett dienen.

> 'Let me see you!'
> He dropped the shirt and stood still, looking towards her. The sun through the low window sent a beam that lit up his thighs and slim belly, and the erect phallus rising darkish and hot-looking from the little cloud of vivid gold-red hair. She was startled and afraid.
> 'How strange!' she said slowly. 'How strange he stands there! So big! and so dark and cocksure! Is he like that?'
> The man looked down the front of his slender white body, and laughed. Between the slim breasts the hair was dark, almost black. But at the root of the belly, where the phallus rose thick and arching, it was gold-red, vivid in a little cloud.
> 'So proud!' she murmured, uneasy. 'And so lordly! Now I know why men are so overbearing. But he's lovely, *really*. Like another being! A bit terrifying! But lovely really! […]'

> *Lady Chatterley's Lover* is a quasi-religious tract recounting the salvation of one modern woman (the rest are irredeemably 'plastic' and 'celluloid') through the offices of the author's personal cult, 'the mystery of the phallus.' This passage, a revelation of the sacrament itself, is properly the novel's very holy of holies – a transfiguration scene with atmospheric clouds and lightning, a pentecostal sunbeam (the sun is phallic to Lawrence's apprehension) illuminating the ascension of the deity 'thick and arching' before the reverent eyes of the faithful. (Millett 1978 [1970]: 333f.)

Millett liefert hier vor dem Hintergrund der feministischen Bewegungen der 1970er Jahre eine beherzte Abrechnung mit einer ungeschminkt phallozentrischen, hier geradezu phallomystischen, Tendenz in der kanonischen Literatur, die für damalige feministisch bewegte Leserinnen oder Leser vor allem eines sein konnte: eine Bestätigung, daß das eigene Leseempfinden, das einem bei kanonfreundlichen Diskussionen leicht 'falsch' vorkommen konnte, wissenschaftlich gestützt wird. So wurde Milletts Text auch von mir gelesen bis ich auf eine Hörbuchaufnahme von *Lady Chatterley's Lover*, gesprochen von Judi Dench, stieß. Und nach einigen Stunden von Lawrence-mit-der-Stimme-von-Dench erschienen mir Passagen, gegen die ich mich bei der Lektüre vehement gewehrt hatte, als authentische und besonders lyrische Nachbildungen weiblicher sexueller Empfindungen. Tatsächlich war das in einem wichtigen Sinn nicht mehr derselbe Text. Wie ist das möglich? Zum einen muß gesagt werden, daß es sich hier um eine gekürzte Version handelte, in der gerade solch phallophile Passagen wie die eben zitierte herausgenommen waren. Judi Dench mußte also nicht atemlos hauchen: "How strange he stands there! And how big!" Dennoch: Etwas war mit dem Text geschehen, das nicht durch seine Ent-phallisierung zu erklären war. Er hatte eine weibliche Stimme bekommen. War das nun ein anderer Text? War Lawrence dessen Autor? Oder lag es an mir? An Judi Dench?[3]

Auf jeden Fall wird klar, daß wesentlich mehr auf dem Spiel steht als die Frage der Authentizität, der Identität oder der 'richtigen' Darstellung von Männern und Frauen in der Literatur. Es gibt Möglichkeiten der kreativen Aneignung, der Rückaneignung, der Neueinschreibung von scheinbar geschlechtsspezifischer Erfahrung; *cross-gendered writing* kann als Herausforderung unserer Annahmen einer geschlechtsfixierten Identität dienen. Die Literatur ist der Ort, an dem Alternativen imaginiert, Grenzen ausgetestet werden können; und dieser Ort ist nicht nur für die Autorinnen und Autoren, sondern auch für uns Leser zugänglich. D.H. Lawrence konnte also Judi Dench gehören. Man muß daher die Vorstellung von der Positioniertheit des Sprechens ausdehnen auf die der Positioniertheit des Lesens und des literarischen Kommunikationsaktes allgemein. Die Spieler in diesem Feld der literarischen Kommunikation nehmen Positionen ein, die einerseits vom Ort des Sprechens und Lesens her geschlechtsspezifisch definiert sind – deshalb war es hier auch nötig, mich als Subjekt des wissenschaftlichen Sprechens mit einzubringen, entgegen gängiger wissenschaftlicher Gepflogenheiten, aber wie weiter unten noch zu sehen sein wird im Einklang mit einer etablierten Praxis innerhalb der Gender Studies. Andererseits, und auch hierfür mußte meine Stimme jenseits der Stimme der 'Objektivität' hörbar werden, sind diese Positioniertheiten in einem komplizierten Wechselspiel zu denken, innerhalb dessen sich Geschlecht und sexuelle Orientierung potentiell als wenig stabil erweisen können, zumindest innerhalb des Freiraums, den die Literatur und damit die Phantasie eröffnen kann.

2. Definition des Felds

Wie schon zu Anfang bemerkt, habe ich bisher als Gender Studies alles bezeichnet, was sich mit der Frage des Geschlechts und der sexuellen Orientierungen beschäftigt. Tatsächlich handelt es sich hier jedoch um verschiedene Richtungen, die sich historisch auseinander und auch gegeneinander entwickelt haben. Als feministische Literaturwissenschaft (in Nordamerika auch manchmal: *women's studies*) bezeichnet man eine Richtung, die die Frau als Objekt und im Normalfall auch Subjekt der Untersuchung sieht (nur so kann ein Titel wie Alice Jardines

---

[3]   Man denkt natürlich an ihr andersartig geschlechterkreuzendes Lesen eines 'männlichen' Textes in Derek Jarmans Film *The Angelic Conversation* von 1985, wo sie Shakespeares Sonette vor offen homoerotischer Kulisse in den Film haucht.

Men in Feminism von 1989 verständlich werden). Diese Richtung hat eine klare politische Agenda, mit der sie die Frau aus den asymmetrischen Machtanordnungen der patriarchalen Gesellschaft befreien möchte. Der Weg dorthin ist allerdings alles andere als einheitlich. Ein einschlägiges Nachschlagewerk führt zum Beispiel in alphabetischer Reihenfolge die folgenden Feminismen auf (die sicher nicht vollständig sind): *anarchist feminism; black feminism; Christian feminism; eco-feminism; Existentialist feminism; Marxist feminism; lesbian feminism; Liberal feminism; radical feminism; socialist feminism; spiritual feminism* (Humm 1995 [1989]). Zudem treten seit den 1980er Jahren die Gender Studies auf den Plan, deren Bezeichnung ich bisher unspezifisch für das ganze Universum der geschlechtsorientierten Studien gebraucht habe. Stark von den Impulsen der Dekonstruktion und von Michel Foucaults[4] Studien zu Machtsystemen und zur historischen Positioniertheit scheinbar transhistorischer Erfahrungen bestimmt, versteht man hierunter jene Ansätze, die sich nicht primär der 'Frau,' sondern dem Geschlecht als Kategorie in (de-)konstruktivistischer Weise widmen. Das Geschlechtersystem erscheint nunmehr als ein in und durch die Sprache konstruiertes, das auf der Grundlage von Binarismen (Gegensatzpaaren) erschaffen wird, aber dadurch auch potentiell für Neueinschreibungen und Umschreibungen der Systemkomponenten offen ist. Das Geschlecht selbst ist also keine feste Größe, sondern wird, wie Studien in der Nachfolge von Thomas Laqueur (1990) belegen, in verschiedenen historischen Zusammenhängen jeweils anders definiert. Hinzu tritt noch die Richtung, die aus angelsächsischer Sicht als *French feminism* bezeichnet wird und ebenfalls den Konstruktcharakter der Binarismen aufgreift, dies jedoch mit einer markiert psychoanalytischen Prägung nach Sigmund Freud und Jacques Lacan (Irigaray 1985; Cixous 1994). Diese Richtung setzt an der Funktion der Binarismen an, die nicht etwa, wie es den Anschein haben mag, dazu bestimmt sind zwei Geschlechter zu definieren, sondern lediglich eines: das männliche. *Weiblich* im Gegensatz zu *männlich* definiert also nicht die 'Frau,' sondern im Zusammenspiel der Differenzkategorien immer den 'Mann', während die 'Frau' als das 'Andere' festgeschrieben wird. Damit verbindet sich der Ruf nach einer 'weiblichen' Schreibweise, einer *écriture feminine*, die es zu erfinden gilt und die sich durch disruptive Strategien der Macht der Binärstruktur entgegenstellen, sich aus ihr herausschreiben soll, in einem Versuch, die 'Frau' zu Wort kommen zu lassen.

Zwar sind die unterschiedlichen Feminismen und Richtungen der Gender Studies als Facetten eines gemeinsamen Bemühens zu sehen, das an verschiedenen Stellen ansetzt, doch konnten und können die Grabenkämpfe zwischen den Feminismen und Richtungen der Gender Studies erbittert sein. Zum Beispiel: Ein Projekt, das den Binarismus des Geschlechtersystems selbst zerstören will, scheint damit auch die 'Frau' abzuschaffen – und das zu einem Zeitpunkt, an dem die Ziele

---

4   Zur Dekonstruktion siehe auch in diesem Band den Beitrag "Poststrukturalismus" von Barbara Korte (S. 41-59), zu Foucault den Beitrag "Diskursanalyse" von Eveline Kilian (S. 61-81).

des Feminismus mitnichten erreicht sind. Die Frau außerhalb des diskursiven Felds der Gesellschaft anzusiedeln, wie dies der französische Feminismus tut, heißt, sie sprachlos zu machen, ihr in der Vergangenheit und in der Gegenwart die Möglichkeit eines eigenen Ausdrucks abzuerkennen. In der Tat kann der *French feminism* kaum einen Beitrag leisten zur Erforschung widerständigen Schreibens außerhalb der als 'neu' definierten *écriture feminine* (was auch darin zum Ausdruck kommt, daß sich dessen Vertreterinnen wenig mit der reichhaltigen Literatur von Autorinnen der Vergangenheit oder Gegenwart befassen). Andererseits kann aber die Schwierigkeit widerständigen Schreibens am Werk dieser Theoretikerinnen geradezu exemplarisch abgelesen werden. Es stimmt, daß die Gender Studies vielleicht meist keine konkrete (Über-)Lebenshilfe für Frauen bieten können, da sie dazu genau die Kategorie 'Frau' brauchen, eventuell sogar als 'essentielle' Annahme, deren Dekonstruktion sie sich zur Aufgabe gemacht haben. Andererseits können feministische Ansätze *ohne* die Annahme des Konstruktcharakters von Geschlecht sich nur schwer von scheinbar essentiellen Einschreibungen befreien, die wiederum selbst einen Zwang ausüben können und zwar auch auf die 'Frau', die eigentlich befreit werden sollte. Hier setzen Richtungen wie die postkoloniale Kritik und der *black feminism* ein, denn die Werteinschreibungen des traditionellen Feminismus sind keinesfalls neutral, sondern entspringen den Vorstellungen weißer westlicher Frauen der Mittelschicht.[5]

Wenn nun der Feminismus die 'Frau' und die Gender Studies das 'Geschlecht' als Objekt der Studie nehmen, greifen seit den späten 1980er Jahren diverse weitere Richtungen die implizit und oft auch explizit heterosexuelle Orientierung der Vorläufer auf. Sie hinterfragen die Kategorie Homo/Heterosexualität, die als zentraler Binarismus durch Ausschlußmechanismen, ähnlich dem Begriffspaar männlich/weiblich, eine asymmetrische Hierarchie schafft. *Queer studies* ist hier die dekonstruktivistische Variante, die den Binarismen selbst zuleibe rücken will. Die *gay and lesbian studies* vertreten dagegen eine eher identitätsbasierte Richtung. In neuerer Zeit treten die *masculinity studies* auf den Plan, die sich mit Konzepten der Männlichkeit, auch der heterosexuellen, befassen.[6]

3. Phasen geschlechtsorientierter Literaturwissenschaft

Die oben skizzierten kritischen Schulen können im historischen Rückblick in verschiedene Phasen unterschieden werden, für die sich je nach Standpunkt die Terminologie *First Wave*, *Second Wave* und *Third Wave* eingebürgert hat. Allerdings, und darauf muß ausdrücklich hingewiesen werden, ist diese Periodisierung selbst eine problematische Vereinfachung. Bereits im Jahr 1848 fand im amerika-

---

5   Als Beispiele für *black feminist criticism* siehe Collins (1990), hooks (1981) sowie Hull/Scott/Smith (1982).
6   Zu *queer studies* und *gay and lesbian studies* siehe die Titel in Abschnitt 2.3 der Bibliographie.

nischen Seneca Falls zum ersten Mal ein Kongreß statt, auf dem Frauen und Männern über Wege und Ziele einer sich entwickelnden Frauenbewegung berieten. Damit begann sich der Feminismus als organisierte und konzertierte politische Bewegung zu etablieren, die sich in den nachfolgenden Jahrzehnten bis zum ersten Weltkrieg einer Reihe von sozialen Problemen widmete, darunter besonders der Erkämpfung des Frauenwahlrechts.[7] Feministische Literaturbetrachtung interessierte diese Frauen dabei verständlicherweise wenig. Ab den 1920er Jahren gab es aber die ersten Bemühungen, eine 'andere' Literaturgeschichte zu schreiben, besonders in Virginia Woolfs einflußreichem *A Room of One's Own* (1984 [1929]), aber auch später in weniger beachteten Schriften wie Bridget G. MacCarthys *The Female Pen: Women Writers and Novelists, 1621-1818* (1994 [1944-47]) oder Sylvia Townsend Warners Essay "Women as Writers" (1982 [1959]). Diese Bemühungen wurden flankiert vom literarischen Schaffen einer wachsenden Anzahl von Autorinnen. Insofern als hier die Anfänge der modernen feministischen Literaturwissenschaft liegen, kann man dies als eine *first wave* bezeichnen. Allerdings konnten diese Schriften kaum die institutionelle Literaturwissenschaft be-influssen und so auch zunächst keine radikale Umorientierung bewirken. Auch Pionierarbeiten im Bereich der feministischen Theoriebildung nach dem Zweiten Weltkrieg, besonders Simone de Beauvoirs *Le deuxième sexe* (1949), konnten zunächst keine Wellenbewegung auslösen. Im Zuge der allgemeinen Umwälzungen in den 1960er und 70er Jahren – und begünstigt durch eine vergrößerte Präsenz von Frauen an den Universitäten – kam es allerdings zu einer veritablen Explosion von feministischen Positionen, diesmal auch und besonders in der Literaturwissenschaft. Dieser Impuls konnte sich etablieren und ist in seiner Entwicklung bis heute nicht abgeschlossen.

Allgemein läßt sich sagen, daß sich die feministische Literaturwissenschaft der 1970er Jahre zwei Bereichen widmete, die beide um die Frage des literarischen Kanons kreisen. Zum einen sollten die bisher unhinterfragten Annahmen männlicher Autoren einer feministischen Gegenlektüre unterzogen werden (und das heißt: des damals existierenden Kanons, denn dieser Kanon kannte kaum Autorinnen). Milletts oben zitierte Passage zu D.H. Lawrence gehört genau in diesen Diskussionszusammenhang. Andererseits sollte aber dem literarischen Schaffen von Frauen endlich Gehör verschafft werden. Es etablierten sich kritische Traditionen, die als gynozentrisch (auch als: *gynocriticism*) bezeichnet werden, weil hier der Versuch unternommen wurde, die Schreibweisen, Traditionen und Anliegen weiblicher Literaturproduktion zu diskutieren und zu forcieren.[8] Die Werke von Autorinnen wurden also gezielt in den Vordergrund gestellt und mit ihnen die Behandlung speziell 'weiblicher' Themen und Anliegen in der Literatur. Der Ka-

---

[7] Zur historischen Entwicklung der Frauenbewegung siehe Rendall (1985), Bolt (1993), Levine (1994) und Caine (1997).

[8] Grundlegende Arbeiten zur Tradition weiblichen Schreibens sind: Gilbert/Gubar (1984 [1979]), Showalter (1995 [1977]), Moers (1978 [1976]) und Spender (1986).

non veränderte sich durch diese Bemühungen in der Folge tatsächlich unwiderruflich und schließt nunmehr ehemals randständige Texte mit ein. Vom Standpunkt der Bewegungen der Jahrhundertwende und des frühen zwanzigsten Jahrhunderts aus gesehen wäre dies eine *second wave* der feministischen Entwicklung. In ihrer ungeheuren Wucht ist dies allerdings sicher die erste 'Welle', die die westliche Welt jemals in dieser Weise getroffen hat, weshalb die Bewegungen dieser Zeit auch manchmal als *first wave feminism* bezeichnet werden. Aus Gründen der historischen Fairneß folge ich allerdings der Tradition, die hier die 'zweite Welle' sieht.

Ab den 1980er Jahren etablieren sich die von Foucault, der Dekonstruktion, der postmodernen Psychologie nach Jacques Lacan und der postkolonialen und 'schwarzen' Kritik beeinflußten Richtungen der Gender Studies, weshalb diese Phase gerne als *second* bzw. *third wave feminism* bezeichnet wird, abhängig davon, wo man die erste 'Welle' angesiedelt hat. Teilweise etabliert sich auch der Gedanke, daß diese neueren Entwicklungen *post-feminist* sind, eine Formulierung, die allerdings mit Vorsicht zu genießen ist, da sie einerseits suggeriert, daß der Feminismus sein Ziel erreicht hat (oder endgültig zerstreut wurde), andererseits aber auch eine scharfe Trennung zwischen den Phasen nahegelegt wird. Tatsächlich muß man aber sagen, daß die verschiedenen Phasen sich überschneiden, Fragestellungen fallengelassen, wieder aufgenommen, weiterdiskutiert werden. Das ist nirgendwo offensichtlicher als im Bereich der Kanondiskussion. Da die *second wave* der 1970er Jahre Virginia Woolf als ihr Vorbild nahm und damit Woolfs unvollständiges Wissen über die Literatur von Frauen vor dem 19. Jahrhundert kopierte (und nicht etwa MacCarthys textreiche Studie, die viele Entdeckungen vorwegnimmt, die die feministische Literaturwissenschaft erst mühsam wieder erarbeiten mußte), setzt in den 80er Jahren eine zweite Welle der Kanonerschließung ein, die sich bewußt der Literatur vor 1800 zuwendet und überraschende Erkenntnisse über die Möglichkeiten des Schreibens von Frauen zutage bringt (Ezell 1993). Auch dieser Prozeß ist nicht abgeschlossen – und wahrscheinlich wird er das auch nie sein, weil jede Generation mit neuen Erwartungen und anderen Befindlichkeiten weitere Texte 'heben' wird, während inzwischen kanonisierte wieder in die Kritik geraten können.

4. Unser liebster Körperteil

Die Wandlungen der Anliegen der verschiedenen Gender Studies kann man gut nachvollziehen, wenn man sich deren immer wiederkehrende Auseinandersetzung mit dem geradezu greifbaren Garanten der phallozentrischen Ordnung ansieht. In Milletts Passage zur Anbetung des Phallus haben wir bereits ein typisches Beispiel der *second wave* gesehen: Hier wird mit den Mitteln der ironischen Hinterfragung Lawrences Menschenbild als ein inhärent phallisches entlarvt, das die Frau einem

Erziehungsprozeß unterwirft, der durch die Inszenierung des weiblichen (und männlichen) Blicks auf das "holy of holies" die Fleischwerdung einer phallischen Ordnung zementiert. Millett akzeptiert diese Heiligung des Phallus jedoch eindeutig nicht, sondern sieht hier eine bewußte und nicht allzu stabile Mystifizierung, die zwar die Unterstützung der Tradition und des religiösen Bilderfundus für sich nutzen kann, aber dadurch nicht wirklich legitimiert wird. Man muß nur das Spiel durchschauen und sich widersetzen, um ihm zu entkommen.

Während andere Vertreterinnen der *second wave* nicht notwendigerweise Milletts satirische Wut teilen, entspricht die Annahme, daß man sich der symbolischen Ordnung durch Einsicht in ihre Mechanismen entziehen kann, durchaus dem emanzipatorischen Anliegen dieser Schule. Im Vergleich hierzu können die späteren Ausführungen aus der Schule der Gender Studies und *queer studies* wesentlich weniger optimistisch wirken, da sie den Systemcharakter der symbolischen Ordnung – und damit auch ihre definitorische Macht – zum Untersuchungsgegenstand haben. Im folgenden Ausschnitt aus einer einflußreichen Studie von Judith Butler wird zwar der Konstruktcharakter der phallischen Ordnung ebenfalls deutlich, doch kann es sich nun nicht mehr um einfach zu hintergehende Mystifizierungen handeln.

> The phallus functions as a synecdoche, for insofar as it is a figure of the penis, it constitutes an idealization and isolation of a body part and, further, the investment of that part with the force of symbolic law. If bodies are differentiated according to the symbolic positions that they occupy, and those symbolic positions consist in either having or being the phallus, bodies are thus differentiated and sustained in their differentiation by being subjected to the Law of the Father which dictates the 'being' and 'having' positions; men become men by approximating the 'having of the phallus,' which is to say they are compelled to approximate a 'position' which is itself the result of a synecdochal collapse of masculinity into its 'part' and a corollary idealization of that synecdoche as the governing symbol of the symbolic order. According to the symbolic, then, the assumption of sex takes place through an approximation of this synechdochal reduction. This is the means by which a body assumes sexed integrity as masculine or feminine: the sexed integrity of the body is paradoxically achieved through an identification with its reduction into idealized synechdoche [...] The body which fails to submit to the law or occupies that law in a mode contrary to its dictate, thus loses its sure footing – its cultural gravity – in the symbolic and reappears in its imaginary tenuousness, its fictional direction. Such bodies contest the norms that govern the intelligibility of sex. (Butler 1993: 139)

Bei Butler scheint das System praktisch ohne menschliche Bemühungen auszukommen: "the phallus functions," "bodies are differentiated", "positions consist in", das Gesetz des Vaters 'diktiert', während die Menschen gezwungen sind,

Männer und Frauen zu werden nach seinen Regeln. Das Geschlecht wird also 'angenommen' durch einen Internalisierungsvorgang, und diejenigen, die diese Anpassungsleistung nicht erfüllen können oder wollen, begeben sich in ein gefährliches Niemandsland. Im Vergleich zu Millett ist dies ein Wirklichkeitsentwurf, der für eine Befreiungsideologie wenig Raum zu lassen scheint. Im Austausch dafür ist es nun allerdings möglich, sowohl die Position von Männern als auch von Frauen als prekäres und, was die Kosten der Anpassung betrifft, teures Konstrukt zu begreifen. Was bei Lawrence als Ursprung der männlichen Ermächtigung gefeiert wird, erscheint nun als potentiell identitätsgefährdende Disziplinierung. Und während der Weg aus dieser Zwangssituation hinaus nicht mehr eine einfache Abwendung von 'falschen' ideologischen Inhalten sein kann, besteht doch die Möglichkeit, das System selbst in seinen Kernannahmen zu analysieren und zumindest punktuell zu unterwandern.

Butlers Darstellung des phallozentrischen Systems teilt mit Milletts die Annahme, daß die ungeheuerliche Macht des Phallus direkt oder indirekt anerkannt wird – und damit akzeptiert wird, daß ein ganzes ideologisches Gebäude auf einer einzigen symbolischen Einschreibung annähernd stabil ruhen kann. Demgegenüber versucht Eve Kosofsky Sedgwick, die sich noch deutlicher als Butler den *queer studies* verpflichtet hat, das Gebäude der Binarismen als riesige Struktur verschiedenster, in sich selbst fast willkürlicher Bedeutungseinschreibungen zu verstehen. Die einfache Opposition Phallus vs. Ohne-Phallus ist hier keine Option mehr. Statt dessen macht sie die offensichtliche Beschränktheit (in jedem Wortsinn) dieser Ordnungsmechanismen deutlich:

It is astonishing how few respectable conceptual tools we have for dealing with this self-evident fact [i.e. that people are different from each other; I.H.D.]. A tiny number of inconceivably coarse axes of categorization have been painstakingly inscribed in current critical and political thought: gender, race, class, nationality, sexual orientation are pretty much the available distinctions. [...] But the sister or brother, the best friend, the classmate, the parent, the child, the lover, the ex- [...] not to mention the strange relations of our work, play, and activism, prove that even people who share all or most of our own positionings along these crude axes may be still different enough from us, and from each other, to seem like all but a different species. [...] In the particular area of sexuality, for instance, I assume that most of us know the following things that can differentiate even people of identical gender, race, nationality, class, and 'sexual orientation' [...] Even identical genital acts mean very different things to different people. To some people, the nimbus of 'the sexual' seems scarcely to extend beyond the boundaries of discrete genital acts; to others, it enfolds them loosely or floats virtually free of them. [...] For some people, the preference for a certain sexual object, act, role, zone, or scenario is so immemorial and durable that it can only be experienced as innate; for others, it appears to come late or to feel aleatory or discretionary. [...] Some people, homo-, hetero-, and bisexual, experience their sexuality as deeply embedded in a matrix of gender meanings and gender differentials. Others of each sexuality do not. (Sedgwick 1990: 22-26)

5. Fallbeispiel

Was also ist das Feld, was sind die Methoden der geschlechtsorientierten Literaturwissenschaft? Ich denke, es ist klar geworden, daß dies keine vereinheitlichte 'Theorie' ist, die sich auf einen Ursprungsansatz zurückführen oder reduzieren läßt. Vielmehr ist es sinnvoll, die Gender Studies als Feld von ideologiekritischen Auseinandersetzungen zu verstehen, die nur in einem vereint sind: ihrer Annahme, daß die Kategorien 'Geschlecht' und (seit kurzem) 'sexuelle Orientierung' zentrale Ordnungsbegriffe sind, durch die gesellschaftliche Hierarchien erschaffen, bestätigt, gerechtfertigt und zementiert werden. Bei der Analyse dieser Gegebenheiten bedienen sich die Gender Studies durchaus einer Reihe von verschiedenen Theorien: Psychoanalyse, Rezeptionstheorie, Dekonstruktion, (post-)marxistische Gesellschaftstheorien, Soziologie – sie alle können in die Gender Studies einfließen. In der Literaturwissenschaft geht es primär darum, die Positioniertheit des literarischen Sprechens und seiner Wirklichkeitsentwürfe mitzulesen und zum Zentrum der Analyse zu machen. Wie dies konkret aussehen kann, soll im folgenden dargelegt werden. Ich werde mich hierbei an einen exemplarischen Aufsatz von Isobel Armstrong halten, der sowohl die Fragestellungen der theoriegestützten feministischen Analyse als auch die persönliche Entwicklung der Wissenschaftlerin als erlebte Geschichte der sich entwickelnden Gender Studies thematisiert.

Armstrong beginnt ihren Aufsatz "Christina Rossetti – Diary of a Feminist Reading" (1996) mit einem Schlüsselerlebnis. Als Neunjährige hatte sie auf das Kindergedicht "Who Has Seen the Wind?" von Christina Rossetti eine spontane Erleuchtung, daß dies "'real' poetry" sei: "That's it." (ebd.: 158) Während des Studiums in den frühen 1960er Jahren setzt allerdings ein Prozeß des Vergessens ein, den sie auf die mächtigen Ausschlußmechanismen der akademischen Werteinschreibung zurückführt: "no single poem by Christina Rossetti was put before us for close reading. No essays were set on her work. [...] It was as if she and real poetry had never been." Und weiter: "I had forgotten Christina Rossetti so thoroughly that I asked a graduate student once why he was interested in editing the work of a minor poet." (160) Man sieht also, daß für die Wissenschaftlerinnen dieser Generation eine erhebliche Anstrengung notwendig war, um sich von den erlernten und zunächst als selbstverständlich angenommenen frauendiskriminierenden Traditionen der Literaturwissenschaft zu befreien. Anhand des Gedichts "Winter Rain" (1862) von Christina Rossetti erstellt Armstrong dann ihr 'Tagebuch einer feministischen Lektüre', das das behutsame Einlesen von 'Theorie' in einen literarischen Text demonstriert.

Winter Rain

Every valley drinks,
Every dell and hollow:
Where the kind rain sinks and sinks,
Green of Spring will follow.

Yet a lapse of weeks
Buds will burst their edges,
Strip their wool-coats, glue-coats, streaks,
In the woods and hedges;

Weave a bower of love
For birds to meet each other,
Weave a canopy above
Nest and egg and mother.

But for fattening rain
We should have no flowers,
Never a bud or leaf again
But for soaking showers;

Never a mated bird
In the rocking tree-tops,
Never indeed a flock or herd
To graze upon the lea-crops.

Lambs so woolly white,
Sheep the sun-bright leas on,
They could have no grass to bite
But for rain in season.

We should find no moss
In the shadiest places,
Find no waving meadow grass
Pied with broad-eyed daisies:

But miles of barren sand,
With never a son or daughter,
Nor lily on the land,
Or lily on the water.

Was also soll mit diesem Text geschehen in einer *gender*-orientierten Lektüre? Das Gedicht hat keinen offensichtlich 'weiblichen' Inhalt, wenn man darunter die Wiedergabe ausschließlich weiblicher Lebenserfahrungen versteht. Und dennoch: Armstrong diagnostiziert schnell eine auffällige und verstörende Ambivalenz. Denn während der Text die Freuden des Frühlings, das Erwachen des Lebens und die Mysterien der Fortpflanzung mit den Mitteln der pastoralen Tradition zu feiern scheint, definiert sich dieser Zustand des Überflusses und der generativen Kraft der Natur ab der dritten Strophe als rigorose Abfolge von Negativen. Es handelt sich also um eine Fülle, die durch ihre potentielle Abwesenheit, ihren Mangel definiert wird: "But for fattening rain [...] no flowers, Never [...] Never [...] Never [...] no moss [...] no meadows [...] never a son or daughter [...] Not a lily [...]". Armstrong sieht in dieser simultanen Bestätigung und Abkehr eine für Rossetti typische Geste, die auch im Zusammenhang mit ihrer prekären Stellung innerhalb einer männlichen literarischen Tradition zu sehen ist: "One meets this simultaneous sharing and not sharing in Christina Rossetti's poetry constantly. It is a scrupulous way of marking community with and dissociation from the pastoral tradition which is after all a male preserve." (167) Durch diese Haltung wird das scheinbar 'Natürliche' von natürlichen Prozessen in Frage gestellt, denn wenn ein einfaches 'wenn nicht' genügt, um die generative Kraft des Regens als ausgelöscht zu imaginieren, wenn immer die Möglichkeit besteht, daß ein natürlicher Prozeß *nicht* stattfindet, was ist dann der Status der scheinbar naturgegebenen Ordnung?

> If the teleological order and the 'natural' is being questioned, so implicitly is the cultural. If the 'natural' order which exists in interdependence with the teleological order turns out to be neither natural nor ordered, then a great deal has been said about the coercive force of accepted assumptions. (ebd.)

Armstrong sieht hier den ersten Punkt, an dem die 'Theorie' ansetzen könnte. Sie liest zunächst den formalisierten Auslöschungsprozeß, den das Gedicht an der Natur vornimmt, als Abbildung eines Zwangs: "The constant action of doubling, repetition, iteration and duplication seemed to me to create an intransigently restricting order." (ebd.) Sie schlägt vor, Julia Kristeva dafür heranzuziehen, die auf der Basis der psychoanalytischen Theorien Lacans das Begriffspaar des 'Semiotischen' und 'Symbolischen' geprägt hat (darunter versteht man einerseits die auf dem phallischen Gesetz des Vaters gegründete 'symbolische' Ordnung, andererseits all jene Bereiche, die dieser Ordnung entgegenwirken und der Mutter zugeordnet sind, das 'Semiotische'). Danach stünde "the subversive, semiotic freedom of 'fattening' rain" den "repressive abstract patterns of symbolic 'masculine' syntax and repetition" gegenüber (ebd.). Diese These wird von Armstrong allerdings verworfen, da sie nicht erklären kann, warum das System der syntaktischen Restriktionen zwar negiert, gleichzeitig aber auch in eine spielerische Affirmation zu münden scheint. Hier nun kommt Armstrong ihre frühere Arbeit mit der viktorianischen Poetologie zugute, bei der sie herausgearbeitet hatte, daß ein

Zusammenspiel von Aus-'druck' (unter der Kraft der nach außen strebenden Emotionen) und Repression (durch normative Zwänge) von vielen, auch männlichen, Dichtern der Zeit als Triebfeder für ihre Kreativität gesehen wird. Auf dieser – nunmehr ideengeschichtlichen – Basis kommt Armstrong zu dem Schluß, daß Rossetti im kühnen Spiel mit der Trennung zwischen der symbolischen restriktiven Ordnung und dem Gegendruck der außersymbolischen Trieb- und Lebenskraft einen Weg gefunden hat, beide sowohl zu bestätigen als auch zu hinterfragen (168).

Doch auch diese Lektüre ist für Armstrong nicht befriedigend, vor allem weil sich daraus flache, allzu konkrete Anwendungen ableiten ließen: Soll zum Beispiel der Regen, der eigentlich als befruchtendes Prinzip die Erde 'schwängert' und daher tendenziell 'männlich' konnotiert ist, aufgrund seiner fruchtbaren Unkontrollierbarkeit gleichzeitig 'weiblich' sein? Armstrong nimmt daher eine Perspektivenänderung vor und kann nun erkennen, daß das Gedicht nicht etwa die 'Wahrheit' über diese Vorgänge in Natur und Kultur wiedergibt, sondern im Gegenteil von einer bestimmten *Sicht* auf die Dinge handelt: "I began to understand that the poem was about, not denial, not the repressive withdrawal of the principle of fertility, but the logical consequences of *seeing* the world in terms of lack and negation." (170; Hervorhebung im Original) Die von Dekonstruktion und postmoderner Psychoanalyse getroffene Unterscheidung, nach der die repressive Ordnung 'männlich' ist und ein symbolisches System begründet, während das ausgeschlossene 'weibliche' Element sich einen Weg durch die Unterwelten des Unbewußten bahnen muß, kann jedoch auch bei dieser Interpretation nicht greifen. Daher wendet sich Armstrong einem Teil des Gedichtes zu, der bisher nicht beachtet wurde: der letzten Steigerung am Ende, die eine Welt des "barren sand, with never a son or daughter" entwirft und in der auffälligen Unterbrechung der Spiegelung einer höchst symbolischen Pflanze, der Lilie, gipfelt.

> The mirror image of the lily on land, the lily on the water, is not an image of anything because the lily is only phantasmally conjured by its absence. There is a consummate shift of the male Narcissus myth here. Lilies grow on land and in water: they are also reflected in water. But here the absent lily faces the absent, illusory lily. The mirror is a mirror without a reflection. (171)

Und hier läßt sich plötzlich doch eine vielversprechende Tür aufmachen zur Theorie, denn "'The woman does not exist', Lacan said. It follows that nothing cannot be reflected and find an identity. [...] But it also follows [...] that the virginity of which the lily is a symbol may also be an illusory thing. It may cease to exist and cease to be necessary in another alternative order" (ebd.). Von hier aus folgt Armstrong einer komplizierten Lacanianischen Logik, die allerdings Lacan am Ende außer Kraft setzt. Das verbietende und definierende 'Nein' ist nach Lacan das 'non'/'nom' des Vaters und wäre damit eine dominante Komponente der symbolischen Ordnung. Rossetti allerdings definiert dieses 'Nein' um zur Erschaffung einer alternativen, hypothetischen Welt, denn schließlich wissen wir ja, daß Regen (zumindest in England) immer fallen wird, wenn auch manchmal viel-leicht nicht "in season". Das heißt also, wenn das 'non' des Vaters eine Sprache konstruiert, die definitorische Kraft hat, dann wird hier diese Sprache selbst subversiv umfunktioniert, allerdings zu einem erheblichen Preis: "It must be possible to construct another order of language through language even at the cost, or gain, of seeing all orders as constructs." (ebd.)

Wie nun verhält sich diese hinterhältige Aneignung der Macht der Negierung zur offensichtlich auch zur Schau gestellten generativen (und außersprachlichen) Kraft der lebendigen Natur? Oder anders gefragt: Was ist der Stellenwert der Natur im Gegensatz zum (nunmehr umfunktionierten) 'Nein' der Sprache? Ist es die unveränderliche (und daher in ihrer eigenen Weise auch beschränkende) Realität des "bower of love", wo die Vögel sich paaren und die Knospen aus ihren Hüllen bersten? Wenn ja, ist dies eine erstrebenswerte und attraktive Welt der pastoralen Harmonie, in der jedes Ding, "nest and egg and mother", seinen für immer festen Platz hat? Warum dann das 'Nein'? Armstrongs Lösung ist der Rückgriff auf Jacques Derrida, für den die 'Frau' eine im wesentlichen strukturelle Funktion ist, die gerade in der Negierung der dominanten Oppositionen besteht: "The poem seems to perform structurally what Derrida calls the 'operation' of the woman, or the idea of woman. The idea of woman is a function, not a content and disrupts because it suspends 'decidable oppositions', as this poem does." (172) Rossettis Leistung besteht nun in der Klarheit, mit der sie diese Position realisieren und den Preis benennen kann, der in den theoretischen Diskussionen der Philosophen ausgespart bleibt.

Ich denke, so weit kann man Armstrongs Analyse folgen; und man kann auch sehen, daß sie mit den herkömmlichen Methoden der Literaturbetrachtung ohne den Einfluß der 'Theorie' nicht an diesen Punkt hätte kommen können. Allerdings bin ich nicht überzeugt, daß alle Möglichkeiten in Betracht gezogen werden, mit denen die beschriebenen Operationen des Gedichts gelesen werden können. Armstrongs Lektüre nimmt in ihrer Anlehnung an Lacans 'non' an, daß eine Negierung nicht positiv, kreativ sein kann, sondern immer nur Restriktion bedeutet, auch wenn sie erkannt hat, daß Rossetti diese Restriktion umfunktioniert hat. Die sprachliche Auslöschung der pastoralen Natur und ihrer Gesetze durch ein radikales "never" ist aber mehr als eine seltsam unmotivierte Infragestellung dessen, was das Gedicht weiterhin als wünschenswert erachtet. Man muß vielmehr den Gedanken zulassen, daß das Gedicht genau dort ankommt, wo es hinzielt: an einem Ort, an dem Söhne und Töchter – nicht: Jungen und Mädchen – aus ihrer Einbindung in die patriarchalen Machtzusammenhänge befreit sind, selbst um den Preis der eigenen Auslöschung; an einem Ort, an dem die Blume der Keuschheit, jener Grundanforderung, durch die das Patriarchat die Erbfolge und den Frauentausch – und damit sich selbst – sichert (Rubin [1997] 1975), nunmehr von nichts reflektiert wird. Was auf dem Spiel steht, ist also nicht nur die Hypothese eines umfunktionierten 'non', sondern eine radikale und affirmative Weltabwendung, die die Zerstörung der sozialen Ordnung entwerfen will, dies aber nur als Negierung von *allem* imaginieren kann. Die ans Poesiealbum erinnernde Vision der viktorianisch-weiblichen Häuslichkeit im Tierreich, im "bower of love" mit "nest and egg and mother", läßt jedenfalls für die Möglichkeit einer radikal anderen Ordnung in der Natur nur wenig Hoffnung aufkommen. Wir müssen also akzeptieren, daß Rossetti eventuell tatsächlich durch den Kunstgriff der Negativkonstruktion ein Ende der Welt – Natur *und* Kultur – imaginieren wollte. Daß das Gedicht keine andere Alternative für die Zerstörung der Institution der "sons and daughters" denkbar erscheinen läßt, wäre dann ein Symptom der alles umfassenden Macht der symbolischen Ordnung, die durch die Sprache alles, auch die Welt der Tiere und Pflanzen, ihren Sinngebungsmustern unterordnen kann.

Erfahrungsgemäß ist eine derart kompromißlose Abkehr von der Welt eine Position, die von Lesern und Leserinnen nur schwer akzeptiert werden kann, denn schließlich wollen wir ja annehmen, daß unser Leben etwas wert ist, daß der Frühling schön und zumindest in der Natur die Welt in Ordnung ist. Letztendlich würde Rossettis Gedicht auch uns und das, woran wir glauben in seinem unversöhnlichen "never [...] never [...] never" auslöschen. Wie also ist so eine in letzter Konsequenz lebensfeindliche Haltung zu verstehen? Armstrong selbst gibt hier den Anstoß, wenn sie kurz andeutet, daß all dies eine Bedeutung für Rossettis religiöse Lyrik haben müßte (1996: 172). Bedenkt man nun, daß der Satz "vanity of vanities, all is vanity" (Eccl. 1: 1) bei weitem das von Rossetti am meisten bevorzugte Zitat aus der Bibel ist, das sie immer neu gewendet einzusetzen versteht, dann wird deutlich, daß hier eine stark apokalyptische Imagination am Werk ist. Während die Vorstellung vom Ende der Welt sinnlos erscheinen mag außerhalb der religiösen Verheißung, wird sie zum Fixpunkt einer Spiritualität, die sich vom Ende der Dinge her definiert, einem Ende, das als Erlösung und Einlösung eines Versprechens erscheint. Nun verbinden sich mit der Erwartung der Apokalypse bei verschiedenen Autoren immer auch verschiedene Hoffnungen: Für Rossetti ist es der Punkt, an dem in der Tat eine völlig neue Ordnung herrschen wird, ein Zustand, innerhalb dessen weder das Werden und Vergehen der Natur noch die Ordnungshierarchien der Gesellschaft einen Platz haben werden. "Winter Rain" konkretisiert diesen erhofften Zustand nicht, sondern begnügt sich damit, als hypothetische Struktur die Apokalypse quasi vorzuempfinden in einem Entwurf, bei dem die Welt nicht in einer Flut, sondern in einer Dürre untergeht. Und während der Text zwar anerkennt, was damit verloren geht, so muß man doch davon ausgehen, daß für diese Autorin eine Realität ohne "lily on the land, or lily on the water" etwas ist, das man herbeisehnen möchte.

6. Schluß: Jede(r) ihr/sein eigene(r) Gender Critic?

Bis heute wird es von manchen immer noch als möglich erachtet, Literaturge-schichtsschreibung unter fast völligem Ausschluß des Beitrags weiblicher Autoren zu betreiben.[9] Man kann also keineswegs sagen, daß sogar die Ziele des *first wave feminism* in der Literaturwissenschaft erreicht wären. Allerdings, und das ist die Leistung der Wissenschaftlerinnen und Wissenschaftler der letzten 30 Jahre, stehen uns heute Texte von Frauen zur Verfügung in einer Fülle, die um die Mitte des 20. Jahrhunderts kaum jemand hätte vorhersehen können. Es gibt also keinen Grund – und keine Entschuldigung – mehr für einen ausschließlich männlichen Blick auf die Literatur (obwohl er noch oft genug praktiziert wird). Auch die Frage der sexuellen Orientierungen ist inzwischen so aufgearbeitet, daß ein rein heteronormatives Studium der Literatur nicht mehr zu vertreten ist. Darüber hin-aus kann man sich kaum einen Zusammenhang vorstellen, innerhalb dessen An-nahmen zum Geschlecht in der Literatur *keine* Rolle spielen würden. Die Welt sieht je nach Standpunkt verschieden aus. Aus diesem Grund muß ein gewisses Mindestmaß an geschlechtssensitiver Analyse geleistet werden, nicht etwa aus irgendeinem Gefühl der 'Gerechtigkeit' heraus, sondern weil unsere Einschät-zungen der Werke, die wir lesen und der Zusammenhänge, in denen sie stehen, sonst notwendigerweise unvollständig sein müssen. Dies wäre gewissermaßen die 'schwache' Variante der geschlechtsorientierten Wissenschaft und bis hierher, denke ich, sind wir alle gehalten, Gender Critics zu sein oder zu werden.

Allerdings ist das nicht immer einfach, und hier liegt ein Problem der Gender Studies. Wie analysiert man schließlich ein System von innen, ohne selbst davon beeinflußt zu sein? Welche ideologischen Annahmen tragen wir selbst in die Texte hinein und inwiefern können wir uns mit den Modellen und Lösungen anderer in respektvoller und fairer Weise befassen, wenn an diesen Fragen so viel hängt, nicht zuletzt auch unsere eigenen Identitäten? Wie kann man den eigenen blinden Flecken unter diesen Umständen entgegenwirken? Die Gender Studies sind keine Disziplin, von der man vorgeben kann, daß man sich ihr in göttlicher Indifferenz nähert. Wir erinnern uns: Ein unpositioniertes Sprechen kann es hier nicht geben, auch nicht von seiten der Wissenschaft. Es besteht also die Gefahr, daß zu schnell geurteilt wird, daß sich ein gewisser Wertungsautomatismus ein-schleicht, daß Autoren für Ansichten, die aus einer spezifischen Sicht wenig ge-winnbringend oder gar anstößig erscheinen, gestraft werden und sei es auch nur durch Nichtbeachtung. Christina Rossettis sehr verspätete Wiederentdeckung in den letzten zehn Jahren kann als Beispiel dienen, konnten die Kritikerinnen der *second wave* doch mit dieser religiösen Nichtfeministin zunächst wenig anfangen. Toril Moi zeichnet in ihrer einflußreichen Einführung den Fall eines solchen

---

[9]   Zum Ausschluß weiblicher Autoren vgl. die Standardwerke von Fabian (1991), Gelfert (1997) und Seeber (1991); ein vielbeachteter Gegenentwurf ist Ina Schaberts *Englische Literaturge-schichte: Eine neue Darstellung aus der Sicht der Geschlechterforschung* (1997).

ideologischen Grabenkampfes nach, den Elaine Showalter und Marcia Holly und nicht zuletzt Moi selbst über die Frage führen, was Virginia Woolf schreiben durfte, hätte schreiben sollen, oder sich besser verkniffen hätte (Moi 1995 [1985]: 1-18). Wenn man dann bedenkt, daß an diesen Fragen ganze Identitätsentwürfe hängen können, wird die Tragweite der Interventionen deutlich, mit denen wir auf die Literatur einwirken und umgekehrt. Ein sicheres Mittel zur Vermeidung von Fehleinschätzungen, vorschnellen Urteilen oder wenig differenzierten Formen der *political correctness* gibt es nicht und kann es angesichts der Tatsache, daß man kaum entkommen kann, *ohne* Stellung zu beziehen, nicht geben. Aber man kann sich daran erinnern, daß die Texte, mit denen wir es zu tun haben, von uns einen gewissen Initialrespekt erwarten können. Das heißt auch, daß zumindest der Versuch unternommen werden sollte, ihnen nach bestem Wissen und Gewissen gerecht zu werden.

Nun ist die 'schwache' Variante der geschlechtsorientierten Wissenschaft, von der man erwarten kann, daß wir alle uns um sie bemühen, keineswegs eine notwendig feministische, auch keine Version der Gender Studies oder *queer studies*. Diese könnte man als 'starke' Varianten bezeichnen, denn sie verfolgen deutlich politische, wenn auch unterschiedliche, Ziele. Es geht hier zunächst um eine historisch tiefe und dichte, theoretisch fundierte Definition und Analyse der Kategorie Geschlecht und all ihrer Unterordnungen, welche Geschichten durch sie erzählt werden, welche Stimmen sie ermöglicht oder verhindert, welche Arbeit sie verrichtet, wie sie Hierarchien bestimmt, mit welchen Mitteln diese unterlaufen werden können, welcher Druck auf sie ausgeübt werden kann. In seiner utopischen Variante geschieht dies mit dem ultimativen Ziel, diesen mächtigen Mechanismus der Asymmetrierung der Menschheit auszuschalten. Ich würde mir eine Welt wünschen, in der das Geschlecht und die sexuelle Orientierung ihren Zeichencharakter verlieren, in der ein neues Menschenkind geboren werden kann und die Frage irrelevant wäre, welche körperlichen Merkmale es hat jenseits dessen, was die Mutter- und Vaterliebe sofort als einmalig und dem eigenen Kind zugehörig identifiziert. Sphärenmusik? Vielleicht. Vielleicht kann man ja aber auf den Ort zuarbeiten, an dem Rossettis 'no lily on the land, or lily on the water' diesseits der Apokalypse denkbar und lebbar wird.

Bibliographie

1. Zitierte Literatur

Armstrong, Isobel. 1996. "Christina Rossetti: Diary of a Feminist Reading." In: Cosslett, Tess (Hg.). *Victorian Women Poets*. London: Longman.
Beauvoir, Simone de. 1965 [1949]. *Le deuxième sexe*. 2 Bde. Paris: Gallimard.
Bolt, Christine. 1993. *The Women's Movement in the US and Britain from the 1790s to the 1920s*. New York, London: Harvester Wheatsheaf.

Braun, Christina von, Inge Stephan (Hg.). 2000. *Gender Studien: Eine Einführung*. Stutt-gart: Metzler.

Bußmann, Hadumod, Renate Hof (Hg.). *1997. Genus: Zur Geschlechterdifferenz in den Kulturwissenschaften*. Stuttgart: Kröner.

Butler, Judith. 1990. *Gender Trouble: Feminism and the Subversion of Identity*. New York, London: Routledge.

—. 1993. *Bodies That Matter: On the Discursive Limits of 'Sex'*. New York: Routledge.

Caine, Barbara. 1997. *English Feminism, 1788-1980*. Oxford: Oxford University Press.

Cixous, Hélène. 1994. *The Hélène Cixous Reader*. Hg. Susan Sellers. New York: Rout-ledge.

Collins, Patricia Hill. 1990. *Black Feminist Thought: Knowledges, Consciousness and the Politics of Empowerment*. Boston: Unwin Hyman.

Derrida, Jacques. 1979. *Spurs – Nietzsche's Styles. Éperons – Les Styles de Nietzsche*. Chicago: University of Chicago Press.

Eagleton, Terry. 1983. *Literary Theory: An Introduction*. Minneapolis: University of Minnesota Press.

Ezell, Margaret J. 1993. *Writing Women's Literary History*. Baltimore: Johns Hopkins University Press.

Fabian, Bernhard (Hg.). 1991. *Die Englische Literatur*. 2 Bde. München: dtv.

Fish, Stanley. 1980. *Is There a Text in this Class? The Authority of Interpretive Communi-ties*. Cambridge/MA: Harvard University Press.

Gelfert, Hans-Dieter. 1997. *Kleine Geschichte der englischen Literatur*. München: Beck.

Gilbert, Sandra, Susan Gubar. 1984 [1979]. *The Madwoman in the Attic: The Woman Writer and the Nineteenth-Century Literary Imagination*. New Haven, London: Yale University Press.

Hof, Renate. 1995. *Die Grammatik der Geschlechter*: Gender *als Analysekategorie der Literaturwissenschaft*. Frankfurt, New York: Campus.

hooks, bell. 1981. *Ain't I a Woman: Black Women and Feminism*. Boston: South End Press.

Hull, Gloria T., Patricia Bell Scott, Barbara Smith (Hg.). 1982. *All the Women are White, All the Men are Black, but Some of Us are Brave: Black Women's Studies*. New York: Feminist Press.

Humm, Maggie. 1995 [1989]. *The Dictionary of Feminist Theory*. New York: Prentice Hall.

Hutcheon, Linda. 1989. *The Politics of Postmodernism*. London: Routledge.

Irigaray. Luce. 1985. *Speculum of the Other Woman*. Ithaca: Cornell University Press.

Jardine, Alice A. (Hg.). 1989. *Men in Feminism*. New York: Routledge.

Lawrence, D.H. 1997 [1928]. *Lady Chatterley's Lover*. London: Penguin.

Laqueur, Thomas. 1990. *Making Sex: Body and Gender from the Greeks to Freud*. Cam-bridge/MA, London: Harvard University Press.

Levine, Philippa. 1994. *Victorian Feminism 1850-1900*. Gainsville: University Press of Florida.

MacCarthy, Bridget G. 1994 [1944-47]. *The Female Pen: Women Writers and Novelists, 1621-1818*. Cork: Cork University Press.

Millett, Kate. 1978 [1970]. *Sexual Politics*. New York: Ballantine.

Moers, Ellen. 1978 [1976]. *Literary Women: The Great Writers*. London: Women's Press.

Moi, Toril. 1995 [1985] *Sexual Textual Politics: Feminist Literary Theory*. London, New York: Routledge.

Nicholson, Linda (Hg.). 1997. *The Second Wave: A Reader in Feminist Theory*. New York: Routledge.

Rendall, Jane. 1985. *The Origins of Modern Feminism: Women in Britain, Fance and The United States, 1780-1860*. Basingstoke: Macmillan.

Rossetti, Christina. 2001 [1862]. "Winter Rain." In: dies. *The Complete Poems*. Hg. R.W. Crump. London: Penguin. 24f.

Rubin, Gayle. 1997 [1975]. "The Traffic in Women." In: Nicholson (Hg.). *The Second Wave*. 27-62.

Schabert, Ina. 1997. *Englische Literaturgeschichte: Eine neue Darstellung aus der Sicht der Geschlechterforschung*. Stuttgart: Kröner.

Sedgwick, Eve Kosofsky. 1990. *Epistemology of the Closet*. Berkeley: University of California Press.

Seeber, Hans Ulrich (Hg.). 1991. *Englische Literaturgeschichte*. Stuttgart: Metzler.

Showalter, Elaine. 1995 [1977]. *A Literature of Their Own: British Women Novelists from Brontë to Lessing*. London: Virago.

Spender, Dale. 1986. *Mothers of the Novel: 100 Good Women Writers before Jane Austen*. London: Pandora.

Warner, Sylvia Townsend. 1982 [1959]. "Women as Writers." In: dies. *Collected Poems*. Hg. Claire Harman. Manchester: Carcanet New Press. 265-277.

Woolf, Virginia. 1984 [1929]. *A Room of One's Own*. London: Granada.

Würzbach, Natascha. 1998. "Einführung in die Theorie und Praxis der feministisch orientierten Literaturwissenschaft." In: Nünning, Ansgar (Hg.). *Literaturwissenschaftliche Theorien, Modelle und Methoden: Eine Einführung*. Trier: WVT. 137-152.

2. Auswahlbibliographie zum Einstieg (s. dazu auch Abschnitt 1)

2.1 Einführungen und Textsammlungen

Belsey, Catherine, Jane Moore (Hg.). 1989. *The Feminist Reader: Essays in Gender and the Politics of Literary Criticism*. Basingstoke: Macmillan.

Bristow, Joseph. 1997. *Sexuality*. London, New York: Routledge.

Donovan, Josephine (Hg.). 1989. *Feminist Literary Criticism: Explorations in Theory*. Lexington: University Press of Kentucky.

Eagleton, Mary (Hg.). 1986. *Feminist Literary Theory: A Reader*. Oxford: Blackwell.

Glover, David, Cora Kaplan (Hg.). 2000. *Genders*. London: Routledge.

Goodman, Lizbeth, Jane de Gay (Hg.). 1998. *The Routledge Reader in Gender and Performance*. London: Routledge.

Greene, Gayle (Hg.). 1993. *Changing Subjects: The Making of Feminist Literary Criticism*. London: Routledge.

Humm, Maggie (Hg.). 1992. *Feminisms: A Reader*. New York: Harvester Wheatsheaf.

—. 1994. *A Reader's Guide to Contemporary Feminist Literary Criticism*. New York: Harvester Wheatsheaf.

Kemp, Sandra, Judith Squires (Hg.). 1997. *Feminisms*. Oxford: Oxford University Press.

Schneir, Miriam (Hg.). 1972. *Feminism: The Essential Historical Writings*. New York: Random House.

Warhol, Robyn R. (Hg.). 1991. *Feminisms: An Anthology of Literary Theory and Criticism*. New Brunswick: Rutgers University Press.

2.2 Gender und verschiedene kritische Disziplinen/Schulen

Austin, Gayle. 1990. *Feminist Theories for Dramatic Criticism*. Ann Arbor: University of Michigan Press.

Cameron, Deborah (Hg.). 1990. *The Feminist Critique of Language: A Reader*. London: Routledge.

Chodorow, Nancy J. 1994. *Femininities, Masculinities, Sexualities: Freud and Beyond*. Lexington: University Press of Kentucky.

Coates, Jennifer (Hg.). 1998. *Language and Gender: A Reader*. Oxford: Blackwell.

DeLauretis, Teresa. 1987. *Technologies of Gender: Essays on Theory, Film, and Fiction*. Bloomington: Indiana University Press.

Donaldson, Laura E. 1992. *Decolonizing Feminisms: Race, Gender & Empire-Building*. Chapel Hill: University of North Carolina Press.

Elam, Diane. 1994. *Feminism and Deconstruction: Ms. En Abyme*. London: Routledge.

Franklin, Sarah, Celia Lury, Jackie Stacey (Hg.). 1991. *Off-centre: Feminism and Cultural Studies*. London: HarperCollins Academic.

Hansen, Karen V. (Hg.). 1990. *Women, Class, and the Feminist Imagination: A Socialist-Feminist Reader*. Philadelphia: Temple University Press.

Humm, Maggie (Hg.). 1997. *Feminism and Film*. Bloomington: Indiana University Press.

Minsky, Rosalind. 1996. *Psychoanalysis and Gender: An Introductory Reader*. London: Routledge.

Moi, Toril (Hg.). 1987. *French Feminist Thought*. Oxford: Blackwell.

Pateman, Carole (Hg.). 1987. *Feminist Challenges: Social and Political Theory*. Boston: Northeastern University Press.

Price, Janet (Hg.). 1999. *Feminist Theory and the Body: A Reader*. Edinburgh: Edinburgh University Press.

Weixlmann, Joe (Hg.). 1988. *Black Feminist Criticism and Critical Theory*. Greenwood: Penkevill.

Wolmark, Jenny (Hg.). 1999. *Cybersexualities: A Reader on Feminist Theory, Cyborgs and Cyberspace*. Edinburgh: Edinburgh University Press.

2.3 Transgender/Queer/Gay/Lesbian

Abelove, Henry (Hg.). 1993. *The Lesbian and Gay Studies Reader*. New York: Routledge.

Beemyn, Brett, Mickey Eliason (Hg.). 1996. *Queer Studies: A Lesbian, Gay, Bisexual, & Transgender Anthology*. New York: New York University Press.

Bravmann, Scott. 1997. *Queer Fictions of the Past: History, Culture, and Difference*. Cambridge: Cambridge University Press.

Cleto, Fabio (Hg.). 1999. *Camp: Queer Aesthetics and the Performing Subject: A Reader*. Edinburgh: Edinburgh University Press.

Dyer, Richard. 1991. *Now You See It: Studies on Lesbian and Gay Film*. London: Routledge.

Murphy, Timothy (Hg.). 2000. *Reader's Guide to Lesbian and Gay Studies*. Chicago: Fitzroy Dearborn Publishers.

Sandfort, Theo (Hg.). 2000. *Lesbian and Gay Studies: An Introductory, Interdisciplinary Approach*. London: Sage.

Karen Rehberger und Gerhard Stilz

Postkoloniale Literaturtheorie

1. Einleitung: Postkolonialismus und Literatur

Der Kolonialismus war ein Prozeß, der im Laufe der letzten Jahrhunderte Einfluß auf eine Vielzahl unterschiedlichster Länder ausgeübt hat. So machten z.B. in den 1930er Jahren Kolonien und ehemalige Kolonien 84,6% der Erdoberfläche aus (Loomba 1998: xiii). Die Nachwirkungen des europäischen Kolonialismus (einschließlich des spanischen, französischen und englischen) weisen weltweit Ähnlichkeiten auf. Die Kolonialpolitik des Britischen Weltreichs hatte jedoch die größte Ausdehnung, zusammengesetzt aus einem Mosaik von Kolonien, Staaten und Territorien, und ist daher von exemplarisch vorrangiger Bedeutung für das Gefüge der modernen Welt.[1]

Mitte der 1960er Jahre änderte sich Großbritanniens Einfluß auf seine Kolonien maßgeblich. Obwohl Länder wie z.B. die USA, Kanada, Australien und Neuseeland schon früher politische Unabhängigkeit erlangten, markierte Indiens Unabhängigkeitserklärung von 1947 den Wendepunkt in Großbritanniens Kolonialpolitik. Geschwächt durch zwei Weltkriege war England außerstande, sein 'Imperium' aufrechtzuerhalten und den kontinuierlichen Unabhängigkeitsbestrebungen in den Kolonien entgegenzutreten, so daß bis Anfang der 1970er Jahre die meisten Kolonien zu unabhängigen Nationen wurden (vgl. Walder 1998: 39). Das Britische Weltreich wurde ersetzt durch das sogenannte 'Commonwealth of Nations'. Begründet durch das Commonwealth-Statut 1931 ist dies ein freiwilliger Zusammenschluß souveräner Staaten, die früher fast alle zu den britischen Kolonien zählten, den britischen Monarchen bzw. die Monarchin als Oberhaupt des Commonwealth anerkennen und sich jährlich treffen, um über politische und wirtschaftliche Fragen zu beraten.

Parallel zu den politischen Entwicklungen fand auch im Bereich der Literaturwissenschaft ein Umdenken statt. Während früher Literatur, die in englischer Sprache verfaßt war, automatisch dem Korpus der englischen Literatur zugeschrieben wurde, begannen Literaturwissenschaftler Anfang des 20. Jahrhunderts, zuerst die amerikanische Literatur, später dann auch die der ehemaligen Kolonien als eigene Entwicklungen zu betrachten. Seit den 1960er Jahren begann man, den

---

[1] Zur weiteren Erläuterung des Kolonialismus siehe Riemenschneider (1983), Eagleton/Jameson/Said (1990), Dirks (1992), Osterhammel (1995) und Reinhard (1996).

Begriff 'Commonwealth Literature' zu verwenden, um diejenige Literatur zu charakterisieren, die nicht nur während, sondern auch nach der Kolonialzeit in den britischen Kolonien veröffentlicht wurde. Trotz seiner schnellen Akzeptanz in akademischen Kreisen war die Ungenauigkeit, die der Terminus in sich barg, kaum zu übersehen. Das Konzept der 'Commonwealth-Literatur' nahm weder die literarischen Werke des 'Zentrums' England in die Betrachtung mit auf, geschweige denn die Literatur Irlands oder Schottlands, noch war der Begriff darauf angelegt, klare Unterschiede, Abgrenzungen und Kategorien innerhalb des vielschichtigen Textmaterials der Kolonien zu suchen. So blieben z. B. Fragen offen, in wie weit sich Australien von Kanada, Indien von Afrika, Trinidad von Neuseeland und viele der anderen Kolonien literarisch unterscheiden. Es ist daher nicht verwunderlich, daß der nach seiner Einführung (1989)[2] bald populär gewordene Begriff 'Postkoloniale Literatur' schnell den alten Fachterminus ersetzte. Der Ausdruck 'Postkolonialismus' unterstreicht den Kampf um Unabhängigkeit, den die ehemaligen Kolonien durchlaufen mußten, und legt ein besonderes Augenmerk auf das Verhältnis zwischen Zentrum und Peripherie: England wurde als Zentrum des Kolonialreiches verstanden, auf das alles Streben und Denken fokussiert war. Die Kolonien hingegen lieferten zwar einen wichtigen Teil von Englands wirtschaftlichen Ressourcen, politisch und auf sozialem Gebiet spielten sie jedoch eine untergeordnete Rolle.

Trotz der schnellen Durchsetzung des Begriffs 'Postkolonialismus' bezweifeln einige Kritiker die Notwendigkeit, diesen als eigenständiges literarisches Theoriekonzept zu akzeptieren, da er ihrer Meinung nach keine Unterschiede zum Postmodernismus aufweist. Sicherlich sind die Charaktereigenschaften, die beide Konzepte gemeinsam haben, offensichtlich. Dies bedeutet jedoch nicht zwangsläufig, daß die eine Theorie in die andere übergehen muß, solange es spezifische Unterscheidungsmerkmale zwischen beiden Theorien gibt.

The Empire Writes Back (Ashcroft/Griffiths/Tiffin 1989) war der erste Versuch, die gewaltige Menge an literarischen wie auch wissenschaftlichen Texten aus den unterschiedlichsten Kolonien bzw. ehemaligen Kolonien zusammenzufassen und zu kategorisieren, um eine Gesamtübersicht über den postkolonialen Diskurs geben zu können. So schafften es die Autoren, die Vielschichtigkeit der postkolonialen Literaturtheorie aufzuzeigen, die darauf beruht, daß das Untersuchungsgebiet ein multinationales Textkorpus umfaßt – ein Textkorpus, das unter Einfluß politischer Umwälzungen und individueller Erfahrungen des britischen Kolonialismus entstanden ist. Der Begriff des 'Postkolonialismus' bezieht sich daher nicht nur auf eine rein literaturtheoretische Problemlage, sondern er beschäftigt sich auf politischer Ebene mit der ideologiekritischen Haltung der ehemals kolonisierten Länder gegenüber Großbritannien. Hierbei geht es vor allem

---

[2]   Bill Ashcroft, Gareth Griffiths und Helen Tiffin legten 1989 mit *The Empire Writes Back: Theory and Practice in Post-Colonial Literature* das erste umfassende Werk zur postkolonialen Literatur vor (siehe Ashcroft/Griffiths/Tiffin 1989).

um die Frage nach der Identitätsfindung der ehemaligen Kolonien, sei es durch eine Rückkehr zu alten Traditionen, eine Übernahme von britischen Gewohnheiten oder eine Mischung aus beidem, also eine hybride Identität. Der Begriff Hybridität stellt ein Schlüsselkonzept in der Postkolonialismustheorie dar und wird im folgenden noch näher zu behandeln sein. Die spezifischen Merkmale der postkolonialen Literatur zeigen sich deutlich an einigen konkreten Beispielen, die hier exemplarisch der australischen Literatur entnommen sind (siehe Abschnitt 6).

2. Begriffsbestimmung

Der Einzug einer neuen Gesellschaft in einem eroberten Land führt zwangsläufig zu einer starken Veränderung der ursprünglichen Gesellschaft. Der Begriff 'Kolonisation' bezeichnet diese Form der Umgestaltung, die seit den Eroberungszügen der Spanier zu Beginn des 15. Jahrhunderts als notwendiger Schritt zur Verbreitung von Sitte und Moral gesehen wurde. Kolonialismus – so Elleke Boehmer – "involves the consolidation of imperial power, and is manifested in the settlement of territory, the exploitation or development of resources, and the attempt to govern the indigenous inhabitants of occupied lands" (Boehmer 1995: 2). Der Handel mit den Ureinwohnern ging häufig Hand in Hand mit deren Ausbeutung, Unterdrükkung und Versklavung. Obwohl die Kolonisation eines Landes oft auch durch den Deckmantel der christlichen Missionierung legitimiert wurde, war eines der Hauptziele die Bereicherung des sogenannten 'Mutterlandes' (*mother country*). Besonders in der Zeit des Viktorianismus, dem Höhepunkt des englischen Imperialismus, waren Adelige und Kaufleute, wie sie literarisch zum Beispiel durch Mr. Rochester in Charlotte Brontës Roman *Jane Eyre* (1847) repräsentiert werden, von ihren Plantagen in Übersee abhängig, um ihren luxuriösen Lebensstandard finanzieren zu können. Die kritische Beschäftigung mit den Phänomenen des Kolonialismus in der Literatur setzte allenthalben früh ein – sowohl bei den Kolonisatoren wie auch bei den Kolonisierten.

Bill Ashcroft, Gareth Griffiths und Helen Tiffin definieren den Begriff 'Postkolonialismus' in ihrem Buch *The Empire Writes Back* wie folgt:

> We use the term 'post-colonial' [...] to cover all the culture affected by the imperial process from the moment of colonization to the present day. This is because there is a continuity of preoccupations throughout the historical process initiated by European imperial aggression. (Ashcroft/Griffiths/Tiffin 1989: 2)

Diese Art der Definition birgt einige Probleme in sich. Der Begriff 'Postkolonialismus', so die Autoren, "should not be understood as everything that has happened *since* European colonialism, but rather everything that has happened from the very *beginning* of colonialism" (McClintock 1994 [1992]:293; Hervorhebung im

Original). Diese Definition bleibt deshalb vage, weil sie verschiedene koloniale und postkoloniale Diskurse nicht differenziert und auch keine Unterschiede zwischen den sehr ungleichen Machtgefügen in Siedlerkolonien, Eroberungskolonien und Verwaltungskolonien macht. Dieser Definition folgend beziehen Ashcroft, Griffiths und Tiffin auch US-amerikanische Autoren in ihre Untersuchung postkolonialer Literatur mit ein, gleichwertig mit den Autoren Indiens, Malaysias und Afrikas. Die USA sind jedoch schon relativ früh von einer Kolonie zu einer bedeutenden politischen Macht avanciert, die auch nach der Unabhängigkeit nicht frei war von gravierenden Formen interner Kolonisation, welche sich beispielsweise gegen die amerikanischen Ureinwohner, gegen Schwarze und andere Minoritäten wandte. Weil die USA überdies als neo-koloniale Macht in der sogenannten Dritten Welt auftraten, ist die US-amerikanische Literatur nur sehr bedingt in den postkolonialen Diskurs integrierbar. Aber selbst ohne Amerika bleibt das Problem bestehen, wie die verschiedenen Länder und Völker, die vom britischen Kolonialismus geprägt wurden, im Zeichen des 'Postkolonialismus' zu einem kohärenten Untersuchungsgegenstand zusammengefaßt werden können. Die Unterschiedlichkeiten innerhalb des postkolonialen Diskurses führen Anne McClintock zu der Frage:

> Political differences *between* cultures are thereby subordinated to their temporal distance *from* European colonialism. But 'post-colonialism' (like postmodernism) is unevenly developed globally. [...] Can most of the world's countries [then] be said [...] to share a single 'common past', or a single common 'condition', called 'the post-colonial condition', or 'post-coloniality'? (Mc Clintock 1994 [1992]: 294; Hervorhebung im Original)

Die Uneinheitlichkeit der 'postkolonialen' Länder basiert nicht nur auf den geographischen Differenzen, sondern auch auf der jeweiligen Form der Kolonisation. Während zum Beispiel den Afrikanern (mit der weiterhin zu spezifizierenden Ausnahme Südafrikas) zumeist die Rechte der politischen Selbstbestimmung, ihr Land und ihre eigene Sprache genommen wurden, haben die australischen Siedler – selber Teil einer Kolonie – die Ureinwohner Australiens unterdrückt.[3] Indem die 'White Australia Policy' bis 1972 Gültigkeit behielt, machte die australische Regierung deutlich, in welchem Maße sie sich nach wie vor dem britischen Weltreich zugehörig fühlte. Aufgrund dieser Problematik ist es nicht sinnvoll, alle ehemaligen Kolonien ohne weitere Unterscheidung in einem undifferenzierten Konzept des 'Postkolonialen' zusammenzufassen. So schlagen Vijay Mishra und Bob Hodge in ihrem Aufsatz "What is Post(-)colonialism?" folgerichtig beim Postkolonialismus eine Unterscheidung zwischen *oppositional* und *complicit* vor. Dabei wäre Australien ein ein postkoloniales Land, das als *complicit* zu gelten hat. Der 'oppositionelle' Postkolonialismus hingegen charakterisiere sich durch

---

[3]   Der Diskurs über die sogenannte 'Stolen Generation' gehört bis heute zu den noch nicht hinlänglich aufgearbeiteten Diskriminierungen der australischen Ureinwohner.

three fundamental principles – principles which are as much points of difference between White settler colonies and the rest – which may be summarized
as (a) racism, (b) a second language, (c) political struggle. For the category of
the post-colonial to work in any other fashion it must become a 'complicit
post-colonialism' [...]. (Mishra/Hodge 1994 [1991]: 286)

Diese drei Kategorien – Rassismus, Fremdsprache und die politischen Auseinandersetzungen – werden durch die Autoren von *The Empire Writes Back*, gemeinsam mit dem Verlust der eigenen Sprache, Religion und Kultur, als die
Hauptprobleme der ehemals kolonisierten Menschen beschrieben. Gayatri Chakravorty Spivak weist überdies darauf hin, daß es unter der kolonialen Bevölkerung
verschiedene Grade der Unterdrückung gibt. Neben den kolonialen Eliten, die sich
zumeist durch eine fundierte Bildung auszeichnen, existiert auch die weit größere
Gruppe der 'Subalternen',[4] die vor allem aus der ungebildeten ländlichen Bevölkerung und den durch patriarchale Strukturen doppelt unterdrückten Frauen besteht.
Spivak schließt damit zum Teil an die Überlegungen des afro-karibischen Kolo-
nialismuskritikers Frantz Fanon an.[5] Fanon beschreibt in seinen Werken die euro-
zentristische Rassendiskriminierung als einen der Hauptpfeiler der kolonialen Gesellschaft. Dem Kolonialisierten bleibt demzufolge nur das Aufgeben des eigenen
Selbstwertgefühls als ein Stigmatisierter oder die völlige Anpassung an das Verhalten der weißen Eroberer. Der Befreiungsprozeß kann daher, laut Fanon, nur erfolgreich sein, wenn die mythologisierte Rassenhierarchie (die Weißen als Herren,
die Schwarzen als Diener oder Sklaven) destruiert wird und nicht nur die Kolonisatoren, sondern zugleich die angepaßte einheimische Bourgeoisie durch eine
zwangsläufige Eskalation der Gewalt in einem revolutionären Akt entmachtet werden. Die Entkolonialisierung wäre also nur dann abgeschlossen, wenn die Subalternen, mit Spivak gesprochen, die Macht und die Verantwortung erlangen
würden.

Noch weitere Unterscheidungen müssen also getroffen werden, um dem Begriff des Postkolonialen ein Profil zu verschaffen, das den Folgen der verschiedenen kolonialen Verhältnisse in differenzierter Weise angemessen ist. Es ist vor
allem notwendig, genauere Differenzierungen zwischen *settler-* und *non-settler-*
Kolonien zu treffen. Der Begriff Postkolonialismus ist bislang allenfalls ein Sam-
melbegriff für die verschiedensten Varianten postkolonialer Gesellschaften:

it refers to a *process* of disengagement from the whole colonial syndrome, which
takes many forms and is probably inescapable for all those whose worlds have

---

[4]   Zur weiteren Erläuterung von Spivaks Begriff des 'Subalternen' auch Spivak (1987 und 1988).
[5]   Fanon kritisiert in seinen Werken *Peau noire, masques blancs* (1952) und *Les damnés de la terre*
      (1961) insbesondere den französischen Kolonialismus aus einer psychopathologischen und
      marxistischen Sichtweise.

been marked by that set of phenomena: "postcolonial" is (or should be) a descriptive not an evaluative term. (Hulme 1995: 120)

Die Suche nach der eigenen *Identität* ist einer der postkolonialen Ablösungs-prozesse ("processes of disengagement"). Ob in Indien, Afrika oder Australien, der Kolonialismus brachte immer eine Anpassung der Kolonisierten an die Kultur der Kolonisatoren mit sich. Das Resultat war entweder das Aufgeben der ur-sprünglichen Kultur oder, im Falle der Siedlerkolonien, eine Unsicherheit der Ko-lonisatoren gegenüber diesem neuen und so anderen Land, wodurch in vielen Fäl-len hybride Kompromisse zwischen der Kultur der Kolonisatoren und der Kultur der Kolonisierten erforderlich wurden. Um sich der eigenen Identität und Kultur zu versichern, war es für den einzelnen notwendig, sich sowohl an die Geschichte der eigenen Herkunft zu erinnern, als auch die Erfordernisse der Gegenwart zu er-kennen. Diese zunächst als kulturelle Abweichung gebrandmarkte und als Margi-nalisierung empfundene Kompromißbereitschaft wurde im Zeichen des Postkolo-nialismus zur positiv bewerteten Verwandlungsfähigkeit in einer dezentrierten Welt des kulturellen Relativismus:

> [T]he alienating process which initially served to relegate the post-colonial world to the 'margin' turned upon itself and acted to push that world through a kind of mental barrier into a position from which all experience could be viewed as uncentred, pluralistic, and multifarious. (Ashcroft/Griffiths/Tiffin 1989: 12)

Für die Autoren von *The Empire Writes Back* bildet der Konflikt zwischen Zen-trum und Peripherie, Kolonisator und Kolonisierten das Kernstück der postkolo-nialen Theorie. Während der Kolonialismus eine möglichst große Homogenität, orientiert am britischen Vorbild, zwischen den einzelnen Ländern, Völkern und Kulturen zu errichten versuchte, bringt der Postkolonialismus gerade das Infra-gestellen dieser Zentriertheit mit sich. Ashcroft, Griffiths und Tiffin betonen, daß der Postkolonialismus immer eine Hybridität erzeugt. Dies bedeutet, daß für Kolonisatoren und Kolonisierte gleichermaßen eine Rückkehr zur ursprünglichen Kultur unmöglich ist. Postkoloniale Kultur lebt damit aus dem Dialog zwischen den Kulturen der Kolonisatoren und der Kolonisierten.

3. Hybridität als Schlüsselkonzept der postkolonialen Literatur-theorie

The Oxford English Reference Dictionary definiert 'hybrid' u.a. als "a person of mixed racial or cultural origin" (*The Oxford English Reference Dictionary* 1996:

694).[6] Das öffentliche Interesse an Rassentheorien war in Europa nicht zuletzt wegen des wachsenden Imperialismus enorm und erreichte seinen Höhepunkt in Charles Darwins Buch *The Origin of Species* (1859) und in der nationalsozialistischen Rassenideologie. Neben dieser biologischen Hybridität gibt es Theorien über kulturelle Hybridität in Verhalten, Ritus und Sprache (Young 1995).

Eine linguistische Herangehensweise an das Phänomen von Hybridität in der Sprache kann in dem Essay "Discourse in the Novel" (1994 [1934-35]) des russischen Sprach- und Literaturtheoretikers Michail Bachtin gefunden werden. Bachtin konzentriert sich insbesondere auf die Sprache im Roman und betont, daß sie eine vielschichtige Konstruktion aus verschiedenen Weltsichten und Ideologien ist. Das liegt daran, daß sich im Roman die Stimmen von Autor, Erzähler und Figuren in einem fortlaufenden Konkurrenzkampf befinden. Die Auseinandersetzung zwischen den konkurrierenden Stimmen im Roman findet aber nicht nur zwischen aufeinanderfolgenden Sätzen statt, sondern in ein und derselben Äußerung, soweit sie zwei oder mehr Aussagesubjekten oder Bewußtseinsträgern zugeordnet werden kann. Angesichts der für die Narrativik unabdingbaren Omnipräsenz von Autor und Erzählperspektive ist damit die Erzählung immer zumindest zweistimmig, also eine hybride Konstruktion (vgl. ebd.: 341):

> It is a mixture of two social languages within the limits of a single utterance, an encounter, within the arena of an utterance, between two different linguistic consciousnesses, separated from one another by an epoch, by social differentiation or by some other factor. Such mixing of two languages within the boundaries of a single utterance is, in the novel, an artistic device (or more accurately, a system of devices) that is deliberate. (ebd.: 358)

Doch die Hybridität der Sprache ist noch umfassender. Das ist in ihrer grundlegenden dialogischen Funktion begründet: In jeder Äußerung wird nämlich Sprache von Sprecher und Adressat unwillkürlich und unbewußt mit verschiedenen persönlichen Bedeutungen befrachtet, so daß auch die Sprache in ihrem alltäglichen Gebrauch schon immer ein hybrides Instrument der Kommunikation ist.

> But unintentional, unconscious hybridization is one of the most important modes in the historical life and evolution of all languages. We may even say that language and languages change historically primarily by means of hybridization, by means of a mixing of various "languages" co-existing within the boundaries of a single dialect, a single national language, a single branch, a single group of different branches or different groups of such branches, in the historical as well as paleontological past of languages – but the crucible for this mixing always remains the utterance. (ebd.: 358f.)

---

[6] Als weitere Bedeutungen des Wortes Hybrid nennt *The Oxford English Reference Dictionary* Züchtungen aus zwei verschiedenen pflanzlichen bzw. tierischen Spezies u.a.m.

Bachtin zufolge ist somit die Sprache immer schon eine hybride Konstruktion, wobei er die Hybridität in zwei von einander separierte Bereiche unterteilt: eine *organische* (alltagssprachliche) und eine *intentionale* (narratologische).

Dieser Theorie von der Zweistimmigkeit der Sprache zufolge kann – wie gesagt – eine einzelne sprachliche Äußerung als Fusion verschiedener 'Sprachen', als "double voicedness" (ebd.: 324-333), verstanden werden. Der Prozeß der Vermischung zweier voneinander unterschiedener Sprachen vollzieht sich bei der *organischen* Hybridität unbemerkt und absichtslos. "[S]uch unconscious hybrids have been [...] profoundly productive historically [...] [because they are] pregnant with potential for new world views, with new "internal forms" for perceiving the world in words" (ebd.: 360). Trotz alledem bleibt diese Vermischung Bachtins Meinung nach "mute and opaque" (ebd.: 360). Die *organische* Hybridität führt nicht zu einer bewußten Auseinandersetzung zwischen den Unterschieden und Kontrasten innerhalb der Sprache.

Im Gegensatz dazu ist die *intentionale* Hybridität, die am häufigsten in literarischen Texten vorkommt, keine zufällige Vermengung, sondern ein bewußter Dialog zwischen verschiedenen Sprachen und Weltanschauungen. Statt miteinander zu verschmelzen, bleiben die Sprachen spannungsgeladen nebeneinander und ineinander bestehen. Die *intentionale* Hybridität in einer Erzählung bleibt ein provokanter Wechselbalg, den Bachtin wie folgt beschreibt:

> the novelistic hybrid [...]; for in it there are not only (and not even so much) two individual consciousnesses, two voices, two accents, as there are two socio-linguistic consciousnesses, two epochs, that, true, are not here unconsciously mixed (as in an organic hybrid), but that come together and consciously fight it out on the territory of the utterance. [. . .] essential to it is a certain elemental, organic energy and openendedness. (ebd.: 360f.)

Bei der *intentionalen* Hybridität handelt es sich nicht zwangsläufig um eine einfache Verschmelzung zweier miteinander konkurrierender sprachlicher Systeme, sondern es bleibt bei nebeneinander bestehenden Systemen. Um diese sich überlagernde Dualität zu zeigen, muß der Autor sich nicht nur dieses Dualismus bewußt sein, er muß auch die Fähigkeit besitzen, diese beiden Ebenen in seinem Text aufzudecken. Er muß in der Lage sein, sowohl den *authoritative discourse* als auch die *organische* Hybridität zu erkennen, denn:

> [...] the novelistic hybrid is *an artistically organized system for bringing different languages in contact with one another*, a system having as its goal the illumination of one language by means of another, the carving-out of a living image of another language. (ebd.: 361; Hervorhebung im Original)

Bachtin geht also von einem idealtypischen Autoren aus, der sich in unserem Fall sehr wohl über die sprachlichen Phänomene seiner eigenen Kultur und der Kultur der Kolonisatoren bewußt ist. Statt der unsystematischen Vermischung und Verbindung verschiedener Sprachen ist die *intentionale* Hybridität eine durchorganisierte sprachliche Konstruktion, die eine Form von "orchestration" (ebd.: 366) der verschiedenen Stimmen für den Leser erkennbar macht.

Der indische Literaturwissenschaftler Homi K. Bhabha hat mit seinen Essays zur kolonialen und postkolonialen Kultur den wissenschaftlichen Diskurs seit den späten 1980er Jahren maßgeblich beeinflußt. Im Sinne Bakhtins sieht er Hybridität als Chance zum Dialog, als Ort kultureller Verhandlung. Bhabha versteht Hybridität als "active moment of challenge and resistance against a dominant cultural power" (Young 1995: 23). Im Gegensatz zu früheren Theoretikern, die Hybridität als defizitäres Produkt der Mischung zweier voneinander unterschiedener Phänomene definierten, vertritt Bhabha die Ansicht, daß Hybridität im kolonialen Kontext aus einer lebendigen, wechselseitigen Interaktion zwischen der ursprünglichen Kultur und der Kultur der Kolonisatoren besteht und einen sogenannten *Third Space* hervorbringt.

> Here the transformational value of change lies in the re-articulation, or translation, of elements that are *neither the One* [...] *nor the Other* [...] *but something else besides* which contests the terms and territories of both. (Bhabha 1995 [1994]: 28; Hervorhebung im Original)

Dieser *Third Space* zwischen der ursprünglichen und der imperialen Kultur ist keine eigenständige feste Größe, sondern bleibt dem ständigen Einfluß der Verhandlung (*negotiation*) zwischen beiden Kulturen unterworfen. Bhabha zufolge gibt es keine unabhängige Koexistenz zweier Kulturen in einem Land, aber auch keine dialektische Neubildung einer postkolonialen Kultur. Der Kolonisierte kann sich nicht völlig anpassen, eine oberflächliche *Mimikry*[7] würde in keiner Weise einen eigenen kulturellen Hintergrund ersetzen, und eine reine Rückkehr zur ursprünglichen Kultur, oder die Bildung eines kulturellen Antagonismus zu der Kultur der kolonisierenden Länder, schließt Bhabha als Alternativen aus. Diese beständig wirkenden Kräfte erzeugen eine Spannung zwischen den Kulturen, die nicht aufgelöst werden kann und im Gegenteil als ein notwendiger Bestandteil multikultureller Gesellschaften, also insbesondere postkolonialer Gesellschaften, begriffen werden muß. Die beiden aufeinander wirkenden Diskurse müssen als *hybrid counter-energies* (ein von Edward Said eingeführter Terminus) verstanden werden. "[They] challenge the centred, dominant cultural norms with their unsettling perplexities generated out of their disjunctive, liminal space" (Young 1995: 23). Im Gegensatz zu Bachtins Theorie versteht Bhabha Hybridität also als "radical heterogeneity, discontinuity, the permanent revolution of forms" (ebd.: 25). Eine Problematik der Theorie Bhabhas liegt in der programmatischen Unabgeschlossenheit des Prozesses. Ein ständiger Veränderung unterworfener Vorgang kann nicht einer klaren Definition unterworfen werden, es ist nur eine sich annä-

---

[7] *Mimikry* bedeutet Nachahmung. Zu Bhabhas *Mimikry*-Begriff siehe auch Bhabha (1995 [1994]).

hernde Beschreibung möglich. Daher bleiben Bhabhas Theorien scheinbar ungenau, und sein Stil wird für zu komplex, schwer oder sogar unlesbar gehalten.[8]

4. Postkolonialismus in Literatur und Literaturwissenschaft

Die eigene Geschichte zu beschreiben und zu deuten ist eine der maßgeblichen Methoden, eine selbständige Identität zu entwickeln. Doch gerade dieses Bewußtsein der eigenen Vergangenheit wurde während der Kolonialzeit durch die Konzentration auf das sogenannte *mother country* und dessen Geschichte verdrängt, wodurch die Definition der eigenen Nation, der eigenen Identität, erschwert, wenn nicht verhindert wurde. Es ist daher kein Zufall, daß gerade in den postkolonialen Ländern der Versuch unternommen wird, die eigenständige Nation und deren Geschichte wiederzuentdecken. Diese Wiederentdeckung spiegelt sich auch in der postkolonialen Literatur wider. Mit Boehmer entwickeln die Autoren "the idea of historical narrative – indeed of narrative in general – as a process of *form-giving*" (Boehmer 1995: 198; Hervorhebung im Original). Während der Kolonialzeit war alles auf das Zentrum des Britischen Weltreiches, auf London, fixiert. Diese Anziehungskraft des Zentrums wird von Sir Arthur Conan Doyle in seinem Sherlock-Holmes-Roman *A Study in Scarlet* (1887) anhand der Figur des Dr. Watson eindringlich gezeigt:

> I [...] was [...] as free as air – or as free as an income of eleven shillings and sixpence a day will permit a man to be. Under such circumstances I naturally gravitated to London, that great cesspool into which all the loungers and idlers of the Empire are irresistibly drained. (Doyle 2001 [1887]: 8)

Durch die Besinnung auf die eigene Identität wurden in den ehemaligen Kolonien die festgelegten kolonialen Doktrinen, die britische Erziehung, die britische Sozialstruktur und auch der festgelegte britische Literaturkanon kritisch hinterfragt und zum Teil radikal abgelehnt. Schon vor der Unabhängigkeit hatten die Autoren der ehemaligen Kolonien damit begonnen, sich auf die zuvor marginalisierten Figuren, die Sklaven, Bauern und Eingeborenen, in Spivaks Terminologie die 'Subalternen', zu konzentrieren, da diese den Großteil der Bevölkerung der kolonisierten Länder ausmachten. Sie wurden die neuen Helden bzw. Anti-Helden in der postkolonialen Literatur. Ein Beispiel für diesen Fokuswechsel ist die Figur Bertha Mason, Mr. Rochesters Frau in Charlotte Brontës Roman *Jane Eyre* (1847). Bertha Mason stammt von den Westindischen Inseln und findet sich in diesem viktorianischen Klassiker in einer völlig untergeordneten Rolle. Dagegen

---

[8] 1989 wurde er mit dem zweiten Platz im *Bad Writing Contest* 'ausgezeichnet'. Die deutsche Übersetzung *Die Verortung der Kultur* (2001) wirkt zuweilen verständlicher als das englische Original. Die Schwierigkeit seiner Texte resultiert nicht zuletzt daraus, das Bhabha vom Dekonstruktivismus beeinflußt ist; siehe dazu den Beitrag von Barbara Korte in diesem Band (S. 41-59).

macht die Autorin Jean Rhys, die selber von Dominica, einer der Westindischen Inseln, stammt, Bertha Mason zur Hauptfigur ihres Romans *Wide Sargasso Sea* (1966) und konzentriert sich auf deren Biographie und den Grund für deren Geisteskrankheit. Durch den Wechsel des Blickwinkels repräsentieren

> literary texts [...] not simply [the] dominant ideologies, but encode the tensions, complexities and nuances within colonial cultures. Literature is an important 'contact zone' [...] where 'transculturation' takes place in all its complexity. Literature written on both sides of the colonial divide often absorbs, appropriates and inscribes aspects of the 'other' culture, creating new genres, ideas and identities in the process. (Loomba 1998: 70)

Da sowohl die Literatur der ehemalig Kolonisierten als auch die Literatur der ehemaligen Kolonisatoren von dem jeweils anderen beeinflußt ist, wie bereits am gegebenen Beispiel Brontë/Rhys erkennbar, ist die postkoloniale Literatur von vornherein eine hybride Kunstform. Dennoch gibt es immer wieder Versuche, die postkoloniale der kolonialen Literatur idealtypisch und kontrastiv gegenüber- zustellen. Dabei ist es zu einem gewissen Grade sinnvoll und begründbar, die Merkmale der postkolonialen Literatur anhand einiger Schlüsselbegriffe, die eine antagonistische Gegenbewegung zur kolonialen Literatur kennzeichnen, herauszu- arbeiten. Geltend machen ließe sich der Kontrast zwischen monokulturellen (kolonialen) und hybriden (postkolonialen) Systemen, zwischen Linearität und Diskontinuität, Homogenität und Heterogenität, Einheitlichkeit und Diversität. Diese Dichotomie kann zusammenfassend als Gegensatz zwischen kolonialer Einheit und postkolonialer Vielfalt in der Literatur gesehen werden. Doch es besteht dabei die Gefahr eines starren, undialektischen Manichäismus (d.h. eines radikalen Dualismus im Sinne von Licht und Finsternis, Gut und Böse, usw.).

> The main difficulty with a warring dichotomy such as this is the limitations it imposes, creating definitions which, no matter how focused on plurality, produce their own kind of orthodoxy. Thus the postcolonial tends automatical- ly to be thought of as multivocal, 'mongrelized', and disruptive, even though this is not always the case. (Boehmer 1995: 4)

Statt postkoloniale Literatur auf einige wenige Elemente und Definitionen zu reduzieren, ist es ratsamer, von Tendenzen und Symptomen zu sprechen. Eine einheitliche Theorie (vgl. ebd. 8) postkolonialer Literatur kann nicht aufgestellt werden, ohne einige Varianten dieser Literatur zu vernachlässigen. Denn die Literaturen afrikanischer Länder, Australiens, Bangladeschs, Kanadas, karibischer Länder, Indiens, Malaysias, Maltas, Neuseelands, Pakistans, Singapurs, Sri Lankas und der südpazifischen Inselstaaten sind zwar allesamt postkolonial, aber dennoch in vielen Punkten voneinander unterschieden, und überdies ist ihre interne Vielfalt jeweils beträchtlich. Auch würde eine vereinheitlichende Theorie die Unter- schiede zwischen europäisch informierten Kolonialliteraturen und ihren postkolonialen Transformationen einerseits und den autochthonen Literaturen mit eigener Tradition in den Landessprachen und ihren weltliterarischen Neuorientierungen andererseits in eine gemeinsame Form pressen, die weder der einen noch der anderen Entwicklung gerecht werden könnte. Und obwohl die Vertreter dieser beiden Bewegungen ihre Geschichten wie Kollagen aus Fragmenten kultureller Erinnerungen und überlieferten Mythen verschiedener Quellen zusammensetzen (Boehmer 1995: 186), bleiben die Unterschiede deutlich. In den Siedlerliteraturen spielt der Topos des Konflikts zwischen der britischen Identität und dem fremden, neuen Land, wie sie sich zum Beispiel in der Jindyworobak-Bewegung zeigt, eine bedeutende Rolle.[9] Im Gegensatz dazu behandelt die autochthone Literatur besonders häufig die Frage nach dem eigenen Ursprung, der Geschichte und Identität des eigenen Volkes. Wichtig in dieser Literatur erscheint die Frage, ob die Schaffung einer eigenen Identität möglich ist, solange Literaten die Sprache der vormaligen Unterdrücker, nämlich Englisch, verwenden. Postkoloniale Autoren wurden und werden daher zum Teil als Verräter an der eigenen Identitätsfindung verstanden. Aufgrund des kolonialen Bildungssystems wird manchenorts der Unterdrückungsapparat der Kolonisatoren nach wie vor mit der Kontrolle der Sprache und der Vorherrschaft des Englischen symbolisiert. "Language becomes the medium through which a hierarchical structure of power is perpetuated, and the medium through which conceptions of 'truth', 'order', and 'reality' become established" (Ashcroft/Griffiths/Tiffin 1989: 7). Die Frage bleibt strittig – vor allem in Südasien und in Afrika, aber auch anderswo –, ob die englische Sprache überhaupt in der Lage ist, das Wesen der neuzufindenden Identität zu erfassen.

Paradoxerweise aber bleibt Englisch, gerade in den multikulturellen Nationen, wie in Indien oder in afrikanischen Ländern, die einzige Möglichkeit der Kommunikation zwischen den einzelnen Ethnien und auch zwischen dem Autor und seiner Leserschaft. Die englische Sprache ermöglicht es dem Autor vielerorts, ein größeres Publikum zu erreichen, als wenn er in seiner jeweiligen Muttersprache schreiben würde. Zudem unterliegt die Sprache in allen Gesellschaften einem ständigen Wandel. Das Englisch der ehemaligen Kolonien ist nicht mehr das Englisch, das die Briten den Kolonisierten beigebracht haben, sondern ein adaptiertes, in vielen Fällen kreolisiertes Englisch. Mit Bachtin sind diese Formen von Englisch *organische* Hybride, die den Konflikt zwischen Unterdrückung und Widerstand, Ablehnung und Aneignung in den postkolonialen Literaturen repräsentieren. Makarand Paranjape faßt dies aus indischer Perspektive zusammen: "The West is not our home; but there [is] a lot that is Western in our home which is outside the West" (Paranjape 1996: 45).

---

[9] Die Jindyworobak-Bewegung in den späten 1930er und 1940er Jahren war der Versuch weißer, australischer Autoren ihren Werken eine 'einheimische', ursprünglich australische Ebene hinzuzufügen.

5. Postkolonialismus und Postmodernismus: Konvergenzen und Divergenzen

Häufig wird das Postkoloniale in der Literatur in einem problematischen Verhältnis mit dem Postmodernismus gesehen. Darauf soll hier – wenigstens kurz – eingegangen werden. Eine erste Definition des Begriffes *postmodernism* lautet im *Oxford English Reference Dictionary*:

> a late 20th-century style and concept in the arts, architecture, and criticism, which represents a departure from modernism and has at its heart a general distrust of grand theories and ideologies as well as a problematical relationship with any notion of 'art'. (*The Oxford English Reference Dictionary* 1996: 1132)

Postmoderne Kunst wird zumeist durch Dezentralismus, Eklektizismus, Diskontinuität und die Präsentationsform des Pastiche gekennzeichnet. Im Gegensatz zum Modernismus wird dem Postmodernismus gemeinhin künstlerische Autoreflexivität (Selbstbezüglichkeit), Verspieltheit und Leichtigkeit zugeschrieben. Mit dem Ziel der Popularisierung und Kommerzialisierung werden das elitäre Kunstverständnis samt bestehenden Formgesetzen und Genregrenzen desavouiert. Die Vermischung verschiedener Genres führt dabei zu neuen, hybriden Genres. Der Postmodernismus ist freilich keineswegs eine ausschließlich literarische Erscheinung. So beschreibt der Architekturtheoretiker Charles Jencks[10] den Postmodernismus als doppelt kodierte Kommunikation, als Strategie, auf mehreren Ebenen zugleich zu kommunizieren (vgl. Jencks 1996 [1986]: 474).

Schon diese kurze Beschreibung des Postmodernismus zeigt viele Übereinstimmungen zwischen dieser künstlerischen Bewegung und dem Postkolonialismus. Weitere Konvergenzen zwischen postmoderner und postkolonialer Literatur finden sich auf einer ästhetischen Ebene. Die Koordination der Textinhalte, die sich konventionellerweise mit den Dimensionen 'Zeit' und 'Raum' fassen ließ, ist im Postmodernismus und häufig auch in postkolonialen Texten durch Diskontinuität und Unterbrechungen gekennzeichnet. 'Zeit' erscheint dabei nicht länger als eine lineare Sequenz von Ereignissen, sondern vielmehr als ein Konglomerat von achronologisch angeordneten Geschehnissen. Die literarische Dimension des 'Raumes' wird nicht länger als kontinuierliche Aufeinanderfolge von Orten und Plätzen arrangiert. Erzählstruktur und Sprache, sowohl postkolonialer als auch postmoderner Literatur, haben eine Tendenz, mit polyperspektivischen und polyglotten Elementen zu spielen. Für die gesamten Elemente postkolonialer und postmoderner Literatur läßt sich zusammenfassend festhalten, daß ihr eine vielfäl-

---

[10] Jencks ist durch seine Werke *The Language of Post-modern Architecture* (1977), *What is Postmodernism?* (1986) u.a. zu einem der wichtigsten Theoretiker des Postmodernismus geworden.

tige, vielschichtige Konstruktion und damit eine Ästhetik der Entgrenzung zugrunde liegt.

Die Ähnlichkeiten und Übereinstimmungen zwischen beiden Konzepten
führen gelegentlich zu der Frage, ob es gerechtfertigt sei, den Postkolonialismus
überhaupt als eigenen theoretischen Diskurs zu begreifen, oder ob er nur eine
Subkategorie des Postmodernismus darstelle. Dazu gibt Helen Tiffin eine differen-
zierende Antwort:

> while certain conventions, devices, techniques of writing variously characteri-
> sed as "post-colonial" or "post-modern" often appear similar, indeed indi-
> stinguishable, the uses to which such devices are put, or seem to be put, and the
> direction of their political valency are very different, often reflecting the
> unequal power-relationship between the two discourses, and in the field of
> literary studies generally. (Tiffin 1990: x)

Um die Unterschiede zwischen Postmodernismus und Postkolonialismus wirklich
zu begreifen, ist es also notwendig, die unterschiedlichen Intentionen und Umset-
zungen dieser beiden scheinbar konkurrierenden künstlerischen und literarischen
Programme zu betrachten:

> While the disappearance of "grand narratives" and the "crisis of representa-
> tion" characterise the Euro-American post-modernist mood, such expressions
> of "break-down" and "crisis" instead signal promise and decolonisation poten-
> tial within post-colonial discourse. (ebd.: x)

Während die postmoderne Lesart eines Textes die Verspieltheit und die fragmen-
tarischen Aspekte betont, steht bei einer postkolonialen Lesart die subversive
Befreiung von kolonialer Fremdbestimmung und die kreative Neuentdeckung
ursprünglicher Ausdrucksformen sowie die kulturspezifische Resonanz, die der
Text hervorruft, im Vordergrund (vgl. Mishra/Hodge 1994 [1991]: 282). Im
Gegensatz zum Postmodernismus hat demnach der sich postmodern stilisierende
Postkolonialismus eine dezidiert politische Ausrichtung. Er beschreibt die Auswirkungen der Hybridisierung auf die Identitätsfindung der verschiedenen Kulturen. Für den 'westlichen' Postmodernismus dagegen wird die Betrachtung der
verspielten ästhetischen Arrangements, der pluralistischen und hybriden Elemente
eines Kunstwerkes in den Vordergrund gerückt.

Diese subtile Unterscheidung von prinzipiell ästhetisch gleich strukturiertem
Postkolonialismus und Postmodernismus bleibt jedoch nicht ohne Widerspruch.
Viele postkoloniale Autoren verfolgen ihr Ziel keineswegs mit postmodernen,
sondern viel eher mit realistischen oder romantischen künstlerischen Strategien,
und nicht wenige von ihnen mit Erfolg. Viele Literaturwissenschaftler und Literaten kritisieren daher die partielle Gleichsetzung von postmoderner und postkolonialer Theorie, weil die Postmoderne ihren ursprünglichen Ansprüchen nicht mehr
gerecht wird. Die ersten Autoren postkolonialer Texte hatten, mehr oder weniger

bewußt, das Ziel, ihrem eigenem unterdrückten Volk eine selbständige, selbstbewußte Stimme und Identität zu geben. Diese ersten postkolonialen Bücher waren nicht primär für eine große oder gar weltweite Leserschaft geschrieben und schon gar nicht für die künstlerische Avantgarde im 'Westen'. Doch nach den ersten Erfolgen postkolonialer Formexperimente wurden entsprechende Texte prompt in das Repertoire der westlichen 'Kulturindustrie' im Sinne von Horkheimer und Adorno übernommen, und mit ihrer Reproduzierbarkeit verloren die Autoren das emanzipatorische Anliegen, das ihr Hauptziel gewesen war (vgl. Horkheimer/Adorno 1998 [1944]). Durch diese Übernahme wird die postkoloniale Literatur, so jedenfalls ihre Kritiker, zu einem westlichen Phänomen, es kommt also zu einer neuen kulturellen Ausbeutung. Die postkolonialen Theoretiker haben dieses Dilemma erkannt und reagieren auf diese Vorbehalte mit der Aussage: "the best way to begin interrogating postcolonialism is not by pretending that we are the masters of our own academic destinies but by admitting, paradoxically, how colonized we still are" (Paranjape 1996: 43). Der Versuch einer Befreiung durch eine eigene postkoloniale Kultur kann demnach durchaus in eine weitere, wenn auch andere, Abhängigkeit führen. Es ist notwendig, diesen Widerspruch zu erkennen, um auch den "academic imperialism" (ebd.: 43) zu überwinden.

Trotz all der erkennbaren Unterschiede zeigt es sich, daß der Postkolonialismus und der Postmodernismus in einer komplexen Beziehung zueinander stehen, ohne dabei völlig identisch, noch gänzlich voneinander unterscheidbar zu sein (vgl. Mishra/Hodge 1994 [1991]: 289). Die wichtigste Bedeutung des postkolonialen Diskurses besteht darin, daß er die Aufmerksamkeit auf die spezifischen Probleme der ehemaligen Kolonien und ihrer Einwohner gelenkt hat.

6. Beispiele postkolonialer Aspekte in australischer Literatur

Die in den bisherigen Kapiteln dargestellten Theorien zum literarischen Postkolonialismus sollen am Beispiel einiger australischer Autoren exemplifiziert werden. Dafür ist es notwendig, vorweg auf einige Besonderheiten der australischen Kolonialzeit hinzuweisen.[11] Die australische Kolonialzeit unterscheidet sich in wesentlichen Punkten von der anderer britischer Kolonien, zum Beispiel der Kolonialzeit Indiens. Daher muß auch die literaturtheoretische Betrachtung postkolonialer australischer Literatur von der Betrachtung indischer, karibischer oder afrikanischer Literatur unterschieden sein. Die Texte australischer Autoren, wie zum Beispiel Peter Carey, Thomas Keneally und David Malouf, fallen unter die Kategorie der Siedlerliteratur, bei der folgende Grundverhältnisse als konstitutiv gelten:

---

[11] Für detailliertere Angaben zur australischen Kolonialgeschichte vgl. Blainey (1995 [1980]), Clark (1992 [1981]), Molony (1987).

the relationship between social and literary practices in the old world and the new; the relationship between the indigenous populations in settled areas and the invading settlers; and the relationship between the imported language and the new place. (Ashcroft/Griffiths/Tiffin 1989: 135)

Wie eingangs erwähnt, ist die Literatur ein Medium, das den Literaturträgern ermöglicht, eine eigene nationale Identität zu entwickeln, im Falle Australiens ein Gefühl für *Australian-ness*. Eines der diesbezüglich einflußreichsten Bücher in Australien war 'Banjo' Patersons Gedichtsammlung *The Man from Snowy River* (1890). Seit seinem Erscheinen wurde im Titelgedicht das archetypische Bild des 'wahren' Australiers, eines wagemutigen, romantisch verbrämten, weißen Natur-burschen wahrgenommen. Die Popularität dieses Bildes wird durch Verfilmungen bis zur Gegenwart wachgehalten. Demgegenüber zeichnen heutzutage jedoch zeitgenössische Autoren ein weitaus weniger idealisiertes Bild der australischen Geschichte. Thomas Keneally stellt beispielsweise in seinem Roman *The Chant of Jimmie Blacksmith* (1972) das Leben eines rassisch hybriden Antihelden in den Mittelpunkt. Nach andauernder Unterdrückung und Erniedrigung durch die wei-ßen Siedler beginnt Jimmie, erst im Affekt, später mit Vorsatz, zum Mörder zu werden. Moralisch orientierungslos, wird der problematische Protagonist zwi-schen dem Weißen und dem Schwarzen Australien hin- und hergerissen:

> Jimmie, who had come home from his initiation suffused with tribal manhood, began – during the next three years, by his own insight and under the Nevilles' influence [white missionaries] – to question its value. What did Tullam and Mungara stand for now? Tribal men were beggars puking Hunter River rotgut sherry in the lee of hotel shit-houses. (Keneally 2000 [1972]: 7)

Jimmie versucht, das Leben eines normalen australischen Siedlers zu leben und die Riten und Verhaltensmaßregeln der Aborigines zu verdrängen, aber er gehört weder ganz zu der einen noch zu der anderen Kultur. Er stammt aus der untersten Schicht der australischen Gesellschaft und gehört keiner Gruppe wirklich an. Der Roman spielt in der Gründungszeit des unabhängigen, weißen Australien, wenige Jahre nachdem 'Banjo' Paterson im *Man from Snowy River* den romantischen Buschmythos gestaltet hatte. Eine zeitgenössische Kritikerin sieht den Roman von Keneally vor diesem Hintergrund als ein bedeutungsvolles postkoloniales Doku-ment. Der Roman schildert

> a time when only whites and not Aborigines were counted in the national 'census'. In the history of 'Half-breed Jimmie', Keneally lays bare the con-tradiction between, on the one hand, white Australian ideals of nationhood, and on the other, the treatment of Indigenous peoples by whites. (Boehmer 1995: 220)

Obwohl Jimmie mehrere Morde begeht, liegt bemerkenswerterweise die Sym-pathie des Lesers eher bei dem Täter als bei den Opfern. Die überkommenen

Vorstellungen von Moral, von Gut und Böse, werden in Frage gestellt. Der Roman verdeutlicht, daß die australische Geschichte kontrovers und gewaltsam ist, bestehend aus einer Ansammlung verschiedener Geschichtsdeutungen, die erst in ihrer Gesamtheit das australische Nationalgefühl begründen.

Der postkoloniale Topos einer mosaikhaften Geschichte wird auch in dem Roman *Oscar and Lucinda* (1988) von Peter Carey thematisiert. Der Autor präsentiert Geschichte als Geschichtserzählung, als andauernden erzählerischen Prozeß, der nie zu einer abgeschlossenen, allein 'wahren' Version kommt, denn "[there] is not one story anyway" (Carey 2001 [1988]: 475). Wie in den theoretischen Ausführungen zur postmodernen und postkolonialen Literatur vorweggenommen, vollzieht sich 'Zeit' in diesem Roman nicht chronologisch, sondern besteht in einer Durchmengung von drei verschiedenen Zeitebenen, die nur durch sich wiederholende Leitmotive miteinander verbunden sind. Dadurch erscheint die Geschichte nicht mehr fortlaufend und geschlossen, sondern durch die verschiedenen Sichtweisen der Hauptfiguren Oscar, Lucinda oder Theophilus widersprüchlich und fragmentiert.

Auf der Suche nach einem neuen australischen Mythos forderte der zeitgenössische australische Autor David Malouf, daß sich die postkolonialen Autoren auf folgendes konzentrieren sollten:

> to find some way – I call it mythological – to find some real spiritual link between us and the landscape, us and the cities, us and the lives we live here. And to do that you have to give people – in books – something like a mythology that they can have. And you have to make it for them – it's not ready-made – it has to be imagined. (zitiert in Neilsen 1990: 2)

Entprechend lenkt Malouf in seinem Buch *Remembering Babylon* (1993) die Aufmerksamkeit des Lesers auf "memories of places and people long abandoned" (Pierce 1994: 183). Gemeint sind die gewöhnlichen Menschen und ihre Erfahrungen, die für die Bildung einer eigenen australischen Identität bestimmend sein sollten. Im Zentrum des Romans steht die australische Peripherie, Queensland. Malouf beschreibt die Spannung zwischen dem 'neuen' und dem 'alten' Land, das die Siedler zwar verlassen haben, dessen Kultur aber immer noch ihr alltägliches Leben bestimmt. "Even the openness she [Ellen McIvor] had longed for was a frightening thing. There had been a comfort in crowdedness and old age grime and clutter that she only appreciated when it was gone" (Malouf 1994 [1993]: 100). Der Hauptcharakter Gemmy ist bezeichnenderweise ein weißer Immigrant, der als Schiffbrüchiger von Ureinwohnern gerettet und bei Ihnen aufgezogen wurde. Seine hybride Persönlichkeit zeigt sich schon deutlich an seiner Erscheinung: "[his] leathery face scorched black, but with [...] sun-bleached and pale-straw coloured [hair]" (ebd.: 3). Auch seine Sprache ist von dieser Hybridität geprägt: "and when he found speech again it was a complaint [...] in some whining blackfeller's lingo" (ebd.). Indem der Autor den Leser mit diesem verfremdeten Grenzgän-

ger und seiner eigenen Art von Sprache konfrontiert, deutet er auf die einschnei-
denden Unterschiede zwischen dem neuen Land und dem alten Heimatland hin,
und zeigt damit die Notwendigkeit für die europäischen Siedler, sich um eine
selbstständige, neue Identität, eine spezifische *Australian-ness* zu bemühen. Laut
Edward Said konstituieren sich postkoloniale Gesellschaften "by their difference
from the metropolitan and it is in this relationship that identity both as a distancing
from the centre and as a means of self-assertion comes into being" (Said 1978:
167). In Maloufs Roman ist der Pfarrer Mr. Frazer derjenige, der erkennt, daß sich
eine australische Identität nur bilden kann, wenn es zu einem Einvernehmen mit
der australischen Umwelt kommt, d.h. wenn die Bewohner sich bis zu einem gewissen Grad dem Land anpassen: "This is what is intended by our coming here: to
make this place too part of the world's garden, but by changing ourselves rather
than it" (Malouf 1994 [1993]: 121).

Strukturell finden sich in allen betrachteten Beispielen Elemente, die sich
sowohl mit der postmodernen wie auch mit dem postkolonialen Literaturkonzept
identifizieren lassen. Betrachtet man allerdings die Intention der australischen Autoren, so sieht man, daß gerade die Identitätsfindung im Mittelpunkt der einzelnen
Romane steht. Dem Leser wird durch diese ästhetischen Elemente eine Suche
nach den Formationen einer neuen australischen Identität vermittelt. Vor allem in
dieser politischen Funktion unterscheidet sich die postkoloniale Literatur deutlich
von der postmodernen.

7. Schluß

Es ist deutlich geworden, daß, obwohl postkoloniale und postmoderne Literatur
viele Gemeinsamkeiten aufweisen, eine eigenständige postkoloniale Literaturtheorie ihre Berechtigung hat. In beiden Fällen finden sich ähnliche ästhetische
Elemente, besonders in ihrer Tendenz zu vielschichtigen, vielfältigen Konstruktionen. Auch das *double-coding*, die 'hybride Komposition', wie sie von Bachtin
ausgehend bezeichnet wird, gehört als dezentrierendes Strukturprinzip zu beiden
Bewegungen.

Gäbe es keine *differentia specifica* zwischen den beiden, müßte die postkoloniale Literatur dem Diskurs des Postmodernismus untergeordnet werden. Indessen
kann man beide Diskurse jedoch besonders deutlich an ihren jeweiligen politischen Konzepten, der Intention der Autoren, und, bei genauer Betrachtung, an der
literarischen Umsetzung dieser Intentionen unterscheiden. Bei allen Unterschieden
zwischen dem Postmodernismus und dem Postkolonialismus kann aber festgestellt
werden, daß der Postmodernismus, durch sein besonderes Interesse an sozialen
Randgruppen und der Kultur von Minderheiten, dazu beigetragen hat, die postkolonialen Phänomene neu zu sehen und sie zum Teil der künstlerischen Avantgarde
zuzuordnen.

Die postkoloniale Theorie ist allerdings keinesfalls eine so einheitliche Theorie, wie es auf den ersten Blick erscheinen könnte. Da der Kolonialismus in den verschiedenen Ländern große Unterschiede aufwies, ist auch der Postkolonialismus von großen Unterschieden gekennzeichnet. Der postkoloniale Diskurs muß diese Unterschiede der Kulturen, Religionen, Rassen und Kolonialismuserfahrungen berücksichtigen. So muß deutlich zwischen den durch die europäische Einwanderung mehr oder weniger stark überformten Kolonien unterschieden werden: bezüglich der Erfahrung von Unterdrückung durch Sprache, dem Vorbehalt der politischen Selbstbestimmung und der Rassendiskriminierung. Statt all diese postkolonialen Länder unter eine vereinheitlichende Theorie zu pressen, sollte der Postkolonialismus als Oberbegriff verstanden werden, der eine Vielzahl unterschiedlicher Länder beschreibt, die einige gemeinsame aber auch viele unterschiedliche Charakteristika aufweisen. In seiner Hauptsache beschreibt der Postkolonialismus die Überwindung der fremden Autorität und das Hinterfragen der Relation von Zentren und Peripherien. Daraus erwachsen in ehemals kolonisierten Ländern konstruktive Versuche, eine mehr oder weniger eigenständige nationale Identität zu entwickeln. Diese Entwicklung einer autonomen Identität wird in vielen Aspekten durch die Literatur mitgestaltet. Postkoloniale Literaturen zeigen die kreative Innovationskraft der Hybridität, den Konflikt zwischen den verschiedenen Kulturen und den Dialog zwischen den verschiedenen Weltsichten besonders deutlich.

Bibliographie

1. Primärliteratur

Brontë, Charlotte. 1996 [1847]. *Jane Eyre*. London: Penguin Classics.
Carey, Peter. 2001[1988]. *Oscar and Lucinda*. London: Faber and Faber.
Doyle, Arthur Conan. 2001 [1887]. *A Study in Scarlet*. Einl. von Iain Sinclair, Anm. von Ed Glinert. London: Penguin.
Keneally, Thomas. 2000 [1972]. *The Chant of Jimmie Blacksmith*. Sydney: HarperCollins.
Malouf, David. 1994 [1993]. *Remembering Babylon*. London: Vintage.
Paterson, Andrew Barton. 1988 [1890]. "The Man from Snowy River." In: Barnes, John, Brian McFarlane (Hg.). *Cross-Country: A Book of Australian Verse*. 2. Aufl. Melbourne: Heinemann. 34-37.
Rhys, Jean. 1983 [1966]. *Wide Sargasso Sea*. Einleitung von Francis Wyndham. Harmondsworth: Penguin.

2. Einführungen und Textsammlungen

Asad, Talal (Hg.). 1973. *Anthropology and the Colonial Encounter*. London: Ithaca Press.
Ashcroft, Bill, Gareth Griffiths, Helen Tiffin (Hg.). 1995. *The Post-Colonial Studies Reader*. London: Routledge.

Bristow, Joseph. 1991. *Empire Boys: Adventures in a Man's World*. London: HarperCollins.

Cahoone, Lawrence E. (Hg.). 1996. *From Modernism to Postmodernism: An Anthology*. Cambrigde/MA: Blackwell.

Fludernik, Monika (Hg.). 1998. *Hybridity and Postcolonialism: Twentieth-Century Indian Literature*. Tübingen: Stauffenburg.

Giddings, Robert (Hg.). 1991. *Literature and Imperialism*. London: Macmillan.

Goldie, Terry. 1989. *Fear and Temptation: The Image of the Indigene in Canadian, Australian and New Zealand Literatures*. Kingston, Ontario: McGill-Queen's University Press.

Groß, Konrad, Walter Pache. 1987. *Grundlagen zur Literatur in englischer Sprache: Kanada*. München: Fink.

Kern, Stephen. 1983. *The Culture of Time and Space: 1880-1918*. Cambridge/MA: Harvard University Press.

Kessler, Michael, Jürgen Wertheimer (Hg.). 1995. *Multikulturalität: Tendenzen, Probleme, Perspektiven im europäischen und internationalen Horizont*. Tübingen: Stauffenburg.

Memmi, Albert. 1965. *The Colonizer and the Colonized*. Übers. Howard Greenfeld, Einl. von Jean-Paul Sartre. Boston: Beacon.

Mongia, Padmini (Hg.). 1996. *Contemporary Postcolonial Theory: A Reader*. London: Arnold.

Riemenschneider, Dieter. 1983. *Grundlagen zur Literatur in englischer Sprache: West- und Ostafrika*. München: Fink.

Rutherford, Anna (Hg.). 1992. *From Commonwealth to Post-Colonial*. Aarhus, Sydney: Dangaroo.

Singh, Amritjit, Peter Schmidt (Hg.). 2000. *Postcolonial Theory and the United States: Race, Ethnicity, and Literature*. Jackson: University Press of Mississippi.

Slemon, Stephen, Helen Tiffin (Hg.). 1989. *After Europe: Critical Theory and Post-Colonial Writing*. Aarhus, Sydney: Dangaroo.

Stilz, Gerhard. 1982. *Grundlagen zur Literatur in englischer Sprache: Indien*. München: Fink.

—. (Hg.). 2001. *Colonies, Missions, Cultures in the English-Speaking World: General and Comparative Studies*. Tübingen: Stauffenburg.

Williams, Patrick, Laura Chrisman (Hg.). 1994 [1993]. *Colonial Discourse and Post-Colonial Theory: A Reader*. London: Harvester Wheatsheaf.

Young, Robert J. C. 2001. *Postcolonialism. An Historical Introduction*. Oxford: Blackwell.

3. Weitere zitierte Literatur

Ashcroft, Bill, Gareth Griffiths, Helen Tiffin. 1989. *The Empire Writes Back: Theory and Practice in Post-Colonial Literatures*. London: Routledge.

Bachtin, Michail M. 1994 [1934/35]. "Discourse in the Novel." In: ders. *The Dialogic Imagination: Four Essays*. Übers. Caryl Emerson und Michael Holquist, Hg. Michael Holquist. 9. Aufl. Austin: University of Texas Press. 259-422.

Bhabha, Homi K. 1995 [1994]. *The Location of Culture*. London, New York: Routledge.

—. 2000. *Die Verortung der Kultur*. Übers. Michael Schiffmann und Jürgen Freudl, Vorwort von Elisabeth Bronfen. Tübingen: Stauffenburg.

Blainey, Geoffrey. 1995 [1980]. *A Land Half Won*. überarb. Aufl. Sydney: Macmillan.

Boehmer, Elleke. 1995. *Colonial and Postcolonial Literature: Migrant Metaphors*. Oxford: Oxford University Press.

Clark, Manning. 1992 [1981]. *A Short History of Australia: Illustrated Edition*. Überarb. Aufl. Ringwood: Penguin.

Dirks, Nicholas B. (Hg.). 1992. *Colonialism and Culture*. Ann Arbor: University of Michigan Press.

Eagleton, Terry, Fredric Jameson, Edward W. Said. 1990. *Nationalism, Colonialism and Literature*. Minneapolis: University of Minnesota Press.

Fanon, Frantz. 2002 [1952]. *Black Skin, White Masks*. Übers. Charles Lam Markmann. New York: Grove Press. [Orig.: *Peau noire, masques blancs*]

—. 2001 [1961]. *The Wretched of the Earth*. Übers. Constance Farrington, Einl. von Jean-Paul Sartre. London: Penguin. [Orig.: *Les damnés de la terre*]

Hassan, Ihab. 1996 [1975]. "POSTmodernISM: A Paracritical Bibliography." In: Cahoone (Hg.). *From Modernism to Postmodernism: An Anthology*. 382-400.

Horkheimer, Max, Theodor W. Adorno. 1998 [1944]. *Dialektik der Aufklärung: Philosophische Fragmente*. Frankfurt am Main: Fischer.

Hulme, Peter. 1995. "Including America," *ARIEL* 26.1: 117-123.

Jameson, Frederic. 1996 [1991]. "The Cultural Logic of Late Capitalism." In: Cahoone (Hg.). *From Modernism to Postmodernism: An Anthology*. 556-572.

Jencks, Charles A. 1977. *The Language of Post-Modern Architecture*. London: Academy Editions.

—. 1986. *What is Post-Modernism?* London: Academy Editions.

—. 1996 [1986]. "What is Post-Modernism?" In: Cahoone (Hg.). *From Modernism to Postmodernism: An Anthology*. 471-480.

Loomba, Ania. 1998. *Colonialism/Postcolonialism*. London: Routledge.

Lützeler, Paul Michael. 2000. "Von der Postmoderne zur Globalisierung: Zur Interrelation der Diskurse." In: ders. (Hg.). *Räume der Literarischen Postmoderne: Gender, Performativität, Globalisierung*. Tübingen: Stauffenburg. 1-21.

McClintock, Anne. 1994 [1992]. "The Angel of Progress: Pitfalls of the Term 'Post-colonialism'." In: Williams/Chrisman (Hg.). *Colonial Discourse and Post-Colonial Theory: A Reader*. 291-304.

Mishra, Vijay, Bob Hodge. 1994 [1991]. "What is Post(-)colonialism?" In: Williams/Chrisman (Hg.). *Colonial Discourse and Post-Colonial Theory: A Reader*. 276-290.

Molony, John. 1987. *The Penguin Bicentennial History of Australia: The Story of 200 Years*. Ringwood: Viking.

Neilsen, Philip. 1990. *Imagined Lives: A Study of David Malouf*. St. Lucia: University of Queensland Press.

Osterhammel, Jürgen. 1995. *Kolonialismus: Geschichte, Formen, Folgen*. München: Beck.

Paranjape, Makarand. 1996. "Coping with Post-Colonialism." In: Trivedi, Harish, Meenakshi Mukherjee (Hg). *Interrogating Post-colonialism: Theory, Text and Context*. Shimla: Indian Institute of Advanced Study. 37-47.

Pierce, Peter. 1994. "Problematic History, Problems of Form: David Malouf's *Remembering Babylon*." In: Nettelbeck, Amanda (Hg.). *Provisional Maps: Critical Essays on David Malouf*. Nedlands: Centre for Studies in Australian Literature. 183-196.

Reinhard, Wolfgang. 1996. *Kleine Geschichte des Kolonialismus*. Stuttgart: Kröner.

Riemenschneider, Dieter (Hg.). 1983. *The History and Historiography of Commonwealth Literature*. Tübingen: Narr.

Said, Edward W. 1978. *Orientalism*. New York: Pantheon.

Spivak, Gayatri Chakravorty. 1987. *In other Worlds: Essays in Cultural Politics*. New York: Routledge; London: Methuen.

—. 1988. "Can the Subaltern Speak?" In: Nelson, Cary (Hg.). *Marxism and the Interpretation of Culture*. Urbana, Chicago: University of Illinois Press. 271-313.

Tiffin, Helen. 1990. "Introduction." In: Adam, Ian, Helen Tiffin (Hg.). *Past the Last Post: Theorizing Post-Colonialism and Post-Modernism*. Calgary: University of Calgary Press. vii-xvi.

Walder, Dennis. 1998. *Post-Colonial Literatures in English: History, Language, Theory*. Oxford: Blackwell.

Young, Robert J. C. 1995. *Colonial Desire: Hybridity in Theory, Culture and Race*. London: Routledge.

Stefanie Lethbridge

Literatursoziologie

1. Einleitung

Der Literatursoziologie geht es im weitesten Sinne um das Verhältnis von Literatur und Gesellschaft. In einer Zeit, in der die Literaturwissenschaft bemüht ist, sich zunehmend auch als Kulturwissenschaft zu definieren, sind Fragestellungen der Literatursoziologie daher wieder von wachsendem Interesse. Bei dem Versuch einer präziseren Definition dieses Themenbereichs kommt man jedoch schnell in Schwierigkeiten. In vielen Nachschlagewerken zur Literaturtheorie fehlt der Begriff überhaupt, was zum einen wohl daran liegt, daß das Gebiet schwer einzugrenzen ist – von der Autorenbiographie zur Bibliotheksstatistik gehört alles irgendwie dazu (Fabian 1980: 3) –, zum anderen, daß Literatursoziologie vielen als 'alter Hut' aus den 1960er und 70er Jahren gilt, es zum dritten gar nicht recht geklärt ist, ob Literatursoziologie eher der Soziologie oder eher der Literaturwissenschaft zuzuordnen ist, und sich zum vierten die wenigsten Literaturkritiker als Literatursoziologen bezeichnen würden, selbst wenn sie sich zumindest mit Teilaspekten der Relation zwischen Literatur und Gesellschaft beschäftigen. Es soll hier versucht werden, den Forschungsgegenstand, der sich für Literaturwissenschaftler mit dem Begriff Literatursoziologie verbindet, etwas einzugrenzen. Dazu wird die historische Entwicklung des literatursoziologischen Ansatzes kurz umrissen und dann aufgezeigt, wie sich dieser Ansatz in jüngster Zeit durch Impulse aus der Soziologie und der Geschichtswissenschaft entwickelt hat. Abschließend werde ich an einem praktischen Analysebeispiel demonstrieren, wie der Ansatz für eine Textanalyse fruchtbar gemacht werden kann.

2. Historische Entwicklung

Die Vorstellung, daß Literatur in ihrem Verhältnis zu Kultur und Geschichte gesehen werden sollte, um adäquat verstanden zu werden, ist eine sehr alte. Dabei muß man bedenken, daß sich erst im 18. Jahrhundert ein Literaturbegriff entwickelte, der die Literatur, oder genauer: die 'schöne' Literatur, als ein von anderen gesellschaftlichen Phänomenen separat zu betrachtendes sieht (Brewer 1997). Parallel dazu entwickelte sich sofort ein Bewußtsein, daß zwischen Literatur und Kultur eine Interdependenz besteht. Als wichtige Einflüsse auf dieses Bewußtsein

sind zu nennen: Voltaires Sozialgeschichte (*Le siècle de Louis XIV*, 1751), Johann
Herders literarischer Nationalismus und Madame de Staël, die in ihrem Essay "De
la littérature considérée dans ses rapports avec les institutions sociales" (1800) die
Unterschiede zwischen Nationalliteraturen in Relation setzt zu politischen Institutionen, Nationalcharakter, Klima und Zeitgeist. Auch Alexis de Toqueville
(*Démocratie en Amérique*, 1830) postuliert einen unzweifelhaft bestehenden
Zusammenhang, wiewohl keinen klaren Determinismus, zwischen der Literatur
einer Gemeinschaft und deren gesellschaftlicher Organisation: "Die Beziehungen
zwischen dem gesellschaftlichen und politischen Zustand eines Volkes und dem
Geist seiner Schriftsteller sind immer sehr mannigfache, wer den einen kennt, dem
ist der andere nie völlig fremd." (Toqueville 1968 [1830]: 66)

Die bloße Feststellung eines Zusammenhangs zwischen Literatur und Kultur
stellt natürlich noch keine Soziologie der Literatur dar. Den Ausgangspunkt der
sogenannten 'klassischen' Literatursoziologie bilden marxistische Positionen. Karl
Marx und Friedrich Engels selbst entwickeln keine systematische Ästhetik, betrachten aber Literatur als Teil der Interdependenz von Basis und Überbau, also
des Zusammenwirkens von Produktionsverhältnissen (Basis) und juristischem,
politischen bzw. ideologischem Überbau. Literarische Produktion wird als Bestandteil gesellschaftlicher Ideologieproduktion gesehen und ist letztlich immer
von den Produktionsverhältnissen und vom aktuellen Stand des Klassenkampfes
abhängig. Einzelne Schriftsteller bleiben dabei immer Agenten der einen oder
anderen Klasse (siehe Dörner/Vogt 1994: 15).

Differenzierter wird das Verhältnis von Literatur und Gesellschaft im Neo-
marxismus herausgearbeitet. Theoretiker wie Georg Lukács, Theodor W. Adorno,
Ernst Fischer, Christopher Caudwell und auch Lucien Goldmann begründen die
uns heute geläufige Ausprägung von marxistischer Literaturauffassung und Literatursoziologie.[1] Allerdings ist bei weitem nicht jeder literatursoziologische Ansatz
auch marxistisch, die Arbeiten von Robert Escarpit, Norbert Fügen und Richard
Altick etwa ebensowenig wie viele jüngere Untersuchungen im Rahmen der
Geschichte des Buches.[2]

Die Blütezeit der marxistischen Literatursoziologie lag in den 1960er und 70er
Jahren, in denen dann folgerichtig eine Reihe von Sozialgeschichten der Literatur
entstand. Wichtige neue Impulse hat der Ansatz in den letzten Jahrzehnten erhalten, zum einen durch neue theoretische Positionen in der Soziologie. Hier sind vor
allem die soziologischen Ausführungen von Pierre Bourdieu und die Systemtheorie in Anlehnung an Niklas Luhmann zu nennen. Zum anderen haben, von
seiten der Geschichtswissenschaft, besonders das wachsende Interesse an Mentali-

---

[1] Siehe auch die Liste von Standardwerken der Literatursoziologie in Maren-Grisebach (1985
    [1970]: 84).
[2] Den umfassendsten Überblick zur Buchgeschichte haben Finkelstein/McCleery (2002) vorgelegt.

tätengeschichte unter dem Einfluß der *Annales*-Historiker[3] und Untersuchungen zur Buch- und Lesergeschichte zum erneuten Aufblühen der Literatursoziologie beigetragen (siehe etwa die Arbeiten von Lucien Febvre und Henri-Jean Martin, Elizabeth Eisenstein, Robert Darnton und Roger Chartier).

Anstatt im folgenden einzelne *theoretische* Positionen im Detail zu referieren,[4] werde ich die eher *praktischen* Fragestellungen der Literatursoziologie in den Mittelpunkt stellen. Dabei wird jeweils exemplarisch auf theoretische Hintergründe zu verweisen sein. Was also macht Literatursoziologie und wie macht sie das? Welche Methoden werden verwendet, was ist Forschungsgegenstand, welche Fragestellungen und Erkenntnisinteressen stehen im Vordergrund?

3. Methoden

In der Literatursoziologie geht es vor allem darum, Literatur in möglichst vielen Facetten ihrer Beziehung zur Gesellschaft zu erforschen. Es gibt daher keine einzige und klar definierte Vorgehensweise der Literatursoziologie; vielmehr bedient sie sich einer Vielzahl von Methoden, je nach spezifischem Forschungsgegenstand. Allerdings können – ganz grob – zwei unterschiedliche methodische Ansätze unterschieden werden: ein empirischer und ein stärker theoriegelenkter.

Die Literatursoziologie versucht einerseits mit Hilfe von empirischen Methoden ähnlich denen der Soziologie, "objektive Gegebenheiten" systematisch zu erfassen (Escarpit 1961: 27). Hierzu zählen neben der Auswertung statistischer Daten (die Zahl verkaufter Bücher, die Ausleihfrequenz bestimmter Bücher aus Leihbibliotheken usw.) auch systematische Inhaltsanalysen (beispielsweise quantitative Analysen: Wie oft werden bestimmte Denkmuster evoziert? Welche Stereotypen werden mit welcher Häufigkeit verwendet?) oder Untersuchungen jener Strukturen, die Literatur und deren Produktion umgeben sowie deren Konsum möglich machen: politische Systeme, soziale Strukturen, Gewohnheiten der Freizeitgestaltung, technische Bedingungen wie Papierproduktion, Druckerpressen usw. (Überblicke geben Silbermann 1981: 71-76 und Escarpit 1961: 25-31).

Rein empirische Studien werden gelegentlich, und nicht ganz zu unrecht, als bloße Faktenhuberei kritisiert. Allzu leicht werden bei rein quantitativen Erhebungen literarische und vor allem ideologische Strukturen ausgeblendet (Sutherland 1988: 574). Es genügt daher meist nicht, es bei den empirisch erfaßbaren Daten zu

---

[3] Die Zeitschrift *Annales* wurde 1929 von Lucien Febvre und Marc Bloch gegründet und leitete einen Paradigmenwechsel in der Geschichtswissenschaft ein. Historiker der *Annales*-Schule widmen sich Fragen der bis dato eher vernachlässigten langfristigen strukturellen Veränderungen in Kultur und Gesellschaft, dabei auch Untersuchungen von Aspekten des Alltagslebens (Agrarpreise, Heiratsverhalten, Umgang mit Tod, usw.). Als Vorbild für die Arbeit der *Annales*-Historiker galt v.a. Fernand Braudels *La mediterranée et le monde méditerranéen à l'époque de Phillippe II* (1949).

[4] Eine besonders gut zu lesende Einführung zu theoretischen Positionen ist Dörner/Vogt (1994).

belassen: Auch ein empirisch arbeitender Literatursoziologe wird an einen Punkt
kommen, an dem er Schlußfolgerungen ziehen möchte, die über reine Empirie
hinausgehen, und er muß über größere Zusammenhänge spekulieren (Fabian 1980:
19f.). Dabei ist es allerdings wichtig, eventuell nötige Hypothesen mit zuvor
erhobenen Daten – und zwar mit allen diesen Daten – vereinbar zu machen.
Spekulation über mögliche Zusammenhänge zwischen Literatur und Gesellschaft,
die sich in keiner Weise auf die Erhebung empirischer Daten gründet, ist ein
Gebiet jenseits der empirischen Literatursoziologie. Jonathan Rose beispielsweise
besteht auf dieser Unterscheidung zwischen spekulativer und empirisch fundierter
Arbeit:

> T.J. Jackson Lears takes a fairly typical approach to the subject when he analy-
> zes a 1930 radio scenario: after a tired housewife tells her fatherly doctor her
> troubles, the program seques into a commercial, which assures women that a
> good night's sleep on a Beautyrest mattress will preserve their good looks and
> their husbands' affections. Lears then poses a leading question – 'Consider the
> constructions of gender and power at work in the passage' – *and answers it
> himself.* A history of audiences, however, would first consider the questions
> that Lears (and most other practitioners of cultural studies) fail to ask. Even if
> this advertisement seems to endorse 'female dependency' on male authority,
> how do we know that any listener consciously or subliminally absorbed that
> message? Assuming that women were paying attention [...], they might well
> have treated it as just another sales pitch. [...] an overworked housewife may
> have concluded that [...] it was high time to purchase something for her own
> comfort. Or perhaps an immigrant learned that in America a doctor was [...] a
> neighbor who could help negotiate a strange culture. My point is that *there is
> as much hard evidence for any of these readings as there is for Lears's*, which
> is to say, *none at all*; and we will get no closer to anwering these questions
> unless we shift our attention from the text to the audience. (Rose 2001: 5f.;
> meine Hervorhebungen)

In der Praxis versuchen vor allem neuere Studien, beeinflußt von der Methodologie der *Annales*-Schule, größere gesellschaftliche Entwicklungen auf der Grundlage detaillierter empirischer Befunde nachzuzeichnen (siehe Finkelstein/McCleery
2002: 1).

Neben schwerpunktmäßig empirischen Methoden gibt es verschiedene literatursoziologische Ansätze, die stärker theoriegeleitet sind. Hier sind vor allem
marxistische und neomarxistische Ansätze zu nennen, aber auch solche im Rahmen soziologischer Theorien wie der von Pierre Bourdieu oder auch der Systemtheorie. Stärker theoriegeleitete Ansätze machen es oft leichter, größere Zusammenhänge zu erkennen. Dies liegt vor allem daran, daß die Theorie bestimmte
Zusammenhänge schon vorgibt, beispielsweise das Verhältnis von Basis und
Überbau im Marxismus oder die Organisation der Gesellschaft in verschiedene

soziale Systeme und Kommunikationen in der Systemtheorie (Luhmann 1984). Theorien machen viele Fragestellungen erst möglich, weil sie den Blick des Forschers auf einen bestimmten Teilaspekt lenken und damit einen Weg vorgeben, auf dem nach bestimmten Antworten gesucht wird. Genau wie der reine Empiriker nicht ohne ein gewisses Maß an Spekulation auskommt, kann auch der theoriegeleitete Literatursoziologe nicht auf empirische Datenerhebung verzichten. Ein theoretischer Rahmen jedoch leitet den Blick auf bestimmte Daten. Dies kann ein Vorteil sein – man findet eher etwas, wenn man weiß, wonach man sucht, – aber auch ein Nachteil – man kann blind werden für jene Beobachtungen, die nicht in die Theorie passen.[5]

4. Forschungsgegenstand

Wenn man Literatur in Bezug zu Kultur und Gesellschaft setzen will, gilt es zunächst zu klären, was Literatur überhaupt ist. Dies ist nicht ganz einfach, schließlich ist jeder Literaturbegriff selbst wieder von kulturellen Konventionen geprägt. Besonders seit dem späten 18. Jahrhundert entwickelte sich ein eher exklusiver Literaturbegriff, der ästhetischen Wert gerade durch Abwesenheit einer pragmatischen oder gesellschaftlichen Funktion definiert. Dieser Auffassung nach ist ein Buch keine Kunst, keine Literatur mehr, sobald es eine klar ersichtliche Funktion hat – sei das praktisch, politisch, religiös, moralisch, oder auch nur gewöhnliche Unterhaltung, womöglich noch Massenunterhaltung. Einen solchen Literaturbegriff findet man auch bei vielen Marxisten, z.B. bei Lukács und Adorno. Ähnlich äußert sich Escarpit: "[...] wir bedienen uns zur Definition der Literatur keines eigenschaftsbestimmenden Kennzeichens. Unser Kriterium bleibt darin bestehen, was wir die Fähigkeit zur Zweckfreiheit genannt haben. Literatur ist jedes Wort, das nicht ein Werkzeug, sondern ein Selbstzweck ist." (Escarpit 1961: 23)[6]

Dagegen steht ein Literaturbegriff, der weniger exklusiv ist und auch Unterhaltungs- und Populärliteratur, bisher nicht kanonisierte Autoren, usw. miteinbezieht. Ein weiter gefaßter Literaturbegriff ist literatursoziologisch besonders interessant, denn gerade bei ästhetisch weniger innovativen Literaten, die sich um die Gunst eines großen Publikums bemühen, kann das Verhältnis zwischen Kultur und Literatur oft klarer aufgezeigt werden, eben weil sie bestrebt sind, den Erwartungen der Rezipienten zu entsprechen.[7] In der heutigen kritischen

---

[5] Ausführlicher beschäftigt sich der einleitende Beitrag zu diesem Band mit der Problematik von Theorie, Erkenntnisinteresse und wissenschaftlicher Beobachtung.

[6] Escarpit räumt später (1967: 37) die Unzulänglichkeit dieser Definition ein. Eine Einführung zum Thema bietet Eagleton (1996 [1983]).

[7] Das Verhältnis eines Werks zu den Rezeptionserwartungen der Leser hat die Rezeptionsästhetik mit dem Konzept des Erwartungshorizonts erfaßt. Siehe dazu den Beitrag von Ralf Schneider zur Rezeptionstheorie in diesem Band (bes. S. 193-195).

Diskussion wird daher ein relativ weiter Literaturbegriff favorisiert: Zur Literatur zählt man all jene Textsorten, die in einem fiktionalen Modus wahrgenommen werden (adaptiert von Dörner/Vogt 1994: 12). Dieser Literaturbegriff ist allerdings immer noch exklusiver als beispielsweise der des 17. und frühen 18. Jahrhunderts, der sämtliche Texte, auch wissenschaftliche, philosophische u.a., mit einbezog. Grundsätzlich ist festzuhalten, daß Texte ihren Status als Literatur oder Nichtliteratur ändern können; was als pragmatischer Text entstanden ist, kann in anderen Kontexten als Literatur rezipiert werden. Ein Beispiel wäre Edward Gibbons, *History of the Decline and Fall of the Roman Empire* (1776-88), das als Geschichtsbuch geschrieben wurde, heute aber oft als literarischer Text gelesen wird. Ähnlich liegt der Fall bei Montagen aus Zeitungsberichten, die zu einem Roman zusammengestellt werden. Solche historischen Betrachtungen verdeutlichen, daß Literatur zumindest teilweise im Vollzug des Lesens entsteht (Escarpit 1967: 38).

5. Dimensionen literatursoziologischer Fragestellungen

Man kann die Interessengebiete der Literatursoziologie grob in vier Dimensionen fassen: gesellschaftliche und soziale Aspekte der Produktion, des Textes, der Rezeption und schließlich der Distribution. Idealerweise würde eine literatursoziologische Untersuchung allen Dimensionen gleichzeitig nachgehen. Aus praktischen Gründen wird man sich aber immer auf einzelne Bereiche konzentrieren müssen. Somit steht die Literatursoziologie vor demselben – unlösbaren – Problem wie die Soziologie allgemein: Die Gesamtheit 'der Gesellschaft' oder des Komplexes 'Literatur und Gesellschaft' kann man sich zwar abstrakt vorstellen, aber der einzelne Untersuchungsgegenstand liefert dann doch immer nur Hinweise auf begrenzte Einzelaspekte. Es gibt allerdings verschiedene Theorieansätze, die für die Integration einzelner Befunde ein übergeordnetes Denkmodell entwickeln wollen. Neben den anfangs angesprochenen systemtheoretischen Ansätzen nach Luhmann wäre hier noch die Empirische Literaturwissenschaft (auch Empirische Theorie der Literatur, ETL) zu nennen, die maßgeblich von Siegfried J. Schmidt entwickelt wurde (vgl. Schmidt 1991). Diese basiert auf einer soziologischen Theorie der Handlungsrollen und faßt Literatur als Teilbereich gesellschaftlichen Handelns auf, in dem die Handlungsrollen des Produzenten, Rezipienten, Vermittlers (z.B. im Buchhandel) und Verarbeiters (z.B. Kritiker) in Abhängigkeit von individuellen und gesamtgesellschaftlichen Voraussetzungen systemhaft aufeinander bezogen sind. Im Rahmen dieses Ansatzes, der seit seiner ersten Darlegung in den 1970er Jahren wesentlich weiterentwickelt wurde, sind zahlreiche empirische Untersuchungen zu jedem dieser Handlungsbereiche durchgeführt worden.[8]

---

[8]   Solche empirischen Untersuchungen werden z.B. laufend in den Zeitschriften *Poetics* und *SPIEL* (*Siegener Periodicum zur Internationalen Empirischen Literaturwissenschaft*) veröffentlicht.

Die Dimension des Textes wird darin allerdings stark ausgeblendet, und die Tatsache, daß man Daten zu einzelnen, getrennten Teilbereichen literarischen Handelns erhebt, führt noch nicht automatisch zu einer Erklärung, wie diese miteinander interagieren – eine analytische Trennung der Untersuchungsperspektiven bleibt auch hier bestehen. Nachfolgend soll im einzelnen illustriert werden, wie man sich literatursoziologisch den vier Dimensionen Produktion, Text, Rezeption und Distribution von Literatur nähern kann.

5.1 Soziologie der literarischen Produktion

Eine Soziologie der literarischen Produktion interessiert sich für gesellschaftliche und soziale Aspekte der Produktion. Diese Fragestellungen kann man, wie oben angedeutet, zum einen theoretisch, zum anderen empirisch angehen. Als Beispiel für einen theoriegeleiteten Ansatz sollen Adorno und Horkheimer mit ihrem Konzept der Kulturindustrie dienen. Ihrer Auffassung nach ist Kulturproduktion, also auch Literaturproduktion, denselben Marktmechanismen unterworfen wie die Produktion jeder anderen Ware. Das zieht ihnen zufolge eine allgemeine Nivellierung der Kunst nach sich, denn es wird nur noch das produziert, was verlangt wird. Literatur wird dadurch zum reinen Konsumprodukt, durch das der Arbeiter seiner Entfremdung entfliehen kann; nicht Religion sondern Kultur und damit auch Literatur, wird zum 'Opium des Volkes'.[9] Durch die Nivellierung der Kultur und dem damit einhergehenden Verlust des gesellschaftskritischen Potentials von Kulturproduktion wird auch der Kulturkonsument zusehends unkritischer, er wird entmündigt, sowohl als Kulturkonsument als auch als Staatsbürger. Kultur erhält damit eine politische Dimension: "Vergnügt sein heißt einverstanden sein" (Horkheimer/Adorno 1971 [1944]: 130). Andererseits hat Literatur auch die Möglichkeit, das herrschende System zu unterlaufen und zu hinterfragen, indem sie sich gerade nicht der fortschreitenden Nivellierung unterwirft. Besonders die Lyrik wird im "Abstand vom bloßen Dasein [...] zum Maß von dessen Falschem und Schlechtem. Im Protest dagegen spricht das Gedicht den Traum einer Welt aus, in der es anders wäre." (Adorno 1968 [1963]: 215)[10]

Bei stärker empirisch geleiteten Ansätzen werden die Fragen konkreter: Wovon lebt ein Autor? Wer bezahlt ihn oder sie? Welche Abhängigkeiten ergeben sich daraus? Welche soziale Stellung nimmt ein Autor ein, welche gesellschaftliche Rolle spielt er? Welche materiellen Möglichkeiten und Einschränkungen gibt es bei der Buchproduktion? Auch ein Empiriker kann sich in der Frage der Pro-

---

[9] Diese Idee findet man schon im 19. Jahrhundert, beispielsweise bei Matthew Arnold (1965 [1869]).

[10] Dies ist im übrigen vergleichbar mit frühen idealistischen Positionen, z.B. der Sir Philip Sidneys in der Renaissance. Sidney schrieb seine einflußreiche *Defence of Poesie* 1580-1581, abgedruckt beispielsweise in der *Norton Anthology of English Literature* (in Auszügen) oder erhältlich unter www.uoregon.edu/~rbear/defence.html (1595 Ponsonby-Ausgabe).

duktion nicht darauf beschränken, Gehaltslisten von Autoren zu erstellen oder deren Wohnungseinrichtung zu inventarisieren. Es gilt, die komplexen Zusammenhänge auszuloten, in denen ein Autor schreibt. Was, beispielsweise, ist der gesellschaftliche Status eines Autors *qua* Autor? Welche Vorstellungen hat eine Gesellschaft von geistigem Eigentum und welche rechtlichen Konsequenzen werden daraus gezogen? Eine Erhellung solcher Zusammenhänge gibt oft Aufschluß darüber, wie und ob kreative literarische Produktion möglich ist und warum bestimmte Arten von Literatur zu bestimmten Zeiten verstärkt hervorgebracht werden. Interessant ist in diesem Kontext auch, daß offenbar kein direkter Zusammenhang besteht zwischen ökonomischer Sicherheit und ästhetischem Wert des literarischen Produkts. Dies zeigt wiederum, daß ökonomische Faktoren ästhetische Produktion nicht wirklich ergründen oder erklären können. Der Empiriker kommt hier schnell an die Grenzen seiner Methode.

5.2 Soziologie des Textes

Es mag überraschen, daß literatursoziologische Ansätze, die sich dezidiert auf die Ebene des Textes richten, ein relativ neues Phänomen sind. Klassische marxistische Ansätze reduzieren die ästhetische Struktur von Texten oft auf Inhalte und untersuchen beispielsweise die Darstellung von Gesellschaft oder die ökonomische Stellung einzelner Figuren im jeweiligen Text. Dabei wird das Verhältnis zwischen Gesellschaft und Literatur oft in der Spiegelmetapher gefaßt: Literatur spiegelt Gesellschaft – dies ist jedoch eine zu starke Vereinfachung der sehr viel komplexeren Relationen zwischen den beiden Bereichen.

Gegen diese Position richten sich neuere Ansätze in der Literaturkritik und auch der Literatursoziologie, die die klare Trennung zwischen Literatur und Gesellschaft aufheben und jedes wahrnehmbare Phänomen als eine Art Text betrachten oder doch zumindest die einseitige Einflußnahme in Frage stellen: Literatur ist nicht nur ein Spiegel der Gesellschaft sondern Literatur ist und macht Gesellschaft (siehe Ferguson/Desan/Griswold 1988). Aber schon Lukács betont, daß eine lineare Gleichsetzung von literarischen Inhalten und gesellschaftlichen Bedingungen eine unzulässige Reduktion ist. Das eigentlich Soziale der Literatur, so Lukács, liegt in der Form (Lukács 1961a [1909]: 72). Lukács verweist beispielsweise auf die gesellschaftliche Aussage, die gemacht wird, wenn die Literatur einer Zeit bestimmte Charaktertypen bevorzugt. Man könnte beispielsweise auch fragen, inwiefern die Vorliebe für dominierende, meist heterodiegetische, Erzähler im 19. Jahrhundert einen bestimmten Typus von Gesellschaftsorganisation zum Ausdruck bringt oder inwiefern dies bei den oft fragmentierten Handlungsstrukturen im postmodernen Roman der Fall ist.

Es sollen an dieser Stelle zwei recht unterschiedliche Ansätze zur Soziologie des Textes kurz vorgestellt werden, der des Soziologen Pierre Bourdieu und der des Bibliographen Donald F. McKenzie. In der Soziologie Bourdieus (der Soziologie der symbolischen Formen, wie er es nennt) ist Gesellschaft in den Dimensionen von vier Begriffen zu beschreiben: Klasse, Kapital (sowohl ökonomisches als auch symbolisches wie z.B. Ehre), Feld und Habitus. Auch ein literarischer Text ist innerhalb dieser Dimensionen beschreibbar. Als Beispiel soll für den Moment nur die letzte Dimension dienen: Habitus sind die im Prozeß der Sozialisation erworbenen Wahrnehmungs-, Denk- und Handlungsmuster. Der Habitus funktioniert wie eine Art Grammatik des Sozialen, er steuert Handeln, ohne daß sich der Handelnde einer solchen Steuerung bewußt wird. Habitus gewinnt schließlich Zeichencharakter und kann wie andere Zeichen in einem Text interpretiert werden. Bourdieu veranschaulicht das Konzept des Habitus am Beispiel des Essens. Die Essensgewohnheiten der Unterschichten stehen

> [...] unter dem Zeichen der Fülle (was Beschränkungen und Grenzen nicht ausschließt), vornehmlich aber der Freizügigkeit: auf den Tisch des Hauses kommen 'elastische' und 'reichlich vorhandene' Speisen – Suppen und Soßen, Nudeln und Kartoffeln [...] – die, mit Löffel oder Schöpfkelle serviert, gar nicht erst den Eindruck aufkommen lassen, man müsse streng bemessen oder abzählen, ganz im Unterschied zu allem, was wie Braten geschnitten werden muß [...] Dem 'freimütigen', ungezwungenen Essen der 'einfachen Leute' setzt der Bourgeois sein Bemühen um *formvollendetes* Essen entgegen. 'Formen' sind zunächst einmal geregelte Abläufe, die Warten, Zögern, Zurückhaltung beinhalten: vermieden werden muß der Eindruck, als stürze man sich auf die Speisen; man wartet ab, bis auch der letzte sich aufgetan hat und zu essen beginnt; man bedient sich diskret. Gegessen wird streng nach Speiseordnung, sie schreibt vor, was zusammen auf den Tisch gestellt werden darf, was auf keinen Fall: Braten und Fisch, Käse und Dessert. Keine Nachspeise, bevor nicht alles übrige – einschließlich des Salzstreuers – vom Tisch geräumt und die Krümel weggewischt sind (Bourdieu 1982: 313 und 315; Hervorhebung im Original)

Allerdings betont Bourdieu, daß Habitus lediglich dauerhafte Dispositionen von Akteuren beschreibt, daß mit anderen Worten gewisse Reaktionen und Handlungsmuster relativ wahrscheinlich werden, Verhalten aber nicht mit völliger Sicherheit determiniert wird.

Die Idee, daß man an jemandes Benehmen erkennt, aus welchem sozialen Milieu er stammt, ist natürlich nicht unbedingt neu. Bourdieu stellt aber auch für die Literaturkritik nutzbare Beschreibungskategorien zur Verfügung. So läßt sich das Konzept des Habitus beispielsweise bei Untersuchungen zu Literaturkonsum und Lesererwartungen anwenden. Hier lassen sich die Zusammenhänge von Bildungsvoraussetzungen, Lebensgewohnheiten und Schichtzugehörigkeit auf der einen und Konsum bestimmter Arten von Literatur (etwa Gedichtbände im Gegensatz zu Heftchenromanen) auf der anderen Seite analysieren. Textintern kann man fragen, wie Figuren durch ihren Habitus im Text verortet werden. Das Konzept

schärft außerdem das Bewußtsein dafür, daß man zumindest bei einer historischen
Textanalyse über den zeitgenössischen Habitus informiert sein sollte. Man wird
beispielsweise Schwierigkeiten haben, einen mittelalterlichen Ritterroman historisch fundiert zu verstehen, wenn man nichts über die mittelalterliche Vorstellung
von Ehre weiß. Ein Beispiel aus jüngerer Zeit: Am Anfang des Romans *Room at
the Top* von John Braine (1957) wird der Protagonist sozial und auch charakterlich
über seine Kleidung situiert. Der Ausschnitt beschreibt die Ankunft des Helden
Joe am Ort seiner neuen Karriere:

> My clothes were my Sunday best: a light grey suit that had cost fourteen guine-
> as, a plain grey tie, plain grey socks, and brown shoes. [...] My trenchcoat and
> my hat, though, weren't up to the same standard; the coat, after only three
> months, was badly wrinkled and smelled of rubber, and the hat was faintly
> discoloured with hair-oil and pinched to a sharp point in front. (Braine 2000
> [1957]: 1)

Man kann nun mit einigen Grundkenntnissen westlicher Mode und Kleiderord-
nung erkennen, daß es sich hier um einen jungen Mann handelt, der, vermutlich
ehrgeizig, bemüht ist, durch sein Äußeres einen günstigen Eindruck zu machen,
der aber dazu offenbar nicht genug Geld hat. Daß es sich hier um eine etwas
lächerliche Figur handelt, die offensichtlich sozialen Aufstieg anstrebt, mit den
Regeln einer anderen Schicht aber nicht recht vertraut ist, erkennt man nur, wenn
man die Kleidungscodes der englischen *upper classes* näher kennt. Ein englischer
Gentlemen würde kaum auf den Gedanken verfallen, sich so Ton in Ton zu klei-
den, wie Joe das hier tut. Joe selbst lernt das erst später: "Later I learned, among
other things, never to buy cheap raincoats, to punch the dents out of my hat before
I put it away, and not to have my clothes match too exactly in shade and colour."
(ebd.) Eine Sensibilisierung für Fragen des Habitus kann hier das Textverständnis
vertiefen.

Ein anderer und einflußreicher Ansatz zur Soziologie des Textes ist jener von
Donald F. McKenzie (vor allem McKenzie 1981 und 1999). McKenzie vertritt die
Ansicht, daß visuelle Elemente der Textgestaltung als wichtige Bedeutungs-
determinanten fungieren. Damit stellt er sich gegen eine Auffassung der textimmanenten Ansätze im New Criticism wie auch in späteren postmodernen Ansätzen, die die Botschaft des Textes weder in der typographischen Gestaltung noch
in einer eventuellen Autorenintention suchen, sondern lediglich einer 'Bedeutungs-
essenz' im linguistischen Code des Textes nachspüren. McKenzie demonstriert
seine These anhand einer Reihe von Beispielen. So weist er darauf hin, daß James
Joyce in der von ihm selbst überwachten Ausgabe von *Ulysses* (1922) Elemente
der Text*gestaltung* gezielt einsetzt, um die sprachliche Text*bedeutung* zu unterstützen. Er fügt beispielsweise auf der Seite 88 einen aus acht Wörtern bestehenden Satz ein: "Aged 88, after a long and tedious illness". Auch wurde die Passage,
in der Bloom über die Geschwindigkeit reflektiert, mit der Gegenstände zur Erde

fallen, für den Druck grundlegend überarbeitet, um Blooms Beobachtung "thirty-two feet per second" zum 32. Satz des Absatzes zu machen. *Ulysses* spielt im Jahr 1904, einem Schaltjahr, worauf im Buch mehrmals hingewiesen wird; ein Schaltjahr hat 366 Tage, beziehungsweise 732 Tage und Nächte und der Text der *Ulysses*-Ausgabe von 1922 ist auf genau 732 Seiten (also 366 Blättern) abgedruckt. Auf der Seite 365 sieht Bloom die Sonne untergehen, der Rest des Romans spielt in der Dunkelheit; bevor er selbst einschläft, gerade zur Mitte des Buches, reflektiert Bloom über die mögliche Präsenz göttlicher Ordnung, die er als "Done half by design" bezeichnet (Zitate nach McKenzie 1991: 57-60). Jede *Ulysses*-Ausgabe, die diese die Textbedeutung reflektierende Textgestaltung vernachlässigt (und das ist meistens der Fall), übergeht damit ein vom Autor bewußt gestaltetes Text- und Bedeutungselement.

Typographische Gestaltung kann nicht nur linguistische Codes unterstützen, sondern gelegentlich auch Textbedeutung verändern. McKenzie illustriert dies am Beispiel William Congreves. In der autorisierten Ausgabe von Congreves Werken (1710) finden sich im Prolog zu *The Way of the World* folgende Zeilen:

> *He owns, with Toil, he wrought the following*
> *Scenes,*
> *But if they're naught ne'er spare him for his Pains:*
> *Damn him the more; have no Commiseration*
> *For Dulness on mature Deliberation.*

Diese Passage wird als Eingangszitat in einem einflußreichen Aufsatz von William K. Wimsatt und Monroe C. Beardsley, "The Intentional Fallacy" (1967 [1946]), der die Irrelevanz der Autorenintention für die Textinterpretation nachweisen will, in folgender Form wiedergegeben:

> He owns with toil he wrote the following scenes;
> But, if they're naught, ne'er spare him for his pains:
> Damn him the more; have no commiseration
> For dullness on mature deliberation.
>   WILLIAM CONGREVE, Prologue to
>   *The Way of the World*

Folgende typographische Veränderungen sind festzustellen: Wimsatt und Beardsley modernisieren Congreves Orthographie; auf Großbuchstaben an Wortanfängen wird verzichtet, "wrought" wird zur "wrote" (ob aufgrund modernisierter Schreibung oder unsauberer Zitierweise ist nicht ganz klar), Kursivschrift wird recte gesetzt, die Kommata um den Einschub "with Toil" werden weggelassen. Diese typographischen Veränderungen, und es handelt sich – vielleicht abgesehen von der Veränderung *wrought/wrote* – nicht um Veränderungen im linguistischen Code, sondern lediglich um sogenannte 'accidentals' (siehe Greg 1966 [1949]: 376), bedingen nun laut McKenzie eine Änderung in der Textbedeutung, sind also keineswegs nur 'accidental': Indem die Kommata vor und nach "with Toil" den

Lesefluß unterbrechen, betonen sie diesen Einschub. Dadurch wiederum wird besonders hervorgehoben, daß das Kunstwerk, auf welches hier verwiesen wird, die Werke Congreves, das Ergebnis harter Arbeit ist. Entfallen die Kommata, wie in der Version von Wimsatt und Beardsley, entfällt auch die Zäsur und damit die besondere Betonung. Eine ähnliche Abschwächung der Bedeutung des Künstlers und seiner schwierigen Arbeit am Kunstwerk erfolgt als Ergebnis der Veränderung des Wortes "wrought" (gefertigt, abgerungen) in "wrote" (geschrieben). "Wrought" betont den fast schmerzhaften künstlerischen Prozeß, während "wrote" in diesem Kontext recht neutral ist und kaum Konnotationen schwieriger Gestaltungsprozesse hat. Dazu kommt, daß durch die Wortveränderung von "wrought" zu "wrote" der interne Reim mit "naught" verloren geht und damit die ironische Anspielung auf die drohende Verkehrung der harten Arbeit ins Nichts, die der Autor ja gerade befürchtet, aufgegeben wird. Durch den Einsatz von Großbuchstaben personifiziert Congreve die Abstrakta, die er erwähnt ("Toil", "Commiseration", "Dulness", "Deliberation", usw.) und evoziert dadurch eine konkrete visuelle Vorstellung; er spielt auf den im 18. Jahrhundert bekannten und populären Kampf zwischen "Dulness" und "Deliberation", zwischen Dummheit und Vernunft an. Durch die Kleinschreibung bei Wimsatt und Beardsley wird diese Anspielung verdeckt und der Text verliert an visueller Ausdruckskraft und Bedeutungsvielfalt. Man könnte McKenzies Argumentation noch hinzufügen (er selbst macht diese Beobachtung nicht), daß der Einsatz von Kursivschrift den nichtmediatisierten Sprechmodus des Autors signalisiert; innerhalb der Stücke der Werkausgabe von 1710 werden neben Hervorhebungen auch Regieanweisungen und Sprechernamen jeweils kursiv gesetzt. Aus diesen Beobachtungen kann man schlußfolgern, daß die Persona des Künstlers im Original insgesamt präsenter ist als in dem Nachdruck bei Wimsatt und Beardsley. Dies ist nun für Wimsatt und Beardsley ein recht bequemes Ergebnis ihrer typographischen Veränderungen, sind sie doch bemüht in ihrem Aufsatz nachzuweisen, daß eine Bedeutungsrekonstruktion mit Rekurs auf eine mögliche Autorenintention nicht wünschenswert ist. Es handelt sich dabei jedoch, folgt man McKenzie, um eine Veränderung gegenüber der ursprünglich intendierten Bedeutung des Textes, die der Autor als Mitschöpfer der typographischen Erscheinungsform des Textes, zumindest in Fällen wie bei Joyce und Congreve, aktiv mitgestaltete. Zwar betont McKenzie, daß die intendierte Textbedeutung des Autors nicht die einzige Bedeutung eines Textes ist, aber er möchte darauf hinweisen, wie typographische Gestaltung diese beeinflussen kann und wie durch eine aufmerksame Analyse der Textgestalt die Autorenintention, zumindest annäherungsweise, rekonstruierbar ist.

Unabhängig von Fragen der Autorenintention ist McKenzies Analyseansatz auch dann nützlich, wenn der Einfluß typographischer Gestaltung allgemein analysiert werden soll. Besonders Jerome McGann besteht darauf, daß die Materialität eines Textes ein wichtiger Bestandteil von dessen Bedeutung ist, auch wenn sie nicht vom Autor mitgestaltet wird (McGann 1991). Wie beispielsweise ändert sich die Textbedeutung durch eine ausführlich annotierte Studienausgabe der Werke Shakespeares, die auf jeder Seite mehr Fußnoten als Text aufweist, im Vergleich zu einem Faksimilenachdruck der Folioausgabe oder einer im Geschmack des 19. Jahrhunderts verzierten Schmuckausgabe mit Goldschnitt und reicher Bebilderung oder einer 'All-in-one-volume' Taschenbuchausgabe aus billigem Papier, die nur bei guten Lichtverhältnissen überhaupt zu entziffern ist? Spezifische Textgestaltung evoziert ein spezifisches 'Image' und nimmt damit Einfluß auf Textbedeutung. Dieser Bereich ist allerdings schon eng verbunden mit Fragen der Rezeption.

5.3 Soziologie der literarischen Rezeption

Für theoretische Standpunkte in Fragen der literarischen Rezeption, die auch für literatursoziologische Ansätze fruchtbar gemacht werden können, sei an dieser Stelle auf das Kapitel zur Rezeptionstheorie im vorliegenden Band verwiesen (S. 189-211). Empirisch-soziologische Ansätze zur literarischen Rezeption beschäftigen sich vorwiegend mit Fragestellungen der sozialen Situation, des Bildungsgrades, der konkreten Rezeptionssituation und neuerdings auch verstärkt mit Verarbeitungsprozessen beim Rezipienten: Wer liest, wer kann lesen, wer kann sich Bücher leisten, wo wird gelesen, wie wird gelesen, wozu wird gelesen, wie wird das Gelesene vom einzelnen Leser verarbeitet und für persönliche Zwecke umfunktioniert?

Solcherlei Untersuchungen betrachten beispielsweise Bibliotheksstatistiken, Verkaufszahlen, Alphabetisierung, die Anzahl und Art der Bücher im Besitz von Mitgliedern unterschiedlicher Gesellschaftsschichten usw. Über solche *quantitativen* Erhebungen wird versucht, sich den tatsächlichen Rezeptionsbedingungen zu nähern. Grundsätzlich wird dabei von der Annahme ausgegangen, daß die konkrete Rezeptionssituation den Rezeptionsprozeß entscheidend beeinflußt. Vor allem der Textgebrauch – aber damit auch das Textverständnis, weil jeweils unterschiedliche Aspekte des Textes in den Vordergrund der Wahrnehmung rücken – ist ein anderer, wenn der Text in der Gruppe und laut oder alleine und leise gelesen wird, ob für Studium und Weiterbildung oder nur zur Unterhaltung. Erweitert man die Fragestellung nach Rezeptionsbedingungen, wird man den Blick auch auf soziale und technische Gegebenheiten richten wollen. Wann beispielsweise hat ein Handwerker, ein Beamter, ein Arbeiter Zeit zum Lesen? Wie, mit anderen Worten, wird Freizeit gestaltet? Wann liest die Ehefrau? Bekommt sie vielleicht eher vorgelesen? Gerade Frauen wurden oft gezielt beim Lesen oder Lesenlernen behindert oder ihr Lesestoff wurde von männlichen Familienmitgliedern gefiltert. Wie lange kann am Stück gelesen werden bzw. mit welchen Unterbrechungen ist zu rechnen? Wie sind die Lichtverhältnisse überhaupt beschaffen? Antworten auf solche Fragen rücken andere Fragestellungen der Literaturwissenschaft manchmal in ein neues Licht. Liest ein Literaturwissenschaftler in der Abgeschiedenheit seines häuslichen und gut beleuchteten Arbeitszimmers einen Text konzentriert und als organisches Ganzes, wird er andere Beobachtungen am Text machen als jene Rezipientin, die häufig unterbrochen wird, die vielleicht nur in der Mittagspause eine halbe Stunde lesen kann, oder die den jeweiligen Text nur vorgelesen bekommt. Daraus folgt nun auch, daß der Literaturwissenschaftler nur bedingt seinen Rezeptionsprozeß und damit sein Textverständnis übertragen kann auf jene des Analphabeten, der vielbeschäftigten Hausfrau, der Fabrikarbeiterin. Zumindest liegt es nahe, sich genauer mit den historischen Rezeptionsbedingungen auseinanderzusetzen, wenn man versuchen will, historische Rezeptionsprozesse zu rekonstruieren. Klassische Untersuchungen solcher Rezeptionsbedingungen haben beispielsweise Richard Altick und Robert Escarpit durchgeführt. Dieser Ansatz hat besonders in jüngerer Zeit mehrere Nachfolger gefunden, allen voran Jonathan Rose (1992, 2001).

Ein großes Problem rein quantitativer Erhebungen ist, daß wichtige Aspekte des Lesevorgangs vernachlässigt werden. Es sagt eben doch noch nichts Definitives darüber aus, welche gesellschaftlichen Auswirkungen Lektüre hat, wenn man weiß, wer wo welche Bücher las. Glücklicherweise werden quantitative Erhebungen oft durch *qualitative* ergänzt. Zeitgenössische Leser können in offenen Interviews nach ihren Leseerfahrungen befragt werden. Eher schwieriger ist es bei historischen Studien, da die wenigsten Menschen ihre Leseerfahrungen schriftlich festhalten. Ein Historiker, so Robert Darntons recht pessimistische Einschätzung, "stößt [...] immer wieder auf das ungeheure Schweigen, das den Großteil des Denkens der Menschheit verschluckt hat" (Darnton 1998a [1980]: 157). Trotz der offensichtlich beträchtlichen Schwierigkeiten, die Leseerfahrung des Durchschnittslesers, des sogenannten *common reader*, zu rekonstruieren, wurden in letzter Zeit einige Arbeiten vorgelegt, die durch sorgfältige Aufarbeitung von Arbeiterbiografien, Fanpost, Tagebüchern, Schulaufzeichnungen, sogar Protokollen der Inquisition, wichtige Information zu historischen Rezeptionsprozessen empirisch belegbar zusammengetragen haben.[11]

Interessant sind solche empirischen Studien vor allem dann, wenn sie stärker theoriegelenkte Textanalysen bestätigen oder auch widerlegen. Jonathan Rose beispielsweise demonstriert eindrücklich, wie selektiv rezipiert wird, wie z.B. ideologische Elemente eines Textes einfach ausgeblendet werden, die vielleicht dem Verfasser wichtig waren, die aber in der jeweiligen Rezeptionssituation völlig irrelevant werden und damit mögliche manipulierende Intentionen des Autors unterlaufen. Rose zitiert George Acorn, einen Arbeiter im 19. Jahrhundert, der eine Strategie des Überspringens entwickelte: "I used to skip the parts that moralized, or painted verbal scenery, a practice at which I became quite dextrous."

---

[11] Beispiele sind neben Rose (2001) die Arbeiten von Vincent (1989), McAleer (1992), Carr (2000), Ginzburg (1990); einen Überblick gibt der Sammelband von Cavallo/Chartier (1999).

Acorn beschreibt seinen Umgang mit "the flood of goody-goody literature which was poured in upon us" folgendermaßen:

> Kindly institutions sought to lead us into the right path by giving us endless tracts, or books in which the comparative pill of religious teaching was clumsily coated by a mild story. It was necessary in self-defense to pick out the interesting parts, which to me at the time were certainly not those that led to the hero's conversion, or the heroine's first Prayer. (zitiert in Rose 1992: 67)

Solche Lesestrategien legen nahe, daß es nur begrenzt vorhersagbar ist, was ein jeweiliger Leser aus einem bestimmten Text macht. Texte erhalten auf diese Weise völlig überraschende Bedeutungen; Roger Chartier spricht bei solch selektiver Aneignung von Texten durch den Leser von "appropriation" (Chartier 1987: 3). Wie schon erwähnt, ist es daher ratsam, die ideologische Wirkung von Texten eher vorsichtig zu postulieren, bevor nicht empirische Daten vorliegen, die bestätigen, daß dieser Text auch tatsächlich so rezipiert wurde.

5.4 Soziologie der Distribution und das literarische Feld

Alle bisherigen Erläuterungen legen nahe, daß Literatur nicht im luftleeren Raum produziert oder rezipiert wird, sondern in einem System zusammenwirkender Faktoren, dem literarischen Feld, wie Bourdieu (1999) dieses System bezeichnet hat. Literarische Texte werden in solche Felder hineingeschrieben, die Reaktionen von Lesern, Verlegern usw. werden antizipiert und beeinflussen entsprechend die Textproduktion. Texte sind also nicht die reine Ausgeburt des genialen Geistes, sondern werden durch das literarische Feld entscheidend mitbedingt. Robert Darnton (1998b [1982]: 70; siehe Abb. 1 auf S. 178) bringt diese Eingebundenheit der Textproduktion in einem 'Kommunikationszirkel' zum Ausdruck.[12]

Eine Analyse von Literaturproduktion innerhalb des Kommunikationszirkels fragt damit auch nach technischen und logistischen Bedingungen von Literatur und im weiteren Sinne von bestimmten Formen der Kommunikation. Einige Beispiele sollen dies illustrieren: Buchproduktion in der heutigen Form ist nur möglich durch Papierproduktion. Im größeren Stil wurde diese wiederum erst ab etwa dem 13. Jahrhundert kosteneffizient, nachdem durch den verstärkten Einsatz von Leinen zur Herstellung von Leibwäsche größere Mengen an Textilresten zur Verfügung standen, die für die Papierproduktion gebraucht wurden – Papier wurde erst ab dem 19. Jahrhundert aus Holz hergestellt (Febvre/Martin 1997: 29-44).

---

[12] Darntons Zirkel ist eine Weiterentwicklung von Escarpits Konzept der 'circuits' von Produktion, Distribution und Konsum vor allem für die Zwecke des Sozialhistorikers. Adams und Barker (1993) modifizieren Darntons Modell für die Zwecke bibliographischer Untersuchungen. Es gibt bislang noch keine allgemein akzeptierte Anpassung des Modells im Hinblick auf literaturwissenschaftliche Fragestellungen.

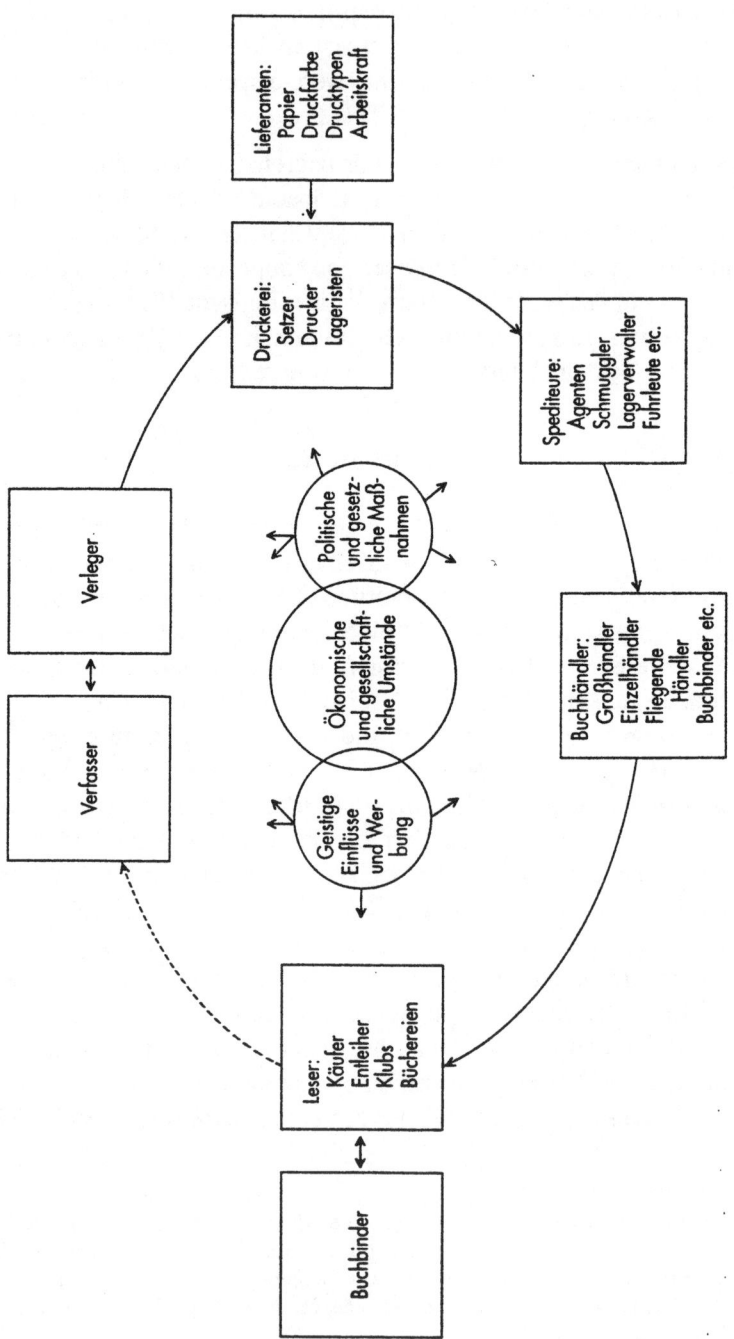

Abb. 1: Der Kommunikationszirkel (aus: Darnton 1998b [1982]: 70)

In vielen Teilen Europas wurde der Handel mit neuen Büchern im Spätsommer deutlich behindert, da Fuhrleute um diese Zeit mit der Ernte beschäftigt waren und nicht für Buchlieferungen zur Verfügung standen (Darnton 1998b [1982]: 90). Eines der eingängigsten Beispiele für den Einfluß des literarischen Feldes auf die Literaturproduktion ist wohl der Fall Charles Edward Mudie. Mudie unterhielt im England des 19. Jahrhunderts eine Reihe von Leihbibliotheken und war als Großabnehmer von Literatur, besonders von teuren, meist dreibändigen Romanen mit festem Einband (sogenannten *three-decker-novels*) vielleicht die wichtigste Kraft in diesem Marktsegment (Sutherland 1976: 24-30; Griest 1970). Nun hatte Mudie sehr konkrete und relativ strenge Vorstellungen, welche Art Literatur seinen Kunden gefalle oder auch zu gefallen habe, und er lehnte es strikt ab, Romane mit 'zweifelhaftem' Inhalt, sei es moralischer oder ideologischer Natur, in sein Angebot aufzunehmen. Im Ergebnis wirkte sich diese Haltung Mudies aus wie ein Zensurmechanismus: Verleger wollten Mudie als Abnehmer ihrer Romane nicht verlieren und weigerten sich daher, Texte zu verlegen, die Mudies Prinzipien nicht entsprachen. Dies wiederum führte dazu, daß solche Texte gar nicht erst geschrieben wurden, da ihre Chance, einen Verleger zu finden, relativ gering war. Ein weiterer wichtiger Maßstab zur Beurteilung von Literatur im 19. Jahrhundert war beispielsweise die Frage, ob man den entsprechenden Text in Anwesenheit von Damen laut vorlesen konnte, ohne rot zu werden. Diese Frage war durchaus relevant, da viele Romane im Familienkreis laut gelesen wurden und ein den damaligen Moralvorstellungen gemäß vertrauenswürdiger Autor, Verlag oder eben Bibliotheksbesitzer damit auch ein entscheidendes Auswahlkriterium der Lektüre werden konnte. In *Oliver Twist* (1837-38) spielt Charles Dickens auf solche Konventionen an. In der folgenden Szene erzählt der Diener Giles den anderen Dienstboten, wie er den gefährlichen Einbrecher unschädlich machte:

'I tossed off the [bed]clothes,' said Giles, throwing away the tablecloth, and looking very hard at the cook and housemaid, 'got softly out of bed, drew on a pair of –' 'Ladies present, Mr. Giles,' murmured the tinker. '– Of *shoes*, sir,' said Giles, turning upon him. (zitiert nach Altick 1973: 194-195)

Gelegentlich erfolgen auch direkte Eingriffe in den Text oder dessen Gestaltung und Vermarktung durch Akteure im literarischen Feld, meist Verleger oder deren Lektoren, aber auch Herausgeber, Setzer, Designer oder Marktstrategen. So wurde Anthony Trollope von seinem Verleger dazu bewogen, den Ausdruck "fat stomach" in "deep chest" zu ändern, um viktorianisches Dekorum zu wahren (Sutherland 1976: 27); George Eliot mußte die Beschreibung von Mrs Moss in *The Mill on the Floss* von "a patient, loosely-hung, child-producing woman" modifizieren zu "a patient, prolific, loving-hearted woman" (Altick 1973: 195). Frederick Macmillan änderte in letzter Minute das Cover-Design für Mrs Humphrey Wards *Miss Bretherton*, weil ihm zu Ohren gekommen war, daß Mudie die geplante Titelgestaltung ablehnte (Sutherland 1995:138). Ab Mitte des 19. Jahrhunderts wurde, nicht zuletzt durch den Einfluß von Charles Dickens, das Weihnachtsfest gezielt als Vermarktungsstrategie für Bücher eingesetzt und Bücher wurden speziell für diesen Markt produziert.

Die Analyse des literarischen Feldes ist sicherlich interessant und macht vor allem deutlich, daß Literatur nicht nur 'so entsteht', sondern daß sie gemacht wird. Vor allem die Vorstellung vom Autor, der im stillen Kämmerlein künstlerischen Inspirationen nachgeht, dürfte sich durch ein literatursoziologisch geschärftes Bewußtsein relativieren. Das Problem dieses Ansatzes allerdings ist schon aus Darntons Kommunikationszirkel ersichtlich: Der Text verschwindet aus dem Gesichtsfeld; er scheint im Kommunikationszirkel keinen Platz zu haben, was sicherlich aus Sicht der Literaturwissenschaft nicht befriedigend sein kann. Es soll nun in einem letzten Teil deutlich gemacht werden, wie ein Interpretationsansatz, der literatursoziologische Aspekte im Auge behält, auch für die Textanalyse selbst nutzbar gemacht werden könnte.

6. Beispielanalyse: Charles Dickens, *Hard Times*

Charles Dickens veröffentlichte den Roman *Hard Times* in der von ihm selbst herausgegebenen Wochenzeitschrift *Household Words* von April bis August 1854 in 20 Folgen von je zwei bis drei Kapiteln. *Household Words* war eine Zeitschrift, die sehr billig produziert und auch verkauft wurde (je Ausgabe kostete sie nur 2d)[13] und die auch dadurch eine sehr große Leserschaft anzog; die durchschnittliche Verkaufszahl belief sich auf 40.000 (Altick 1998 [1957]: 394). Durch das Erscheinen von *Hard Times* wurden die Verkaufszahlen der Zeitschrift zunächst verdoppelt, dann vervierfacht (Craig 1985 [1969]: 37). Dickens publizierte fast alle seiner Romane zunächst als Fortsetzungsromane (*serials*), meist für monatlich erscheinende Zeitschriften oder in separaten Monatsheften zum Preis von 1s (*shilling numbers*), gelegentlich auch für wöchentlich erscheinende Zeitschriften wie *Household Words*. Entsprechend weisen Dickens' Romane Charakteristika auf, die dem Erscheinungsmodus als Fortsetzungsroman besonders entgegenkommen, die aber, liest man den Text am Stück, möglicherweise unpassend erscheinen. Die materiellen Gegebenheiten der Publikationsform bestimmen so ästhetische Elemente mit. Es ist daher sinnvoll, diese Aspekte der Dickens-Texte auch im Hinblick auf ihre ursprüngliche Erscheinungsform zu betrachten und zu beurteilen.

Ein Fortsetzungsroman wird, eher als ein in *einem* Band publizierter Roman, auch mit Lesern konfrontiert, die eine Zeitschrift nur aus Langeweile oder für ganz andere Zwecke als das Lesen des Romans in der Hand halten. Der Text muß, will er das Interesse auch des zufälligen Lesers sofort wecken, von Anfang an interessant und relativ spannungsgeladen sein. Während jede einzelne Folge in sich mehr oder weniger geschlossen sein muß, gilt es auch, im Leser genügend Neu-

---

[13] Die Abkürzung 'd' (= denarius) steht für *penny*, 's' steht für *shilling*.

gierde auf die nächste Folge zu wecken, so daß die nächste Ausgabe der Zeitschrift vielleicht sogar aus diesem Grund erworben wird. Eine besondere Schwierigkeit des Fortsetzungsromans, dessen Folgen ja in Abständen von einer Woche oder sogar einem Monat gelesen werden, ist es, dem Leser ein klares Verständnis von Handlung und Figuren zu vermitteln und, besonders bei einer Vielzahl von Figuren wie gerade bei Dickens, diese nicht in Vergessenheit geraten zu lassen.[14] Ebenso müssen alle Folgen eines Fortsetzungsromans ungefähr gleich lang sein, um sich dem Layout der Zeitung anzupassen. Die Spannungskurve jeder Folge muß also innerhalb eines relativ engen Spielraumes geplant werden. Dickens stellte dazu im Januar 1854 folgende Rechnung auf:

> One sheet (sixteen pages) of Bleak House, will make ten pages and a quarter of Household Words. Fifteen pages of my writing, will make a sheet of Bleak House. ~~A line or two more than a~~ A Page and a half of my writing will make a page of Household Words. [...] The quantity of the story to be published weekly, being about five pages of Household Words, will require about seven pages and a half of my writing. (Dickens 1966 [1854]: 232)

Untersucht man nun beispielsweise die erste Folge von *Hard Times* (erstes bis drittes Kapitel der Buchausgabe), kann man feststellen, daß sowohl inhaltlich als auch strukturell und stilistisch dem Veröffentlichungsmedium Rechnung getragen wird. Die erste Folge etabliert mehrere Hauptfiguren des Romans: den tatsachengläubigen Gradgrind, die beiden älteren Kinder Gradgrinds Louisa und Tom, das Zirkuskind Sissy, den Streber Bitzer. Der Unternehmer Bounderby wird ganz am Schluß der Folge erwähnt. Ebenso wird der zentrale Konflikt der folgenden Handlung, Louisas unglückliche Gespaltenheit zwischen der utilitaristischen Erziehung durch den Vater und den Attraktionen der Welt der Gefühle und Phantasie, bereits angelegt. Die Informationsvergabe der ersten Folge ist in einem klaren Spannungsbogen organisiert. Dickens beginnt *in medias res*, wirft den Leser ohne große Vorbereitung mitten in die Handlung hinein, und erzielt damit einen spannungsgeladenen Anfang. Ein Klimax entsteht am Ende der Folge, als Gradgrind seine beiden Ältesten dabei erwischt, wie sie heimlich durch ein Loch im Zirkuszelt spähen und dadurch ein unerlaubtes Interesse an der Welt phantasievoller Spielereien und Nichtsnutzigkeiten zeigen. Dieser Mini-Konflikt bleibt am Ende der Folge zunächst ungelöst, der Leser wird durch Gradgrinds mehrfache Wiederholung von "What would Mr Bounderby say?" auf mögliche schwerwiegende Konsequenzen verwiesen und damit auf die nächste Folge neugierig gemacht. Die Struktur dieser ersten Episode weist also einen klaren Spannungsbogen auf und endet mit einem sogenannten *cliffhanger*, einem neuen Moment in der Entwicklung der Handlung, das die Spannungskurve für den nächsten Teil wieder steigen läßt. Die Konstruk-

---

[14] Die besonderen Schwierigkeiten bei der Konstruktion des Fortsetzungsromans werden behandelt bei Coolidge (1967), Hamer (1987) und im größeren kulturellen Kontext in Hughes/Lund (1991).

tion vieler kleiner Spannungsbögen im Roman, jeweils über etwa zwei Kapitel, ist daher mit der Erscheinungsform in Verbindung zu bringen.

Auch stilistische Mittel werden mit bemerkenswertem Effekt für das Medium eingesetzt. Besonders die ersten beiden Abschnitte sind sowohl auf der lexikalischen als auch auf der syntaktischen Ebene stark von Wiederholungen geprägt. Der erste Abschnitt erwähnt fünfmal das Wort "Facts", neben der Wiederholung auch durch Großschreibung ins Zentrum der Aufmerksamkeit gerückt. Im zweiten Abschnitt wird fünfmal das Adjektiv "square" und sechsmal das Wort "emphasis", einmal als Verb, fünfmal als Substantiv, verwendet. Die Vokabel "Facts" wird zweimal wiederaufgenommen und im dritten Absatz weitere zweimal wiederholt ("nothing but Facts, sir; nothing but Facts!"). Die emphatische Wortwiederholung und die parallele Syntax ("This is the principle on which I bring up my own children, and this is the principle on which I bring up these children" oder "The emphasis was helped by [...]" in viermaliger Wiederholung) betonen zum einen die Monotonie des unerbittlich wiederholten Prinzips "we want nothing but Facts". Zum anderen wird hier die Figur Gradgrind in wenigen kräftigen Strichen eindrucksvoll charakterisiert: unnachgiebig seinem Credo ergeben, tatsachenliebend, hart sowohl in seiner äußeren Erscheinung (der Mund ist "inflexible", die Stimme "dictatorial", die Haltung "obstinate", das Halstuch "unaccommodating", die ganze Erscheinung ist vor allem "square") als auch innerlich. Die kurze Charakterisierung gerät zur Karikatur, was Dickens auch gerne vorgeworfen wird, ist aber mnemotechnisch in einem Fortsetzungsroman, dessen Figuren dem Leser über mehrere Monate präsent bleiben müssen, durchaus sinnvoll und hilfreich. Kaum ein Leser wird jemals die Assoziation Gradgrinds mit harten "Facts" vergessen.

Gleichzeitig wird der Ernst von Gradgrinds Mission dadurch unterlaufen, daß dieser eifrige Verfechter der harten Tatsachen in ein leicht ironisches Licht gerückt wird durch die starke Wiederholung, die fast schon zu einer Art liturgischem Gesang gerät, vor allem das viermalige "The emphasis was helped", das mit einem "all helped the emphasis" zum Abschluß gebracht wird, punktiert von dem unvermeidlichen "nothing but Facts".

Leicht gegenläufig zu der einseitig-monotonen Assoziation Gradgrinds mit unerbittlichen und harten Tatsachen ist der Einsatz der Bildsprache. Hier werden vor allem Metaphern konstruiert in Analogie zu geometrischen Figuren ("square", "base", "line") und geschlossenen Räumen ("vault", "wall", "cellarage", "warehouse room", "caves") aber auch aus dem Bildbereich Natur ("plant", "root out", "plantation of firs", "wind"). Diese unterschiedlichen Bildbereiche erzielen vor allem zwei Effekte. Zum einen wird ein Kontrast aufgebaut zwischen leblosen und lebendigen Dingen. Gradgrind, der selbst eine Metapher aus dem Bildbereich Natur und Ackerbau einsetzt, um das Desiderat des ausschließlich tatsachengesteuerten Unterrichts zu postulieren, wird zum Repräsentant derer, die Lebendiges in Lebloses verwandeln. Er wird in den Bildbereich eingeordnet und dadurch implizit charakterisiert. Gleichzeitig gibt diese implizite Charakterisierung der Figur eine zusätzliche Dimension, deutet den kommenden Konflikt zwischen Natur und Tatsachenideologie schon an, der Gradgrind durch Louisas Zusammenbruch schließlich zum Verhängnis wird. Zum zweiten wird mit diesem Gegensatz eine visuelle Vorstellung evoziert, die sich während der Handlung fortsetzt und die auch in den – der Buchausgabe später hinzugefügten – Überschriften der drei Teile ("Sowing", "Reaping", "Garnering") symbolische Relevanz erhält. In der zweiten Folge beispielsweise wird Coketown, der Handlungsort, durch eben jenes Paradox von denaturierter Natur charakterisiert: "[A] town of unnatural red and black like the painted face of a savage", "serpents of smoke", "the piston of the steam-engine worked monotonously up and down, like the head of an elephant in a state of melancholy madness" (Dickens 1966 [1854]: 17). Durch diesen systematischen Einsatz derselben Metaphorik erzielt Dickens eine strukturelle Kontinuität, die dem Leser das Verständnis der Handlung assoziativ erleichtert und eingängig macht. Es handelt sich um ein weiteres mnemotechnisches Hilfsmittel, sinnvoll eingesetzt entsprechend den Distributionsbedingungen des Textes.

Interessant aus literatursoziologischer Sicht ist auch die Tatsache, daß gerade die etwas grobschlächtige Charakterisierungstechnik, die Dickens gerne einsetzte, von weniger gebildeten Lesern durchaus geschätzt wurde. Für den sechzehnjährigen Sohn aus einer Arbeiterfamilie in Manchester zur Zeit der Jahrhundertwende bedeutete Dickens einen Zugang zur Welt, der gerade durch die Übertreibung realistischer wurde. "He simply let me see them more than life-size" erinnert er sich, und: "It was scarcely a case of reading at all; it was almost an experience of a world more alive and dimensional than this world, heightened and set free in every impulse of nature; not subtle and abnormal impulses but such as even a more or less illiterate youth could at once share." (zitiert nach Rose 2001: 113)

Erweitert man den Blick etwas, lohnt sich auch ein Vergleich zwischen Romanen, die Dickens für unterschiedliche Publikationsformen verfaßt hat. Man kann beispielsweise einen deutlichen Unterschied im Erzähltempo feststellen, vergleicht man *Hard Times*, ein Text der wöchentlich publiziert wurde, mit *David Copperfield*, ein Text der in Monatsfolgen erschien. Die wöchentliche Publikation verlangte eine Kürze (jede Folge war nur etwa halb so lang wie die einer Monatsfolge) und Kompression, die sonst bei Dickens eher weniger ausgeprägt ist. Dickens selbst empfand die so erzwungene Kürze als starke Einschränkung: "The difficulty of the space is CRUSHING. Nobody can have an idea of it who has not had an experience of patient fiction-writing with some elbow-room always, and open places in perspective. In this form, with any kind of regard to the current number, there is absolutely no such thing." (zitiert in Butt/Tillotson 1957: 203; Hervorhebung im Original) Das Beispiel macht deutlich, wie Produktion, und damit auch der Text selbst, deutlich von Bedingungen der Distribution beeinflußt werden können.

7. Schlußbetrachtung und Abgrenzung

Zusammengenommen versuchen literatursoziologisch orientierte Ansätze, die gesellschaftlichen (ökonomischen, kulturellen, materiellen, ideologischen, usw.) Bedingungen literarischer Phänomene – von der Produktion eines Textes über die Distribution zur Rezeption – und ihre Rückwirkungen auf die Gesellschaft in Geschichte und Gegenwart zu erhellen und dabei doch den Text selbst nicht aus dem Blickfeld zu verlieren. Der schiere Umfang dieser Untersuchungsgegenstände und die Notwendigkeit, für die unterschiedlichen Fragestellungen auch unterschiedliche Methoden anzuwenden, die ihrerseits wiederum auf verschiedenen Denkmodellen beruhen, läßt es sinnvoll erscheinen, von Literatursoziologien nur im Plural zu sprechen. Auch liegt es auf der Hand, daß ein derart umfassendes Erkenntnisinteresse nicht von einzelnen Forschern bedient werden kann, sondern es sind Kooperation, Interdisziplinarität und akribische Quellenarbeit vonnöten. Für Studierende der Literaturwissenschaft sind literatursoziologische Fragestellungen aber trotz dieser Probleme von grundlegendem Interesse, da sie zum einen verdeutlichen, daß Literatur in verschiedenen Abhängigkeiten steht und vor allem auch entsteht. Zum anderen kann man natürlich auch in wissenschaftlichen Hausarbeiten über den Tellerrand der textimmanenten Analyse und Interpretation hinausblicken und zumindest einer der Dimensionen gesellschaftlicher Bedingtheit seines Textes bzw. Textkorpus nachzuspüren.

Möglicherweise kommt an dieser Stelle die Frage auf, wieso ein Ansatz, der sich mit Literatur und kulturellem Kontext beschäftigt jetzt unter dem Namen Literatursoziologie firmiert? Ist nicht genau dieses Verhältnis auch im Blickfeld des New Historicism? Es gibt offensichtlich Überschneidungen und gegenseitige Einflußnahmen: Beide Richtungen verarbeiten semiotische Ansätze, beide sind vom Marxismus beeinflußt, beiden geht es um Dezentralisierungen, beide sind interdisziplinäre Ansätze, beide lehnen rein textimmanentes Vorgehen ab.[15] Ein wichtiger Unterschied allerdings ist es wert, noch einmal besonders betont zu werden: Literatursoziologie im engeren Sinne ist ein weitgehend empirischer Ansatz, der New Historicism ist dies nicht oder nicht vorrangig. Die Ursache hierfür liegt in einer unterschiedlichen Auffassung zur Möglichkeit von Geschichte. Beeinflußt vom Poststrukturalismus gehen die meisten New Historicists davon aus, daß Geschichte nicht objektiv rekonstruierbar ist, daß sich immer die kulturellen Vorannahmen des Kritikers als ein Filter zwischen historische Tatsachen und die Wahrnehmungen des Kritikers schieben. Ein Kritiker des 21. Jahrhunderts kann mit der Vergangenheit immer nur aus seiner Position heraus 'verhandeln', nie den wirklichen Sachverhalt erfassen. Es ist folglich irrelevant, ob der jeweils historische Text und sein Autor oder seine Autorin, seine Leserinnen oder Leser dieses und jenes wirklich gemeint haben können, was der Kritiker aus anderem kulturellem

---

[15] Vgl. zum New Historicism den Beitrag von Eckhard Auberlen in diesem Band (S. 83-115).

Hintergrund aus dem Text herausliest – oder vielleicht genauer, in den Text hineinliest. Anders verhält es sich bei einem empirisch-analytisch arbeitenden Literatursoziologen. Dieser ist sich zwar bewußt, daß der eigene kulturelle Hintergrund seine Wahrnehmung verzerrt und daß versucht werden muß, diese Verzerrung zu mindern, stellt aber grundsätzlich nicht in Abrede, daß man sich historischen Tatsachen annähern kann. Wer nun 'wirklich' darüber reden will, wie es – wenn auch nur in Annäherung – 'wirklich' war, ist an empirisch faßbare Daten gebunden und muß sich rigoros daran orientieren, auch wenn er teilweise doch auf Spekulation angewiesen ist.

Bibliographie

Adams, Thomas R., Nichoals Barker. 1993. "A New Model for the Study of the Book." In: Barker, Nicholas (Hg.). *A Potencie of Life: Books in Society*. London: The British Library. 5-43.

Adorno, Theodor W. 1968 [1963]. "Rede über Lyrik und Gesellschaft." In: Fügen (Hg.). *Wege der Literatursoziologie*. 212-230.

—. 1973. *Ästhetische Theorie*. Hg. Gretel Adorno, Rolf Tiedemann. Frankfurt am Main: Suhrkamp.

Altick, Richard D. 1973. *Victorian People and Ideas*. London: Dent.

—. 1998 [1957]. *The English Common Reader: A Social History of the Mass Reading Public, 1800-1900*. 2. Aufl. Mit einem Vorwort von Jonathan Rose. Columbus: Ohio State University Press.

Arnold, Matthew. 1965 [1869]. "Culture and Anarchy." In: ders. *The Complete Prose Works of Matthew Arnold*. Hg. R.H. Super. Bd. V. Ann Arbor: University of Michigan Press.

Bourdieu, Pierre. 1982. *Die feinen Unterschiede: Kritik der gesellschaftlichen Urteilskraft*. Frankfurt am Main: Suhrkamp. [Orig.: *La distinction: Critique sociale du jugement*]

—. 1999. *Die Regeln der Kunst: Genese und Struktur des literarischen Feldes*. Frankfurt am Main: Suhrkamp. [Orig.: *Les règles de l'art: Genèse et structure du champ littéraire*]

Braine, John. 2000 [1957]. *Room at the Top*. London: Arrow Books.

Brewer, John. 1997. *The Pleasures of the Imagination: English Culture in the Eighteenth Century*. London: HarperCollins.

Butt, John, Kathleen Tillotson. 1957. *Dickens at Work*. London: Methuen.

Carr, Clarence. 2000. *Authors and Audiences: Popular Canadian Fiction in the Early Twentieth Century*. Montreal: McGill-Queens University Press.

Cavallo, Guglielmo, Roger Chartier (Hg.). 1999. *A History of Reading in the West*. Amherst: University of Massachusetts Press.

Chartier, Roger. 1987. *The Cultural Uses of Print in Early Modern France*. Übers. Lydia G. Cochrane. Princeton: Princeton University Press. [Orig.: *Les usages de l'imprimé*]

Coolidge, Archibald C. 1967. *Charles Dickens as Serial Novelist*. Ames: Iowa State University Press.

Craig, David. 1985 [1969]. "Introduction." In: Charles Dickens. *Hard Times*. Harmondsworth: Penguin.

Darnton, Robert. 1998a [1980]. "Ideengeschichte und Kulturgeschichte." In: ders. *Der Kuß des Lamourette*. 135-165.

—. 1998b [1982]. "Was ist die Geschichte des Buches?" In: ders. *Der Kuß des Lamourette*. 66-97.

—. 1998c. *Der Kuß des Lamourette: Kulturgeschichtliche Betrachtungen*. Übers. Jörg Trobitius. München: Hanser. [Orig.: *The Kiss of Lamourette*]

Dickens, Charles. 1966 [1854]. *Hard Times*. Hg. George Ford, Sylvère Monod. Norton Critical Edition. New York: Norton.

Dörner, Andreas, Ludgera Vogt. 1994. *Literatursoziologie: Literatur, Gesellschaft, Politische Kultur*. Opladen: Westdeutscher Verlag.

Eagleton, Terry. 1996 [1983]. "Introduction: What Is Literature?" In: ders. *Literary Theory: An Introduction*. 2. Aufl. Oxford: Blackwell. 1-14.

Eisenstein, Elizabeth L. 1979. *The Printing Press as an Agent of Change*. 2 Bde. Cambridge: Cambridge University Press.

Escarpit, Robert. 1961. *Das Buch und der Leser: Entwurf einer Literatursoziologie*. Köln, Opladen: Westdeutscher Verlag. [Orig.: *Sociologie de la littérature*]

—. 1967. *Die Revolution des Buches*. Gütersloh: Bertelsmann. [Orig.: *La révolution du livre*]

Fabian, Bernhard. 1980. *Historische und systematische Aspekte der Literatursoziologie*. Studienmaterial Englisch: Fernstudium für Englischlehrer. Tübingen: Deutsches Institut für Fernstudien.

Febvre, Lucien, Henri-Jean Martin. 1997. *The Coming of the Book: The Impact of Printing 1450-1800*. London: Verso. [Orig.: *L'apparition du livre*]

Ferguson, Priscilla Parkhurst, Philippe Desan, Wendy Griswold. 1988. "Mirrors, Frames, and Demons: Reflections on the Sociology of Literature." *Critical Inquiry* 14: 421-430.

Finkelstein, David, Alistair McCleery (Hg.). 2002. *The Book History Reader*. London, New York: Routledge.

Fügen, Hans Norbert. 1964. *Die Hauptrichtungen der Literatursoziologie und ihre Methoden: Ein Beitrag zur literatursoziologischen Theorie*. Bonn: Bouvier.

— (Hg.). 1968. *Wege der Literatursoziologie*. Neuwied, Berlin: Luchterhand.

Ginzburg, Carlo. 1990. *Der Käse und die Würmer: Die Welt eines Müllers um 1600*. Übers. Karl F. Hauber. Berlin: Wagenbach. [Orig.: *Il formaggio e i vermi: Il cosmo di un mugnaio '500*]

Greg, Walter W. 1966 [1949]. "The Rationale of Copy-Text." In: ders. *The Collected Papers of Sir Walter Greg*. Hg. J.C. Maxwell. Oxford: Clarendon Press. 374-391.

Griest, Guinevere L. 1970. *Mudie's Circulating Library and the Victorian Novel*. Bloomington: Indiana University Press.

Hamer, Mary. 1987. *Writing By Numbers: Trollope's Serial Fiction*. Cambridge: Cambridge University Press.

Horkheimer, Max, Theodor W. Adorno. 1971 [1944]. *Dialektik der Aufklärung: Philosophische Fragmente*. Frankfurt am Main: Fischer.

Hughes, Linda K., Michael Lund. 1991. *The Victorian Serial*. Charlottesville: University Press of Virginia.

Laurenson, Diana, Alan Swingewood. 1971. *The Sociology of Literature*. London: McGibbon & Kee.

Luhmann, Niklas. 1984. *Soziale Systeme: Grundriß einer allgemeinen Theorie*. Frankfurt am Main: Suhrkamp.

Lukács, Georg. 1961a [1909]. "Aus dem Vorwort zu *Entwicklungsgeschichte des modernen Dramas*." In: ders. *Schriften zur Literatursoziologie*. 71-74.

—. 1961b. *Schriften zur Literatursoziologie*. Ausgewählt und eingeleitet von Peter Ludz. Neuwied: Luchterhand.

Maren-Grisebach, Manon. 1985 [1970]. *Methoden der Literaturwissenschaft*. Tübingen: Francke.

McAleer, Joseph. 1992. *Popular Reading and Publishing in Britain 1914-1950*. Oxford: Clarendon Press.

McGann, Jerome. 1983. *A Critique of Modern Textual Criticism*. Chicago: University of Chicago Press.

—. 1991. *The Textual Condition*. Princeton: Princeton University Press.

McKenzie, Donald F. 1981. "Typography and Meaning: The Case of William Congreve." In: Barber, Giles, Bernhard Fabian (Hg.). *Buch und Buchhandel in Europa im achtzehnten Jahrhundert: Fünftes Wolfenbütteler Symposium, 1.-3. Nov. 1977*. Hamburg: Hauswedell. 81-125.

—. 1999. *Bibliography and the Sociology of Texts*. Cambridge: Cambridge University Press.

Radway, Janice. 1984. *Reading the Romance: Women, Patriarchy, and Popular Literature*. Chapel Hill: University of Carolina Press.

Rose, Jonathan. 1992. "Rereading the English Common Reader: A Preface to a History of Audiences." *Journal of the History of Ideas* 53: 47-70.

—. 2001. *The Intellectual Life of the British Working Classes*. New Haven: Yale University Press.

Schmidt, Siegfried J. 1991. *Grundriß der Empirischen Literaturwissenschaft*. Mit einem Nachwort zur Taschenbuchausgabe. Frankfurt am Main: Suhrkamp.

Silbermann, Alphons. 1981. *Einführung in die Literatursoziologie*. München: Oldenbourg.

Sutherland, John. 1976. *Victorian Novelists and Publishers*. London: Athlone Press.

—. 1988. "Publishing History: A Hole at the Centre of Literary Sociology." *Critical Inquiry* 14: 574-589.

—. 1995. *Victorian Fiction: Writers, Publishers, Readers*. Houndmills, Basingstoke: Macmillan.

Toqueville, Alexis. 1968 [1830]. "Demokratie, Aristokratie, Literatur." In: Fügen (Hg.). *Wege der Literatursoziologie*. 60-74. [Orig.: *Démocratie en Amérique*]

Vincent, David. 1989. *Literacy and Popular Culture: England 1750-1914*. Cambridge: Cambridge University Press.

Wimsatt, William K., Monroe C. Beardsley. 1967 [1946]. "The Intentional Fallacy." In: Wimsatt, W.K. *The Verbal Icon: Studies in the Meaning of Poetry*. Lexington: University of Kentucky Press. 2-18.

Ralf Schneider

Rezeptionstheorien

1. Einleitung: Die Rolle des Lesers in der Literaturwissenschaft – Konstrukte und Modelle

Es muß eigentlich nicht besonders betont werden, daß Literatur ohne Leser nicht funktioniert. Würden die Texte, die Autoren schreiben, nicht gelesen werden, dann hätte es wenig Sinn, sich überhaupt mit Literatur zu beschäftigen. Seit der Antike sprechen Ästhetik- und Rhetoriktheorien von den Wirkungen eines Textes, einer Rede oder einer Theateraufführung – man denke nur an den Begriff der 'Katharsis' aus der Poetik des Aristoteles, demzufolge die Tragödie beim Zuschauer Mitleid und Schaudern hervorruft und ihn dadurch von eben diesen Gefühlen befreit. Selbst literatur*feindliche* Standpunkte gehen immer von den möglichen Wirkungen der Rezeption aus: Platons Verbannung der Dichter aus dem idealen Staat (in der *Politeia*) beruht auf der Sorge vor den 'niederen' Gefühlen, die Dichtung erregen könne, und bis heute können Zensurmaßnahmen als Indikator für die Angst vor der Wirkungskraft von Literatur gedeutet werden. Daß Literatur auf Leser, Zuschauer und Zuhörer wirkt, ist also unbestritten, und entsprechend kann man behaupten, daß auch alle modernen literaturwissenschaftlichen Theorieansätze eine Leserposition zumindest implizit mitdenken. Auch die in diesem Band vorgestellten Theorien, selbst wenn sie sich nicht vorrangig mit dem Leser beschäftigen, gehen davon aus, daß bestimmte Merkmale von Texten, seien sie inhaltlicher oder formaler Art, auf irgendeine Weise für den Leser bedeutsam sind.[1]

Obwohl der Leser und das Lesen also von ganz fundamentaler Bedeutung für die Literaturwissenschaft sind, besteht kein Konsens darüber, wie sie wissenschaftlich erfaßt werden können. Rezeptionstheorie ist daher auch nicht ein einheitlicher Ansatz, sondern seit den frühen 1970er Jahren ist eine Vielzahl von Herangehensweisen nahezu parallel entwickelt worden. Diese Rezeptionstheorien sind zudem in anderen Theorieströmungen verankert, wie z.B. Hermeneutik, Struk-

---

[1] Natürlich wird Literatur nicht nur gelesen, sondern auch gehört und gesehen (z.B. im Theater und beim Vortrag von Texten). Da sich literaturwissenschaftliche Rezeptionstheorien bislang aber vorrangig mit der Rezeption gedruckter Texte befaßt haben, werden im folgenden die Begriffe Rezipient und Leser synonym verwendet. Idealerweise würde sich Rezeptionstheorie mit allen medialen Darbietungsformen von Literatur befassen.

turalismus, Poststrukturalismus, Stilistik, Semiotik, Literatursoziologie, Lesepsychologie oder feministische Literaturwissenschaft, und sie verfolgen dementsprechend unterschiedliche Erkenntnisinteressen. Dabei stehen der wissenschaftlichen Beschäftigung mit Lesern und dem Lesen, ungeachtet der theoretischen Herkunft, drei Grundprobleme immer entgegen: Erstens kann eine Unmenge von Faktoren das Lesen und damit die möglichen Wirkungen der Lektüre beeinflussen. Es handelt sich zum einen um *überindividuelle* Faktoren, die ganze Gruppen von Lesern betreffen können, wie z.B. Bildungsvoraussetzungen, Einkommensverhältnisse, Verfügbarkeit von und Zugang zu Literatur, Alter, Geschlecht, Nationalität; zum anderen um *individuelle* Faktoren wie Lesemotivation, Wertvorstellungen und Sprachbeherrschung, bis hin zu so situationsabhängigen Bedingungen wie Aufmerksamkeit oder Müdigkeit, Lärmpegel und Lichtverhältnisse im Moment der Rezeption. Das Spannungsverhältnis zwischen dem einzelnen, individuellen – und im Prinzip unwiederholbaren – Leseerlebnis einerseits und der theoretischen Abstraktion andererseits ist niemals ganz aufzulösen. Ein weiteres Grundproblem jeder Rezeptionstheorie ist, daß Lesen ein sehr komplexer mentaler Vorgang ist, der von außen nicht beobachtet werden kann und auch der Introspektion nicht unmittelbar zugänglich ist. Das dritte Problem ist das der historischen Rezeption: Was können wir über die Rezeptionsaktivitäten von Leserinnen und Lesern aussagen, die nicht mehr zur Befragung zur Verfügung stehen und in deren Lage wir uns nur spekulativ hineinversetzen können?

Aufgrund der Vielfalt von Einflußfaktoren, der Unmöglichkeit, das Lesen zu beobachten und der Schwierigkeit, viele Leser zu befragen, ist es nicht nur legitim, sondern geradezu unerläßlich, daß Rezeptionstheorien Modellvorstellungen vom Leser und vom Lesen, also Leser*konstrukte* und Prozeß*modelle* der Lektüre, entwickelt haben.[2] Wer sich heute mit literarischer Rezeption beschäftigt, sieht sich aufgrund der vielfältigen theoretischen Ursprünge leserorientierter Ansätze mit einer verwirrenden Vielzahl solcher Konstrukte und Modelle konfrontiert: So findet man Begriffe wie '*transactional reader*', '*model reader*', '*ideal reader*', 'kompetenter Leser', 'Archileser' oder '*archilecteur*', 'intendierter Leser', '*informed reader*' bzw. 'informierter Leser', 'personaler Leser', '*introjecting*' und '*intellecting reader*' (s.u.), 'empirischer Leser' (s.u.), '*implied reader*' bzw. 'impliziter Leser' (s.u.), 'expliziter Leser', 'abstrakter Leser' und '*resisting reader*' – und diese Liste ist keineswegs vollständig. Es können in diesem Rahmen nicht alle Theorien, Modelle und Methoden der wissenschaftlichen Auseinandersetzung mit den Problemfeldern des Lesers und des Lesens vorgestellt werden.[3] Vielmehr

---

[2]   Zur Notwendigkeit – und Problematik – der Modellbildung in der Wissenschaft siehe die Bemerkungen im einführenden Beitrag in diesem Band (S. 9f.).

[3]   Ich verweise daher auf mein Buch *Rezeptionstheorien* (Schneider [in Vorbereitung]), in dem ich Konzepte und Leserkonstrukte einer Reihe rezeptionstheoretischer Ansätze ausführlicher im kritischen Vergleich vorstelle, darunter rezeptionsästhetische, stilistische, psychoanalytische, dekonstruktivistische, semiotische, soziologische und psychologische. Weitere Einführungen und Über-

sollen drei Richtungen der Rezeptionstheorie herausgegriffen werden, die sich
hinsichtlich ihrer Fragestellungen und Vorgehensweisen deutlich voneinander
unterscheiden, um exemplarisch das Spektrum der Rezeptionstheorien zu verdeutlichen: die Rezeptionsästhetik, die psychoanalytische Rezeptionstheorie und die
kognitionspsychologische Textverstehensforschung.[4] An einem Textbeispiel können die unterschiedlichen Anwendungspotentiale dieser Ansätze demonstriert
werden. Es handelt sich um Matthew Arnolds 1867 veröffentlichtes Gedicht
"Dover Beach",[5] eines der meistgelesenen englischen Gedichte überhaupt, das hier
zunächst vorgestellt werden soll:

Dover Beach

The sea is calm to-night.
The tide is full, the moon lies fair
Upon the straits; – on the French coast the light
Gleams and is gone; the cliffs of England stand,
Glimmering and vast, out in the tranquil bay.   5
Come to the window, sweet is the night-air!
Only, from the long line of spray
Where the sea meets the moon-blanch'd land,
Listen! you hear the grating roar
Of pebbles which the waves draw back, and fling, 10
At their return, up the high strand,
Begin, and cease, and then again begin,
With tremulous cadence slow, and bring
The eternal note of sadness in.

Sophocles long ago   15
Heard it on the Ægæan, and it brought
Into his mind the turbid ebb and flow
Of human misery; we
Find also in the sound a thought,
Hearing it by this distant northern sea.   20

The Sea of Faith
Was once, too, at the full, and round earth's shore

---

blicksdarstellungen zur Rezeptionstheorie sind in Abschnitt 1 der Bibliogrpahie aufgeführt. Einen
Eindruck von der Vielfältigkeit des Untersuchungsgegenstandes und der wissenschaftlichen Herangehensweisen vermittelt auch das *Handbuch Lesen* (Franzmann et al. 1999).

[4]   Ausgespart bleibt hier ein Verständnis von Rezeption im Sinne von Einfluß, Wirkung oder Wei-
terbearbeitung, wie es etwa in der Formulierung 'die Shakespeare-Rezeption in Deutschland' zum
Ausdruck kommt.

[5]   Hier zitiert nach der Werkausgabe (Tinker/Lowry 1950: 210-212).

Lay like the folds of a bright girdle furl'd.
But now I only hear
Its melancholy, long, withdrawing roar,   25
Retreating, to the breath
Of the night-wind, down the vast edges drear
And naked shingles of the world.

Ah, love, let us be true
To one another! for the world, which seems   30
To lie before us like a land of dreams,
So various, so beautiful, so new,
Hath really neither joy, nor love, nor light,
Nor certitude, nor peace, nor help for pain;
And we are here as on a darkling plain   35
Swept with confused alarms of struggle and flight,
Where ignorant armies clash by night.

Das Gedicht ist häufig als Ausdruck der zunehmenden Verunsicherung im ansonsten so fortschrittsgläubigen viktorianischen Zeitalter interpretiert worden. Der Sprecher in diesem Gedicht nimmt die Welt als von ewigem Wandel (Z. 12), Traurigkeit (Z. 14), Freud- und Lieblosigkeit (Z. 33), Unsicherheit, Unfrieden, Schmerz (Z. 34) und Kampf (Z. 36f.) geprägt wahr. Nur die Zuflucht in eine sehr vage beschriebene Liebesbeziehung (Z. 29f.) vermag ihm ein Gefühl von Stabilität und Geborgenheit zu geben. Diese Haltung kann als von verschiedenen zeitgenössischen Kontexten beeinflußt gesehen werden: der darwinistischen Evolutionstheorie und Bibelkritik und dem damit einhergehenden Zweifel an der Autorität der Bibel, den erstmals registrierten sozialen Mißständen und den negativen Seiten von Industrialisierung, Technisierung und Wissenschaft.

2. Rezeptionsästhetik: Erwartungshorizont, Leerstelle und impliziter Leser

Ende der 1960er Jahre forderten der Romanist Hans-Robert Jauß und der Anglist Wolfgang Iser, Professoren der damals neu gegründeten Universität Konstanz, den Leser in den Mittelpunkt literaturwissenschaftlicher Theoriebildung zu rücken. Ihre Ansätze sind unter den Begriffen 'Konstanzer Schule' und 'Rezeptionsästhetik' bekannt geworden, und wenngleich die Rezeptionsästhetik nur einen von vielen Theorieansätzen darstellt, steht sie sogar häufig als Synonym für Rezeptionstheorien überhaupt.[6] Während Jauß' Beitrag zur Theorie der Konstanzer

---

[6] Der einflußreiche Sammelband *Rezeptionsästhetik*, den Rainer Warning (1975) herausgegeben hat, vereinnahmt eine Reihe weiterer Ansätze unter diesem Begriff, die jedoch nicht alle der Konstanzer Schule und auch nicht der Rezeptionsästhetik im engeren Sinne zuzurechnen sind.

Schule literatur*geschichtlich* orientiert war, wandte sich Iser stärker dem *Akt des Lesens* zu, wie der Titel seines rezeptionstheoretischen Hauptwerks (1976) zeigt. Die Konstanzer Schule beruft sich insgesamt auf die hermeneutische Überzeugung, daß Verstehen im allgemeinen und das Verstehen von Texten im besonderen immer an eine konkrete historische Verstehenssituation geknüpft ist. Damit wendet sie sich gegen die Auffassung, ein literarisches Kunstwerk hielte zeitüberdauernde, festgeschriebene Wirkungen und Wahrheiten bereit.

Jauß (1970 [1967]) zufolge wird jeder literarische Text im Laufe der Geschichte durch Leser, Kritiker und andere Autoren vor dem Horizont ihrer jeweiligen Erwartungen an Literatur immer wieder neu verstanden. Diese individuellen *Erwartungshorizonte* der Leser sollen durch die Literaturwissenschaft anhand der Signale des Textes selbst objektiviert werden. Lesen ist für Jauß "keineswegs nur eine willkürliche Folge nur subjektiver Eindrücke, sondern der Vollzug bestimmter Anweisungen in einem Prozeß gelenkter Wahrnehmung, der nach seinen konstituierenden Motivationen und auslösenden Signalen erfaßt und auch textlinguistisch beschrieben werden kann" (175). Zudem kann eine Reihe von Leserfaktoren, wie z.B. Erwartungen über typische Merkmale von Texten einer Gattung, immer für eine größere Gruppe verallgemeinert werden. Die Rekonstruierbarkeit des Ewartungshorizontes ermöglicht es dann, "Fragen zu stellen, auf die der Text eine Antwort gab, und damit zu erschließen, wie der einstige Leser das Werk gesehen und verstanden haben kann" (183). Ein neues Werk kann bestehende Erwartungshorizonte entweder bekräftigen oder in Frage stellen. Widerspricht ein Text eklatant dem Erwartungshorizont der Leser – Jauß spricht hier von einer "ästhetischen Distanz" (177) –, dann kann die Rezeption einen "Horizontwandel" zur Folge haben: Manche Werke sind laut Jauß so innovativ, daß sich ein für das Verstehen des Textes angemessener Erwartungshorizont beim Publikum erst noch entwickeln muß, wozu das anfängliche Unverständnis den Anlaß geben kann.

Man kann dagegen einwenden, daß die Objektivierung von Erwartungshorizonten einer spezifischen historischen Rezipientengruppe in der Praxis schwieriger ist, als die Theorie das vermuten läßt. Man bräuchte dazu ja möglichst viele Zeugnisse über individuelle Erwartungen einzelner Leser. Solche Quellen existieren aber zumeist nicht oder nicht mehr, und man muß sich vielfach allein auf den Text selbst berufen – und damit den realen historischen Leser aus der Betrachtung ausblenden. Jauß war zudem eher an den überindividuellen, gesellschaftlichen Funktionen von Texten interessiert, insbesondere solcher Texte, die bestehende Erwartungshorizonte erweitern, indem sie bestimmte Gattungsmerkale mißachten und durch neue ersetzen. Diese Schwerpunktsetzung birgt jedoch die Gefahr, daß der Großteil der lesenden Bevölkerung ausgeklammert oder zur ignoranten Masse degradiert wird und ausschließlich das formalästhetisch innovative Werk der Avantgarde als literaturwissenschaftlich relevant gilt. Die Erwartungshorizonte, die überhaupt erst dazu führen, daß avantgardistische Literatur immer nur von einem sehr kleinen Kreis von Lesern rezipiert und geschätzt wird, sind aber über

den rein ästhetischen Aspekt hinaus immer von einer ganzen Reihe von Faktoren
beeinflußt: Bildungsvoraussetzungen, ökonomische Möglichkeiten und religiöse
Wertsetzungen, Überzeugungen von den Rollen der Geschlechter usw. – es müßten also weitere, außerliterarische Daten hinzugezogen werden.[7] *Den* Erwartungshorizont kann es daher nicht geben, sondern es ist immer von vielen gruppenspezi-
fischen Erwartungshorizonten auszugehen, die von vielfältigen sozialhistorischen
Bedingungen geprägt sind und nicht rein literarisch bestimmt werden dürfen. Das
Konzept des Erwartungshorizonts ist damit letztlich eine Aufforderung zur kon-
textorientierten Literaturbetrachtung.

Wolfgang Iser beruft sich bei der Beschreibung des Leseprozesses auf die
Philosophen Edmund Husserl und dessen Schüler Roman Ingarden, die beide der
Phänomenologie zuzurechnen sind. Da Sprache laut Ingarden (1968 [1937])
Gegenstände nie in ihrer Gesamtheit anschaulich vergegenwärtigen kann (gemeint
sind nicht nur physische Objekte sondern auch Sachverhalte), bleiben bei der
Darstellung immer Aspekte ausgespart und bilden daher 'Unbestimmtheitsstellen'.
Diese Unbestimmtheitsstellen eines Textes werden erst vom Leser 'konkretisiert'.
Iser übernimmt dieses Konzept, spricht aber von "Leerstellen", welche die eigent-
lichen Interaktionspunkte zwischen Text und Leser darstellen. Sie sind die Appel-
le an den Leser, Konkretisationen durchzuführen:

> Die Leerstellen eines literarischen Textes sind nun keineswegs, wie man
> vielleicht vermuten könnte, ein Manko, sondern bilden einen elementaren
> Ansatzpunkt für seine Wirkung. [...] Der Leser wird die Leerstellen dauernd
> auffüllen beziehungsweise beseitigen. Indem er sie beseitigt, nutzt er den
> Auslegungsspielraum und stellt selbst die nicht formulierten Beziehungen
> zwischen den einzelnen Ansichten her. (Iser 1975: 235)

In der Inanspruchnahme des Lesers durch die Leerstellen sieht Iser die spezifische
literarische Wirkung von Texten. Die Aktivität des Lesers besteht jedoch nicht
nur im Ausfüllen von Leerstellen. In jedem Verstehensmoment entwirft der Leser
immer schon Erwartungen auf das, was noch an weiteren Informationen folgen
könnte. Diesen Vorgang haben die Phänomenologen als 'Protention' bezeichnet.
Gleichzeitig ist das, was der Leser schon als Textsinn verstanden hat, nicht vergessen, wenn ein neuer Satz gelesen wird, sondern latent noch verfügbar und kann
sich auf das Verstehen neuer Sinneinheiten auswirken: Iser spricht daher von einer
"Dialektik von Protention und Retention" und nennt den dynamischen Vorgang,
bei dem bereits hergestellter, vergangener Textsinn mit den Erwartungen über
zukünftige Sinneinheiten verbunden wird, die "hermeneutische Grundstruktur des
Lesens" (1976: 182).

Wenngleich sich insbesondere die Rezeptionsästhetik auf Romanliteratur
konzentriert hat, lassen sich die obigen Konzepte doch auch auf unseren lyrischen

---

[7]   Mit solchen Faktoren beschäftigt sich z.B. die Literatursoziologie; siehe dazu den Beitrag von
     Stefanie Lethbridge in diesem Band (S. 163-187).

Beispieltext anwenden. In welchem Verhältnis Matthew Arnolds "Dover Beach" zu den Erwartungshorizonten der zeitgenössischen Leserschaft stand, ließe sich nur über historische Lesezeugnisse ermitteln. Der Text dürfte mit seinen vielfältigen Unregelmäßigkeiten und Störungen des Leseflusses jedenfalls als 'schwierig' eingestuft worden sein: Beim lauten Lesen stößt man auf zahlreiche rhythmische Überraschungen, Schwierigkeiten und Zäsuren (etwa in Z. 6, 9 und 18); ein durchgängiges Metrum gibt es nicht, obwohl an einigen Stellen ein Jambus dominiert (z.B. ansatzweise in der dritten und dominant in der letzten Strophe); die Länge der Verse variiert vom Dimeter (Z. 21) bis zum häufigen Pentameter; ein traditionelles oder voraussehbares Reimschema sucht man vergebens, wenngleich durchaus Wiederholungen von Reimwörtern festzustellen sind, die einige Zeilen zueinander in Bezug setzen. Die Spannungen zwischen Regelmäßigkeit und Unregelmäßigkeit im Rhythmus, Metrum und Reim lassen sich auch mit der Unsicherheit in Verbindung bringen, die auf der semantischen Ebene ausgedrückt wird. Diese Merkmale stehen somit auf mehrfache Weise den Erwartungen eines Publikums, das reguläre Schemata und positive Weltbilder schätzt, entgegen.

Die auffälligen Leerstellen in dem Gedicht ergeben sich durch die Perspektivenwechsel innerhalb und zwischen den einzelnen Strophen: ständige, unvermittelte Sprünge, wie der vom Sprecher und der zweiten Person in der ersten Strophe zu Sophokles (Z. 15) und wieder zum Sprecher (Z. 18); von "this distant northern sea" (Z. 20) zur metaphorischen "Sea of Faith" (Z. 21); von der Vergangenheit ("long ago", Z. 15 und "once", Z. 22) zur Gegenwart ("we / find", Z. 18f., "this", Z. 20 und "But now", Z. 24) – diese sind geradezu eine Aufforderung an den Leser, Gemeinsamkeiten und mögliche Verbindungen zwischen den separaten Einheiten zu suchen. Eine weitere ausfüllbare Leerstelle sind Identität und Beziehung zwischen sprechender und angesprochener Figur im Gedicht. In der Sekundärliteratur zu "Dover Beach" ist fast ausschließlich von einem (männlichen) Sprecher die Rede, der seine (weibliche) Geliebte anredet, wohl in Analogieschluß vom Autor, von dem man weiß, daß er das Gedicht während seiner Hochzeitsreise schrieb – der Text des Gedichtes selbst läßt aber durchaus auch andere Konstellationen zu. Die zentrale Leerstelle besteht in den nicht explizit gemachten Verbindungen zwischen den verschiedenen angesprochenen Wirklichkeitsbereichen: der konkreten Situation an einem konkreten Küstenabschnitt, der räumlich und zeitlich entrückten Antike, der Situation des Glaubens und der Befindlichkeit der beiden Liebenden, die sich inmitten eines verworrenen Kampfgeschehens wähnen. Der Ausgestaltungsspielraum des Lesers ist hier beträchtlich, und ganz unterschiedliche Leerstellenausfüllungen können gleichermaßen plausibel sein.

Iser verwendet das Konzept vom Ausfüllen der Leerstellen für eine Reihe von recht unterschiedlichen Prozessen der Sinnstiftung durch den Leser. So fällt darunter etwa die Notwendigkeit, in einem Erzähltext zwischen unterschiedlichen Perspektiven der Figuren und der Erzählinstanz zu vermitteln – eine Art von Leerstelle, der Iser in *Der Akt des Lesens* besondere Wirkung einräumt. Ebenso aber gelten auch ganz andere Aspekte, die den Leser auffordern, aktiv zu werden, als Leerstellen: z.B. der Spannungsaufbau, der beim Fortsetzungsroman dadurch zustande kommt, daß die Erzählung an einer wichtigen Stelle unterbrochen wird; mögliche Diskrepanzen zwischen dem geschilderten Geschehen und den Erzählerkommentaren (insbesondere dann, wenn eindeutige Wertungen der Handlung durch die Erzählinstanz ausbleiben und der Leser sich selbst ein Bild machen muß); schließlich auch Schnitt-, Montage- und Segmentierungstechniken bei der Anordnung von Handlungselementen im Text (1975: 236-241). Es fragt sich aber, ob es sich bei der Diskrepanz von Perspektiven nicht um eine ganz andere Qualität von Leerstelle handeln könnte als bei der Tatsache, daß Gleichzeitiges im Roman immer nur sukzessive erzählt werden kann; nicht explizit genannte Eigenschaften fiktionaler Gegenstände könnten eine völlig andere Art von mentaler Aktivität erfordern als die Herstellung von Beziehungen zwischen Handlungssträngen oder Situationen.

Welche Prozesse sich während des Lesevorgangs genau abspielen und wie sie sich qualitativ unterscheiden, ist mit dem Konzept der Leerstelle also nicht zu erfassen. Es ist auch weder gesagt, an welcher Textstelle genau ein Leser zum ersten Mal eine Leerstelle entdeckt und diese auffüllt, noch ob dies automatisch und unbewußt geschieht oder ein bewußtes Innehalten und Erklären erfordert. Man kann dieses eigentlich enttäuschende Ergebnis Iser jedoch nicht zum Vorwurf machen, denn seine Konzeption von den Rezeptionsaktivitäten basiert auf dem Leserkonstrukt des 'impliziten Lesers', das er *im Text* situiert, nicht in der empirischen Wirklichkeit der Rezipienten. Isers Definition zufolge

> [...] besitzt der implizite Leser *keine reale Existenz*; denn er verkörpert die Gesamtheit der Vororientierungen, die ein fiktionaler Text seinen möglichen Lesern als Rezeptionsbedingungen anbietet. Folglich ist der implizite Leser *nicht in einem empirischen Substrat* verankert, sondern *in der Struktur der Texte selbst* fundiert. Wenn wir davon ausgehen, daß Texte erst im Gelesenwerden ihre Realität gewinnen, so heißt dies, daß dem Verfaßtsein der Texte Aktualisierungsbedingungen *eingezeichnet* sein müssen, die es erlauben, den Sinn des Textes im Rezeptionsbewußtsein des Empfängers zu konstituieren. Daher bezeichnet das Konzept des impliziten Lesers *eine Textstruktur,* durch die der Empfänger immer schon *vorgedacht* ist. (1976: 60f.; meine Hervorhebungen)

Die Interaktion zwischen Text und Leser wird hier also mit einem deutlichen Schwerpunkt auf der Lenkung des Verstehens durch den Text verstanden – wie ein realer Leser mit der Textstruktur umgeht, wird nicht erfaßt. Angesichts dieses Erkenntnisinteresses steht der rezeptionsästhetische Ansatz zwischen der Anerkennung des Ausgestaltungsspielraums des Lesers einerseits, bei dem der Text allenfalls Anregungen gibt, und andererseits der Überzeugung, daß 'objektiv' gegebene Textstrukturen gewissermaßen unter Abstraktion vom Verstehen durch reale Leser im Hinblick auf ihre Wirkungen beschrieben werden können.

3. Psychoanalytische Rezeptionstheorie: Die Bedürfnislage des Lesers

Die psychoanalytische Rezeptionstheorie konzentriert sich auf das Verhältnis zwischen der emotionalen Befindlichkeit des Lesers und der literarischen Rezeption. Insbesondere Norman N. Holland (1968, 1975) entwickelte ein Prozeßmodell des Lesens und ein Leserkonstrukt auf der Grundlage der psychoanalytischen Theorie nach Sigmund Freud. Freud zufolge spielt sich in der Psyche ein fortwährendes dynamisches Kräftemessen ab zwischen den unbewußten, den Menschen motivierenden Trieben (Wünschen, Hoffnungen und Ängsten) und den Gegebenheiten der Welt, an die sich der Mensch bewußt anpassen muß, wobei es immer wieder zur Verdrängung der Triebe kommt. Die Psyche wird als aus drei Teilbereichen bestehend konzipiert: dem triebhaften Teil ('Es'); dem äußere Normen und Zwänge aufnehmenden Teil ('Über-Ich'), das als 'Zensor' fungiert und die Triebphantasien unterdrückt; und schließlich dem 'Ich', dem Teil, der zwar seine Energien aus dem 'Es' bezieht, bei der Umsetzung von motivationaler Energie aber die Beschränkungen des 'Über-Ich' beachtet und so eine Vermittlerrolle zwischen diesen Teilen einnimmt.

Holland beschreibt in *The Dynamics of Literary Response* (1968) den Rezeptionsvorgang als Transformationsprozeß, der zwischen einer unbewußten Phantasie (*fantasy*) und einem bewußten Sinn (*meaning*) vermittelt. Jeder Text thematisiert laut Holland eine (oder auch mehrere) der unbewußten Wunscherfüllungs- oder Angstphantasien, welche die Psychoanalyse als Grundbestand menschlicher Triebkräfte herausgearbeitet hat. Die zentrale Phantasie, die das Ergebnis der Rezeption eines literarischen Textes ist, resultiert daraus, daß der Leser die vom Text angebotene Phantasie durch persönliche Assoziationen auf sich selbst und seine eigene Phantasiestruktur bezieht.

Der Text vermittelt seine Phantasie aber niemals unmittelbar, sondern immer 'verpackt' in eine 'Form', worunter Holland einerseits die Abfolge des Dargestellten versteht, andererseits das gesamte Inventar sprachlicher Gestaltungsmöglichkeiten (die in Gedichten besonders komprimiert anzutreffen sind), wie etwa Wiederholungen und andere Strukturierungen auf der Klang- und Wortebene, Rhythmus und Reim. Beide Arten von Form werden als 'Abwehrstrategien' (*defense*) des Textes verstanden: Eine solche Abwehr ist notwendig, weil die Triebphantasien in ihrer Reinform für das bewußte Ich nicht zulässig sind – die in der Psyche eingebaute Zensurinstanz würde sie direkt aus dem bewußten Persönlichkeitsbereich verdrängen, so wie die Psyche im täglichen Leben Abwehrmechanismen gegen zu starke Wünsche und Ängste entwickelt, damit die Persönlichkeit nicht aus der Balance gerät. Die Phantasien des Textes mögen sich direkt an das Unbewußte des Lesers richten, aber dadurch, daß sie in einer bestimmten Reihenfolge und in einer sprachlichen Gestaltung dargeboten werden, sind sie für das Ich besser zu beherrschen und weniger bedrohlich, wodurch letztlich auch der innerpsychische Zensor umgangen werden kann (und zwar auf seiten sowohl des Autors als auch des Lesers).

Diese Vorgänge werden vorrangig im unbewußten oder vorbewußten Teil der Leserpersönlichkeit vollzogen, den Holland den 'introjizierenden Leser' (*introjecting reader*) nennt. Introjektion ist der Vorgang, bei dem man sich mental etwas oder jemanden 'einverleibt', das oder den man begehrt oder fürchtet.[8] Bei der Introjektion wird durch die Vorstellung, daß ein Objekt (im weitesten Sinne des Wortes) in die eigene Psyche (das Subjekt) integriert werden kann, dieses Objekt besser handhabbar, weil dann entweder das Verlangen danach gestillt oder die Furcht davor beherrschbar ist. Holland überträgt das Introjektionskonzept auf den Leser, der den Text – insbesondere die vom Text angebotenen Phantasien und ihre formale Darbietung – absorbiert und sich so zueigen macht: "At the primitive level, the level of fantasy, we take the work into ourselves: we introject it. It is at this level that we analogize – bring to the work our own highly individual fantasies [...]." (1968: 91) Darüber hinaus kann der Leser aber natürlich auch auf einer bewußten Ebene über die Bedeutung eines Textes nachdenken. Hollands Leserkonstrukt umfaßt daher neben dem *introjecting reader* den *intellecting reader*, und beide sind als unterschiedlich stark gewichtete Teilbereiche ein und derselben Person im Rezeptionsprozeß immer gleichzeitig aktiv. Der denkende Anteil der Leserpersönlichkeit, der *intellecting reader*, empfindet das literarische Kunstwerk aber nicht als Teil seiner selbst, sondern schafft eine Distanz zu ihm. Die Form eines Textes kann in diesem Sinne eine zusätzliche Abwehr darstellen: Wenn formale Besonderheiten, welche den Erwartungen des Lesers widersprechen, die bewußten Denkprozesse stärker beanspruchen, wird die Aufmerksamkeit von den unbewußten und womöglich unerwünschten Phantasieinhalten abgelenkt. Der Rezipient, zumindest der Bereich des *intellecting reader*, weist einem Text bewußt Sinn zu, aktiviert dabei aber ebenfalls wieder unbewußte Abwehrmechanismen. Eine solche Sinnzuweisung ist insbesondere bei Werken erforderlich, deren Sinn sich z.B. durch Verzicht auf eine durchschaubare Plotstruktur oder durch Vorenthalten von Erklärungen zur Handlungsmotivation einer Figur nicht unmittelbar erschließen läßt. Solche 'verwirrenden' Texte nehmen den *intellecting reader* besonders in Anspruch und werden von ihm im Hinblick auf ihre Aussagen über Moral und Gesellschaft so interpretiert, daß die zentralen Phantasien, die sie

---

[8]   Die Metaphern des Einverleibens, Inkorporierens oder Absorbierens, die in diesem Zusammenhang verwendet werden, sind durchaus bewußt gewählt, da Introjektion oft mit der Phantasie einhergeht, etwas oder jemanden durch die Körperöffnungen aufgenommen zu haben, und weil ihre primitivste Form aus der frühesten Kindheitsphase stammt, in der ein Säugling die orale Einverleibung der Mutter als Nahrungsquelle phantasiert.

erregen, zum Teil zugelassen werden, aber auf ein Maß beschränkt sind, das zu gesellschaftlich akzeptablem Genuß führt, nicht zu übergroßem Verlangen oder unmäßiger Angst.

Holland hat Arnolds "Dover Beach" in *The Dynamics of Literary Response* einer psychoanalytischen Analyse im Hinblick auf mögliche Leserreaktionen unterzogen (116-130). Auf Holland selbst hat das Gedicht eine beruhigende Wirkung, obwohl es von Desillusionierung und Verzweiflung handelt. Er leitet seine verhalten positive Reaktion daraus ab, daß die Bedrohung, von der im Gedicht die Rede ist, eher vage bleibt und mit einer Fülle von Abwehrmechanismen im Gedicht selbst immer wieder abgeschwächt wird. Holland stützt seine Analyse der Phantasien des Gedichts auf die Gegenüberstellung von Sehen und Hören, die zu Anfang des Gedichts artikuliert wird: Die beruhigenden optischen Eindrücke der ersten acht Zeilen, in denen auch erstmals die zweite anwesende Person vom Sprecher einbezogen wird, stehen im Kontrast zu dem plötzlichen Eindringen von Geräuschen ("Listen!", Z. 9) und der damit einhergehenden Traurigkeit ("The eternal note of sadness", Z. 14). Für Holland weckt dieses Szenario Erinnerungen an Wünsche und Urängste, da das Sehen die früheste Weltwahrnehmung des Kindes und zudem auf die Nähe und das Wiedererkennen der Mutter als Quelle von Nahrung und Geborgenheit fixiert ist, das Hören (gemeint ist: das Verstehen von Sprache) sich aber später entwickelt und eine Distanz zwischen dem Kind und den häufig mahnenden und verbietenden Eltern schafft. Die Störung, die von dem nächtlichen, überaus unangenehmen Geräusch ("grating roar", Z. 9) der rhythmisch die Steine am Strand bewegenden See ausgeht, deutet Holland mit einem Terminus Freuds als Urszenenphantasie, d.h. als die angsterfüllte und vage Vorstellung des Kindes vom Geschlechtsakt der Eltern als etwas Bedrohlichem und als Kampf zwischen ihnen. Die Bilder von den entblößten Steinen am Strand ("naked shingles", Z. 28) und der Verwirrung und Flucht beim nächtlichen Zusammenstoß der Armeen ("confused alarms of struggle and flight, / Where ignorant armies clash by night", Z. 36f.) unterstützen diese Lesart. Das Phantasiebild wird in diesem Gedicht aber, so Holland, selbst unmittelbar als Abwehr verwendet, da es unspezifisch ist bzw. mit einer antiken Szenerie ("Sophocles", "Ægaean") verbunden wird und so von der jetzigen Situation des Sprechers und seiner Geliebten ablenkt. Überhaupt bleibt die Situation des Sprechers, der sich immerhin mit einer geliebten Person nachts allein in einem Raum befindet, seltsam unausgesprochen – und Holland vermutet, daß dies beim Leser sexuelle Phantasien anregt. Wann immer aber von beiden die Rede ist (Z. 6, 9, 18, 24, 29, 35), stehen sie gewissermaßen zwischen den beiden Wahrnehmungsformen, die das Gedicht thematisiert: Sehen und Hören und den damit assoziierten Trieben, dem Verlangen und der Verlustangst. Damit wird die Beziehung als Gegenpol zur Bedrohlichkeit der Sexualität gesetzt.

In seinem späteren Buch *5 Readers Reading* (1975) hat Holland eine empirische Überprüfung seiner psychoanalytischen Rezeptionstheorie vorgenommen, weil er, wie er selbst eingesteht, bisher doch den Phantasien *des Textes* ein erhebliches Gewicht beigemessen und damit nicht genug anerkannt hatte, daß Phantasien vor allem *in realen Lesern*, nicht in Texten ihren Ort haben. Nun will er zeigen, daß die Unterschiede in der Rezeption eines Textes durch unterschiedliche reale Leser in deren individuellen 'Identitätsthemen' begründet sind. Das sind die spezifischen Abwehr- und Anpassungsstrategien eines Menschen, die schon im Säuglingsalter aktiv sind und fortlaufend eingeübt und weiterentwickelt werden. Aus den Reaktionen der fünf Testpersonen auf denselben Text, die er in langen Interviews ermittelt hat, arbeitet Holland heraus, wie sie etwa auf einzelne Figuren reagieren, einzelne Episoden interpretieren, die Geschichte aus der Erinnerung rekonstruieren, und wie dies mit dem jeweiligen Identitätsthema des Lesers in Verbindung steht.

Der psychoanalytische Ansatz erkennt die Individualität des Rezeptionsprozesses spezifischer, empirischer Leser ohne Vorbehalte an und denkt den Leser nicht als Instanz im Text, sondern in seiner Lebenswirklichkeit außerhalb des Textes und in Interaktion mit ihm. Zudem versucht die psychoanalytische Rezeptionstheorie, die Relevanz des Denkens, Fühlens und Verhaltens der Person für die Rezeption ganzheitlich einzubeziehen, also nicht die emotionalen Anteile zugunsten der kognitiven auszublenden. Innerhalb des psychoanalytischen Theorierahmens erzielt diese Rezeptionstheorie große Geschlossenheit und Plausibilität. Daraus resultiert gleichzeitig aber auch ihre Schwäche: Sie kann nur von Personen angewandt werden, die – wie Norman Holland – in der Psychoanalyse ausgebildet sind und wird wohl nur von denen anerkannt, die an der Richtigkeit psychoanalytischer Persönlichkeitstheorie nicht zweifeln. Die enge Anlehnung an dieses Theoriegebäude birgt zudem die Gefahr, daß ein solcher Ansatz zirkulär argumentiert: Dadurch, daß Holland zunächst das Identitätsthema seiner Versuchsperson definiert hat, ist seine Aufmerksamkeit natürlich auf Aussagen gerichtet, die dieses Thema bestätigen, und es verwundert nicht, daß genau das Ergebnis herausgearbeitet wird, das die Hypothese bereits in den Raum gestellt hatte. Das grundlegende erkenntnistheoretische Problem der Rezeptionstheorie tritt auch hier zutage: Eine sprachliche Äußerung, die nach der Lektüre gemacht wird, muß als Indiz für vorausgegangene, nicht-beobachtbare psychische Prozesse genommen werden. Verschärft wird dieses Problem im Falle psychoanalytischer Ansätze dadurch, daß diese sich mit psychischen Prozessen befassen, die von Natur aus unbewußt sind und verdrängt werden.

4. Kognitionspsychologische Textverstehensforschung

Welche Prozesse beim Lesen tatsächlich ablaufen, wird also in vielen literaturwissenschaftlichen Rezeptionstheorien nicht sehr genau erfaßt. Versuche, sich diesen Vorgängen zu nähern, hat die Textverstehensforschung unternommen, die stärker in der Psychologie und der Psycholinguistik als in der Literaturwissenschaft verankert ist. Sie erforscht die mentalen Vorgänge beim Lesen auf Grundlage der neueren kognitiven Psychologie und mittels empirischer Methoden.[9] Die Kognitionspsychologie hat seit den 1960er Jahren ältere psychologische Modelle (v.a. der Gestaltpsychologie) weiterentwickelt – man spricht auch von einer 'kognitiven Wende' (*cognitive turn*) in der Psychologie[10] – und sie betrachtet die Vorgänge des Wahrnehmens, Verstehens, Erinnerns usw. als Prozesse der Informationsverarbeitung. Sie erforscht die Mechanismen der Aufnahme, Verarbeitung, Speicherung und des Abrufs von Informationen. Sie sind z.B. Außenreize, welche über die Sinnesorgane auf den Organismus einwirken, aber auch intern im psychischen System generierte oder gespeicherte Informationen. Es werden in diesem Zusammenhang auch emotionale und pragmatische Aspekte untersucht, die an jedem 'Denk'-Prozeß mitwirken: Emotionen, Motivationen, Handlungen, Interaktionen mit anderen Menschen usw. werden als Teilbereiche der gesamtpsychischen Informationsverarbeitung aufgefaßt.[11]

Die Textverstehensforschung widmet sich der Informationsverarbeitung beim Lesen (engl. *discourse processing*), wobei sie die in der allgemeinen Kognitionspsychologie gewonnenen Erkenntnisse über die Mechanismen, Möglichkeiten und Grenzen menschlicher Informationsverarbeitung berücksichtigt. Sie trägt damit ihrerseits auch zu den Ergebnissen der kognitiven Psychologie bei, da viele Verstehensoperationen gut am Verstehen von Texten getestet werden können. Es gibt verschiedene Methoden, um die Relevanz und die Ausprägung der einzelnen Informationsverarbeitungsprozesse beim Textverstehen empirisch zu untersuchen.[12] Zwar bedeutet Empirie, daß Hypothesen an der *beobachtbaren* Tatsache geprüft und daraus Gesetzmäßigkeiten abgeleitet werden, doch sind natürlich auch Kognitionspsychologie und Textverstehensforschung mit dem Problem konfrontiert, daß Verstehen eine nicht-beobachtbare Aktivität *innerhalb* des psychischen

---

[9]   Maßgebliche Arbeiten zu diesem Bereich wurden vorgelegt von Teun A. van Dijk (1980) und Walter Kintsch (1977, 1988), auch in Zusammenarbeit (siehe Kintsch/vanDijk 1978 und vor allem van Dijk/Kintsch 1983), sowie von Norbert Groeben (1977, 1982a; siehe auch Groeben/ Vorderer 1988). Die Sammelbände von Kreuzer/Viehoff (1981), Le Ny/Kintsch (1982), Meutsch/ Viehoff (1989) und van Oostendorp/Zwaan (1994) spiegeln das vielfältige Spektrum dieser Forschungstradition wider und geben Einblicke in die Weiterentwicklung ihrer Fragestellungen und Methoden. Der Überblicksartikel von Christmann/Groeben (1999) bietet eine sehr gute Zusammenfassung.

[10]   Siehe Gardner (1985) zur Entwicklung der Kognitionspsychologie.

[11]   Zur Einführung in die Kognitionspsychologie siehe Mandl/Spada (1988), Posner (1989) und Gerstenmaier (1995).

[12]   Die wichtigsten Testmethoden der Kognitionspsychologie werden beschrieben bei Kluwe (1988) und Bower/Clapper (1989), die auch auf die Testmethoden der Textverstehensforschung eingehen; vgl. dazu auch Viehoff (1981), Wolff/Groeben (1981) und Groeben (1982a: 57-77).

Systems ist.[13] Man ist daher auch in diesem Bereich auf Prozeß*modelle* angewiesen, die allerdings die Teilbereiche des Verstehens viel stärker aufgliedern und einzeln untersuchen, als literaturwissenschaftliche Rezeptionstheorien das gemeinhin tun.

Zu den Methoden gehört die Aufzeichnung der Blickbewegung beim Lesen. Die Augen bewegen sich keineswegs kontinuierlich von Buchstabe zu Buchstabe, wie man intuitiv meinen könnte, sondern in einem Wechsel von Sprüngen und Ruhephasen. Man kann mit speziellen Apparaturen Abweichungen von den Durchschnittswerten der Blickgeschwindigkeit feststellen und über die unterschiedliche Verweildauer des Blickes auf bestimmten Wörtern z.B. darauf schließen, welche Textstellen für den Leser schwierig sind oder ihn zu Prozessen der Informationsverarbeitung anregen, die über das einfache Erkennen der Wörter hinausgehen. Andere Möglichkeiten der Datenerhebung müssen darauf vertrauen, daß die Äußerungen von Versuchspersonen zumindest teilweise die Prozesse verbalisieren, die ablaufen, während ein Leser Textsinn konstruiert. Das trifft auf Ebene der Wort- und Satzsemantik für die sogenannte *cloze procedure* zu, ein recht einfacher Lückentest, bei dem man Wörter aus dem Text herausstreicht und den Leser mündlich oder schriftlich einsetzen läßt, welches Wort für ihn an der Stelle sinnvoll ist. Daraus kann man z.B. auf die bisher etablierten Erwartungen schließen und gleichzeitig etwas über die beim Lesen aktiven Wissensstrukturen und Bewertungsgewohnheiten des Rezipienten erfahren. Beim Gedächtnisexperiment (*recall protocol*) werden Versuchspersonen zu verschiedenen Zeitpunkten nach dem Lesen eines Textes gebeten, diesen zusammenzufassen. Aus den Abweichungen zwischen dem Originaltext und dem, was eine Versuchperson davon aus dem Gedächtnis wiedergibt, kann man etwas über die mentalen Strukturen und die Gedächtnisorganisation des Lesers erfahren. Bei der Methode des lauten Denkens (*thinking-aloud protocol*) werden Rezipienten dazu angehalten, beim Lesen immer wieder zu verbalisieren, was sie gerade denken. Oft wird der Text dabei in kleinen Ausschnitten dargeboten, vielfach am Computerbildschirm, und der Leser bestimmt durch Knopfdruck selbst, wann er den nächsten Satz lesen will. Diese Aussagen werden aufgezeichnet, transkribiert und mit Aussagen anderer Rezipienten verglichen.

---

[13]   Zur literaturwissenschaftlichen Empirieproblematik aus wissenschaftstheoretischer Sicht vgl. das einleitende Kapitel in diesem Band. Die sogenannten 'bildgebenden' Verfahren der Neurobiologie, mit denen man die Aktivitäten des Gehirns visualisieren kann, wie etwa die Positronen-Emissions-Tomographie (PET), haben bisher selbst für einfache Aufgaben noch keine zufriedenstellenden Erkenntnisse darüber geliefert, welche Gehirnstrukturen genau dabei auf welche Weise aktiv sind – von komplexen Betätigungen einmal ganz abgesehen.

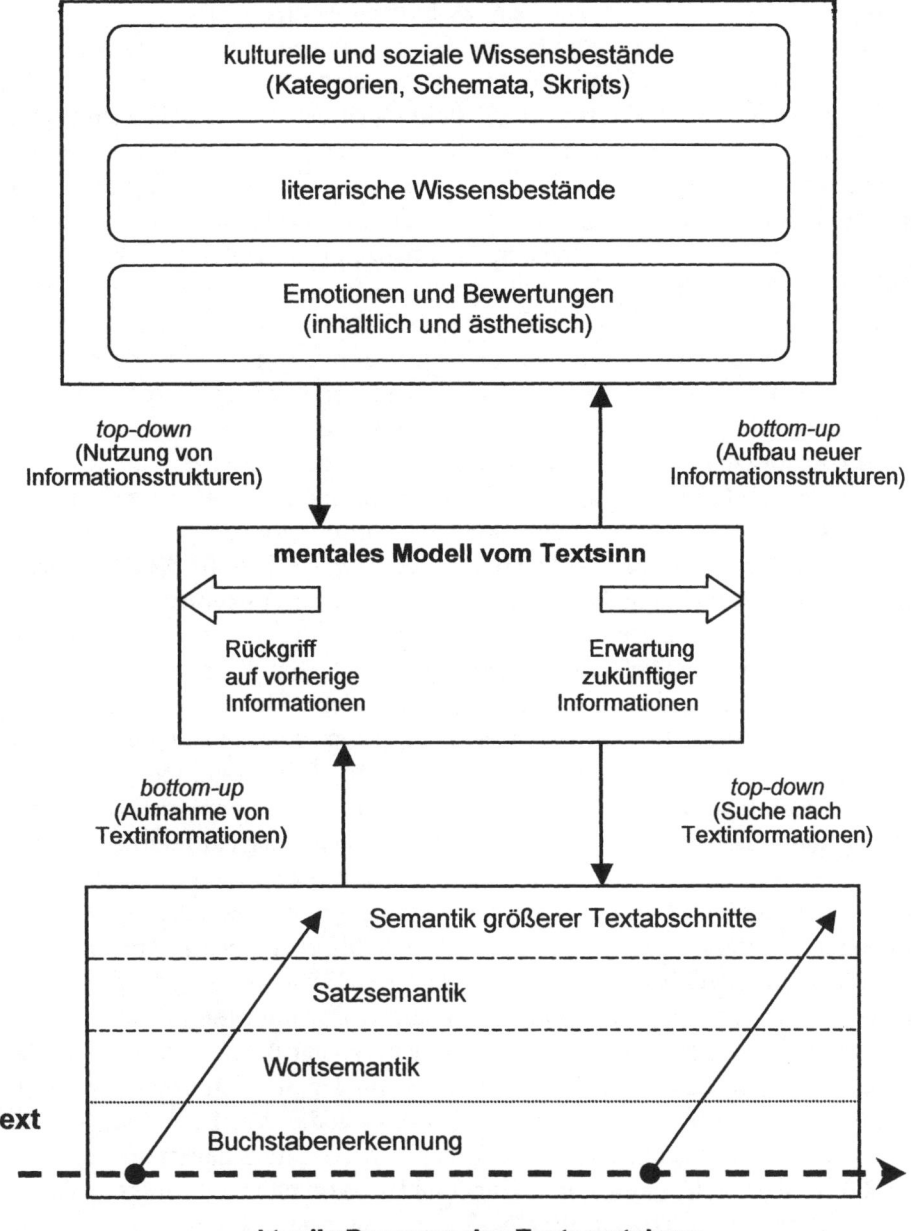

Abb. 1: Kognitionspsychologisches Modell des Textverstehens

Solche Untersuchungen zum Textverstehen verfeinern – in Abstimmung mit der Weiterentwicklung kognitionspsychologischer und neurobiologischer Grundlagenforschung – nach und nach die Prozeßmodelle, mit denen die Interaktionen zwischen Texten und Lesern genauer beschrieben werden können. Es haben sich inzwischen verschiedene spezialisierte Gruppierungen und Forschungszweige herausgebildet, die hier nicht im einzelnen behandelt werden können. Die Grafik (Abb. 1, adaptiert nach Meutsch 1986) stellt daher den Versuch dar, einige zentrale Erkenntnisse der empirisch-kognitionspsychologischen Textverstehensforschung im Überblick zu präsentieren. Es handelt sich bei dieser Abbildung nicht um ein Flußdiagramm, in dem alle vorkommenden Prozesse in ihrer Abfolge dargestellt sein müßten, sondern um eine schematische Aufzählung der wichtigsten Vorgänge und ihrer Beziehungen zueinander.

Liest man diese Grafik von unten nach oben, dann stellt sich Textverstehen als ein Prozeß dar, der Informationsverarbeitungen auf verschiedenen Komplexitätsstufen beinhaltet, vom Erkennen des Buchstabens bis zur Etablierung von größeren Sinnabschnitten (= unterer Kasten);[14] das Produkt des Textverstehens ist eine mentale Repräsentation vom Textsinn, d.h. ein mentales Modell, das der Rezipient im Arbeitsgedächtnis erstellt (= mittlerer Kasten); der Rezipient greift bei der Konstruktion des mentalen Modells immer auf Informationen zurück, die er bereits im Gedächtnis gespeichert hatte und jetzt für die betreffende Verstehenssituation aktivieren und in das Modell integrieren kann (= oberer Kasten).

Die Darstellung basiert auf der Erkenntnis, daß die Schritte des Verstehens nicht etwa nacheinander ablaufen, so wie die Buchstabenfolge es diktiert, und erst dann aufeinander aufbauen, sondern daß es gleichzeitig zu den aufbauenden Prozessen immer auch solche gibt, die – sozusagen 'von oben' kommend – die Informationsverarbeitung von vornherein lenken. Die Kognitionspsychologie unterscheidet daher zwischen *bottom-up information processing* (datengeleitete Informationsverarbeitung), wobei einzelne Daten nach und nach verarbeitet und zu einem Gesamtsinn zusammengefügt werden, und *top-down information processing* (konzeptgeleitete Informationsverarbeitung), wobei bestehende Wissensstrukturen aktiviert werden, um neu eintreffende Informationen zu ordnen und zu bewerten. Auf allen Ebenen des Textverstehens sind *bottom-up* und *top-down*-Informationsverarbeitung immer gleichzeitig aktiv. Das gilt schon für die unterste Ebene, der Erfassung des Textes mit den Augen: Bei der Blickbewegung in Sprüngen und Ruhephasen reichen 20 bis 30 Millisekunden, um den Buchstaben eines Wortes Sinn zuzuordnen – vorausgesetzt, man kann die Wortbedeutung automatisch aktivieren; die durchschnittliche Ruhephase des Blicks dauert hingegen 200 bis 300 Millisekunden, in denen offenbar andere, komplexere Prozesse ablaufen (vgl. Just/Carpenter 1980). Aus Buchstaben und Buchstabengruppen kommt so der

---

[14] Dieser Befund ist der Vorstellung Ingardens, daß das literarische Kunstwerk aus aufeinander aufbauenden 'Schichten' besteht, sehr ähnlich; Iser übernimmt auch dieses Konzept Ingardens (vgl. Ingarden 1968 [1938] und Iser 1976).

Sinn von Wörtern zustande, aus dem Verstehen mehrerer Wörter ein Satzsinn. Welcher Sinn einem Satz zugewiesen wird, hängt aber davon ab, ob – *top down* – Wissen aus dem Langzeitgedächtnis aktiviert werden kann. Dieses wird nicht in Form einzelner *bits* von Wissen gespeichert und dargeboten, sondern immer in Wissens*strukturen*. Es ist sehr gut erforscht, daß der Organismus über unterschiedliche Modi der Strukturierung verfügt: z.B. in Kategorien (hierarchische Begriffssysteme, die Informationen nach dem Prinzip der Ähnlichkeit speichern) und Schemata (in denen Informationen nach Kriterien der räumlichen und zeitlichen Nähe gespeichert werden; besonders deutlich in sogenannten Skripts, die Informationen über standardisierte soziale Situationen wie in Drehbüchern speichern). Ist der Sinn eines Satzes oder Abschnitts einmal in das mentale Modell integriert, leitet er das Erkennen der nächsten Buchstabengruppen, so daß die Augen dann umso schneller weiter springen können, und so fort. In der Grafik sind kulturelle und soziale, literarische sowie emotionale Strukturen aufgelistet, denn erstens geht es bei der Rezeption literarischer Texte ja nicht vorrangig darum, Informationen und Wissen zu gewinnen, sondern um Normen, Werteinstellungen und Gefühle (vgl. Vipond/Hunt 1984 und 1989) , und zweitens sind immer die bisherigen Erfahrungen des Lesers mit Literatur aktiv und generieren Erwartungen und Verstehensstrategien, z.B. wenn man einen Text als einer bestimmten Gattung zugehörig erkennt – wie im hermeneutischen Konzept des Erwartungshorizonts bereits angedeutet war.

Trotz ihrer Komplexität spielen sich diese Prozesse innerhalb von Millisekunden ab. Daß der Organismus dennoch so effizient lesen kann, ist nur dadurch möglich, daß die Verarbeitungsschritte der unteren Ebenen mit zunehmender Übung hochgradig automatisiert werden. Automatisierung heißt bei Informationsverarbeitung, daß das psychische System lernt, auf bestimmte Reize hin bestimmte Verarbeitungsprozesse in Gang zu setzen. Aufgrund der elektrochemischen Beschaffenheit der Reizübertragung zwischen den Nervenzellen und in Verbänden von Nervenzellen können diese Prozesse nach und nach immer schneller und effektiver ablaufen. Das ist auch dringend notwendig, denn die Kapazitäten des Arbeitsgedächtnisses sind sehr begrenzt. Durch zunehmende Automatisierung beanspruchen mentale Operationen immer weniger Kapazitäten und können schließlich unbewußt ablaufen, solange keine Störungen eintreten. Sie können dann mit Operationen auf höhergelegenen Komplexitätsstufen verknüpft werden, und auch diese Verknüpfungen können dann wieder automatisiert werden. Ein einleuchtendes Beispiel dafür ist das Autofahren: Ein Fahrschüler muß seine ganze Konzentration darauf verwenden, die einzelnen Schritte – Treten des Kupplungspedals, Anlassen des Motors, Einlegen des ersten Gangs, langsames Zurücknehmen des Kupplungspedals und gleichzeitiges vorsichtiges Gasgeben – in der richtigen Reihenfolge zu vollziehen und mit dem Blick auf die Straße, in die Spiegel, auf den Tacho sowie dem Steuern des Wagens zu koordinieren. Wer diesen hochkomplexen Prozeß gelernt hat, kann ihn sehr effizient, in kurzer Zeit und ohne sich dessen bewußt zu werden, durchführen und hat Informationsverarbeitungskapazitäten für andere Prozesse frei, wie z.B. für die Konzentration auf den Verkehrsbericht im Radio, ein Gespräch mit dem Mitfahrer usw. Je mehr von den unteren Verarbeitungsschritten des Textverstehens man also automatisiert hat, desto mehr Kapazitäten bleiben für die mentale Modellbildung frei.

Man könnte nun bei realen Lesern empirisch untersuchen, welche Art von mentalem Modell sie zu "Dover Beach" etablieren, und wie dabei *bottom-up-* und *top-down*-Informationsverarbeitung interagieren, d.h. welche kognitiven und emotionalen Strukturen beim Verstehen des Gedichts aktiviert werden. Durch die Möglichkeit, auf Wissensstrukturen im Langzeitgedächtnis zurückzugreifen, können wir Informationszusammenhänge herstellen, selbst wenn der Text nur lückenhafte Informationen vergibt. Was die Rezeptionsästhetik als 'Konkretisation' bezeichnet hat, würde die Textverstehensforschung unter dem Stichwort 'Inferenz' untersuchen, wobei z.B. von Interesse wäre, wieviel Kapazität des Arbeitsgedächtnisses für eine Inferenz aufgewendet werden muß, bzw. ob sie automatisiert und unbewußt ist. Was Iser mit den Begriffen Protention und Retention beschrieben hat, kann man als die zeitliche Dimension der mentalen Konstruktion von Textsinn verstehen. Dabei werden einerseits immer bereits im mentalen Modell verfügbare Informationen verwendet, z.B. wenn man die in Zeile 14 angesprochene "sadness" oder die "human misery" (Z. 18) mit dem Rückzug des Glaubens (dritte Strophe) in Bezug setzt; andererseits können Erwartungen auf zukünftige Informationen konstruiert werden, weil wir aus unserem Weltwissen bestimmte Szenarien aktivieren können. So ist zum Ende der ersten Strophe eine Vielzahl von möglichen Situationen in dem nächtlichen Zimmer vorstellbar, darunter auch der von Holland angenommene sexuelle Kontakt. Ist eine solche Erwartung einmal aktiviert und in das mentale Modell von der Situation integriert, dann kann sie als *top-down processing* die weitere Textverarbeitung erleichtern, und es ist zudem leicht möglich, weitere, im Text nicht angesprochene Informationen dem mentalen Modell von der Situation hinzuzufügen und zukünftige Situationen zu erwarten. Daß in diesem Gedicht die Situation nicht weiter ausgestaltet wird, derartige Erwartungen also enttäuscht werden, dürfte die Informationsverarbeitungskapazitäten auf andere Aspekte des Textes lenken und etwa den Versuch initiieren, die Metaphorik des Gedichts aufzuschlüsseln.[15]

Es wäre aus kognitionspsychologischer Sicht auch interessant zu untersuchen, welche Stellen des Textes als relevant empfunden werden. Empirische Studien zeigen immer wieder, daß darüber außerordentlich große Übereinstimmung zwischen verschiedenen Lesern besteht, daß aber die Begründungen, *warum* eine Stelle so wahrgenommen wird, oft sehr weit auseinandergehen, wobei die Unterschiede bei der Bewertung von literarischen Figuren besonders groß sind. Dies ist ein Hinweis darauf, daß literarische Texte zwar eine relativ objektive Struktur

---

[15] Vgl. zu solchen Prozessen z.B. die Arbeiten von Miall (1988) und Miall/Kuiken (1994).

anbieten, und zwar nicht nur eine linguistische und inhaltliche, sondern auch eine emotionale, daß wir diese Struktur aber sehr unterschiedlich ausfüllen, weil wir einem Text mit unseren je individuellen emotionalen Dispositionen begegnen. Man hat in Versuchen auch festgestellt, daß mit zunehmendem Abstand vom Leseerlebnis immer weniger eines Textes im Wortlaut erinnert wird, was an sich nicht überraschend ist; vor allem aber zeigt sich, daß Leser die Textinformationen so umstrukturieren, daß sie mit anderen Wissensstrukturen in ihrem Gedächtnis übereinstimmen, also z.B. eine nicht-chronologische Erzählung in der Erinnerung wieder chronologisch geordnet ist, und Szenen mit Details angereichert werden, die im Text gar nicht angesprochen wurden. Dies bedeutet offenbar erstens, daß es nicht die unteren Ebenen der Informationsverarbeitung sind, die ins Langzeitgedächtnis gelangen, sondern die mentalen Modelle, und daß diese zweitens so flexibel sind, daß sie sich mit den individuellen Gedächtnisstrukturen verbinden können.

Man könnte nun meinen, mit den kognitionspsychologischen Prozeßmodellen und der empirischen Forschung habe man den Königsweg der Rezeptionstheorie entdeckt, weil man nun herausfinden kann, was im realen Leser 'tatsächlich' beim Lesen vorgeht. Doch ist auch hier Vorsicht geboten, denn nicht alle Modellvorstellungen und Testergebnisse lassen sich problemlos auf die literarische Rezeption übertragen.[16] Wenn nämlich ein Experiment im strengen empirischen Sinne von jedem Forscher wiederholbar sein und keine Störfaktoren die Messung der eigentlich interessierenden Phänomene beeinflussen sollen, muß man mit einem sehr geringen Satz genau definierter abhängiger und unabhängiger Variablen arbeiten, deren Einfluß aufeinander gemessen wird. Literarische Texte sind aber oft sehr komplex, so daß es nur schwer möglich ist, die Variablen, die miteinander interagieren, auf ganz wenige Textinformationen zu begrenzen und sie mit ganz bestimmten Leserreaktionen eindeutig zu korrelieren. Ohnehin sind viele Untersuchungen nicht speziell an Literatur, sondern am Verstehen von Text ganz allgemein interessiert. Es wird daher mit sehr kurzen Texten von minimaler Komplexität und ohne jeglichen ästhetischen Anspruch gearbeitet, die nicht selten vom Versuchsleiter selbst geschrieben werden. Selbst wenn 'echte' literarische Texte verwendet werden, dann unterscheidet sich doch immer noch die Rezeptionssituation im Testlabor so stark von der zuhause, in der Mittagspause, im Zug usw., daß man die 'empirischen' Ergebnisse nicht auf viele empirische Situationen übertragen kann. Trotz dieser Einwände kann man sagen, daß genauer operationalisierte Modelle von den psychischen Vorgängen der Rezeption die Qualität der Hypothesenbildung über wahrscheinliche Lektürewirkungen eines Textes verbessern.

---

[16] Einführungen in einige Grundsätze und Probleme naturwissenschaftlicher Forschung und deren Übertragung auf die Literaturwissenschaft geben Groeben (1982b) und Viehoff (1981).

5. Schluß

Alle Rezeptionstheorien teilen die Ansicht, daß es beim Lesen zu einer Interaktion zwischen Text und Leser kommt: Es kann keine Textbedeutung ohne Leseraktivität geben, aber auch keine Leseraktivität unabhängig vom Rezeptionsangebot des Textes. Die Theorien unterscheiden sich aber, wie wir gesehen haben, deutlich im Hinblick darauf, welche Seite des Interaktionsverhältnisses sie stärker *gewichten* und welche Konzeption von den Interaktionsprozessen sie zugrunde legen. Wie ausgefeilt die Prozeßmodelle vom Lesen sind, die man bei der Rezeptionsforschung anwendet, und wie man sie begründen und überprüfen kann, hat erheblichen Einfluß auf die Art und Qualität der Aussagen über Rezeptionswirkungen von Texten. Wenn aber literaturwissenschaftliche Ansätze zu ungenaue Prozeßbeschreibungen liefern und/oder sich stärker dem Text als dem Leser zuwenden, und wenn gleichzeitig sogar die detaillierte empirische Erforschung der Leseprozesse eine Vorhersage von bestimmten Rezeptionsaktivitäten aufgrund bestimmter Merkmale literarischer Texte nicht erlaubt, dann muß ein Mittelweg zwischen den beiden Extrempositionen gesucht werden. Dieser müßte darin bestehen, die Wirkungspotentiale der Rezeption in den Griff zu bekommen, indem man die von der kognitiven Psychologie erforschten grundsätzlichen Bedingungen menschlicher Informationsverarbeitung im allgemeinen und beim Textverstehen im besonderen in die literaturwissenschaftliche Theoriebildung zur Rezeption einbezieht. Es können die bereits gewonnenen Erkenntnisse der Textverstehensforschung mit den Kategorien der Textanalyse verglichen werden um festzustellen, inwiefern die Analysekriterien überhaupt nach empirisch relevanten Aspekten literarischer Texte fragen; genauso kann festgestellt werden, inwiefern die Rezeptionsaktivitäten langer und hochkomplexer literarischer Texte von anderer Qualität sind, als die empirische Forschung das in ihren Theorien und Testdesigns vorsieht. Es liegen einige Beiträge vor, die in diese Richtung weisen, und man könnte einen solchen Ansatz als 'kognitive Rezeptionstheorie' bezeichnen,[17] ohne daß heute bereits von einer entwickelten Theorie zu sprechen wäre. Ein solcher Ansatz kann dazu beitragen, die Kluft zu überwinden, die sich zwischen der kognitionspsychologischen, empirischen Forschung und der traditionellen Literaturwissenschaft aufgetan hat, und die nicht zuletzt durch institutionelle Trennungen vertieft wird: Wir verfügen als traditionell ausgebildete Literaturwissenschaftler nicht über die Methodik von empirischem Versuch und Testauswertung, und die psychologischen Empiriker begegnen Texten meist nicht mit dem Erkenntnisinteresse der literarischen Textanalyse. Der Idealzustand wäre sicherlich eine interdisziplinäre Zusammenarbeit beider Forschungsrichtungen.

---

[17] Siehe etwa die bereits genannten Arbeiten von Miall und Kollegen, Gerrig (1993), Schneider (2000) und Dixon/Bortolussi (2003).

Bibliographie

1. Zur Einführung in die leserorientierte Literaturwissenschaft

Franzmann, Bodo, et al. (Hg.). 1999. *Handbuch Lesen*. München: Saur.

Freund, Elizabeth. 1987. *The Return of the Reader: Reader Response Criticism*. London: Methuen.

Geisen, Herbert. 1988. "Der Leser literarischer Texte: Zwischen Idealkonstrukt und empirischem Individuum." *Literatur in Wissenschaft und Unterricht* 21: 140-156.

Holub, Robert C. 1984. *Reception Theory: A Critical Introduction*. London, New York: Methuen.

Schneider, Ralf [in Vorbereitung]. *Rezeptionstheorien: Eine Einführung*. Tübingen, Basel: Francke.

Suleiman, Susan R., Inge Crosman (Hg.). 1980. *The Reader in the Text: Essays on Audience and Interpretation*. Princeton/NJ: Princeton University Press.

Tompkins, Jane P. (Hg.). 1980. *Reader-Response Criticism: From Formalism to Post-Structuralism*. Baltimore: Johns Hopkins University Press.

Wünsch, Marianne. 1984. "Wirkung und Rezeption." In: Kanzog, Klaus, Achim Masser (Hg.) *Reallexikon der deutschen Literaturgeschichte*. 2. Aufl. Berlin: de Gruyter. Bd. IV. 894-919.

Warning, Rainer (Hg.). 1975. *Rezeptionsästhetik: Theorie und Praxis*. München: Fink.

2. Zitierte und weiterführende Literatur

Adams, Marilyn Jager. 1982. "Models of Reading." In: Le Ny/Kintsch (Hg.). *Language and Comprehension*. 193-206.

Bower, Gordon H., John P. Clapper. 1989. "Experimental Methods in Cognitive Science." In: Posner (Hg.). 1989. *Foundations of Cognitive Science*. 245-300.

Christmann, Ursula, Norbert Groeben. 1999. "Psychologie des Lesens." In: Franzmann et al. (Hg.). *Handbuch Lesen*.145-223.

Dixon, Peter, Marisa Bortolussi. 2003. *Psychonarratology: Foundations for the Empirical Study of Literary Response*. Cambridge: Cambridge University Press.

Flammer, August, Walter Kintsch (Hg.). 1982. *Discourse Processes*. Amsterdam etc.: North Holland.

Gardner, Howard. 1985. *The Mind's New Science: A History of the Cognitive Revolution*. New York: Basic Books.

Garnham, Alan. 1987. *Mental Models as Representations of Discourse and Text*. Chichester: Ellis Horwood.

Gerrig, Richard G. 1993. *Experiencing Narrative Worlds: On the Psychological Activities of Reading*. New Haven, London: Yale University Press.

Gerstenmaier, Jochen (Hg.). 1995. *Einführung in die Kognitionspsychologie*. München, Basel: Reinhardt.

Graesser, Arthur C., Leslie F. Clark. 1985. *Structures and Procedures of Implicit Knowledge*. Norwood/NJ: Ablex.

Groeben, Norbert. 1977. *Rezeptionsforschung als empirische Literaturwissenschaft: Paradigma- durch Methodendiskussion an Untersuchungsbeispielen.* Kronberg: Athenäum.

—. 1982a. *Leserpsychologie: Textverständnis – Textverständlichkeit.* Münster: Aschendorff.

—. 1982b. "Methodologischer Aufriß der Empirischen Literaturwissenschaft." *SPIEL – Siegener Periodicum zur Internationalen Empirischen Literaturwissenschaft* 1.1: 26-89.

—, Peter Vorderer. 1988. *Leserpsychologie: Lesemotivation – Lektürewirkung.* Münster: Aschendorff.

Hauptmeier, Helmut, Dietrich Meutsch, Reinhold Viehoff. 1989. "Empirical Research on Understanding Literature." *Poetics Today* 10.3: 563-604.

Holland, Norman N. 1968. *The Dynamics of Literary Response.* New York: Oxford University Press

—. 1975. *5 Readers Reading.* New Haven, London: Yale University Press.

Ingarden, Roman. 1968 [1937]. *Vom Erkennen des literarischen Kunstwerks.* Tübingen: Niemeyer. [Auszüge unter dem Titel "Konkretisation und Rekonstruktion" in: Warning (Hg.). *Rezeptionsästhetik.* 42-70]

Iser, Wolfgang. 1972. *Der implizite Leser: Kommunikationsformen des Romans von Bunyan bis Beckett.* München: Fink.

—. 1975. "Die Appellstruktur der Texte: Unbestimmtheit als Wirkungsbedingung literarischer Prosa." In: Warning (Hg.). *Rezeptionsästhetik.* 228-252.

—. 1976. *Der Akt des Lesens: Theorie ästhetischer Wirkung.* München: Fink.

Jauß, Hans Robert. 1970 [1967]. "Literaturgeschichte als Provokation der Literaturwissenschaft." In: ders. *Literaturgeschichte als Provokation.* Frankfurt am Main: Suhrkamp. 144-207.

—. 1991 [1977]. *Ästhetische Erfahrung und literarische Hermeneutik.* Frankfurt am Main: Suhrkamp.

Just, Marcel Adam, Patricia A. Carpenter. 1980. "A Theory of Reading: From Eye Fixations to Comprehension." *Psychological Review* 87: 329-354.

Kintsch, Walter. 1977. "On Comprehending Stories." In: Just, Marcel Adam, Patricia A. Carpenter (Hg.). *Cognitive Processes in Comprehension.* Hillsdale/NJ: Erlbaum. 33-62.

—. 1988. "The Role of Knowledge in Discourse Comprehension: A Construction-Integration Model." *Psychological Review* 95: 163-182.

—, Teun A. van Dijk. 1978. "Toward a Model of Text Comprehension and Production." *Psychological Review* 85: 363-395.

Kluwe, Rainer H. 1988. "Methoden der Psychologie zur Gewinnung von Daten über menschliches Wissen." In: Mandl/Spada (Hg.). *Wissenspsychologie.* 359-385.

Kreuzer, Helmut, Reinhold Viehoff (Hg.). 1981. *Literaturwissenschaft und empirische Methoden: Eine Einführung in aktuelle Projekte.* Göttingen: Vandenhoek & Ruprecht.

Le Ny, Jean-François, Walter Kintsch (Hg.). 1982. *Language and Comprehension.* Amsterdam etc.: North Holland.

Mandl, Heinz, Günter L. Huber (Hg.). 1983. *Emotion und Kognition.* München u.a.: Urban und Schwarzenberg.

—, Hans Spada (Hg.). 1988. *Wissenspsychologie*. München, Weinheim: Psychologie-Verlags Union.

Mandler, Jean M. 1983. *Stories, Scripts, and Scenes: Aspects of Schema Theory*. Hillsdale/NJ: Erlbaum.

—, Nancy S. Johnson. 1977. "Remembrance of Things Parsed: Story Structure and Recall." *Cognitive Psychology* 9: 111-151.

Meutsch, Dietrich. 1986. "Mental Models in Literary Discourse: Towards the Integration of Linguistic and Psychological Levels of Description." *Poetics* 15: 307-331.

—, Reinhold Viehoff (Hg.). 1989. *Comprehension of Literary Discourse: Results and Problems of Interdisciplinary Approaches*. Berlin, New York: de Gruyter.

Miall, David S. 1988. "Affect and Narrative: A Model of Response to Stories." *Poetics* 17: 259-272.

—, Don Kuiken. 1994. "Foregrounding: Defamiliarization, and Affect: Response to Literary Stories." *Poetics* 22: 389-407.

Posner, Michael I. (Hg.). 1989. *Foundations of Cognitive Science*. Cambridge/MA, London: MIT Press.

Schneider, Ralf. 2000. *Grundriß zur kognitiven Theorie der Figurenrezeption am Beispiel des viktorianischen Romans*. Tübingen: Stauffenburg.

Tinker, Chauncey B., Howard F. Lowry (Hg.). 1950. *The Poetical Works of Matthew Arnold*. London: Oxford University Press.

van Dijk, Teun A. 1980. *Macrostructures: An Interdisciplinary Study of Global Structures in Discourse, Interaction, and Cognition*. Hillsdale/NJ: Erlbaum.

—, Walter Kintsch. 1983. *Strategies of Discourse Comprehension*. New York: Academic Press.

van Oostendorp, Herre, Rolf A. Zwaan (Hg.). 1994. *Naturalistic Text Comprehension*. Norwood/NJ: Ablex.

Viehoff, Rainer. 1981. "Empirisches Forschen in der Literaturwissenschaft." In: Kreuzer/Viehoff (Hg.). *Literaturwissenschaft und empirische Methoden*. 10-26.

—. 1988. "Literarisches Verstehen: Neuere Ansätze und Ergebnisse empirischer Forschung." *IASL - Internationales Archiv für Sozialgeschichte der deutschen Literatur* 13: 1-39.

Vipond, Douglas, Russel A. Hunt. 1984. "Point-Driven Understanding: Pragmatic and Cognitive Dimensions of Literary Reading." *Poetics* 13: 261-277.

—, —. 1989. "Literary Processing and Response as Transaction: Evidence for the Contribution of Readers, Texts, and Situations." In: Meutsch/Viehoff (Hg). *Comprehension of Literary Discourse*. 155-174.

Wolff, Reinhold, Norbert Groeben. 1981. "Die Empirisierung hermeneutischer Verfahren in der Literaturwissenschaft: Möglichkeiten und Grenzen." In: Kreuzer/Viehoff (Hg.). *Literaturwissenschaft und empirische Methoden*. 27-51.

Claudia Sternberg

Film und Literaturwissenschaft

1. Einleitung: Film als Gegenstand der Literaturwissenschaft

Bereits im frühen 20. Jahrhundert begann man, sich in Deutschland mit den Wechselwirkungen zwischen Film und Literatur zu beschäftigen. Dies geschah angesichts eines fundamentalen Strukturwandels in der Medienlandschaft: Fortschritte in der Filmtechnologie, zahlreiche eigens für Filmvorstellungen erbaute Kinos und der ästhetisch durchgestaltete Langfilm ließen ab den 1910er Jahren keinen Zweifel daran, daß sich der erst Ende des 19. Jahrhundert entwickelte Film bereits etabliert hatte. Die Vielfalt und die Konkurrenz der Medien untereinander brachten neue (künstlerische) Betätigungsfelder hervor und bewegten auch 'literarische' Autoren dazu, sich im Film zu engagieren. In der von Literaten dominierten 'Kino-Debatte' der 1910er und 20er Jahre wurde das Verhältnis von Film und Literatur poetologisch und kultursoziologisch diskutiert (Kaes 1978). Neben enthusiastischer Aufnahme der neuen Ausdrucksform als Impulsgeber für die Literatur fanden sich auch kulturkonservative Stimmen, deren Bewertung des Films aufgrund seiner Verankerung in der populären Massenkultur weniger befürwortend ausfielen. Eine solche *hierarchisierende Betrachtungsweise* von Literatur und Film wird auch in späteren Arbeiten einer Literaturwissenschaft, die von der Dichtung als normgebend ausgeht, immer wieder aufscheinen.

Größere Beachtung fand der Film in den neuphilologischen Fächern erst nach dem Zweiten Weltkrieg, allerdings zunächst vor allem dann, wenn er – im Format der Literaturverfilmung – auf Werke des literarischen Kanons zugriff. Die im anglo-amerikanischen Raum mit Lester Asheims *From Book to Film* (1949) und George Bluestones *Novels into Film* (1968 [1957]) einsetzende Beschäftigung mit der Literaturverfilmung wurde auch von deutschen Autoren aufgegriffen (Heinkel 1958, Estermann 1965). Eine verstärkte Aufmerksamkeit fand die Thematik bei deutschen Anglisten, Amerikanisten, Germanisten und Romanisten[1] ab den 1970er Jahren im Zuge eines *veränderten* bzw. *erweiterten Literaturbegriffs*, der die Integration von bislang unberücksichtigten Textsorten, der sogenannten 'Triviallitera-

---

[1] Siehe hierzu die Monographien und Sammelbände der 1980er Jahre, u.a. Grabes (1980), Kanzog (1981), Schneider (1981), Buchloh/Becker/Schröder (1982 und 1985), Weber/Friedl (1988) und Albersmeier/Roloff (1989).

tur' sowie Film- und Fernsehproduktionen vorsah (Kreuzer 1975, 1977).[2] In der
Folge dieser Neuorientierung entstanden um den Münchner Germanisten Klaus
Kanzog und den Kieler Anglisten Paul G. Buchloh Überlegungen und Arbeiten zu
einer als *Filmphilologie* bezeichneten Auseinandersetzung mit Film und Literatur.
Die Kieler Anglisten und Amerikanisten konzentrierten sich bei ihrer Berücksich-
tung von Bildmedien fast ausschließlich auf Literaturverfilmungen und bezogen
didaktische und sprachpraktische Fragestellungen mit ein (Buchloh/Becker/
Schröder 1982 und 1985); die Münchner Filmphilologen betrachteten als poten-
tiellen Gegenstand nicht nur die Literaturverfilmung, sondern "alle Phänomene
der Literarisierung eines Films", d.h. "sowohl Vorformen (Drehbuch) als auch
jene Publikationen, die dem Leser einen Eindruck von einzelnen Filmen vermitteln wollen" (Kanzog 1993 [1986]: 40). Für letzteres ist die "Erarbeitung einer zi-
tierfähigen Rückübersetzung und schriftliche Fixierung der filmischen Informationen" (Kanzog 1991: 11) von Bedeutung; entsprechende Aufmerksamkeit wurde
daher den Verfahren des Filmprotokolls und der Filmbeschreibung zuteil, die eine
"geordnete Rede über den 'Gegenstand Film'" (ebd.: 152) ermöglichen sollten.

Ab den 1960er Jahren etablierten sich an den Universitäten film-, fernseh- und
medienwissenschaftliche Lehrstühle, Institute und Fachbereiche, die zu einer
Aufwertung und letztlich Institutionalisierung des Films (und der audiovisuellen
Medien überhaupt) als Objekt akademischer Forschung sowie auch zur Aus-
bildung neuer und 'eigener' Fragestellungen und Methoden beitrugen. Von einigen Strömungen der geisteswissenschaftlichen Grundlagenforschung wurden
jedoch Film- und Literaturwissenschaft gleichermaßen erfaßt: So griff z.B. die
Filmsemiotik (Eco 1968 und 1972 [1968], Metz 1972 [1965-68], Lotman 1977
[1973]), die sich mit dem Film als Zeichensystem beschäftigte und die Besonderheiten sprachlicher und filmischer Codes zu bestimmen suchte, ebenso auf
linguistische Studien von Ferdinand de Saussure und Charles Sanders Pierce
zurück wie die strukturalistische Literaturwissenschaft;[3] die Filmgenreforschung,
die stark formalisierte Gattungen wie den Western untersuchte (z.B. Wright 1975),
bezog sich auf anthropologische Strukturanalysen von Claude Lévi-Strauss und
Vladimir Propp, die auch in die literarisch ausgerichtete Erzählforschung von
Roland Barthes und A.J. Greimas Eingang fanden. Das wohl ergiebigste Gebiet
film- und literaturtheoretischer Begegnung war und ist die Theorie des Erzählens
im Film, die *Filmnarratologie*, die in den 1980er Jahren ihre Blüte erlebte. Die
Arbeiten bedeutender Erzähltheoretiker, von den russischen Formalisten bis zu
Gérard Genette und Mieke Bal, bilden die Bezugspunkte der sich terminologisch
stark ausdifferenzierenden Forschung. Die Filmnarratologie widmet sich Aspekten

---

[2] Helmut Schanze forderte zeitgleich zu Kreuzer die Erweiterung der Theaterwissenschaft zu einer
     Medienwissenschaft (1974: 44-50). Zu Film und Literaturbegriff siehe genauer Albersmeier
     (1980).
[3] Vgl. zum Strukturalismus auch den Beitrag von Günter Leypoldt in diesem Band (S. 23-39).

der narrativen Tiefen- und Oberflächenstruktur, Zeit- und Raumgestaltung, Figu-
rencharakterisierung und vor allem den Modi der erzählerischen Vermittlung.[4]

Seit den 1990er Jahren ist der Anteil von Arbeiten zu Film-, Fernseh- und nun
auch Digitalmedienprodukten in den neuphilologischen Fächern weiter angestiegen. Ein solches Interesse ist Ausdruck einer gegenstandserweiterten, *medien-
orientierten Literaturwissenschaft*. Diese kommt einerseits der Forderung nach,
daß philologisch ausgebildete Akademiker auch über Medienkompetenzen verfügen müssen (Schanze 1997). Andererseits zeigt sich darin die Enthierarchisierung
und Demokratisierung von Kulturprodukten, die im Kontext des Poststrukturalismus und der Cultural Studies stehen: Deren gemeinsames Anliegen ist die Aufhebung der Trennung zwischen Höhenkamm- und Populärkultur.[5] Angesichts der
'Medialisierung' sämtlicher Lebensbereiche und einer immer stärker verschwim-
menden Grenze zwischen den Einzelmedien richtet sich zudem das Erkenntnisinteresse weniger auf die Analyse medialer Unterschiede und Spezifika als vermehrt auf Phänomene der *Intertextualität* und *Intermedialität*.[6] Vertreter einer
Medienkulturwissenschaft, die intermedial, interdisziplinär und darüber hinaus
interkulturell ausgerichtet ist und somit letztlich auch die Trennung zwischen
einzelnen 'Nationalphilologien' revidiert, fordern für die Literaturwissenschaft
eine Betrachtungsweise, die bei der Analyse von Medienangeboten deren Einbettung in ein Mediensystem berücksichtigt (Schmidt 1995, Schönert 1996).

Doch nicht nur eine Beschäftigung mit dem medialen, sondern auch mit dem
sozio-kulturellen Kontext wird in der durch den *cultural turn* eingeleiteten Neuorientierung eingefordert. Die Aufmerksamkeit richtet sich auf die in Medienprodukten aller Art repräsentierten Wirklichkeitsmodelle, auf die Mythen und
Werte spezifischer Epochen oder sozialer Gemeinschaften, denn die "gesellschaftlichen Konstruktionen von Wirklichkeiten im Individuum, sozialer Wandel
und Pluralisierung normativer Orientierungen hängen heute entscheidend ab von
medienvermittelter Kommunikation." (Schmidt 1995: 33) Zentral für eine Literaturwissenschaft unter kulturwissenschaftlichen Vorzeichen ist daher der gegen-
standsoffene und medienübergreifende, von diskursanalytischen Methoden gelei-
tete Zugriff auf jene *signifying practices*, die kulturell bedeutungskonstituierend
sind.[7]

---

[4] Ein zentraler Text der anglo-amerikanischen Filmnarratologie ist David Bordwells *Narration in
    the Fiction Film* (1985). Vergleichende Studien zu Erzählliteratur und Erzählfilm sind ins-
    besondere Chatman (1978 und 1990) sowie einführend Lothe (2000). Einen filmnarratologischen
    Überblick liefern Griem/Voigts-Virchow (2002), die auch den neueren Forschungen zum Filmton
    genauer Rechnung tragen. Komparatistische Überlegungen aus literaturnarratologischer Sicht
    finden sich bereits in Käte Hamburgers literaturwissenschaftlichem Grundlagenwerk *Die Logik
    der Dichtung* (1957: 134-143).

[5] In den Poststrukturalismus führt der Beitrag von Barbara Korte im vorliegenden Band ein (S. 41-
    59), zu den Cultural Studies siehe den Beitrag von Horst Tonn (S. 241-264).

[6] Siehe zur Intertextualität Broich/Pfister (1985) und Genette (1993 [1982]) und zur Intermedialität
    Helbig (1998) und Mecke/Roloff (1999).

[7] Zur Diskursanalyse siehe den Beitrag von Eveline Kilian im vorliegenden Band (S. 61-81).

Trotz aller Vielfalt eint die Betrachtungen des Beziehungsgeflechts von Film und Literatur die Grundannahme einer Wechselbeziehung (*Reziprozität*) zwischen den beiden Repräsentationssystemen, insbesondere auf dem Gebiet von Spielfilm und Erzählliteratur. Im folgenden werden drei Aspekte dieser Reziprozität exemplarisch vorgestellt, die im Rahmen literaturwissenschaftlicher Forschung zu einer umfangreichen und anhaltenden Auseinandersetzung geführt haben: Erstens poetologische Überlegungen zu einer *filmischen Schreibweise* im literarischen Text, zweitens vergleichende Untersuchungen zum *Medienwechsel* beim Zugriff des Films auf literarische Stoffe und drittens die narratologische Betrachtung der *Erzählsituation im Spielfilm.*

2. Der Film im/als Text

> Der Wortfilm rollt.
> (Joseph Adler 1913 [zitiert in Kaes (1978: 71)])

Publikationen zu Film und Literatur verweisen immer wieder auf zwei beinahe wortgleiche Aussagen des Schriftstellers Joseph Conrad und des Filmregisseurs David Wark Griffith. Conrad, als Vertreter der literarischen Moderne, beschreibt 1897 im Vorwort zu *The Nigger of the 'Narcissus'* seine Aufgabe als Romanautor wie folgt: "My task which I am trying to achieve is, by the power of the written word to make you hear, to make you feel – it is, before all, to make you *see*"; Griffith, Pionier des komplexen Erzählkinos, formuliert 1913 für seine Regiearbeit im Film: "The task I'm trying to achieve above all is to make you see" (zitiert u.a. in Jacobs 1939: 119). Selten unerwähnt bleiben in diesem Zusammenhang auch Griffith' wiederholte Aussagen über den bedeutenden Einfluß der Werke von Charles Dickens auf seine Filme und ein Artikel des russischen Regisseurs und Filmtheoretikers Sergej Eisenstein. In "Griffith, Dickens und wir" (1960 [1944]) unternimmt es Eisenstein, literarische Entsprechungen zu den für Griffith typischen Gestaltungselementen (visuelle Detailhaftigkeit, Parallelhandlungen, Temposteigerungen, Großaufnahmen, Überblendungen, Zwischenschnitte und Lichtdramaturgie) in Texten von Dickens 'aufzuspüren'. Diese vielzitierten Aussagen verbinden auf plastische Weise das 19. mit dem 20. Jahrhundert, Viktorianismus und Moderne, den (realistischen) Roman mit dem Spielfilm und das Schaffen des 'autonomen' Autors in der Literatur mit der kollektiven Technologie des Films. In ihnen manifestiert sich bei aller Reduktion[8] eine Affinität zwischen Erzählliteratur und Erzählfilm, die – paradoxerweise – nicht erst mit den ersten bewegten Filmbildern aus dem Jahr 1895 ihren Anfang zu nehmen scheint.

---

[8]   So wird z.B. der frühe Avantgarde-Film in die Betrachtung nicht einbezogen. Ebensowenig finden die Bühnenfassungen Erwähnung, auf die Griffith bei seiner Dickensadaption von *Cricket of the Hearth* zurückgriff.

Griffiths Verknüpfung des Filmerzählens mit dem Roman des 19. Jahrhunderts oder Conrads Diktum, das ein Bedürfnis nach einer besonderen, auf den Sehsinn gerichteten Erzählstrategie artikuliert, geben Anlaß, nach einer 'filmischen Schreibweise' bereits in der Ära vor dem Filmzeitalter zu suchen und so eine 'literarische Vorgeschichte' des Films zu konstruieren. Ausgangspunkt hierfür ist die Suche nach Schreibstrategien, mit Hilfe derer 'filmische' Besonderheiten, z.B. fortgesetzte Bewegung und raumzeitliche Dynamik, der Wechsel von Brennweiten und Perspektiven, Montageverfahren und das Miteinander von Bild, Musik und Ton, 'vorweggenommen' wurden. In dem folgenden Auszug aus Edgar Allen Poes Kurzgeschichte "The Man of the Crowd" (1840) wird ein 'filmischer' Blick auf urbanes Geschehen literarisch, d.h. 'wortsprachlich' präsentiert:

> I gave up, at length, all care of things within the hotel, and became absorbed in contemplation of the scene without. At first my observations took an abstract and generalizing turn. I looked at the passengers in masses, and thought of them in their aggregate relations. Soon, however, I descended to details, and regarded with minute interest the innumerable varieties of figure, dress, air, gait, visage, and expression of countenance. [...] The wild effects of the light enchained me to an examination of individual faces; and although the rapidity with which the world of light flitted before the window prevented me from casting more than a glance upon each visage, still it seemed that, in my then peculiar mental state, I could frequently read, even in that brief interval of a glance, the history of long years. (Poe 1966 [1840]: 216 und 218)

Die visuelle Wahrnehmung des Erzählers, die im Mittelpunkt steht, verengt sich von der Totale zur Nahaufnahme, und dadurch bedingt werden einzelne Passanten aus der Menge herausgegriffen. Die 'Bild'-Inhalte wechseln schnell und der Erzähler wird durch Lichteffekte geleitet. Einschreibungen von Wesensmerkmalen in die im Close-up erscheinenden Gesichter verleiten zu einer 'filmischen' Interpretation dieser wie auch anderer Textstellen, in denen Autoren wie Poe, Dickens und Gustave Flaubert Wahrnehmungsweisen des Films vorwegzunehmen scheinen.

Basieren Analysen solcher *oeuvres de pré-cinéma* und ihrer protocinematischen Elemente im Grunde auf einem ahistorischen Konstrukt ästhetischer Gemeinsamkeit (das sich jedoch kulturhistorisch legitimieren läßt, vgl. Paech 1997 [1988]: 45-63, Segeberg 1996), so standen und stehen literarische Werke des 20. Jahrhunderts und ihre Verfasser tatsächlich unter dem Einfluß des Films und können diesen auf vielfältige Weise widerspiegeln. Schon seit Beginn des Jahrhunderts dienen Film und Kino als literarischer Stoff und tragen in *film* oder *cinema novels* zur Festigung oder Dekonstruktion des Mythos von der Filmmetropole Hollywood bei, geben Anlaß zur Reflexion über Künste und Kunstverständnis oder stellen sogar filmtheoretische Überlegungen in das psychologische oder philosophische Zentrum eines Textes (vgl. Brooker-Bowers 1985, Capovilla 1994, Grabe 1992, Moses 1995, Rutz 2000).

Von größerem literaturwissenschaftlichen Interesse ist jedoch der formal-ästhetische Einsatz von als 'filmisch' geltenden Stilmitteln in Werken, die mit der Welt des Films *keine* inhaltliche Bindung eingehen (Spiegel 1976, Cohen 1979). Insbesondere Stadtromane der Moderne wie James Joyces *Ulysses* (1922), John Dos Passos' *Manhattan Transfer* (1925), Alfred Döblins *Berlin Alexanderplatz* (1929) und Henry Roths *Call It Sleep* (1934) weisen eine solche Schreibweise auf, die Döblin selbst als 'Kinostil' bezeichnete. Alan Spiegel benennt vier "components of cinematographic form" (Spiegel 1976: xiv), die – in Analogie zu den visuellen Prozessen der Kamerakunst – in das ästhetische Design moderner Romane eingeflossen sind (87f.): *adventitiousness* ("random and unforeseen details of personality and situation"), *anatomization* ("detailed information about how animated things and beings look when they move through time and space"), *depthlessness* ("the subject's purely structural, geometric, and material properties") und *montage* ("the arrangement of photographed perspectives [...] in sequence according to a predetermined concept").

Ein enges Film-Literatur-Verhältnis entwickelt sich auch im Kontext des *nouveau roman* in Frankreich in den 1950er und 60er Jahren. Schriftsteller wie Marguerite Duras und Alain Robbe-Grillet werden zu Drehbuchautoren und entwickeln in der Folge ihrer Filmarbeit, z.B. für Duras' *Hiroshima Mon Amour* (Film unter der Regie von Alain Resnais 1959, Roman 1960) und Robbe-Grillets *L'immortelle* (Film 1961, Roman 1963), die Prosaform des *ciné-roman* (dt. auch Filmnovelle). Der *ciné-roman* enthält – in szenischer Reihung, aber ohne technische Anweisungen – Beschreibungen von Figuren, Bildinhalt und Ton sowie den Dialogtext des zuvor erstellten Films. Die Textfassung erfüllt eine doppelte Funktion, nämlich "that of accompanying the images of the film in an audio-visual construct and that of a piece of literature which can be read independently of the film, without, however, supplanting the film which is the total work [...]." (van Wert 1978: 26)[9]

Im *nouveau roman* und *ciné-roman* dominiert das (unkommentierte und nach außen gerichtete) Sehen die erzählerische Vermittlung. Spiegel grenzt diese Erzähltechnik von der in den Werken der literarischen Moderne ab: "Where the earlier fiction asked us to see, the new fiction seems to ask us only to see – to see, as it were, with a vengeance. It reiterates much of the earlier technique but now in hypertrophied and grotesque form. It tries [...] to rid us of our old visual enthusiasms by allowing us to have them – and nothing else." (Spiegel 1976: 193) Die Beschränkung auf eine Wahrnehmung der Außenwelt, "deren Elemente sich im wesentlichen metonymisch darbieten", und in der die Dinge "nicht durch Assoziationen, sondern durch ihre Kontiguität im Raum, durch ihr Nebeneinander, in dem sie wahrnehmbar sind, gereiht werden" (Stanzel 1995 [1979]: 296), findet in

---

[9]   Zu *cinema novel* und *ciné-roman* siehe auch Morrissette (1985).

dem erzähltheoretischen Begriff der *camera-eye technique* ihre Entsprechung. Norman Friedman versteht unter *camera-eye technique* "the ultimate in authorial exclusion", die zum Ziel hat, "to transmit, without apparent selection or arrangement, a 'slice of life' as it passes before the recording medium" (Friedman 1955: 1178f.). Frank K. Stanzel hält, unter Bezugnahme auf Robbe-Grillets Roman *La Jalousie* (1959), für die Erzählsituation des *camera eye* fest, daß es nicht möglich ist, die im Präsens vermittelte Wahrnehmung einem Ich-Erzähler oder einer Reflektorfigur zuzuordnen. Durch die Beschränkung auf die äußere Welt läßt die *camera-eye technique*, anders als der innere Monolog, keine Innensicht, z.B. in Form von Erinnerungen, zu. Zugrunde liegt diesem Effekt die "Entpersönlichung des Bewußtseins, das gewissermaßen das Kameraauge trägt" (Stanzel 1995 [1979]: 296).

Spiegel geht über das rein Formale hinaus und deutet filmtechnische Verfahren zudem als mentalitätsgeschichtliche Veräußerungen: "Film technique as such embodies values and attitudes which are vital outside of film; […] film technique as such relates to a way of thinking and feeling – about time, space, being and relation – relates, in short, to a body of ideas about the world that has become part of the mental life of an entire epoch in our culture." (Spiegel 1976: xii) Auch in der Literatur der letzten Dekaden des 20. Jahrhunderts schlagen sich Medienlandschaft und zeitgenössisches Medienbewußtsein nieder; unter griffigen Kurzformeln wie 'kinematographischer Blick', 'Mediensimulation', 'cinemorphe Wahrnehmungsweisen' oder '*cinematic dynamics*' werden postmoderne Autorinnen und Autoren 'audiovisuell' interpretiert: Bret Easton Ellis schreibt man für seinen Roman *Less Than Zero* (1985) eine Videoclip-Ästhetik zu; Roddy Doyles szenisch-dialogischer Stil[10] gilt als ebenso 'filmisch' wie die mit Cliffhangern (d.h. spannungsgeladene Momente am Ende einer Sequenz, die nicht aufgelöst werden) versehene und auf Fortsetzung konstruierte Detektiv- oder Detektivinnenliteratur; David Lodge und Adam Thorpe gestalten die Schlußkapitel ihrer Romane *Changing Places* (Lodge 1975) und *Ulverton* (Thorpe 1992) im Filmskriptformat.

Neue oder sich verstärkende Trends in den Printmedien lassen nicht nur das Filmische *im* Text, sondern auch Filme *als* Text in Buchform erscheinen. Während der gedruckte Dramentext traditionell zu den literaturwissenschaftlichen Primärtexten gerechnet wird, findet allerdings – trotz drastisch gestiegener Publikationsraten – das Drehbuch als filmisches Textsubstrat in den Philologien nur geringe Beachtung.[11] Kaum Aufmerksamkeit hat bisher auch das Buch zum Film, die *novelization*, auf sich gezogen, die auf konventionellere Weise als der *ciné-*

---

[10] Die Romane seiner Barrytown-Trilogie (*The Commitments* 1987, *The Snapper* 1990, *The Van* 1991) wurden wenige Jahre nach ihrem Erscheinen erfolgreich verfilmt.

[11] Zu den Texteigenschaften des Drehbuchs vgl. Brunow (1988), Pasolini (1986 [1965]), Schwarz (1992) und Sternberg (1997). Überlegungen zum Drehbuch als einem neuen 'literarischen' Genre finden sich bei Korte/Schneider (2000).

roman einen filmischen Stoff in einen Prosatext überführt.[12] Der umgekehrte Medienwechsel – die Verfilmung eines literarischen Stoffes – bildete hingegen über lange Zeit das zentrale Untersuchungsgebiet der Film-Literatur-Forschung auf Seiten der Literaturwissenschaft.

3. Die Literatur im/als Film

> Die Tatsache liegt vor aller Augen: die Literatur
> wird beharrlich durch den Vorführapparat gedreht.
> (Boris Ėjchenbaum 1965 [1926]: 71)

Seit seinen Anfängen hat der erzählende Film auf literarische Quellen zurückgegriffen, zum einen, um durch eine 'Literarisierung' dem Medium Seriösität zu verleihen, das aus Jahrmarkt und Vaudeville erwachsen war, vor allem aber, um den Stoffhunger der Kunstform zu stillen, den Autoren von Originaldrehbüchern nicht befriedigen können. Obwohl vom populären Bestseller bis zur Pressenotiz, vom Gedicht bis zum Comic Strip alle denkbaren Textsorten als Filmvorlagen dienen, sind es bis in die jüngere Zeit kanonisierte Romane, Dramen und seltener auch Kurzgeschichten, deren Bearbeitung für Literaturwissenschaftler 'legitimen' Anlaß boten, Filmprodukte in ihre Analysepraxis einzubeziehen. Status und Bekanntheitsgrad des Ausgangstextes haben dazu geführt, daß bei Einzeluntersuchungen und schließlich auch Versuchen, eine "Theorie des Medienwechsels, d.h. die systematische Erfassung von Adaptionsphänomenen" (Schaudig 1992: 11) zu entwickeln, die Frage nach der 'Adäquatheit' der Verfilmung in die Betrachtungen Eingang findet. Diese Adäquatheit wird häufig in Abhängigkeit von normativen Kategorien bestimmt, zu denen die Annahme gehört, die Verfilmung sei dem Vorlagetext gegenüber zur 'Werktreue' (*fidelity*) verpflichtet. Diese Betrachtungsweise impliziert eine Vorrangstellung des literarischen Textes und wird ergänzt durch einen weiteren Medienvorbehalt von Literaten und Literaturwissenschaftlern, der in Konstruktionen ästhetischer Defizite oder rezeptionsbeschränkender Eigenschaften des Films zum Ausdruck kommt. So geht z.B. Gabriel Miller von der Negativannahme aus, daß adaptierte Charaktere stets simplifiziert werden, weil psychologische Komplexität und gedankliche Vorgänge im Film nicht darstellbar seien (Miller 1980: xiii); Wolfgang Iser sieht in der Verfilmung "die Kompositionsaktivität der Lektüre" aufgehoben: "Deshalb empfinden wir dann auch die optische Genauigkeit des Wahrnehmungsbildes im Gegensatz zur Undeutlichkeit des Vorstellungsbildes nicht als Zuwachs, sondern als Verarmung." (Iser 1976: 225)

Überlegungen insbesondere zur Werktreue rekurrieren auf die besondere Ausgangssituation bei der Adaption bekannter Werke: Die Kritik an der Verfil-

---

[12] Zur *novelization* (und anderen *movie tie-ins*) siehe Larson (1995), der u.a. nachweist, daß diese literarische Tradition bis in die Frühzeit des Kinos zurückreicht.

mung wird beeinflußt von oder kollidiert sogar mit einer vorausgehenden Vorstellung, die aus individueller Lektüre, der literarischen 'Aura' und 'offiziellen' Rezeption von Autor und Text sowie aus lebens-, zeit- und literaturgeschichtlichen Wertungen gespeist wird. Nähern sich Vorstellung und Verfilmung an, gilt letztere als 'adäquat' und gelungen; stellt sich der Eindruck einer Kongruenz nicht ein, wird die Adaption als *unfaithful* oder gar als *violation* bezeichnet.[13] Nicht nur der französische Filmkritiker André Bazin, der in seinem bekannten Essay "Für ein 'unreines' Kino: Plädoyer für die Adaption" (1975 [1952]) die Empörung über die vermeintlichen 'Verluste' bei Literaturverfilmungen zurückweist, sondern auch zahlreiche Verfilmungstheoretiker der vergangenen Jahrzehnte distanzieren sich von der Werktreuediskussion aufgrund ihrer analytischen Begrenztheit. Irmela Schneider weist darauf hin, daß "sehr rasch aus der zeitlichen Folge, in der literarischer Text und Literaturverfilmung stehen, eine hierarchisierende Aufteilung in ein erstes im Sinne von erstrangiges und ein zweites im Sinne von zweitrangiges Produkt" (Schneider 1981: 12) entsteht und "häufig allein rezeptionsgeschichtlich begründbare Urteile als rein darstellungsästhetische formuliert werden" (163).

Schneider und andere Autoren insbesondere der 1980er Jahre fordern eine 'neutralere' Betrachtung von Ausgangs- und Zieltext mit Hilfe filmsemiotischer und/oder -narratologischer Modelle, die mit detaillierten und 'objektifizierbaren' Begrifflichkeiten arbeiten. Die Literaturverfilmung wird "als eine Information" verstanden, "deren Zeichensystem in ein anderes Zeichensystem transformiert wird" (ebd.: 17), ohne dabei jedoch "Film-Bilder oder -Sequenzen von einzelnen Wörtern oder Sätzen abzuleiten (19).[14] Schaudig definiert Transformation als "*eine nach spezifischen medientechnologischen Konditionen vorgenommene Übertragung von deskriptiven, narrativen und argumentativen Elementen eines Zeichensystems (Ausgangstext) in ein anderes Zeichensystem (Zieltext), unter weitgehender Erhaltung der konstitutiven Bedeutungs- und Informationsstrukturen*" (Schaudig 1992: 25; Hervorhebung im Original). Doch auch Strukturanalysen auf der Basis spezifischer wortsprachlicher und filmischer Codes bergen normatives Potential: Im Rahmen ihrer Untersuchung von Transformationsprozessen privilegiert z.B. Schneider filmische Analogiebildungen und lehnt eine "bebilderte Literatur" ab, da letztere "weder die Möglichkeiten der filmischen Übersetzungsarbeit nutzt noch dem Rezipienten neue oder einführende Erfahrungen über einen literarischen Text vermittelt" (Schneider 1981: 293). Als 'adäquat' wird hier somit nicht mehr die 'werknahe', sondern die 'filmische' Adaption betrachtet; der Akzent verschiebt sich von der 'Essenz' des Ausgangstextes zur 'Spezifik' des Zielmediums.

---

[13] John Ellis argumentiert, daß Behauptungen zu 'Wesen' oder 'Kernaussage' eines Ausgangstextes nichts weiter sind als schlußfolgernde Erinnerungen, die den Eigenheiten persönlicher Gedächtnisprozesse unterworfen sind (Ellis 1982).

[14] Versuche, die 'Filmsprache' in Analogie zum sprachlich-linguistischen Konstrukt der *langue* zu entwickeln, wurden in der Filmsemiotik bereits früh wieder aufgegeben.

Für film- und literaturtheoretische Untersuchungen von Literaturverfilmungen bleibt das Bezugssystem zwischen wortsprachlichem Text und audiovisueller Repräsentation, das sich in der Adaption niederschlägt, im Zentrum des Interesses. Sowohl in hermeneutisch wie auch gelegentlich in semiotisch ausgerichteten Untersuchungen wird daher wiederholt versucht, sich mit Hilfe von Adaptionstypologien und -kategorien dem 'Grad' des Medienwechsels und den Funktionen von Veränderungen terminologisch anzunähern. Geoffrey Wagner schlägt ein Dreierschema ("three modes of adaptation") vor: Er spricht von *transposition*, wenn "a novel is directly given on the screen, with the minimum of apparent interference"; im Modus des *commentary* hingegen wird der Ausgangstext "either purposely or inadvertently altered in some respect. It [the commentary; C.S.] could also be called re-emphasis or re-structure." Bei der *analogy* weicht die Filmfassung schließlich maßgeblich von der Vorlage ab ("a considerable departure for the sake of making *another* work of art") und setzt inbesondere inhaltliche und/oder vermittlungstechnische Analogien ein (Wagner 1975: 222-231; Hervorhebung im Original). Michael Klein und Gillian Parker schaffen eine erste Kategorie, die sich durch "fidelity to the main thrust of the narrative, to the author's central concerns, to the natures of the major characters, to the ambience of the novel, and [...] to the *genre* of the source" auszeichnet (Klein/Parker 1981: 9; Hervorhebung im Original); eine zweite Adaptionsform "retains the core of the structure of the narrative while significantly reinterpreting or, in some cases, deconstructing the source text" (10); eine dritte "regards the source text merely as raw material, as simply the occasion for an original work" (ebd.). Mit im Grunde ähnlicher Ausrichtung, aber unter Verwendung kommunikationstheoretischer Begrifflichkeit, erfolgt die Aufteilung in "Transformationskonzepte" bei Michaela Mundt (1994: 37-40). Sie unterscheidet 'analoge Wiedergabe' (der strukturellen, funktionalen und konzeptionellen Vorgaben des Ausgangstextes), 'konzeptionelle Interpretation' (mit dem Vermittlungsschwerpunkt nicht auf der vorgefundenen literarischen Botschaft, sondern auf der Rezeption dieser Botschaft) und 'Eigenständigkeit' (Formulierung einer originären Botschaft, bei der der Vorlagetext nur ein Bezugspunkt unter vielen ist). Dudley Andrew grenzt schließlich *borrowing* von *intersecting* ab: Im ersten Fall hofft der "adapter [...] to win an audience for the adaptation by the prestige of its borrowed title or subject" und "seeks to gain a certain respectability, if not aesthetic value, as a dividend in the transaction" (Andrew 2000 [1984]: 30). *Intersecting* beschreibt einen Modus, in dem "the uniqueness of the original text is preserved to such an extent that it is intentionally left unassimilated in adaptation" (ebd.). Diese Adaptionsstrategie ist darauf angelegt, "that the analyst attend to the specificity of the original within the specificity of the cinema" (31).

Für die konkrete Analysepraxis und Betrachtung einzelner Adaptionsphänomene unterscheidet Brian McFarlane vereinfachend zwischen *transfer*, einem Begriff "used to denote the process whereby certain narrative elements of novels are revealed as amenable to display in film", und *adaptation* (bzw. *adaptation proper* oder auch *enunciation*) in Bezug auf "processes by which other novelistic elements must find quite different equivalences in the film medium, when such equivalences are sought or are available at all" (McFarlane 1996: 13 sowie 20 und 23-37). Die folgende Textstelle aus James Joyces Kurzgeschichte "The Dead" (aus der Sammlung *Dubliners* von 1914) und ein Standbild (Abb. 1) aus der Verfilmung des amerikanischen Regisseurs John Huston (aus dem Jahr 1987) veranschaulichen diese Differenzierung:

> Gabriel had not gone to the door with the others. He was in a dark part of the hall gazing up the staircase. A woman was standing near the top of the first flight, in the shadow also. He could not see her face but he could see the terracotta and salmonpink panels of her skirt which the shadow made appear black and white. It was his wife [Gretta]. [...] There was grace and mystery in her attitude as if she were a symbol of something. He asked himself what is a woman standing on the stairs in the shadow, listening to distant music, a symbol of. If he were a painter he would paint her in that attitude. Her blue felt hat would show off the bronze of her hair against the darkness and the dark panels of her skirt would show off the light ones. *Distant Music* he would call the picture if he were a painter. (Joyce 1988 [1914]: 239f.)

Abb. 1: *The Dead* (USA 1987). Der Spielfilm wurde in Farbe gedreht: Grettas Schal besteht aus hellblauem Tuch; das Bogenfenster im Hintergrund ist aus Scheiben in Weiß, Grün, Gelb, Rot und Blau zusammengesetzt.

Die Textstelle markiert die Akteure und deren Positionierung, spezifiziert den Schauplatz, macht sogar Angaben zu Ton, Kostüm und Lichtgestaltung, und bietet somit für den *transfer* dieses bedeutsamen Moments zahlreiche 'filmgerechte' Hinweise. Offen läßt die literarische Fassung allerdings – die sich den Lesern durch die Gedankenwelt des Ehemanns vermittelt –, welcher symbolische Gehalt der Frau auf der Treppe letztlich zugeschrieben werden kann. Für Gabriel bleibt die Frage, die er sich selbst stellt, unbeantwortet; stattdessen 'ästhetisiert' er seine Wahrnehmung durch die Vorstellung von einem Gemälde. Die korrespondierende Filmsequenz greift Gabriels Perspektive, seine 'bildhafte' Vorstellung und die Wirkkraft des 'Augenblicks' durch eine tableau-artige Einstellung auf. Regisseur Huston, in Zusammenarbeit mit Kameramann Fred Murphy, den Ausstattern Stephen Grimes und J. Dennis Washington und Kostümdesignerin Dorothy Jeakins, offeriert jedoch zusätzlich eine Antwort auf die Frage nach dem Symbolgehalt: Durch die Körperhaltung Grettas, ihre Kleidung und den Hintergrund entsteht der Eindruck einer Madonnenfigur vor einem Kirchenfenster. Die Adaption greift so einen wesentlichen Aspekt des Ausgangstextes mit Hilfe eines über simple Transferverfahren hinausgehenden Mittels der Bedeutungskonstitution – hier der visuellen Konkretisierung – auf. Obwohl Gabriels Überlegungen zur Symbolik nicht als Inhalte seines Bewußtseins übermittelt werden, geht die Textzeile "what is a woman [...] a symbol of" auf signifikante Weise in die filmische Adaption der Kurzgeschichte ein.

Vielen der für die Literaturverfilmung entwickelten und hier beispielhaft genannten Beschreibungsparametern mangelt es aufgrund ihrer Vermischung stofflicher, formaler, produktions- und rezeptionsbezogener Kriterien an Trennschärfe und übertragbarer Praktikabilität. Auch die ausdifferenzierten Begriffsrepertoires der formalistischen Transformationsstudien konnten sich nicht durchsetzen und verbreiten. Trotz vielfältiger Bemühungen hat sich die Literaturverfilmung bisher einer 'standardisierenden' Theoretisierung widersetzt. Zudem sind die zentralen Fragestellungen, die sich auf das Verhältnis von Ausgangstext und Adaption und die Ermittlung medienspezifischer Komponenten und Transformationspotentiale konzentrieren, wiederholt auf Kritik gestoßen. Andrew fordert bereits 1984 einen "sociological turn" (Andrew 2000 [1984]: 35), u.a. damit sich die Diskussion um die Literaturverfilmung stärker den Gründen für den Aufruf bestimmter literarischer Prototypen zuwendet. Angesichts der hohen, aber eben nicht *nur* kanonischen Adaptionsrate verlangt McFarlane die Berücksichtigung von "other elements of intertextuality" und "extra-novelistic influences" (McFarlane 1996: 200-202).[15] Naremore sieht ebenfalls Bedarf, "'low' or pop-cultural texts" sowie Stof-

---

[15] McFarlane selbst untersucht z.B. John MacDonalds Roman *The Executioners* (1957) und dessen Verfilmungen von 1961 und 1991 (beide unter dem Titel *Cape Fear*). Die zweite Filmversion bezieht sich nicht nur auf den Populärroman, sondern gleichermaßen auch auf die vorangegangene Adaption. McFarlane erweitert somit die Diskussion um das intra-mediale Adaptionsphänomen des Remake.

fe, die "cross-culturally" (Naremore 2000b: 12) adaptiert werden, zu erörtern und rückt Faktoren wie den "commercial apparatus, the audience, and the academic culture industry" (10) wieder stärker in den Vordergrund. Robert Stam lehnt essentialistische und reduktionistische Annahmen über einen spezifizierbaren 'Kern' des Ausgangstextes und über 'wesensmäßige' Eigenschaften und Vorzüge von Einzelmedien ab.[16] Unter Zugriff auf Michail Bachtins Konzept der Dialogizität, Julia Kristevas Intertextualitätsmodell und Gérard Genettes Transtextualitätstheorie sieht Stam einen vielversprechenden Ausgangspunkt für die Adaptionanalyse insbesondere in Genettes Kategorien der Intertextualität (Kopräsenz zweier oder mehrerer Texte in den Erscheinungsformen Zitat, Plagiat oder Anspielung), Metatextualität (kritische Beziehung zwischen Texten als Lesart und Kritik) und Hypertextualität (die weitreichende Umformung [Hypertext] eines Textes [Hypotext] durch die Techniken der Transformation oder Imitation):

> one way to look at adaptation [as hypertext] is to see it as a matter of a source novel hypotext's being transformed by a complex series of operations [...]. The source text forms a dense informational network, a series of verbal cues that the adapting film text can then take up, amplify, ignore, subvert, or transform. The film adaptation of a novel performs these transformations according to the protocols of a distinct medium, absorbing and altering the genres and intertexts available through the grids of ambient discourses and ideologies, and as mediated by a series of filters: studio style, ideological fashion, political constraints, auteurist predelictions, charismatic stars, economic advantage or disadvantage, and evolving technology. (Stam 2000: 68-9)

Stam gibt erweiterte und stärker kontextorientierte, d.h. weniger textimmanent-strukturalistische oder auf den Ausgangstext fixierte Parameter vor, in denen sich der *cultural turn* auch in den Adaptionsstudien spiegelt. Zugleich wird hier aber eine tragfähige literaturwissenschaftliche Theorie als Ausgangspunkt der Filmbetrachtung gewählt. Ist dies in den Diskursen zur Literaturverfilmung nur sporadisch der Fall, so liegt ein solcher Zugriff der Filmnarratologie zugrunde.

---

[16] Sich nicht an den medialen Grenzen aufzuhalten, forderte André Bazin bereits 1948 in "Adaptation, or the Cinema as Digest": "The true aesthetic differentiations, in fact, are to be made not among the arts, but within genres themselves: between the psychological novel and the novel of manners, for example, rather than between the psychological novel and the film that one would make from it." (Bazin 2000 [1948]: 26)

4. Erzählerische Vermittlung im Film: Ein Beispiel aus der Filmnarratologie

> Besonders übrigens hat der Film nichts mit dem
> Drama zu tun. Er *erzählt* in Bildern [...].
> (Thomas Mann 1928 [in Kaes 1978: 165])

Ein augenfälliges Merkmal von Literaturverfilmungen ist, daß die Prosaliteratur und nicht das Drama das Gros ihrer Ausgangstexte stellt. Irmela Schneider sieht im "Phänomen des Erzählens" das fundamentale "tertium comparationis zwischen Buch-Literatur und Film" (Schneider 1981: 27), doch nicht nur unter Bezugnahme auf die Literaturverfilmung, sondern schon seit Beginn der vergleichenden Auseinandersetzung mit Film und Literatur im allgemeinen wird eine besondere 'Nähe' des Films zur erzählenden Literatur betont. Eine Affinität gerade dieser Repräsentationssysteme sollte jedoch überraschen, denn der Film bedient sich, wie das Theater und "im Gegensatz zu rein literarischen Texten, nicht nur sprachlicher, sondern auch außersprachlich-akustischer und optischer Codes" (Pfister 1988 [1977]: 24f.); er verwendet die Zeichensysteme der gesprochenen und geschriebenen Sprache sowie Geräusche, Musik und alle per Bild und Ton transportierbaren Systeme (vom Schauspiel über die Raumsemantik bis hin zur Farbdramaturgie). Die Kanäle operieren gleichzeitig, und die Präsentation ist dynamisch, d.h. der Film läuft buchstäblich vor den Augen des Zuschauers ab und eine kontemplative Betrachtung seiner Einzelelemente ist nicht durch Innehalten möglich wie in der bildenden Kunst und auch der Literatur. Plurimedialität, Simultaneität und die Existenz eines Skripts, dem eine Inszenierung durch Regisseur und Darsteller folgt, sowie das Äußere des Drehbuchs (Aufteilung in Haupt- und Nebentext, begrenzte Zahl von Sprechrollen, Standardlänge) rücken den Film in seinen medialen Strukturen an das Theater heran. Im Drama und Erzählkino stehen die Darsteller mit ihren sprachlichen und physischen Möglichkeiten im Vordergrund; Innensicht und Kommentar treten zurück, die Vorführung ist szenisch. Filmfiguren agieren, wenn auch nicht auf einer Bühne, so an ausgewählten Schauplätzen bzw. in gestalteten Studioräumlichkeiten. Die Charakterisierung der Figuren und die Vermittlung ihrer Dominanz-, Kontrast- und Korrespondenzrelationen erfolgt im Film wie im Theater durch dialogisches Sprechen, Körpersprache, Kostüm und Maske sowie durch Ausstattung und den Einsatz von Requisiten (vgl. Abb. 1 auf S. 223). Eine Reihe von dramentheoretischen Überlegungen und Analysekategorien bilden somit ein durchaus geeignetes Instrumentarium für die Interpretation filmischer Werke.[17]

---

[17] Literatur- und Filmwissenschaft haben sich natürlich auch mit dem Bezugssystem Film und Theater auseinandergesetzt. Dieses Kapitel beschränkt sich aus Umfangsgründen auf das Wechselverhältnis zwischen Erzählliteratur und Film.

Andererseits unterscheiden sich Film und Theater in signifikanter Weise, u.a. in der Qualität des tatsächlich für den Zuschauer Sichtbaren. Während die Wahrnehmung des Zuschauers im Theater nur begrenzt manipulierbar ist, hat der Film wie die Erzählprosa die Möglichkeit, diese Wahrnehmung erheblich zu beeinflussen. Dieses andere oder 'privilegierte' Sehen (Kawin 1978: 3) des Kinobesuchers im Vergleich zur statischen Totale des Theaterpublikums hat zentrale Konsequenzen für die Präsentation der fiktionalen Welt. Ungewöhnliche Perspektiven und visuelle Eindrücke entstehen durch die Beweglichkeit der Kamera, die Wahl des Objektives und die Veränderung der Laufgeschwindigkeit (Zeitlupe oder Zeitraffer). Mit Hilfe wechselnder Einstellungsgrößen und Brennweiten gelingt die Hervorhebung von Details ebenso wie die Darstellung panoramatischer Großansichten. Hinzu kommen die dem Film eigenen Möglichkeiten durch Schnitt und Montage. Roman und Film haben zudem gemeinsam, daß sie losgelöst sind vom Raum- und Zeitkontinuum, das die Werke der Bühne, wenn auch in unterschiedlich starkem Maße, bestimmt. Zeitsprünge stellt der Film problemloser dar als das Theater, das den Einschränkungen von Bühne, Kostüm und Maske unterworfen ist.

Der Film teilt somit Eigenschaften mit dem Theater *und* der Erzählliteratur und bildet eine dramatisch-epische Mischform, die im Einzelfall je nach Konzeption von Drehbuchautor und Regisseur ausgewählte Merkmale aktualisieren kann.[18] Als zentrales Merkmal der Prosa gilt das der Mittelbarkeit, ihr 'ErzähltSein'; in der bedeutsamen Position der Erzählinstanz manifestiert sich im Kommunikationsmodell der Unterschied zwischen Drama und Epik. Die erzählerische Vermittlung wird häufig in Begrifflichkeiten gefaßt, die sich einer visuellen Metaphorik (*point of view*, Fokalisator, Reflektor, *restricted field*, *focus of narration*, Horizontierung, *vision from without* u.a.) bedienen.[19] Eine in der Filmnarratologie wiederholt erörterte Frage ist, ob sich die in dem Konzept der Erzähl*perspektive* gefaßten Besonderheiten der Prosa auch in einer Filmerzählung wiederfinden lassen.[20]

---

[18] Genau genommen geht die mediale Hybridität des Films noch darüber hinaus. Stam beschreibt Kino als 'synthetische Kunst': "A composite language by virtue of its diverse matters of expression – sequential photography, music, phonetic sound, and noise – the cinema 'inherits' all the art forms associated with these matters of expression. Cinema has available to it the visuals of photography and painting, the movement of dance, the decor of architecture, and the performance of theater. [...] Cinema can literally include painting, poetry, and music, or it can metaphorically evoke them by imitating their procedures [...]." (Stam 2000: 61)

[19] Die literarische Erzähltheorie und ihre Terminologie sind der Filmnarratologie historisch vorgeordnet. Angesichts des Einsatzes der visueller Begrifflichkeiten erscheint allerdings die Anregung von Sarah Kozloff, über einen möglichen Einfluß des Films auf die Erzähltheorie nachzudenken, zumindest beachtenswert: "We might consider, too, that 'narrative theory' itself is a product of the age of the cinema." (Kozloff 1988: 127)

[20] Filmnarratologische Untersuchungen gehen über die Betrachtung der erzählerischen Vermittlung hinaus; diese bildet jedoch ein Kernthema der bisherigen Forschungen, so z.B. in den Arbeiten von Browne (1982 [1976]), Branigan (1984), Wilson (1986), Kozloff (1988), Fleishman (1992)

Zur filmischen Narration im allgemeinen und der Mittelbarkeit filmischer Töne und Bilder im besonderen gibt es unterschiedliche theoretische Positionen: David Bordwell hält zunächst fest, daß "all materials of cinema function narrationally – not only the camera but speech, gesture, written language, music, color, optical processes, lighting, costume, even offscreen space and offscreen sound" (Bordwell 1985: 20). Er definiert Spielfilm-*narration* im Rückgriff auf die Terminologie der russischen Formalisten als *"the process whereby the film's syuzhet* [vgl. discourse] *and style interact in the course of cueing and channeling the spectator's construction of the fabula* [vgl. story]" (53; Hervorhebung im Original). Die Konstruktion einer Erzählinstanz nach Maßgabe literarischer Modelle lehnt Bordwell jedoch ab:

> Since any utterance can be construed with respect to a putative source, literary theory may be justified in looking for a speaking voice or narrator. But in watching films, we are seldom aware of being told something by an entity resembling a human being. [...] To give every film a narrator or implied author is to indulge in an anthropomorphic fiction. [...] I suggest, however, that narration is better understood as the organization of a set of cues for the construction of a story. This presupposes a perceiver, but not any sender, of a message. (62)

Seymour Chatman stellt Bordwells Reduktion auf eine 'reine' *narration* bei Abwesenheit einer Sendeinstanz im Kommunikationsprozeß in Frage. Er geht nicht von einer Konstruktion, sondern einer *Re*konstruktion bereitgestellter *cues* durch den Zuschauer aus (Chatman 1990: 127). Unter Bezug auf Sarah Kozloffs Diktum, "Because narrative films are narrative, someone must be narrating" (Kozloff 1988: 44), ordnet er dieser Rekonstruktionsleistung eine Erzählinstanz vor und folgert: "Films, in my view, are always presented – mostly and often exclusively shown, but sometimes partially told – by a narrator or narrators. The overall agent that does the showing I would call the 'cinematic narrator.' That narrator is not a human being. " (Chatman 1990: 133f.)[21]

Auch Avrom Fleishman trägt der 'Präsenz' erzähltechnischer Elemente im Film Rechnung (nach Fleishman der *'narrator' effect*, 1992: 4), die sich auch in den personalisierten Formen des *on-screen* und *off-screen narrators* und/oder *voice over*-Konstruktionen manifestieren kann. Er unterscheidet zwischen *non-narrated* und *narrated films*: "while films in general are not narrated but mimetically performed, some films employ coded signals to give the impression that their images and sound proceed from a narrator." (ebd.: 21f.)

---

u.v.m. Zum Transfer der Kategorien von Gérard Genette auf den Film siehe Henderson (1982/83) und Black (1986); zur Übertragbarkeit der Erzählsituationen nach Franz K. Stanzel vgl. die Studie von Hurst (1996).

[21] Um den Erzählerbegriff zu depersonalisieren, wird auch der Terminus *impersonal narration* gewählt, z.B. bei Burgoyne (1990).

Ungeachtet einer narratologischen Positionierung bleibt sicher unbestritten, daß sich in filmischen Erzählungen Perspektivierungen und somit auch Perspektiveme (d.h. Elemente, die für eine solche Perspektivierung verantwortlich sind) nachweisen lassen, für die das Theater kaum Entsprechungen aufweist. Film ist u.a. in der Lage, sich dem für die Erzählliteratur entwickelten Konzept der Fokalisation anzunähern, wie das das Beispiel einer Literaturverfilmung illustriert, bei der die Erzählsituation des Ausgangstextes in die Adaption übernommen wird.[22]

Der Spielfilm *My Son the Fanatic* (UK 1998, Regie: Udayan Prasad), für den der britische Autor Hanif Kureishi seine gleichnamige Kurzgeschichte adaptierte, erzählt die Geschichte eines britisch-pakistanischen Taxifahrers, der miterlebt, wie sich sein Sohn dem islamischen Fundamentalismus zuwendet. Im Ausgangstext finden sich Signale, mit Hilfe derer Aussagen zur Erzählsituation gemacht werden können:

> What bewildered him [the father, Parvez; C.S.] was that [his son] Ali was getting tidier. [...] Initially, Parvez had been pleased: his son was outgrowing his teenage attitudes. [...] For reasons he didn't himself understand, Parvez was unable to bring up the subject of Ali's unusual behaviour. He was aware that he had become slightly afraid of his son [...]. Yet Parvez felt his son's eccentricity as an injustice. (Kureishi 1997 [1994]: 147f.)

Die Geschichte weist trotz des Titels "*My* Son the Fanatic" keinen homodiegetischen bzw. Ich-Erzähler auf, aber der Rezipient gewinnt Einsicht in die Beobachtungen und Gedanken des Vaters und verfolgt die Ereignisse ausschließlich aus dessen Sicht. Gemäß den Begrifflichkeiten von Genette ist Parvez somit der Fokalisator der Geschichte; durch sein Bewußtsein wird die dargestellte Welt wahrgenommen. (Folgt man der Terminologie Stanzels, so liegt eine personale Erzählsituation vor, und der Vater fungiert als Reflektorfigur.) In der Verfilmung etablieren Regie und Kamera den Vater ebenfalls als Fokalisator. Dabei werden weder ein *voice over* noch zusätzliche funktionale Eigen- und Fremdkommentare auf der Dialogebene eingesetzt. Vielmehr wird durch die Wahl von Signaleinstellungen deutlich gemacht, wie Parvez erkennen muß, daß sich sein Sohn emotional und ideologisch von ihm abgewandt hat:

---

[22] Perspektiveme finden sich grundsätzlich auch in Spielfilmen ohne literarische Vorlage. Häufig werden sie bereits vom Drehbuch vorgegeben (Sternberg 1997: 131-158).

Abb. 2: Der Gesichtsausdruck in halbnaher Einstellung vermittelt die sorgenvolle Aufmerksamkeit des Protagonisten. Parvez wird als wahrnehmendes Bewußtsein buchstäblich in den Vordergrund gerückt.

Abb. 3: Einstellung A des zweiteiligen *point-of-view shot* zeigt das beobachtende Subjekt. Parvez betrachtet seinen Sohn unbemerkt durch einen Türspalt.

Abb. 4: Einstellung B des *point of view shot* erfaßt das beobachtete Objekt – hier Parvez' betenden Sohn – vom Standpunkt des Beobachters aus.

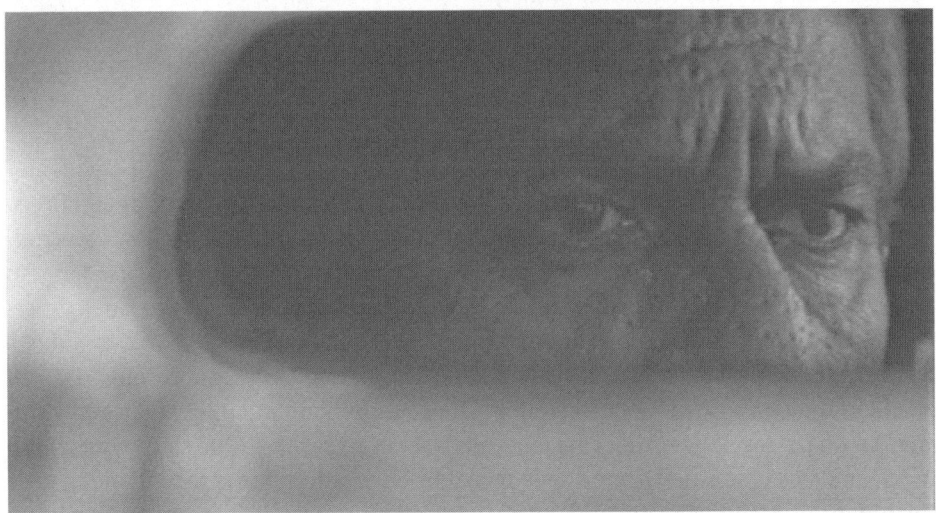

Abb. 5: Die Totale zeigt junge Muslime auf der Straße und folgt ihnen mit einem Schwenk. Das Bild verliert an Schärfe, ein dunkles Objekt erscheint am rechten Bildrand und die Kamerabewegung endet mit dem hier abgebildeten Ausschnitt. Die Schärfenverlagerung gibt preis, daß Parvez seinen Sohn und dessen Freunde aus seinem Taxi heraus beobachtet. Die 'Neutralität' der zunächst unmarkierten Totale wird aufgehoben; die Reflektion im Rückspiegel erlaubt es zudem, *gaze* und *gazer* gleichzeitig abzubilden.

Abb. 6: Parvez folgt seinem Sohn in die Moschee. Er ist selbst Bildinhalt, aber die Einstellung nähert sich seiner Perspektive in etwa an. (Einen vergleichbaren Effekt erzielen *over-the-shoulder shots.*)

Die Standbilder zeigen auf, daß die Fokalisierung auf eine zentrale Figur nicht nur durch Handlung und Dialoge, sondern auch auf der Bildebene umgesetzt werden kann. Genettes den Fokalisator betreffende Frage – *who is the character whose point of view orients the narrative perspective*? oder kürzer: *Who sees?* (vgl. Genette 1989 [1973]: 186) – läßt sich hier auf die Filmhandlung übertragen. Großaufnahme, Kamerabewegung, Schärfenverlagerung und *point-of-view*-Konstruktionen stellen die Wahrnehmung von Parvez in den Mittelpunkt. Zu keinem Zeitpunkt wird die 'Blickrichtung' – sowohl im tatsächlichen wie auch übertragenden Sinne – umgekehrt, um das Geschehen aus der Perspektive des Sohnes zu vermitteln. Ergänzt werden diese visuellen Elemente auch durch die *mise-en-scène* und das *blocking* der Darsteller: Die räumlichen Trennungsfaktoren Zimmertür und Auto sowie die Tatsache, daß der Vater den Sohn stets von hinten sieht, unterstreichen die Distanz zwischen den Generationen; sie visualisieren aber auch den hilflosen väterlichen Kontrollversuch, der zum Scheitern verurteilt ist. Die Kluft zwischen dem säkularen Einwanderer der ersten Generation, der trotz einer unterprivilegierten sozialen Position im Einklang mit seiner westlichen Wahlheimat lebt, und seinem Sohn, der Doppelmoral und Rassismus der britischen Gesellschaft anprangert, indem er sich einer radikalen Religiösität zuwendet, kann nicht mehr überbrückt werden. Um diesem Aspekt der Verfilmung genauer nachzugehen, ergänzt oder ersetzt eine Untersuchung kultureller und ideologischer Codes die der narrativen Signifikanten.

5. Ausblick: Kulturwissenschaft und Medienverbund

Filmnarratologischen Modellen kann, wie allen an der Struktur von Texten ausgerichteten Theoriekonzepten, der Vorwurf der Ahistorizität und Kontextlosigkeit
gemacht werden. Ihnen stehen in der Regel ideologiekritisch ausgerichtete Ansätze gegenüber, die z.B. klassen- und gendertheoretische oder postkoloniale Schwerpunkte setzen und gesellschaftliche Kontexte in ihre Betrachtung von Medien und
Medienprodukten miteinbeziehen. Mit ihren 'weiträumigen' Fragestellungen zu
den ökonomischen Bedingungen von Kulturproduktion, zu herrschenden Normen
und Wertesystemen, symbolischen Ordnungen oder dominanten Diskursen, zur
Konstruktion von Geschlechterrollen, nationalen Mythen, ethnischen Identitäten
und kollektiver Erinnerung überschreiten neuere diskursanalytische und kulturwissenschaftliche Ansätze überkommene Gattungs- und mediale Grenzen. Sie machen
offenbar, daß letztlich weder eine Hierarchisierung von Formen und Gattungen
noch ein Bestehen auf Medienspezifizität, ja nicht einmal die (ohnehin problematische) Trennung von Fakt und Fiktion für die kulturelle Konstruktion von Wirk-
lichkeit(en) signifikant sind. Eine hermetische Betrachtung von Einzelaspekten
nach schematisch festgelegten Erkenntnisinteressen oder das geradlinige Ab-
schreiten von Mediengrenzen ist nicht möglich und nicht erstrebenswert. National-
philologische Grenzen lösen sich ebenso auf wie jene zwischen den Einzeldiszipli-
nen. Binäre, d.h. zweiteilige im Sinne von entweder/oder, oder essentialistische
Identitätsmodelle werden dekonstruiert, und ein Verständnis einzelner Medienprodukte ohne das Aufrufen intertextueller und intermedialer Bezüge ist nicht
(mehr) denkbar.

Im Zentrum solcher Ansätze steht eine Vorstellung von Kultur als Sammlung
von Werten, Normen, Interessen und Gewohnheiten, die einerseits 'da' ist und
soziale und künstlerische Wirkung zeigt, gleichzeitig aber auch von den Kultur-
teilnehmern 'gemacht', d.h. enkodiert und dekodiert wird. Innerhalb von Kultur
existieren sämtliche Medien und ihre Produkte gleichrangig neben anderen Bedeutung konstituierenden Praktiken und Symbolträgern:

> Primarily, culture is concerned with the production and the exchange of mean-
> ings – the 'giving and taking of meaning' – between the members of a society
> or group. [...] meanings are produced at several different sites and circulated
> through several different processes or practices (the cultural circuit). [...]
> Meaning is constantly being produced and exchanged in every personal and
> social interaction in which we take part. [...] It is also produced in a variety of
> different *media*; especially, these days, in the modern mass media, the means
> of global communication, by complex technologies [...]. Meaning is also
> produced whenever we express ourselves in, make use of, consume or ap-
> propriate cultural 'things' [...] Or when we weave narratives, stories – and
> fantasies – around them. [...] Meanings also regulate and organize our conduct

and practices – they help to set the rules, norms and conventions by which social life is ordered and governed. (Hall 1997: 2-4)

Die Hinwendung zu kulturwissenschaftlichen Theorien als Analyseinstrument macht unter anderem deutlich, daß Literatur und Film immer weniger voneinander zu trennen sind (ebensowenig wie andere mediale Formen). Schon im "immer verzweigteren und vielschichtigeren Medienmarkt" des 20. Jahrhunderts "befanden sich die einzelnen Medien von Anfang an nicht ausschließlich in Konkurrenzsituation, sondern wurden auch zunehmend in *komplementärer Nutzung* eingesetzt" (Schaudig 1992: 35; Hervorhebung im Original). Wie weit die "Synergie im Medienverbund" (ebd.) inzwischen vorangeschritten ist, veranschaulicht folgendes Beispiel:

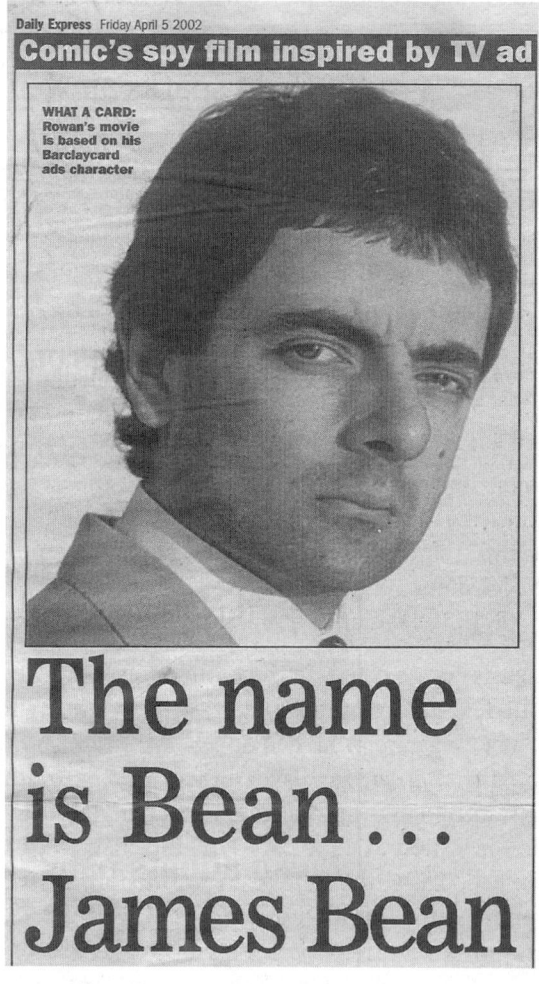

Abb. 7: Foto und Überschrift eines Artikels aus dem *Daily Express* vom 5. April 2002.

In dem abgebildeten Zeitungsartikel aus dem britischen Daily Express fließen Literatur, Fernsehen und Film, aber auch Journalismus und Werbung incinander und verlangen vom Betrachter eine Reihe von Verknüpfungs- und Dekodierungsleistungen. Der Artikel zeigt eine Fotografie des britischen Komikers Rowan Atkinson, die aus der Fernsehwerbung der Barclays Bank für ihre Kreditkarten stammt. Erkannt werden muß zunächst der Darsteller Atkinson, zugleich aber auch seine komische TV-Persona 'Mr Bean', deren Markenzeichen es ist, lebensweltliche Standardsituationen – wie den Besitz einer Kreditkarte – zu humorisieren. Atkinsons Gesichtsausdruck verweist jedoch nicht auf Mr Bean, sondern auf den fiktiven Geheimagenten James Bond – insbesondere in seiner aktuellen Verkörperung durch den Filmschauspieler Pierce Brosnan, den das Kompositum Bean-Atkinson deutlich erkennbar imitiert. Die Überschrift des Beitrags, "The name is Bean…James Bean", gibt eine Hilfestellung, setzt aber in der Anspielung auf 'James *Bond*' die Kenntnis zumindest der so benannten literarischen Figur und/ oder der Bond-Filme voraus, die ursprünglich auf den James Bond-Romanen (1953-1966) des britischen Autors Ian Fleming basieren. Der Zeitungsartikel kündigt einen Spielfilm von und mit Atkinson an, dessen Grundidee wiederum durch die erfolgreiche TV-Werbekampagne inspiriert sein soll. Der für ein internationales Publikum konzipierte Film wird als *spoof* (Parodie, Ulk) auf die Bond-Filmtradition entworfen und kommt 2003 als *Johnny English* in die Kinos; der auf den Protagonisten verweisende Filmtitel impliziert somit zwar die James Bond/Bean-Annäherung, stellt jetzt aber die *Englishness* des Agenten 007 und seines komödiantischen Gegenstücks heraus. Der Erfolg innerhalb des *spoof genre* hängt von der Qualität des intertextuellen Humors ab, für dessen Entschlüsselung die Kenntnisse vorangegangener Medienprodukte auf Seiten der Zuschauer von entscheidender Bedeutung sind. Der Zeitungsartikel nimmt also gewissermaßen im kleinen die Dekodierungsanforderungen an den späteren Kinobesucher vorweg.

Für die Analyse solch medial hybrider, hochgradig intertextueller und vor allem populärer Medienprodukte erweist sich die medienübergreifende kulturwissenschaftliche Linie, die den Bedeutungseinschreibungen nachspürt, als eine im Vergleich zu 'traditionelleren' Erkenntniswegen ertragreichere Herangehensweise. Für die Schnittstelle von Literatur und Film zeigen aber neuere Publikationen durchaus eine Kontinuität und ein (Wieder-)Erstarken z.B. der Genreforschung, der Literaturverfilmungsdebatte und der filmnarratologischen Überlegungen auf. Für die wissenschaftliche Auseinandersetzung der letzten fünfzehn Jahre ist als bemerkenswert zu konstatieren, daß eine zunehmende Anzahl von inhaltlich völlig unterschiedlichen Studien ihre theoretischen oder analytischen Fragestellungen anhand von Korpora entwickelt, die aus literarischen Texten *und* Filmen zusammengesetzt sind. Dieses selbstverständliche Nebeneinander spiegelt vielleicht am deutlichsten das heutige Verständnis von 'Literatur' und die darin zum Ausdruck kommende Integration als *pars inter pares*, die der Film in der Literatur- und Kulturwissenschaft erfahren hat.

Bibliographie

1. Zitierte Primärliteratur und Filme

Joyce, James. 1988 [1914]. "The Dead." In: ders. *Dubliners*. London: Paladin. 199-256.
Poe, Edgar Allan. 1966 [1840]. "The Man of the Crowd." In: ders. *Complete Stories and Poems of Edgar Allan Poe*. Garden City/NY: Doubleday. 215-221.
Kureishi, Hanif. 1997 [1994]. "My Son the Fanatic." In: Korte, Barbara, Claudia Sternberg (Hg.). *Many Voices – Many Cultures: Multicultural British Short Stories*. Stuttgart: Reclam. 147-165.
My Son the Fanatic (UK 1997, Regie: Udayan Prasad, Drehbuch: Hanif Kureishi nach seiner gleichnamigen Kurzgeschichte).
The Dead (USA 1987, Regie: John Huston, Drehbuch: Tony Huston nach der gleichnamigen Kurzgeschichte von James Joyce).

2. Sekundärliteratur

Albersmeier, Franz-Josef. 1980. "Traditioneller Literaturbegriff oder Literatur im Zeitalter der Medien: Zur Einbeziehung der Medien (des Films) in literaturwissenschaftliche Theorie und Praxis." In: Grabes (Hg.). *Literatur in Film und Fernsehen von Shakespeare bis Beckett*. 1-55.
—, Volker Roloff (Hg.). 1989. *Literaturverfilmungen*. Frankfurt am Main: Suhrkamp.
Andrew, Dudley. 2000 [1984]. "Adaptation." In: Naremore (Hg.). *Film Adaptation*. 28-37.
Asheim, Lester Eugene. 1949. *From Book to Film: A Comparative Analysis of the Content of Selected Novels and the Motion Pictures Based Upon Them*. Ph.D. Thesis, University of Chicago.
Bazin, André. 1975 [1952]. "Für ein 'unreines' Kino: Plädoyer für die Adaption." In: ders. *Was ist Kino? Bausteine zur Theorie des Films*. Hg. Bitomsky, Hartmut, Harun Farocki, Ekkehard Kaemmerling. Köln: DuMont Schauberg. 45-67. [Orig.: *Qu'est-ce que le cinéma?*]
—. 2000 [1948]. "Adaptation, or the Cinema as Digest." In: Naremore (Hg.). *Film Adaptation*. 19-27.
Black, David Alan. 1986. "Genette and Film: Narrative Level in Fiction Cinema." *Wide Angle* 8.3-4: 19-26.
Bluestone, George. 1968 [1957]. *Novels into Film: The Metamorphosis of Fiction into Cinema*. Berkeley, Los Angeles: University of California Press.
Bordwell, David. 1985. *Narration in the Fiction Film*. London: Methuen.
Branigan, Edward. 1984. *Point of View in the Cinema: A Theory of Narration and Subjectivity in Classical Film*. Berlin u.a.: Mouton.
—. 1992. *Narrative Comprehension and Film*. London, New York: Routledge.
Broich, Ulrich, Manfred Pfister (Hg.). 1985. *Intertextualität: Formen, Funktionen, anglistische Fallstudien*. Tübingen: Niemeyer.
Brooker-Bowers, Nancy. 1985. *The Hollywood Novel and Other Novels about Film, 1912-1982: An Annotated Bibliography*. New York, London: Garland.

Browne, Nick. 1982 [1976]. *The Rhetoric of Filmic Narration*. Ann Arbor: UMI Research Press.

Brunow, Jochen (Hg.). 1988. *Schreiben für den Film: Das Drehbuch als eine andere Art des Erzählens*. München: Edition Text und Kritik.

Buchloh, Paul G., Jens Peter Becker, Ralf J. Schröder (Hg.). 1982. *Filmphilologie: Studien zur englischsprachigen Literatur und Kultur in Buch und Film*. Kiel: Pressestelle der Universität Kiel.

—, —, — (Hg.). 1985. *Literatur und Film: Studien zur englischsprachigen Literatur und Kultur in Buch und Film II*. Kiel: Kieler Verlag Wissenschaft und Bildung.

Burgoyne, Robert. 1990. "The Cinematic Narrator: The Logic and Pragmatics of Impersonal Narration." *Journal of Film and Video* 42.1: 3-16.

Capovilla, Andrea. 1994. *Der lebendige Schatten: Film in der Literatur bis 1938*. Wien, Köln, Weimar: Böhlau.

Chatman, Seymour. 1978. *Story and Discourse: Narrative Structure in Fiction and Film*. Ithaca/NY, London: Cornell University Press.

—. 1990. *Coming to Terms. The Rhetoric of Narrative in Fiction and Film*. Ithaca/NY, London: Cornell University Press.

Cohen, Keith. 1979. *Film and Fiction: The Dynamics of Exchange*. New Haven: Yale University Press.

Eco, Umberto. 1968. "Die Gliederungen des filmischen Code." *Sprache im technischen Zeitalter* 27: 230-252.

—. 1972 [1968]. *Einführung in die Semiotik*. Autorisierte dt. Ausg. v. Jürgen Trabant. München: Fink. [Orig.: *La struttura assente: Introduzione alla ricerca semiologica*]

Eisenstein, Sergej. 1960 [1944]. "Dickens, Griffith und wir." In: ders. *Ausgewählte Aufsätze*. Übers. Lothar Pahlbusch, Einl. R. Jurenew. Berlin: Henschel. 157-229.

Ėjchenbaum, Boris M. 1965 [1926]. "Literatur und Film." In: ders. *Aufsätze zur Theorie und Geschichte der Literatur*. Ausgew. u. übers. Alexander Kaempfe. Frankfurt am Main: Suhrkamp. 71-78.

Ellis, John. 1982. "The Literary Adaptation: An Introduction." *Screen* 23: 3-4.

Estermann, Alfred. 1965. *Die Verfilmung literarischer Werke*. Bonn: Bouvier.

Fleishman, Avrom. 1992. *Narrated Films: Storytelling Situations in Cinema History*. Baltimore, London: Johns Hopkins University Press.

Friedman, Norman. 1955. "Point of View in Fiction: The Development of a Critical Concept." *PMLA* 70: 1160-1184.

Genette, Gérard. 1989 [1973]. *Narrative Discourse: An Essay in Method*. Übers. Jane E. Levin. Ithaca: Cornell University Press. [Orig.: *Discours du récit*]

—. 1993 [1982]. *Palimpseste: Die Literatur auf zweiter Stufe*. Übers. Wolfram Bayer, Dieter Hornig. Frankfurt am Main: Suhrkamp. [Orig.: *Palimpsestes: la littérature au second degré*]

Grabe, Eckhard. 1992. *Cinematologie und Poetologie: Kunstbetrachtung im Hollywood-Roman*. Würzburg: Königshausen und Neumann.

Grabes, Herbert (Hg.). 1980. *Literatur in Film und Fernsehen von Shakespeare bis Beckett*. Königstein: Scriptor.

Griem, Julika, Eckart Voigts-Virchow. 2002. "Filmnarratologie: Grundlagen, Tendenzen und Beispielanalysen." In: Nünning, Ansgar, Vera Nünning (Hg.). *Erzähltheorie transgenerisch, intermedial, interdisziplinär*. Trier: WVT. 155-183.

Hall, Stuart (Hg.). 1997. "Introduction." In: ders. *Representation: Cultural Representations and Signifying Practices*. London u.a.: Sage. 1-11.

Hamburger, Käte. 1957. *Die Logik der Dichtung*. Stuttgart: Klett.

Heinkel, Ernst. 1958. Epische Literatur im Film: Eine Untersuchung im besonderen Hinblick auf die doppelte Filmfassung von Theodor Fontanes *"Effi Briest"*. München: Weiß'sche Buchdruckerei.

Helbig, Jörg (Hg.). 1998. *Intermedialität: Theorie und Praxis eines interdisziplinären Forschungsgebietes*. Berlin: Schmidt.

Henderson, Brian. 1982/83. "Tense, Mood, and Voice in Film: Notes after Genette." *Film Quarterly* 36.4: 4-17.

Hurst, Matthias. 1996. *Erzählsituationen in Literatur und Film: Ein Modell zur vergleichenden Analyse von literarischen Texten und filmischen Adaptionen*. Tübingen: Niemeyer.

Iser, Wolfgang. 1976. *Der Akt des Lesens: Theorie ästhetischer Wirkung*. München: Fink.

Jacobs, Lewis. 1939. *The Rise of the American Film: A Critical History*. New York: Harcourt, Brace.

Kaes, Anton (Hg.). 1978. *Kino-Debatte: Texte zum Verhältnis von Literatur und Film, 1909-1929*. München: DTV.

Kanzog, Klaus (Hg.). 1981. *Erzählstrukturen – Filmstrukturen: Erzählungen Heinrich von Kleists und ihre filmische Realisation*. Berlin: Schmidt.

—. 1991. *Einführung in die Filmphilologie*. Mit Beitr. v. Kirsten Burghardt, Ludwig Bauer, Michael Schaudig. München: Schaudig, Bauer, Ledig.

—. 1993 [1986]. "Der Film als philologische Aufgabe." (Auszug) In: Gast, Wolfgang (Hg.). *Literaturverfilmung*. Bamberg: Buchners. 40-45.

Kawin, Bruce F. 1978. *Mindscreen: Bergman, Godard, and First-Person Film*. Princeton/NJ: Princeton University Press.

Klein, Michael, Gillian Parker (Hg.). 1981. *The English Novel and the Movies*. New York: Ungar.

Korte, Barbara, Ralf Schneider. 2000. "The Published Screenplay: A New *Literary* Genre?" *Arbeiten aus Anglistik und Amerikanistik* 25.1: 89-105.

Kozloff, Sarah. 1988. *Invisible Storytellers: Voice-over Narration in American Fiction Film*. Berkeley, London: University of California Press.

Kreuzer, Helmut. 1975. *Veränderungen des Literaturbegriffs: Fünf Beiträge zu aktuellen Problemen der Literaturwissenschaft*. Göttingen: Vandenhoek und Ruprecht.

— (Hg.). 1977. *Literaturwissenschaft – Medienwissenschaft*. Heidelberg: Quelle und Meyer.

Larson, Randall D. 1995. *Films into Books: An Analytical Bibliography of Film Novelizations, Movie, and TV Tie-Ins*. Metuchen/NJ, London: Scarecrow.

Lothe, Jakob. 2000. *Narrative in Fiction and Film: An Introduction*. Oxford: Oxford University Press.

Lotman, Jurij M. 1977 [1973]. *Probleme der Kinoästhetik: Einführung in die Semiotik des Films*. Übers. Christine Böhler-Auras. Frankfurt am Main: Syndikat.

McFarlane, Brian. 1996. *Novel to Film: An Introduction to the Theory of Adaptation*. Oxford: Clarendon Press.

Mecke, Jochen, Volker Roloff (Hg.). 1999. *Kino-/(Ro)Mania: Intermedialität zwischen Film und Literatur*. Tübingen: Stauffenburg.

Metz, Christian. 1972 [1965-68]. *Semiologie des Films.* Übers. Renate Koch. München: Fink. [Orig.: *Essais sur la signification au cinéma*]

Miller, Gabriel. 1980. *Screening the Novel: Rediscovered American Fiction in Film.* New York: Ungar.

Morrissette, Bruce. 1985. *Novel and Film: Essays in Two Genres.* Chicago, London: University of Chicago Press.

Moses, Gavriel. 1995. *The Nickel Was for the Movies: Film in the Novel from Pirandello to Puig.* Berkeley u.a.: University of California Press.

Mundt, Michaela. 1994. *Transformationsanalyse: Methodologische Probleme der Literaturverfilmung.* Tübingen: Niemeyer.

Naremore, James. (Hg.). 2000a. *Film Adaptation.* London: Athlone.

—. 2000b. "Introduction: Film and the Reign of Adaptation." In: ders. (Hg.). *Film Adaptation.* 1-16.

Paech, Joachim. 1997 [1988]. *Literatur und Film.* 2. überarb. Aufl. Stuttgart: Metzler.

Pasolini, Pier Paolo. 1986 [1965]. "The Screenplay as a 'Structure That Wants to be Another Structure'." *American Journal of Semiotics* 4.1-2: 53-72.

Pfister, Manfred. 1988 [1977]. *Das Drama: Theorie und Analyse.* 5., durchges. u. erg. Aufl. München: Fink.

Rutz, Gerd-Peter. 2000. *Darstellungen von Film in literarischen Fiktionen der zwanziger und dreißiger Jahre.* Münster, Hamburg: LIT.

Schanze, Helmut. 1974. *Medienkunde für Literaturwissenschaftler: Einführung und Bibliographie.* München: Fink.

—. 1997. "Medienkompetenz der Germanistik." *Mitteilungen des Deutschen Germanistenverbandes* 44: 24-34.

Schaudig, Michael. 1992. *Literatur im Medienwechsel: Gerhart Hauptmanns Tragikomödie "Die Ratten" und ihre Adaptionen für Kino, Hörfunk, Fernsehen.* München: Schaudig, Bauer, Ledig.

Schmidt, Siegfried J. 1995. "Medien-Kultur-Gesellschaft: Medienforschung braucht Systemorientierung." *Medien Journal* 4: 28-35.

Schneider, Irmela. 1981. *Der verwandelte Text: Wege zu einer Theorie der Literaturverfilmung.* Tübingen: Niemeyer.

Schönert, Jörg. 1996. "Literaturwissenschaft – Kulturwissenschaft – Medienkulturwissenschaft: Probleme der Wissenschaftsentwicklung." In: Glaser, Renate, Matthias Luserke (Hg.). 1996. *Literaturwissenschaft – Kulturwissenschaft: Positionen, Themen, Perspektiven.* Opladen: Westdeutscher Verlag. 192-208.

Schwarz, Alexander (Hg.). 1992. *Das Drehbuch: Geschichte, Theorie, Praxis.* München: Schaudig, Bauer, Ledig.

Segeberg, Harro (Hg.). 1996. *Die Mobilisierung des Sehens: Zur Vor- und Frühgeschichte des Films in Literatur und Kunst.* München: Fink.

Spiegel, Alan. 1976. *Fiction and the Camera Eye: Visual Consciousness in Film and the Modern Novel.* Charlottesville: University Press of Virginia.

Stam, Robert. 2000. "Beyond Fidelity: The Dialogics of Adaptation." In: Naremore (Hg.). *Film Adaptation.* 54-76.

Stanzel, Franz K. 1995 [1979]. *Theorie des Erzählens.* 6. Aufl. Göttingen: Vandenhoeck und Ruprecht.

Sternberg, Claudia. 1997. *Written for the Screen: The American Motion-Picture Screenplay as Text*. Tübingen: Stauffenburg.

Wagner, Geoffrey. 1975. *The Novel and the Cinema*. Rutherford/NJ: Fairleigh Dickinson University Press.

Weber, Alfred, Bettina Friedl. 1988. *Film und Literatur in Amerika*. Darmstadt: Wissenschaftliche Buchgesellschaft.

van Wert, William F. 1978. *The Theory and Practice of the "Ciné-Roman"*. New York: Arno Press.

Wilson, George M. 1986. *Narration in Light: Studies in Cinematic Point of View*. Baltimore: Johns Hopkins University Press.

Wright, Will. 1975. *Six Guns and Society: A Structural Study of the Western*. Berkeley, London: University of California Press.

Horst Tonn

Cultural Studies und Literaturwissenschaft

1. Einleitung

Der satirische Roman *White Noise* (1985) des U.S.-amerikanischen Autors Don DeLillo hat als Hauptschauplatz eine idyllisch gelegene und sehr provinzielle Kleinstadt. Das örtliche College heißt "College-on-the-Hill", aber der historische Bezug zum visionären Sendungsbewußtsein der Puritaner (John Winthrops "city upon a hill") ist längst zum bloßen Zitat heruntergekommen. Am "College-on-the-Hill" ist leider nicht alles zum Besten bestellt. Befremdlich ist vor allem ein geradezu obsessives Interesse an Populärkultur in allen Varianten. So gibt es am College eine Fakultät für Populärkultur, deren Aufgabe die Entschlüsselung der "natural language of the culture" ist. Leiter dieser wissenschaftlichen Einrichtung ist Alfonse (Fast Food) Stompanato, dessen Sammlung von Limonadenflaschen aus der Zeit vor dem Zweiten Weltkrieg als Dauerausstellung im Institut bestaunt werden kann. Typische Forschungsgegenstände an dieser Fakultät sind Kaugummi-Verpackungen und Waschmittelwerbungen. Ein ehemaliger Sportreporter untersucht als Gastwissenschaftler das Thema "lebende Ikonen". Als Außenstehendem leuchtet diesem Gast ohne weiteres ein, daß die wissenschaftliche Auseinandersetzung mit Popmusik, Filmen und Comics sinnvoll ist, weil sie Einblicke in gesellschaftliche Prozesse und Werthaltungen ermöglichen kann. Der Gast wundert sich allerdings sehr darüber, daß es am "College-on-the-Hill" Professoren gibt, die auf nichts anderes spezialisiert sind als auf die Interpretation von Cornflakes-Kartons.

DeLillos beißender Spott richtet sich gegen eine unheilige Allianz zwischen postmoderner Konsumkultur und Wissenschaftsbetrieb, die auch als eine Parodie der Cultural Studies gelesen werden kann. Hier wird eine wissenschaftliche Praxis aufs Korn genommen, der alles abhanden gekommen ist, was wissenschaftliches Arbeiten im Kern ausmacht: die wissenschaftliche Neugier, die Distanz zum Gegenstand, die theoriegeleitete Reflexion und die Fähigkeit zur kritischen Selbstüberprüfung. An die Stelle der wissenschaftlichen Neugier tritt die undifferenzierte und unkritische Huldigung von Produkten der Konsum- und Unterhaltungskultur, die ja in all ihrer Banalität, Oberflächlichkeit und Uniformität oft nur schwer zu ertragen sind. Die Wissenschaftler am "College-on-the-Hill" laufen dem Zeitgeist hinterher. Ohne Not folgen sie den kurzlebigen Wellen des populären Massengeschmacks und vergessen dabei die gebotene kritische Distanz zu ihrem Gegenstand. Offenbar haben sie jegliche Kritik- und Unterscheidungsfähigkeit für das Ästhetische verloren und sind daher auch nicht mehr in der Lage, kriterienfest und theoretisch reflektiert über Erscheinungsformen der Populärkultur nachzudenken.

DeLillos satirische Momentaufnahme verweist auf ein paar Irrwege und konzeptionelle Defizite der Cultural Studies, die später in diesem Beitrag thematisiert werden sollen. Zunächst ist aber einmal festzuhalten, daß die Cultural Studies – positiv gewendet – in der jüngsten Vergangenheit wichtige Impulse für längst überfällige Veränderungen in den Geisteswissenschaften gegeben haben. Die Cultural Studies haben entscheidend zu einer "Neuorientierung der Geisteswissenschaften als Kulturwissenschaften" (Grabes 1996: 394) beigetragen. Sie haben wichtige Impulse geliefert für eine Neukonzeptualisierung der Literaturwissenschaften, nicht nur im Sinne einer Öffnung für Populärkultur und Medien, sondern darüber hinaus für die vielfältigen Verflechtungen zwischen Hoch- und Populärkultur. Und nicht zuletzt haben sie die Einsicht befördert, daß Kultur kein herrschaftsfreier Raum ist, in dem gleichberechtigte und selbstbestimmte Individuen bzw. Gruppen ihre gemeinsamen Anliegen verhandeln und ihren ästhetischen Bedürfnissen mit dem Ziel einer "human perfectability" im Sinne von Matthew Arnold (1993 [1869]) nachgehen.[1] Durch den Einfluß der Cultural Studies konnte die 'andere' Seite der Kultur deutlicher zu Tage treten: Kultur als ein gesellschaftlicher Handlungsraum, in dem unter meist asymmetrischen Bedingungen Interessenkonflikte, Dominanzansprüche und divergierende Weltbilder ausgehandelt werden.

Das Anliegen dieses Kapitels ist es, den Beitrag der Cultural Studies zu diesen Entwicklungen in seinen wichtigsten Zügen darzulegen. Folgende Fragen stellen sich dabei: Welchen Einfluß haben die Cultural Studies auf die modernen Literaturwissenschaften? Welche Erkenntnisziele lassen sich für die Cultural Studies formulieren? Welche theoretischen Leitkonzepte lassen sich innerhalb der Cultural Studies ausmachen? Mit welchen kritischen Einwänden sind die Cultural Studies in der wissenschaftlichen Diskussion konfrontiert? Welchen produktiven Beitrag haben die Cultural Studies innerhalb der Geisteswissenschaften erbracht? Die praktische Anwendbarkeit der Cultural Studies, d.h. die Übertragung ihrer theoretisch-methodischen Grundlagen auf die konkrete Analyse von Texten, Bildern und Alltagsgegenständen, kann dabei hier nur angedeutet werden.[2]

---

[1]   Auf Arnolds Kulturbegriff komme ich im fünften Teil dieses Beitrags zurück (S. 251f.).

[2]   Ich empfehle daher als weiterführende Lektüre John Fiskes Buch *Introduction to Communication Studies* (1990 [1982]), eine ebenso zugängliche wie fundierte Einführung in die Cultural Studies mit vielen anschaulichen Beispielen. Siehe auch die anderen Titel in Abschnitt 1 der Bibliographie.

2. Cultural Studies: Eine erste Annäherung

Die Cultural Studies sind nach dem Zweiten Weltkrieg in Großbritannien und in den USA entwickelt worden. Ihre Anfänge sind höchst heterogen und teilweise unverbunden, sowohl geographisch als auch thematisch. Daher lassen sich die Cultural Studies nicht innerhalb eines klar systematisierten Theorie-Rahmens abbilden. Sie können weder auf einen einzelnen noch auf eine Gruppe von Begründern zurückgeführt werden und sie sind auch nicht durch ein konsistentes Ensemble von theoretischen Leitkonzepten darstellbar. Rolf Lindner sieht das stabile, gemeinsame Kernanliegen der Cultural Studies in dem Bemühen, das Verhältnis zwischen Kultur und gesellschaftlicher Veränderung zu verstehen (Lindner 2000: 11). In der Tat, wenn es so etwas wie einen kleinsten gemeinsamen Nenner gibt, der ein gemeinsames Forschungsinteresse der Cultural Studies ausdrücken kann, dann ist er wohl an dieser Schnittstelle zwischen Kultur und sozialem Wandel auszumachen. Die Cultural Studies widmen sich also nicht nur den scheinbar störungsfreien Abläufen des Alltagslebens, sondern richten ihr Erkenntnisinteresse immer auch auf Situationen, in denen gesellschaftliche Konfliktlagen kulturell verhandelt werden.

Unbestreitbar haben sie einen ihrer inhaltlichen Schwerpunkte im Bereich der Race, Class and Gender Studies. Die kulturellen Artikulationen lebensweltlicher Konflikte zwischen gesellschaftlichen Klassen, Generationen, Ethnien, Geschlechtern usw. stehen im Zentrum der Aufmerksamkeit. Die Forscher und Forscherinnen im Bereich der Cultural Studies interessieren sich für das durchschnittliche Alltagsleben der Menschen, für die Mechanismen der Verteilung, bzw. der möglichen Umverteilung gesellschaftlicher Macht und für die vielfältigen kulturellen Strategien, die von Einzelnen und Gruppen eingesetzt werden, um ihre jeweils eigene Erfahrung zu deuten und gesellschaftlichen Wandel herbeizuführen.[3]

Damit ist aber nicht nur ein 'neutrales' Forschungsinteresse markiert, sondern oft auch schon ein politisches (Eigen-)Interesse berührt. Hans Ulrich Seeber registriert ein folgerichtiges Bündnis zwischen den Cultural Studies und unterschiedlichsten Demokratisierungsbestrebungen. In den USA und Großbritannien, so Seeber, ist die offensichtliche politische Tendenz der Cultural Studies, "bislang benachteiligte Gruppen und Kulturen in ihren Bemühungen um Gleichberechtigung zu unterstützen" (Seeber 1996: 308f.). Und innerhalb der Hochschulen haben die Cultural Studies entscheidend dazu beigetragen, "der akademischen Gemeinschaft das Konservative ihrer Bemühungen – ihr einverständliches Mitwirken an einer

---

[3] Neben 'Kultur' sind 'Ideologie' und 'Macht' die am häufigsten verwendeten Leitkonzepte in den Cultural Studies. Fredric Jameson (1993) registriert eine Tendenz zu einem populistisch-oberflächlichen Gebrauch dieser Konzepte und spricht daher von "buzzwords", die seiner Ansicht nach für eine Weile aus dem kulturkritischen Vokabular herausgenommen werden sollten. Reflektierte Erörterungen des Ideologiebegriffs finden sich bei Geertz (1973: 193-233) und Kavanagh (1995 [1990]).

elitären, weiß-männlichen Politik der Ausschließung und der darauf folgenden intellektuellen Abschottung – zum Bewußtsein zu bringen" (Bal 2002: 7).

Zunächst einmal fällt es leichter zu formulieren, was die Cultural Studies nicht sind. Sie sind kein akademisches Fach, für das sich Studierende an einer Universität einschreiben können, zumindest nicht in Deutschland, aber auch nicht in den meisten europäischen Ländern. Sie sind kein systematisierter wissenschaftstheoretischer Ansatz wie etwa Positivismus, Hermeneutik, Empirismus, Relativismus oder Semiotik. Sie sind auch kein Denksystem mit hoher innerer Kohärenz und einer klaren Zielrichtung wie etwa Marxismus, Psychoanalyse oder Dekonstruktion.

Eine Metapher ist hier vielleicht am ehesten geeignet, etwas zur Klärung beizutragen. Der schwedische Kulturanthropologe Ulf Hannerz spricht bei der Beschreibung kultureller Kommunikationsprozesse von "cultural flow" (Hannerz 1992: 4). Diese Metapher, die sowohl an die Bewegung des Fließens als auch an den Gewässer-Typ Fluß anschließt, kann auch zur Charakterisierung der Cultural Studies in Anspruch genommen werden. Die Cultural Studies sind ein sehr vitaler, eher lose geknüpfter wissenschaftlicher Diskussionszusammenhang, der in ständiger, fließender Bewegung ist, in dem Konzepte und Ideen zusammenfließen und auch wieder auseinandertreiben. Dieses wissenschaftliche Gespräch oder Diskurs-Feld hat Untiefen und wechselnde Strömungsverhältnisse. Es verfolgt eine Richtung, aber kein eindeutig formuliertes Ziel. Dieses Gespräch setzt sich immer weiter fort mit wechselnden Gesprächspartnern. Der interessierte Betrachter ist selten am Anfang (Quelle) oder am Ende (Mündung), sondern meist irgendwo mitten drin in einem fortlaufenden Prozeß. Damit ist bereits angedeutet, daß die Cultural Studies ein offenes und diskursives Wissenschaftsverständnis vertreten, auf dessen Problematiken später noch eingegangen wird.

Im Bereich der deutschsprachigen Universitäten erfolgte die Rezeption der Cultural Studies mit einiger zeitlicher Verzögerung. Von wenigen Ausnahmen abgesehen wurden die Forschungsarbeiten aus den angloamerikanischen Cultural Studies erst in den späten 1980er und während der 1990er Jahre nachhaltig zur Kenntnis genommen. Zu Beginn des 21. Jahrhunderts läßt sich allerdings feststellen, daß die Cultural Studies großen Einfluß auf nahezu alle geistes- und gesellschaftswissenschaftlichen Fächer haben.[4] Die Anglistik und die Amerikanistik haben hier eine besondere Rolle gespielt, da ihre Fächer den Herkunftskulturen der Cultural Studies am nächsten stehen. Eine Folge davon ist, daß in Lehre und Forschung dieser beiden Fächer Themen und Methoden der Cultural Studies deut-

---

[4]   Beleg dafür sind unter anderem eine Reihe von Aufsatzsammlungen der letzten Jahre, die zum einen wichtige Texte der Cultural Studies aus der englischsprachigen Forschung für ein deutschsprachiges Lesepublikum zugänglich machen und zum anderen eigene Beiträge von deutschen WissenschaftlerInnen publizieren; siehe die Textsammlungen von Bromley/Göttlich/Winter (1999), Engelmann (1999), Hepp/Winter (1997) und Hörning/Winter (1999), sowie die weiteren in Abschnitt 2 der Bibliographie aufgeführten Titel.

lich stärker berücksichtigt werden als noch vor einigen Jahren. Was früher eher beiläufig als landeskundliches Kontextwissen unterrichtet wurde, kann jetzt in neuen Zusammenhängen erschlossen werden. Dabei geht es nicht um eine simple Aufwertung z.B. expositorischer Textsorten gegenüber der "schönen" Literatur, sondern sehr viel weitergehend um die Konzeption einer Textwissenschaft, die Bild- und Sprach-Texte gleichermaßen ernst nimmt und zueinander in Beziehung setzen kann, ohne dabei die ästhetischen, intellektuellen und rhetorischen Differenzen zwischen verschiedenen Äußerungsformen einzuebnen. Die gestiegene Akzeptanz der Cultural Studies in Anglistik und Amerikanistik hat zu einer größeren thematischen Vielfalt und einer Erweiterung der theoretisch-methodischen Herangehensweisen in diesen Fächern geführt.[5] In der Amerikanistik zum Beispiel sind es vor allem folgende Themen und Fragestellungen, die unter dem Einfluß der Cultural Studies stärkere Beachtung gefunden haben: die Kultur und Politik ethnischer Minderheiten in den USA (Black Americans, Hispanic Americans, Native Americans usw.); die Rolle der Frau in der amerikanischen Gesellschaft; der Einfluß der Medien (Film, Fotografie, Fernsehen, Internet usw.) auf öffentliche Kommunikationsprozesse; der Beitrag der Populärkultur (Werbung, Comics, Mode, populäre Musik usw.) zur Artikulation, Verfestigung oder Revision von gesellschaftlich relevanten Normen und Werten. Das Themenspektrum der Cultural Studies in Großbritannien ist sehr ähnlich. Die British Cultural Studies begannen in den 1950er Jahren mit Forschungsarbeiten, die vor allem die kulturellen Praktiken der britischen Arbeiterklasse untersuchten. Dabei ging es vorrangig um die Frage, welchen Einfluß populäre Literatur (Groschenromane, *tabloids* usw.) und Bildmedien (Film, Fernsehen) auf Weltbild und Verhaltensnormen der Arbeiterklasse haben. Seit den 1960er Jahren kamen neue Themen und Methoden hinzu. Es wurden nun auch Subkulturen, Jugendkulturen und ethnische Kulturen in Großbritannien untersucht. Methodisch wurden stärker die Ansätze der Ethnologie (Feldforschung) einbezogen.

3. Cultural Studies als Antwort auf die Legitimationskrise der Geisteswissenschaften

Patrick Brantlinger (1990) situiert das Aufkommen der Cultural Studies vor dem Hintergrund einer tiefgreifenden Legitimationskrise der Geistes- und Gesellschaftswissenschaften seit den 1960er Jahren.[6] In den Literaturwissenschaften

---

[5] Ein Indiz für die weitgehende Akzeptanz der Cultural Studies in Anglistik und Amerikanistik ist darin zu sehen, daß alle jüngst erschienenen Einführungen in die Fächer den *Cultural Studies* eigene Kapitel widmen. Siehe dazu Böker/Houswitschka (2000), Klarer (1999), Korte/Müller/Schmied (1997), Nünning/Nünning (2001), Nünning/Jucker (1999).

[6] Die Tatsache einer Krise der Geisteswissenschaften scheint unumstritten zu sein. Über ihre Symptome und Ursachen gibt es verschiedene Ansichten. Für Brantlinger (1990: 7) ist sie Ausdruck einer umfassenderen Krise euro-amerikanischer Welt-Hegemonie. Fuhrmann (2002: 74ff.)

führte diese Krise dazu, daß folgende Fragestellungen neu behandelt wurden: die willkürlich erscheinende Grenzziehung zwischen Hoch- und Populärkultur, die Problematik des literarischen Kanons, die Überbetonung von formalästhetischen Fragestellungen bei gleichzeitiger Ausblendung gesamtkultureller Funktionszusammenhänge von Literatur und im Anschluß daran die weitergehende Frage nach dem gesellschaftlichen Nutzen der Literaturwissenschaft. Unter dem Eindruck dieser Fragen haben sich die neuphilologischen Fächer (Amerikanistik, Anglistik, Germanistik, Romanistik, Slavistik usw.) in den letzten drei Jahrzehnten stark verändert. Diese Veränderungen lassen sich in einem ersten Schritt als Pluralisierung der Inhalte und Methoden beschreiben. Waren diese Fächer vorher nahezu ausschließlich literaturwissenschaftlich orientiert und vorwiegend auf die Auseinandersetzung mit einem etablierten Literaturkanon konzentriert, so haben sie sich inzwischen geöffnet und damit zunächst einmal der unabweisbaren Tatsache Rechnung getragen, daß die Literatur seit einiger Zeit ihre Rolle als kulturelles Leitmedium verloren hat.[7] Das muß Konsequenzen für die Literaturwissenschaft haben, und so plädiert denn auch Jochen Vogt mit vielen anderen für eine neu zu schreibende "Mediengeschichte der Literatur" (Vogt 1999: 259), die es sich zur Aufgabe macht, die Funktion der Literatur in Konkurrenz und Interaktion mit anderen Medien zu untersuchen.

Die elektronischen Bildmedien (Film, Fernsehen, Internet) haben im Verlauf des 20. Jahrhunderts immer mehr an Bedeutung gewonnen, so daß wir uns am Anfang des 21. Jahrhunderts mit Kommunikationsverhältnissen konfrontiert sehen, die als global operierend, sämtliche lebensweltlichen Alltagsbereiche durchdringend und visuell dominant charakterisiert werden können. Medienwissenschaftler beschreiben diese Entwicklungen aus verschiedenen Perspektiven. Werner Faulstich konstatiert für die 1980er Jahre eine Entwicklung hin zur "totalen Mediengesellschaft" (Faulstich 1991). Douglas Kellner formuliert das Konzept der "media culture", die seiner Ansicht nach alle Lebensbereiche des Privaten und des Öffentlichen durchdringt und Meinungen, Wertorientierungen und Verhaltensmuster auf entscheidende Weise beeinflußt:

A media culture has emerged in which images, sounds and spectacles help produce the fabric of everyday life, dominating leisure time, shaping political views and social behavior, and providing the materials out of which people forge their very identities. Radio, television, film, and the other products of the

---

sieht neben äußeren Ursachen den Hauptgrund in der verlorenen Einheit der Geisteswissenschaften, die es ihnen früher ermöglichte, für die Gesellschaft verbindliches Orientierungswissen zu produzieren.

[7] Gerhard Schulzes kultursoziologische Untersuchungen belegen, daß die traditionelle Dichotomie zwischen Hochkultur einerseits und Populär- oder Alltagskultur andererseits zunehmend an Bedeutung verliert, und zwar im Zuge einer weitgehenden "Entvertikalisierung der Alltagsästhetik" (Schulze 1995 [1992]: 167), d.h. der Auflösung einer hierarchisch gestaffelten Werteskala kultureller Produkte.

culture industries provide the models of what it means to be male or female, successful or a failure, powerful or powerless. (Kellner 1995: 1)

Andere Beobachter sprechen von einem "Pictorial Turn" (Mitchell 1994) oder gar geradezu pathetisch von einer "visuellen Zeitenwende" (Frey 1999) und meinen damit die nicht zu bestreitende Tendenz, daß durch die zunehmende Dominanz der elektronischen Bildmedien die logozentrische (wort-dominante) Kommunikation gegenüber der ikonozentrischen (bild-dominanten) Kommunikation ins Hintertreffen gerät.

Diesen fundamentalen Medienwandel haben die Literaturwissenschaften lange versäumt mitzureflektieren. Die offensichtliche Diskrepanz zwischen der Privilegierung der Literatur in den philologischen Wissenschaften und der rückläufigen Relevanz der Literatur innerhalb einer medial zunehmend erweiterten öffentlichen Kommunikationssphäre ist einer der Hauptgründe für die Legitimationskrise in den Geisteswissenschaften. Hartmut Böhme und Klaus R. Scherpe gehen davon aus, daß die Literaturwissenschaften ihre Gegenstandsbereiche seit jeher eher willkürlich verengt hatten:

> Seit hundert Jahren kann man deshalb in den Literatur- und Kunstwissenschaften ein Missverhältnis zwischen philologischer Methodik und Gegenstand, zwischen Problemgeschichte und Formgeschichte, zwischen der Monomedialität und Monokulturalität der Philologien einerseits, der Polymedialität und internationalen Verflechtung der kulturellen Prozesse andererseits beobachten. (Böhme/Scherpe 1996: 10f.)

Die Schlußfolgerung der beiden Autoren lautet, "daß Kulturwissenschaft das Fundament für die verschiedensten Reformbemühungen abgeben könnte, für Grundlegung, Innovation, Dynamik also in einem" (ebd.).

4. Die Entwicklung der Cultural Studies in den USA

In den USA entwickeln sich die Cultural Studies im Anschluß an die American Studies, die bereits kulturwissenschaftlich angelegt sind. Die Konzepte der American Studies nach dem Zweiten Weltkrieg waren wesentlich beeinflußt durch die Entdeckung und Wiederentdeckung amerikanischer Populär- und Alltagskulturen während der Depressionszeit der 1930er Jahre.[8] Daher ist es nur folgerichtig, daß die wichtigsten Vertreter der American Studies (Henry Nash Smith, Leo Marx, R.W.B. Lewis) von der Prämisse ausgingen, daß sich die amerikanische Kultur nicht durch ein dominantes Leitmedium, sprich ästhetische Literatur, erschließen läßt, sondern nur in der zusammenhängenden Betrachtung verschiedener kulturel-

---

[8] Bezüge zur amerikanischen Geschichte und Kulturgeschichte können hier nur angedeutet werden. Zur weitergehenden Lektüre empfehle ich: Boyer et al. (1990), Bradbury/Temperley (1994 [1981]) und Heideking (1999 [1996]).

ler Praktiken, Gattungen und Artikulationsformen transparent wird. Kultur im
Kontext der American Studies bezeichnete von Anbeginn einen umfassenden öffentlichen Kommunikations- und Handlungszusammenhang, der sowohl Medien
als auch populärkulturelle Ausdrucksformen einbezog. So betont Leo Marx zu Beginn seines Buches *The Machine in the Garden*:

> In fact, this is not, strictly speaking, a book about literature; it is about the
> region of culture where literature, general ideas, and certain products of the
> collective imagination – we may call them 'cultural symbols' – meet. To ap-
> preciate the significance and power of our American fables it is necessary to
> understand the interplay between the literary imagination and what happens
> outside literature, in the general culture (Marx 1976 [1964]: 4).

Die kulturwissenschaftliche Orientierung der frühen American Studies war zum
einen gegen den textimmanenten Formalismus des in der Literaturwissenschaft
dominanten New Criticism gerichtet, zum anderen bildete er den Ausgangspunkt
für die Positionierung der American Studies als einer interdisziplinär ausgerichteten Disziplin, die den Dialog mit den Nachbarwissenschaften suchte.

So innovationsfreudig und perspektivisch offen die frühen American Studies
auch waren, so waren sie andererseits doch auch nationalistisch und konsensori-
entiert (Brantlinger 1990: 29). Leo Marx (1976 [1964]) und Henry Nash Smith (in
Virgin Land, 1978 [1950]) suchten nach wirkmächtigen nationalen Mythen, die
Hoch- und Populärkultur miteinander verbinden und die einheitsstiftendes Potential haben sollten. Marx fand einen solchen Mythos im widersprüchlichen Span-
nungsfeld zwischen pastoralem Ideal und Modernisierungsdrang. Nash Smith fand
ihn im Bild des amerikanischen Westens, in dem sich sowohl der immer wieder
mögliche Neuanfang als auch die rastlose Mobilität und Zivilisationsmächtigkeit
der *Frontier* verdichten.

Doch die auf Konsens und eine holistische nationale Identität ausgerichteten
Modelle der frühen American Studies standen offenbar im Widerspruch zu einer
gesellschaftlichen Wirklichkeit, die durch vielfältige Konfliktkonstellationen gekennzeichnet war. Die Bürgerrechtsbewegung und das gegenkulturelle *Beat Movement* legten bereits in den 1950er Jahren einige der Widersprüche und Konflikte
im amerikanischen Selbstverständnis frei. Die sich daran anschließenden Protest-
und Emanzipationsbewegungen der 1960er Jahre variierten die Frage nach dem
(Miß-)Verhältnis zwischen dem demokratischen Ideal der USA und den tatsächlichen Machtverhältnissen auf nahezu allen Ebenen: zwischen Schwarzen und
Weißen, Männern und Frauen, Jungen und Alten, Kriegsgegnern und Kriegsbefür-
wortern usw. Das Konsens-Paradigma der frühen Nachkriegszeit wurde durch ein
Konflikt-Paradigma abgelöst und die American Studies blieben von diesem Paradigmenwechsel nicht unberührt.[9] Zunächst einmal konnten sich seit den 1960er

---

[9] Zum Paradigmenwechsel von Konsens zu Konflikt siehe Ostendorf/Levine (1992 [1990]: 528-
536).

Jahren eine Reihe von neuen akademischen Disziplinen (Gender Studies, African-American Studies, Chicano Studies, Native American Studies, Popular Culture Studies usw.) institutionell etablieren und von den Rändern her allmählich verstärkt Einfluß auf die Entwicklung der American Studies nehmen. Gleichzeitig erscheinen eine Reihe von wichtigen Arbeiten, die zentrale Themen der amerikanischen Kultur behandeln, allerdings unter neuen Fragestellungen und unter stärkerer Berücksichtigung des Ineinanderwirkens von Hoch- und Populärkultur. Richard Slotkins Untersuchungen zum *Frontier*-Mythos in der Literatur und im Westernfilm gehen der Frage nach, wie ein nationaler Mythos bis in die Gegenwart zur Deutung von Krisenphänomenen (Modernisierung, Große Depression, Kalter Krieg, Vietnam usw.) ideologisch nutzbar gemacht wird (Slotkin 1973 und 1992). Werner Sollors befaßt sich in seinem Buch *Beyond Ethnicity* (1986) mit ethnischen Identitätskonstruktionen, die hybrid und widerspruchsvoll die Spannungen zwischen Herkunft und selbstgewählter Zugehörigkeit aushandeln.[10] Annette Kolodny widmet sich in ihren Studien *The Lay of the Land* (1975) und *The Land Before Her* (1984) den Prozessen der Mythenbildung an der *Frontier* unter geschlechtsspezifischen Fragestellungen und bezieht sich dabei auf eine Vielfalt von unterschiedlichen Textsorten.

Seit den 1980er Jahren hat das Interesse an den Cultural Studies in den USA stark zugenommen. Im Umfeld des *Journal of Popular Culture* und der Popular Culture Association hat sich eine Forschungsrichtung etabliert, die sich der breiten Palette der amerikanischen Populär- und Alltagskultur widmet. Die Popular Culture Studies gründen sich auf einen egalitären Kulturbegriff, der den kulturellen Praktiken und Äußerungsformen des sogenannten 'common man' einen besonderen Aussagewert für das Verstehen der amerikanischen Kultur beimißt.[11] Einflußreicher ist aber eine zweite Forschungsrichtung, die in heterogener Verbundenheit aus den American Studies, Ethnic Studies, Gender Studies, Media Studies und einer ganzen Reihe von weiteren akademischen Disziplinen hervorgegangen ist. Im Unterschied zu den Popular Culture Studies sind in den Cultural Studies Forschungsansätze und Forschungsinteressen dominant, die politisch und gesellschaftskritisch orientiert sind. Die Cultural Studies sind fest im Konflikt-Paradigma verankert. Sie gehen von der Grundannahme aus, daß sich die kulturelle Dynamik der USA vor allem aus rivalisierenden Interessen, Legitimationsstrategien dominanter Gruppen und permanenten Revisionsprozessen erklären läßt. Giles Gunn beobachtet, daß Ideologie als ein sehr weit gefaßter Begriff zum Hauptinteresse kulturwissenschaftlichen Forschens in den USA geworden ist:

---

[10] Zum Phänomen der Hybridität siehe auch den Beitrag von Karen Rehberger und Gerhard Stilz zur postkolonialen Literaturtheorie in diesem Band (S. 141-162).

[11] Zur egalitären Programmatik der Popular Culture Studies siehe Browne (1994). Typische Beispiele für Forschungsarbeiten aus dem Bereich der Popular Culture Studies finden sich in Nachbar/Weiser/Wright (1978). Für eine kritische Betrachtung dieser Theorieansätze siehe Fluck (1987).

[...] almost everywhere in humanistic scholarship these days, one finds people exploring cultural mind-sets that are presumed to define the conceptual and emotional frames within which readers like writers, historical actors like historical interpreters, determine what constitutes meaning. (Gunn 1990: 1)

Europäische Theorieansätze haben dabei starken Einfluß auf die American Studies in den USA gehabt: Strukturalismus, Poststrukturalismus, Marxismus, Frankfurter Schule, Psychoanalyse, Diskurs-Theorie, Dekonstruktion u.a.[12]

American Studies und Cultural Studies haben sich in den letzten zwanzig Jahren soweit angenähert, daß im Wissenschaftsalltag die Begriffe Cultural Studies, American Studies und American Cultural Studies nahezu synonym verwendet werden.[13] An der inzwischen legendär gewordenen Konferenz "Cultural Studies Now and in the Future", die im April 1990 an der University of Illinois stattfand, nahmen die prominentesten Vertreter der Cultural Studies aus Europa und aus den USA teil. Die wichtigsten Beiträge der Konferenz sind in dem von Grossberg/ Nelson/Treichler herausgegebenen Band *Cultural Studies* (1992) enthalten. Allein schon wegen seines Umfangs (788 Seiten) verbietet sich der Band als Lektüreempfehlung im Rahmen einer Einführung. Er eignet sich eher als Anschauungsmaterial für die Kreativität ebenso wie für die konzeptionellen Schwächen einer noch jungen Forschungsrichtung.[14]

5. Cultural Studies: Leitkonzepte

Alle wichtigen Theorieansätze der Geistes- und Gesellschaftswissenschaften des 20. Jahrhunderts haben in unterschiedlicher Gewichtung Eingang in die Cultural Studies gefunden.[15] Das Theorieverständnis der Cultural Studies ist, soweit sich hier verallgemeinern läßt, gekennzeichnet durch Dialogizität, Offenheit, Vorläufigkeit und die permanente Bereitschaft zur Theorierevision. Die Cultural Studies verhalten sich distanziert gegenüber allen groß angelegten Theorie-Entwürfen, den sogenannten 'master theories', die sehr weitgehende, teils absolute Geltungsansprüche für sich erheben. Damit befinden sie sich im Trend einer "postmodernen Wissenschaftsperspektive", die nicht auf ein binäres Denkmodell beschränkt ist, sondern die ein "breites Spektrum unterschiedlicher Erkenntnisformen" anerkennt (Wersig 1998: 210-212). Stuart Halls berühmt gewordener Satz "I am not

---

[12] Siehe dazu Lipsitz (1990b).

[13] Interessanterweise wird der Begriff American Cultural Studies augenscheinlich eher außerhalb der USA verwendet. Vgl. dazu Campbell/Kean (1997) und Hartley/Pearson (2000).

[14] Eine ausführliche Kritik des Tagungsbandes bietet Jameson (1993).

[15] Sehr gut lesbare Einführungen in die Theorie-Horizonte der Cultural Studies bieten Kramer, (1997), Strinati (1995) und Turner (1996). Eine Reihe von Anthologien enthalten die Theorietexte, die die Entwicklung der Cultural Studies entscheidend geprägt haben; zu nennen wären in erster Linie Durham/Kellner (2000 [1999]) und During (1993).

interested in Theory, I am interested in going on theorizing" (Hall 1996) bringt das Theorieverständnis der Cultural Studies auf eine prägnante Kurzformel. An anderer Stelle definiert Hall Theorie als "a set of contested, localized, conjunctural knowledges, which have to be debated in a dialogical way" und als "a practice which always thinks about its intervention in a world in which it would make some difference, in which it would have some effect" (Hall 1992: 286).

Unverzichtbarer Bezugspunkt für die wissenschaftliche Reflexion in den Cultural Studies bleibt die gesellschaftliche Wirklichkeit. Die wissenschaftliche Arbeit ist nicht bloße Beobachtung von außen, sondern immer auch Intervention in gesellschaftliche Konfliktfelder. Die Wissenschaft hat hier die Aufgabe, theoretisch reflektiertes Orientierungswissen bereitzustellen, und dieses Wissen kann und soll wiederum in kulturellen Verhandlungsprozessen eingesetzt werden. Politischer Aktivismus und wissenschaftliche Reflexion werden so nicht als unvereinbare Handlungsoptionen gedacht, sondern als komplementäre, manchmal sogar als untrennbare Aktivitäten. Cultural Studies und *cultural politics* sind unauflösbar miteinander verbunden. Viele Ansätze innerhalb der Cultural Studies sehen sich einem kulturpolitischen und aktivistischem Engagement verpflichtet, das außerhalb der Universitäten zum Tragen kommen soll. Der amerikanische Philosoph Cornel West spricht in diesem Zusammenhang von einem "new kind of cultural worker", der institutionelle Grenzen und die Vorgaben akademischer Arbeitsteilung konsequent überschreitet, sich einmischt und politische Allianzen eingeht. Vorrangiges Ziel dieser neuen "cultural workers" ist es "to align themselves with demoralized, demobilized, depoliticized, and disorganized people in order to empower and enable social action and, if possible, to enlist collective insurgency for the expansion of freedom, democracy, and individuality" (West 1993: 257).

Der Begriff der Kultur ist insbesondere in der zweiten Hälfte des 20. Jahrhunderts zu einem Leitparadigma der Geistes- und Gesellschaftswissenschaften avanciert. Die amerikanischen Kulturanthropologen Alfred Kroeber und Clyde Kluckhohn haben bereits 1952 in ihrem Buch *Culture* mehr als 160 verschiedene Begriffsdefinitionen zusammengetragen. Seitdem ist das Interesse an 'Kultur' weiterhin sprunghaft angestiegen. Sprachgeschichtlich ist das Wort Kultur aus dem lateinischen Wort *cultura* (dt. Landbau, Pflege) hervorgegangen. In diesem elementaren Sinne ist Kultur nichts weniger als Differenz-Bestimmung zur Natur, d.h. der Bereich der Kultur schließt alles ein, was durch menschliches Denken und Handeln auf dem Wege der Bewältigung und Nutzbarmachung von Natur entstanden ist.

Zwei etwa zeitgleich im 19. Jahrhundert vorgelegte Begriffsdefinitionen illustrieren in ihrer Gegensätzlichkeit die Kontroversen um den Kulturbegriff im 20. Jahrhundert. Im Jahre 1869 veröffentlicht der englische Schriftsteller und Kritiker Matthew Arnold seinen Essay "Culture and Anarchy" und nur zwei Jahre später erschien das Buch *Primitive Culture* des Ethnologen Edward B. Tylor. Während Arnold einen *normativen* Kulturbegriff entwickelt, der Kultur als die herausragenden, nach Perfektion strebenden Leistungen einer Gesellschaft begreift, beginnt mit Tylor die Herausbildung eines *ethnographischen* Kulturbegriffs, der sich der Kultur empirisch und beschreibend nähert. Doch beginnen wir mit Arnold. In "Culture and Anarchy" definiert Arnold Kultur als "a study of perfection" (1993 [1869]: 59). Die moderne Gesellschaft, deren Entwicklung Arnold im letzten Drittel des 19. Jahrhunderts beobachtet, gibt vielfältige Anlässe zur Sorge: Arnold entdeckt in ihr Vulgarität, demokratische Gleichmacherei, aggressiven Individualismus, Materialismus und naiven Fortschrittsglauben. Kultur, hier verstanden als die beispielhafte und Maßstäbe setzende kulturelle Tradition griechischer und judeochristlicher Herkunft, ist seiner Ansicht nach die einzige Kraft, die diesen Gefahren wirkungsvoll begegnen kann. Arnolds Vertrauen in die norm-setzende Kraft dieser beiden Kulturtraditionen geht soweit, daß er sie zunächst als "two great natural forces" dem Bereich der Natur zuschreibt, um sie dann zu vereinen als "a joint force of right thinking and strong doing to carry him [man; H.T.] on towards perfection" (ebd.: 183).

Der Ethnologe Edward B. Tylor nähert sich dem Kulturbegriff dagegen empirisch und deskriptiv: "Culture or Civilization, taken in its wide ethnographic sense, is that complex whole which includes knowledge, belief, art, morals, law, custom, and any other capabilities and habits aquired by man as a member of society." (Tylor 1958 [1871]: 1) Tylors Definitionsverfahren ist das der Reihung von Gegenständen und Tätigkeitsbereichen. Tylor bemüht sich um eine jenseits von Normen und Vorurteilen angesiedelte Beschreibung von Kultur. Kunst etwa steht hier neben Tradition ("custom"). Das Rechtssystem ist gleichermaßen berücksichtigt wie die Religion. Begriffe wie "knowledge", "belief", "custom" lassen erkennen, daß Tylors Kulturbegriff alle Wissensbereiche und Alltagspraktiken einschließt, unabhängig davon, welche soziale Klasse sie praktiziert. Zur Kultur gehört die gesamte Palette der in gesellschaftlicher Arbeit ("man as a member of society") erworbenen Fähigkeiten und Praktiken. Kultur ist somit als ein umfassender Wissens- und Handlungszusammenhang jenseits normativer Vorstellungen sogenannter 'Hochkultur' definiert.

Die Cultural Studies sowie auch die sich zunehmend als Kulturwissenschaften verstehenden Literaturwissenschaften gehen heute meist von einem "semiotischen, bedeutungsorientierten und konstruktivistisch geprägten Kulturbegriff" (Nünning 1998a: 179) aus.[16] Demnach wird Kultur als ein strukturierter symbolischer Raum begriffen, in dem Kommunikation und soziales Handeln der Menschen stattfindet. Der Mensch, so Clifford Geertz, bewegt sich in selbstgesponnenen "webs of significance" (Geertz 1973: 5). Folgen wir Roland Posner (1991), dann bietet die Semiotik (Zeichenlehre, Wissenschaft von den Zeichenprozessen) ein hinreichend deskriptives und disziplinenübergreifendes Analyse-Instrumentarium, das es uns

---

[16] Zum Zusammenhang zwischen semiotischem und konstruktivistischem Kulturbegriff siehe Hansen (1995: 215-217). Zu den Grundannahmen des Konstruktivismus siehe Schmidt (1994); vgl. auch die Bemerkungen dazu im einleitenden Beitrag zu diesem Band auf S. 4f.

ermöglicht, Zeichenprozesse jeder Art zu verstehen. Die Anwendung der Semiotik auf kulturelle Prozesse hat zur Herausbildung der Kultursemiotik geführt, die sich mit der Untersuchung von Zeichenprozessen in kommunikativen und sozialen Handlungszusammenhängen beschäftigt. Ausgangspunkt ist die analytische Unterscheidung in Zeichenbenutzer (Individuen, Gruppen, Institutionen), eine Menge von Texten und die eingesetzten Codes (Zeichensysteme). Die Codes wiederum bestehen aus einer Zeichenmenge und aus einem System von Regeln und Konventionen, das den Gebrauch und die Deutung von Zeichen erst ermöglicht. Weiterhin können wir unterscheiden zwischen primären Codes (Sprache usw.) und kulturellen Codes (Geschlechterstereotype, Identitäts- und Alteritäts-Konstrukte usw.), die als kulturspezifische Sinn-Muster mit ideologischen, moralischen oder religiösen Inhalten durch Erziehung, Sozialisation und tiefenpsychologische Prägung auf den Einzelnen übertragen werden. Diese kulturellen Codes sind im Kontext der Cultural Studies von besonderem Interesse, da sie entscheidend an der Entstehung, Überlieferung und Fixierung von Deutungs-Schemata und Weltbildern beteiligt sind. Roland Barthes' inzwischen klassisch gewordenen Analysen französischer Alltagskultur (Werbung, Sport, Küche, Film usw.), die in dem Band *Mythologies* versammelt sind, legen einige dieser kulturellen Codes bezüglich Sexualität, Alltagsästhetik, Erziehung, Ökonomie und anderen Lebensbereichen frei und machen sie so der Neuverhandlung zugänglich. In Barthes' semiotischer Perspektive haben Mythen die Funktion "of giving an historical intention a natural justification, and making contingency appear eternal" (Barthes 1972 [1957]: 142). So überlagern die Mythen des Alltags die ihnen zugrunde liegenden kulturellen Kodierungen und präsentieren sich selbst als unumstößliche, universale Wahrheiten. Ein weiteres Beispiel für eine kultursemiotische Untersuchung wäre etwa die von Umberto Eco (1979) vorgelegte Interpretation von Ian Flemings populären James Bond-Romanen. Ecos Strukturanalyse kommt zu dem Ergebnis, daß Flemings Geschichten aus einigen binären Oppositionspaaren und einer wiederkehrenden Verlaufsstruktur herleitbar sind. Fleming, so Eco, variiert in seinen Romanen das universale Grundmotiv Gut/Böse und projiziert dieses auf die historische Konfliktlage des Kalten Krieges (Kommunismus/Demokratie). Der populäre Erfolg der Romane ist erklärbar aus dieser Verbindung von universaler und konkreter Problemstellung.

Der Begriff 'culturalism' (nach Stuart Hall) bezeichnet die erste Phase der *British Cultural Studies*, die vor allem mit den Namen Raymond Williams, E.P. Thompson und Richard Hoggart verbunden ist.[17] In seinem Aufsatz "Cultural Studies: Two Paradigms" (1980) führt Hall aus, wie Williams, Thompson und Hoggart die britischen Kulturdebatten der 1950er und 1960er Jahre nachhaltig beeinflußten. Gegenüber der tradierten Dichotomie von Hoch- und Populärkultur

---

[17] Eine ausführlichere Darstellung der Geschichte der British Cultural Studies bieten Turner (1996: 38-77) und Kramer (1997: 34-47 und 83-92).

entwickelten sie einen Kulturbegriff, der auf der dynamischen Interaktion zwischen objektiven Kräften und subjektivem Erleben basiert. 'Lived experience' wird zu einem der neuen Leitkonzepte, insbesondere in Richard Hoggarts Studie *The Uses of Literacy* (1971 [1957]). Hoggart, der selbst aus der Arbeiterklasse kam, untersucht den Einfluß der modernen, urbanen Massenkultur auf die Kultur der englischen Arbeiterklasse. Im Gegensatz zum dogmatisch starren Basis-Überbau-Schematismus des doktrinären Marxismus etablieren die 'culturalists' die Vorstellung einer authentischen Populär-Kultur, in der die Subjekte aktiv und selbstbestimmt handeln. Vor allem Raymond Williams setzte sich in *Culture and Society 1780-1950* (1958) kritisch mit marxistischen Positionen auseinander, die die Kultur gegenüber anderen gesellschaftlichen Handlungsfeldern vernachlässigten. E.P. Thompsons sozialgeschichtliche Untersuchung *The Making of the English Working Class* (1965 [1963]) setzt auf der Erfahrungsebene der Individuen an und wird dadurch einflußreich für eine Forschungsrichtung der Cultural Studies, die ethnographische Verfahren benutzt und mündliche Aufzeichnungen (*oral history*) als wichtige Quelle betrachtet. Die "culturalists" wendeten sich gegen jede Form von ideologischem oder ökonomischem Determinismus und betonten stattdessen die Autonomie und Kreativität der handelnden Subjekte. Dies taten sie im Gegensatz zur kulturkritischen bis kulturpessimistischen Position der Frankfurter Schule, die populäre Massenkultur mit oberflächlicher Trivialität sowie vor allem mit der Manipulation und Gleichschaltung der Subjekte verband.[18] Die polarisierende Ausschließlichkeit, nach der Populärkultur entweder als Gleichschaltung der manipulierten Massen oder als Form authentischen Selbstausdrucks deklariert wurde, konnte erst viel später überwunden werden. George Lipsitz formuliert zum Beispiel 1990 eine Position, die diese beiden Funktionsmöglichkeiten der Populärkultur verbindet:

> For all of their triviality and frivolity, the messages of popular culture circulate in a network of production and reception that is quite serious. At their worst, they perform the dirty work of the economy and the state. At their best, they retain memories of the past and contain hopes for the future that rebuke the injustices and inequities of the present. (1990a: 20)

6. Einige kritische Einwände gegen die Cultural Studies

Die schrillsten ihrer Kritiker sehen in den Cultural Studies ein gravierendes Verfalls-Symptom der westlichen Zivilisation. Kritiker wie Allan Bloom in *The Closing of the American Mind* (1987) oder Harold Bloom in *The Western Canon*

---

[18] Zur Frankfurter Schule siehe Horkheimer/Adorno (1969 [1947]), insbes. das Kapitel "Kulturindustrie: Aufklärung als Massenbetrug" (108-150). Auch später wurden diese Fragen noch diskutiert, so z.B. von Jameson (1979).

(1994) tragen ihre Beschwerden mit einigem Pathos vor. Die Cultural Studies, so diese Kritiker, sind getragen von einer tiefen Aversion gegen den literarischen Kanon und damit gegen die ästhetische Dimension literarischer Texte. 'Hohe' Literatur, so sie denn überhaupt noch vorkommt, wird ihrer Ansicht nach im Kontext der Cultural Studies reduziert auf ideologische Hintergründe und diskursive Zusammenhänge. Die Literatur verliert so ihre eigentliche Funktion, nämlich Anlaß für kontemplative Betrachtung und Maßstab für Vortrefflichkeit zu sein. Das große Interesse an Populärkultur sehen sie als Teil einer um sich greifenden Banalisierung und Trivialisierung des öffentlichen Lebens. Es ist ferner Ausdruck einer allgemeinen Bequemlichkeit, die das Einfache (die Populärkultur) dem Schwierigen (der literarische Kanon) vorzieht. Und so wird angenommen, daß die Beschäftigung mit trivialen Gegenständen geradewegs in eine triviale Weltsicht mündet oder, im Falle der Cultural Studies, unweigerlich zu einer Trivialisierung der Wissenschaft führen muß. Dabei gehen diese Kritiker von einem universalen Kanonbegriff aus, der den kanonisierten Werken eine ästhetische Qualität zuschreibt, die unabhängig davon besteht, wer diese Werke wann zu welchem Zweck liest. Dem gegenüber ist in der aktuellen literaturwissenschaftlichen Diskussion die Ansicht vorherrschend, daß Kanonisierung ein historisch und kulturell spezifischer Selektionsprozess ist, bei dem sowohl ästhetische als auch außerliterarische Faktoren in jeweils unterschiedlicher Gewichtung eine Rolle spielen.[19]

Andere Kritiker vermissen Relevanzmaßstäbe und sehen gewisse Tendenzen zur "Zentrifugalisierung" (Fluck 1991: 7) in den Cultural Studies. Der erweiterte, enthierarchisierte Kulturbegriff der Cultural Studies öffnet zunächst einmal den Blick für eine schier unendliche Palette von denkbaren Untersuchungsgegenständen: T-Shirt-Kommunikation, das Design von Fastfoodketten, Computerspiele, Zigarettenwerbung, Soap Operas, Musikvideos, Vergnügungsparks usw. – der eingangs zitierte Roman DeLillos stellt dies satirisch überspitzt dar. Was einerseits frisch, demokratisch, realitätsnah wirkt, kann andererseits aber auch in eine lähmende Unübersichtlichkeit und Beliebigkeit der Themen und Gegenstände führen. Kritiker monieren, daß die Cultural Studies über keine Kriterien verfügen, die es ihnen ermöglichen würden, ihre Fragestellungen und ihre methodischen Ansätze in einen systematisierten Zusammenhang zu stellen. Diese Kritik gründet sich auf die Annahme, daß jede geisteswissenschaftliche Disziplin Relevanzbestimmungen braucht. So formuliert etwa Hans-Ulrich Wehler für die Geschichtswissenschaft, daß es ihre Aufgabe sei, "[...] aufzuklären über die Ursachen und Folgen von Machtkonstellationen und Weltbildern, von Wirtschaftssystemen und

---

[19] Zur Kanon-Diskussion siehe die Beiträge in Assmann/Assmann (1987). Ohmann (1984) diskutiert die Kanonisierungsprozesse in der amerikanischen Erzählliteratur zwischen 1960 und 1975. Auf die historische Bedingtheit der Wertschätzung literarischer Werke hatte bereits die Rezeptionsästhetik, insbesondere Hans Robert Jauß mit dem Konzept des Erwartungshorizonts, aufmerksam gemacht; siehe dazu den Beitrag zu Rezeptionstheorien von Ralf Schneider in diesem Band, besonders S. 193-195.

kulturellen Prägungen, um der Gegenwart ein Orientierungswissen zu verschaffen" (Wehler 2001: 38). Die Forderung nach Orientierungswissen wird immer
wieder geäußert. Mit Blick auf die schulische Bildung beschreibt Manfred Fuhrmann Orientierung als die Fähigkeit, "[...] die das Vielerlei möglichen Wissens
durchdringt und zu einer sinnvollen Einheit bindet" (Fuhrmann 2002: 34). Winfried Fluck vertritt die Auffassung, daß die Pluralisierung des Kulturbegriffs nicht
durch hierarchisierende Relevanzbestimmungen eingeholt werden kann. Stattdessen sollten wir, so Fluck, uns das Potential pluralisierter Kultur zunutze machen, das eben in erweiterten Perspektivierungsmöglichkeiten zu sehen ist:

> Kultur ist in dieser Sicht ein offenes, in ständiger Bewegung befindliches
> System, in dem verschiedenste Formen der Sinnbildung in Konkurrenz, aber
> auch in einen Dialog treten und in diesem Prozeß ihren eigenen Geltungs-
> anspruch auf eine immer neue Probe stellen. (Fluck 1991: 12)

Mieke Bal und Christoph Bode sehen in den Cultural Studies theoretische und
methodische Defizite. Bal vermerkt das Fehlen einer eigenen Methodologie "mit
fest verankerten Verifikations- und Falsifikationsmechanismen, die das Fach davor bewahren könnten, sich im Parteigängertum zu verhaspeln" (Bal 2002: 8). Dagegen ließe sich einwenden, daß Theorie-Entwürfe, die eindeutige Falsch/ Richtig-
Zuweisungen ermöglichen, jenen 'master theories' bedenklich nahe stehen, die
von den Cultural Studies so vehement abgelehnt werden. Außerdem geht das Veri-
fikationsmodell von einer binären Rationalität aus, während sich die Cultural
Studies ja gerade um die Entwicklung von perspektivischen und differenz-orien-
tierten Denkmodellen bemüht haben.[20] Bode vertritt die Ansicht, daß die Cultural
Studies theoretisch und methodisch gänzlich derivativ sind, d.h. daß sie keine eigenen Theorieansätze entwickelt haben, sondern daß ihre Theoriebildung ausschließlich auf Anleihen aus anderen Disziplinen und Denksystemen beruht (Bode
1996: 416). Die Originalität der Cultural Studies wird kontrovers diskutiert. Typisch für die Cultural Studies ist eher das Verfahren des synthetisierenden Theo-
rietransfers als das der originären Theoriebildung. Es ist zweifellos richtig, daß die
Cultural Studies in der Theoriebildung eher synthetisierend, bisweilen eklektisch
verfahren. Das muß aber kein diskreditierendes Argument sein, denn es gilt gleichermaßen für die modernen Literaturwissenschaften und andere Disziplinen.[21]
Die Latte der Originalität hängt sehr hoch. Vielleicht sollten zunächst einmal
traditionellere Kriterien für wissenschaftliche Qualität bedacht werden: Plausibilität und Logik, gedankliche Klarheit und Argumentationsdichte, sprachliche Präzision. Wolfgang Müller-Funk bemerkt eine auffällige Kriterienverschiebung in den
Geisteswissenschaften:

---

[20] Interessant ist in diesem Zusammenhang Michael Ryans Versuch, dominante Rationalitätsmodelle
      und denkbare Alternativen zu beschreiben; siehe Ryan (1982: 132-158).
[21] Zur Interdisziplinarität in den Literaturwissenschaften siehe auch die Ausführungen im Ein-
      leitungskapitel dieses Bandes (S. 15).

> Nicht die Richtigkeit, sondern die ästhetische Originalität, nicht die rationale Nachvollziehbarkeit, sondern die hermetische Irritation der Kunst, nicht die prinzipielle Verständlichkeit, sondern die Unverständlichkeit, nicht die Stichhaltigkeit, sondern die Überbietung des bisher Dagewesenen werden zu Kriterien des intellektuellen Ranking. (Müller-Funk 1998: 1080)

Andere Kritiker merken an, daß die Cultural Studies zu einem akademischen Stil neigen, der bisweilen obskur und verklausuliert ist. Viele Texte sind sprachlich überdeterminiert und gedanklich wenig transparent, dafür umso voraussetzungsreicher. Gerald Graff sieht die Ursache für diesen Stil in einem "myth of academic difficulty" (Graff 2000: 1041). Gerade die Cultural Studies mit ihrer demokratisch-egalitären Ausrichtung sollten darauf bedacht sein, angemessene Komplexität und Kommunizierbarkeit in Einklang zu bringen. Auffällig ist auch, daß die Cultural Studies in der akademischen Praxis (Publikationsformen, Konferenzen, Lehrkonzepte) bisher kaum innovative Konzepte entwickelt haben. Der Kommentar von Alexandra Chasin als Reaktion auf Stuart Halls Vortrag bei der Cultural Studies-Konferenz an der Universität von Illinois 1990 (in Grossberg/Nelson/Treichler 1992: 293) läßt darauf schließen, daß die Konferenz konventionell organisiert war: hierarchisch strukturiert, kein Raum für Dialogizität und situationsbezogene Interaktion, fehlende Selbstkritik, Kluft zwischen akademischer Reflektion und sozialem Handeln.

Ein weiterer kritischer Einwand gegen die Cultural Studies betrifft die Vermischung von Wissenschaft, Kulturpolitik und Politik.[22] Während Vertreter der Cultural Studies hier eine unauflösbare Einheit postulieren, sehen Kritiker darin ein Interferenzproblem, das analytisch aufgelöst werden muß. Die Vermischung von Forschung und Politik täuscht bisweilen hinweg über das Verschwinden von Politik im Sinne gesellschaftlichen Handelns. Die Cultural Studies präsentieren sich als eine eigentümliche Gemengelage von Gesellschaftskritik und Wissenschaftsdiskurs. Vereinfacht formuliert treffen in den Cultural Studies die politischen und gegenkulturellen Strömungen der 1968er-Generation auf die Postmoderne. Die Cultural Studies schließen in ihrer politischen Orientierung und in ihren Zielen an die Ideologien der 68er-Generation an, bewegen sich aber in einem intellektuellen und wissenschaftstheoretischen Umfeld von postmoderner Erkenntnis-Krise und Aufklärungs-Skeptizismus. Das Ergebnis ist häufig Frustration. Cultural Studies, so bekennt Lawrence Grossberg freimütig, "is always frustrated by its apparent inability to actually effect change" (Grossberg 1992: 20). Einen denkbaren Grund für diese Frustration formuliert Berndt Ostendorf:

---

[22] An dieser Stelle geht es nicht um die unumstrittene erkenntnistheoretische Einsicht, daß jeder Standpunkt und damit natürlich auch der des Wissenschaftlers unvermeidlich in ideologischen Voreinstellungen und kulturellen Prägungen verhaftet ist und somit im weitesten Sinne auch 'politisch' ist. Es geht hier um die oft diffus erscheinende Beziehung zwischen Forschen, politischer Äußerung und politischem Handeln.

Cultural Studies as a child of post-Structuralism or deconstructionism is far better equipped to problematize semiotic technologies for the construction of fictions than to deal with something as 'epistemologically questionable' as the 'real' world. They are much better at nursing doubt than at building commitment. (Ostendorf 1995: 723f.)

Dieses Dilemma der Cultural Studies erscheint unauflösbar. Seine Ursache liegt in der Unvereinbarkeit von postmoderner Erkenntnistheorie und handlungsleitendem Orientierungswissen. Terry Eagleton bemerkt, daß in vielen Spielarten postmodernen Denkens Pluralismus zu einem Dogma erstarrt ist. Ein "cult of ambiguity and indeterminacy" (Eagleton 1996: 5, 127) ist die Folge davon. Die Kritik an den bestehenden Verhältnissen wird formuliert in einer Sprache prinzipiell unabschließbarer Diskursivität. Viele Texte aus dem Umfeld der Cultural Studies positionieren sich auf ambivalente Weise zwischen politischem Aktivismus und politischer Ohnmacht. Jeder Diskurs, der die 'Wirklichkeit' nur apostrophiert und aus problematisierender Distanz wahrnehmen kann, muß mit seiner eigenen politischen Konsequenzenlosigkeit rechnen.

Aufgrund ihrer Verwurzelung in den politischen und kulturellen Oppositionen der 1960er Jahre haben die Cultural Studies eine politische Agenda: für die Gleichbehandlung und Selbstbestimmung marginalisierter Gruppen, für mehr Demokratie und weniger Kommerz in den Massenmedien, für die Würdigung bisher unterdrückter Stimmen und Traditionen, für die Offenlegung der Zusammenhänge zwischen gesellschaftlicher Macht und kultureller Artikulation usw. Doch bei der Revision der alten Orthodoxien bilden sich rasch neue heraus. Die Festlegung auf politische Positionen, so unbestreitbar wünschenswert diese auch erscheinen mögen, bringt für die wissenschaftliche Reflexion immer eine Verengung des Gesichtsfeldes und damit auch der erwartbaren Ergebnisse mit sich. Kulturkritik, so argumentiert Giles Gunn, darf keine politischen Ziele verfolgen, aber sie muß verankert sein in einer Grundhaltung der "[...] democratic preference to render differences conversable so that the conflicts they produce, instead of being destructive of human community, can become potentially creative of it" (Gunn 1990: 16).

'Cultural politics' und Cultural Studies sind als ein gemeinsamer Handlungszusammenhang denkbar. Analytisch sollten sie mit mehr Trennschärfe behandelt werden als es zur Zeit der Fall ist. Interferenz schafft Unklarheit. Wer auf der einen Seite an moralische und politische Kräfte appelliert, der tut sich schwer, wenn die vorgetragenen Analysen immer wieder die prinzipielle Vorläufigkeit aller Ergebnisse und die unvermeidbare Subjektgebundenheit allen Wissens betonen oder im schlimmsten Fall in beliebigem Relativismus verpuffen. Eine gewisse Verlegenheit ist unverkennbar, wenn als Intention deklariert wird, neue Perspektiven anzuregen, exemplarische Deutungsangebote machen zu wollen oder Hilfe zur kulturanalytischen Selbsthilfe anzubieten. Dies sind typische rhetorische

Gesten der Cultural Studies, die allesamt die Deutungsarbeit letztlich doch wieder dem Leser übertragen.

7. Schluß: Eine vorläufige Zwischenbilanz

Trotz einiger konzeptioneller Schwächen, Irrtümer und Ungereimtheiten können die Cultural Studies bisher auf eine produktive Bilanz verweisen. Sie haben wesentlich zur Auflösung der tradierten Dichotomie von Hoch- und Populärkultur beigetragen. Sie haben erfolgreich die kreative und selbstbestimmte Seite der Populärkultur behauptet, sowohl gegenüber konservativer Arroganz als auch gegenüber linker Skepsis. Sie haben theoretisch und methodisch neue Wege beschritten, um den Sinn, die Ideologiehaltigkeit und die ästhetische Form populärkultureller Phänomene zu erschließen. Außerdem haben sie wichtige Anstöße zur Neubestimmung des Verhältnisses zwischen kultureller Praxis einerseits und gesellschaftlichem Handeln bzw. politischer Praxis andererseits gegeben.

Diese Rekonzeptualisierungen des Kulturbegriffs, vorgebracht durch die Cultural Studies, haben zweifellos auch die Kanonrevisionen der jüngsten Vergangenheit unterstützt. Im Bereich der Literaturwissenschaften haben die Cultural Studies wesentlich zu einer umfassenden Neuorientierung seit den 1960er Jahren beigetragen, die vor allem wegführte von der Fixierung auf formalästhetische Interessen (wie der New Criticism sie propagierte). Die unfruchtbare Dichotomisierung von Fiktion und Wirklichkeit wurde mit Hilfe der Cultural Studies überwunden. An ihre Stelle trat ein neues Literaturverständnis, das von reziproken und dynamischen Interaktionen zwischen Diskursen und gesellschaftlichem Handeln ausgeht.

Die Cultural Studies haben mit bemerkenswerter Offenheit, Neugier und Engagement vielfältige Erfahrungswelten des Eigenen und des Anderen erkundet: Interkulturalität, Minoritätenkonflikte, Geschlechtlichkeit, Subkulturen, Globalisierung, Medienkultur usw. Es ist nicht zuletzt den Cultural Studies zu verdanken, daß die Minoritätenkulturen in den USA (Black Americans, Hispanic Americans, Native Americans, Asian Americans usw.) und in Großbritannien (Black and Asian Cultures) zumindest mehr Aufmerksamkeit und Akzeptanz erfahren als noch vor zwanzig Jahren. Darüber hinaus haben die Cultural Studies neue Perspektiven und Fragestellungen entwickelt, die Werke der kanonisierten Literatur und andere Produkte der Hochkultur in ungekanntem Licht erscheinen lassen. Auch die historisch neue Erfahrung einer globalisierten und globalisierenden Medienkultur wird im Rahmen der Cultural Studies reflektiert. Und schließlich ist da noch das umstrittene Feld der Postmoderne, mit dem uns die Cultural Studies in zweifacher Hinsicht konfrontieren: als theoretische Perspektive der Kulturkritik und als Zugang zur Deutung unserer lebensweltlichen Erfahrungswirklichkeit.

Bibliographie

1.   Zur ersten Orientierung

Campbell, Neil, Alasdair Kean. 1997. *American Cultural Studies: An Introduction to American Culture*. London: Routledge.
Durham, Meenakshi Gigi, Douglas M. Kellner (Hg.). 2000 [1999] . *Media and Cultural Studies: Keywords*. Oxford: Blackwell.
Fiske, John. 1990 [1982]. *Introduction to Communication Studies*. 2. Aufl. London: Routledge.
Kramer, Jürgen. 1997. *British Cultural Studies*. München: Fink.
Merten, Klaus, Siegfried J. Schmidt, Siegfried Weischenberg (Hg.). 1994. *Die Wirklichkeit der Medien: Eine Einführung in die Kommunikationswissenschaft*. Opladen: Westdeutscher Verlag.
Nünning, Ansgar, Vera Nünning. (Hg.). 2003. *Konzepte der Kulturwissenschaften: Theoretische Grundlagen – Ansätze – Perspektiven*. Stuttgart, Weimar: Metzler.
Strinati, Dominic. 1995. *An Introduction to Theories of Popular Culture*. London: Routledge.
Turner, Graeme. 1996. *British Cultural Studies: An Introduction*. 2. Aufl. London: Routledge.

2.   Textsammlungen

Bromley, Roger, Udo Göttlich, Carsten Winter (Hg.) 1999. *Cultural Studies: Grundlagentexte zur Einführung*. Lüneburg: Klampen.
During, Simon (Hg.). 1993. *The Cultural Studies Reader*. London: Routledge.
Engelmann, Jan (Hg.). 1999. *Die kleinen Unterschiede: Der Cultural Studies Reader*. Frankfurt am Main: Campus.
Hartley, John, Roberta E. Pearson (Hg.). 2000. *American Cultural Studies: A Reader*. Oxford: Oxford University Press.
Hepp, Andreas, Rainer Winter (Hg.) 1997. *Kultur – Medien – Macht: Cultural Studies und Medienanalyse*. Opladen: Westdeutscher Verlag.
Hörning, Karl H., Rainer Winter (Hg.). 1999. *Widerspenstige Kulturen: Cultural Studies als Herausforderung*. Frankfurt am Main: Suhrkamp.
Munns, Jessica, Gita Rajan (Hg.). 1995. *A Cultural Studies Reader: History, Theory, Practice*. London: Longman.
Nachbar, Jack, Deborah Weiser, John L. Wright (Hg.). 1978. *The Popular Culture Reader*. Bowling Green: Bowling Green University Popular Press.
Storey, John (Hg.). 1998 [1996]. *What Is Cultural Studies? A Reader*. London: Arnold.

3.   Weitere zitierte und weiterführende Literatur

Arnold, Matthew. 1993 [1869]. *Culture and Anarchy and Other Writings*. Hg. Stefan Collini. Cambridge: Cambridge University Press.

Assmann, Jan, Aleida Assmann (Hg.). 1987. *Kanon und Zensur*. München: Fink.

Bal, Mieke. 2002. *Kulturanalyse*. Übers. Joachim Schulte. Frankfurt am Main: Suhrkamp.

Barthes, Roland. 1972 [1957]. *Mythologies*. New York: Hill and Wang.

Bloom, Allan. 1987. *The Closing of the American Mind: How Higher Education Has Failed Democracy and Impoverished the Souls of Today's Students*. New York: Simon and Schuster.

Bloom, Harold. 1994. *The Western Canon: The Books and School of the Ages*. New York: Harcourt Brace.

Bode, Christoph. 1996. "Anglistische Literaturwissenschaft und/oder Cultural Studies?" *Anglia* 114.3: 396-424.

Böhme, Hartmut, Klaus R. Scherpe (Hg.). 1996. *Literatur und Kulturwissenschaften: Positionen, Theorien, Modelle*. Reinbek bei Hamburg: Rowohlt.

Böker, Uwe, Christoph Houswitschka (Hg.). 2000. *Einführung in das Studium der Anglistik und Amerikanistik*. München: Beck.

Boyer, Paul S., et al. (Hg.). 1990. *The Enduring Vision: A History of the American People*. Lexington: Heath.

Bradbury, Malcolm, Howard Temperley (Hg.). 1994 [1981]. *Introduction to American Studies*. 2. Aufl. London: Longman.

Brantlinger, Patrick. 1990. *Crusoe's Footprints: Cultural Studies in Britain and America*. New York: Routledge.

Browne, Ray. 1994. "The Dynamics of Popular Culture Studies." In: Freese, Peter, Michael Porsche (Hg.). *Popular Culture in the United States: Proceedings of the German-American Conference in Paderborn, 14-17 September 1993*. Essen: Blaue Eule. 31-48.

DeLillo, Don. 1986 [1985]. *White Noise*. New York: Penguin.

Eagleton, Terry. 1996. *The Illusions of Postmodernism*. Oxford: Blackwell.

Eco, Umberto. 1979. "The Narrative Structures in Fleming." In: ders. *The Role of the Reader: Explorations in the Semiotics of Texts*. Bloomington: Indiana University Press. 144-172.

Faulstich, Werner. 1991. "Auf dem Weg zur totalen Mediengesellschaft: Kleiner Überblick über Daten, Zahlen, Trends der 80er Jahre." In: Thomsen, Christian (Hg.). *Aufbruch in die Neunziger: Ideen, Entwicklungen, Perspektiven der Achtziger Jahre*. Köln: DuMont. 97-141.

Fluck, Winfried. 1979. *Populäre Kultur: Ein Studienbuch zur Funktionsbestimmung und Interpretation populärer Kultur*. Stuttgart: Metzler.

—. 1987. "Popular Culture as a Mode of Socialization: A Theory About the Social Functions of Popular Culture Forms." *Journal of Popular Culture* 21.3: 31-46.

—. 1991. "American Studies – Möglichkeiten und Probleme einer kulturwissenschaftlich orientierten Literaturwissenschaft." In: Uhlig, Claus, Rüdiger Zimmermann (Hg.). *Anglistentag 1990 Marburg*. Tübingen: Niemeyer. 7-18.

Frey, Siegfried. 1999. *Die Macht des Bildes: Der Einfluß der nonverbalen Kommunikation auf Kultur und Politik*. Bern: Huber.

Fuhrmann, Manfred. 2002. *Bildung: Europas kulturelle Identität*. Stuttgart: Reclam.

Geertz, Clifford. 1973. *The Interpretation of Cultures: Selected Essays*. New York: Basic Books.

Grabes, Herbert. 1996. "Literaturwissenschaft – Kulturwissenschaft – Anglistik." *Anglia* 114.3: 376-395.

Graff, Gerald. 2000. "Scholars and Sound Bites: The Myth of Academic Difficulty." *PMLA* 115.5: 1041-1052.

Greenblatt, Stephen. 1989. "Towards a Poetics of Culture." In: Veeser, H. Aram (Hg.). *The New Historicism*. New York: Routledge. 1-14.

Grossberg, Lawrence. 1992. *We Gotta Get Out of this Place: Popular Conservatism and Postmodern Culture*. New York: Routledge.

—, Cary Nelson, Paula A. Treichler (Hg.). 1992. *Cultural Studies*. New York: Routledge.

Gunn, Giles. 1990. "Beyond Transcendence or Beyond Ideology: The New Problematics of Cultural Criticism in America." *American Literary History* 2.1: 1-18.

Hall, Stuart. 1980. "Cultural Studies: Two Paradigms." *Media, Culture and Society* 2: 57-72.

—. 1992. "Cultural Studies and Its Theoretical Legacies." In: Grossberg/Nelson/ Treichler (Hg.). *Cultural Studies*. 277-294.

—. 1996. "On Postmodernism and Articulation." In: Morley/Chen (Hg.). *Stuart Hall*. 131-150.

Hannerz, Ulf. 1992. *Cultural Complexity: Studies in the Social Organization of Meaning*. New York: Columbia University Press.

Hansen, Klaus P. (Hg.). 1993. *Kulturbegriff und Methode: Der stille Paradigmenwechsel in den Geisteswissenschaften. Eine Passauer Ringvorlesung*. Tübingen: Narr.

—. 1995. *Kultur und Kulturwissenschaft: Eine Einführung*. Tübingen: Francke.

Heideking, Jürgen. 1999 [1996]. *Geschichte der USA*. 2., überarb. und erw. Aufl. Tübingen: Francke.

Hoggart, Richard. 1971 [1957]. *The Uses of Literacy: Aspects of Working-Class Life, with Special References to Publications and Entertainments*. Harmondsworth: Penguin.

Horkheimer, Max, Theodor W. Adorno. 1969 [1947]. *Dialektik der Aufklärung: Philosophische Fragmente*. Frankfurt am Main: Fischer.

Jameson, Fredric. 1979. "Reification and Utopia in Mass Culture." *Social Text* 1: 130-147.

—. 1993. "On 'Cultural Studies'." *Social Text* 34: 17-52.

Kavanagh, James H. 1995 [1990]. "Ideology." In: Lentricchia, Frank, Thomas Laughlin (Hg.). *Critical Terms for Literary Study*. 2. Aufl. Chicago: University of Chicago Press. 306-320.

Kellner, Douglas. 1995. *Media Culture: Cultural Studies, Identity and Politics Between the Modern and the Postmodern*. London: Routledge.

Klarer, Mario. 1999. *Einführung in die neuere Literaturwissenschaft*. Darmstadt: Wissenschaftliche Buchgesellschaft.

Kolodny, Annette. 1975. *The Lay of the Land: Metaphor as Experience and History in American Life and Letters*. Chapel Hill: University of North Carolina Press.

—. 1984. *The Land Before Her: Fantasy and Experience of the American Frontiers, 1630-1860*. Chapel Hill: University of North Carolina Press.

Korte, Barbara, Klaus Peter Müller, Josef Schmied. 1997. *Einführung in die Anglistik*. Stuttgart: Metzler.

Kroeber, Alfred L., Clyde Kluckhohn. 1978 [1952]. *Culture: A Critical Review of Concepts and Definitions*. Millwood/NY: Kraus.

Lindner, Rolf. 2000. *Die Stunde der Cultural Studies*. Wien: Universitätsverlag.

Lipsitz, George. 1990a. *Time Passages: Collective Memory and American Popular Culture*. Minneapolis: University of Minnesota Press.

—. 1990b. "Listening to Learn and Learning to Listen: Popular Culture, Cultural Theory, and American Studies." *American Quarterly* 42.4: 615-636.

Lutter, Christina, Markus Reisenleitner. 1998. *Cultural Studies: Eine Einführung*. Wien: Turia und Kant.

Marx, Leo. 1976 [1964]. *The Machine in the Garden: Technology and the Pastoral Ideal in America*. London: Oxford University Press.

Mitchell, William J. Thomas. 1994. *Picture Theory: Essays on Verbal and Visual Representation*. Chicago: University of Chicago Press.

Morley, David, Kuan-Hsing Chen (Hg.). 1996. *Stuart Hall: Critical Dialogues in Cultural Studies*. London: Routledge.

Müller-Funk, Wolfgang. 1998. "Gramsci in Disneyland: Zur amerikanischen Version von Kulturwissenschaften." *Merkur* 596: 1075-1082.

Nünning, Ansgar. 1998a. "Literatur, Mentalitäten und kulturelles Gedächtnis: Grundriß, Leitbegriffe und Perspektiven einer anglistischen Kulturwissenschaft." In: ders. (Hg.). *Literaturwissenschaftliche Theorien, Modelle und Methoden: Eine Einführung*. 3. Aufl. Trier: WVT. 173-198.

— (Hg.). 1998b. *Metzler Lexikon Literatur- und Kulturtheorie: Ansätze – Personen – Grundbegriffe*. Stuttgart: Metzler.

—, Andreas H. Jucker. 1999. *Orientierung Anglistik, Amerikanistik: Was sie kann, was sie will*. Reinbek bei Hamburg: Rowohlt.

Nünning, Vera, Ansgar Nünning. 2001. *Grundkurs anglistisch-amerikanistische Literaturwissenschaft*. Stuttgart: Klett.

Ohmann, Richard. 1984. "The Shaping of a Canon: U.S. Fiction, 1960-1975." In: von Hallberg (Hg.). *Canons*. 377-401.

Ostendorf, Berndt, Paul Levine. 1992 [1990]. "Kulturbegriff und Kulturkritik." In: Adams, Willi Paul, et al. (Hg.). *Länderbericht USA*. Bd. II: *Aussenpolitik, Gesellschaft, Kultur, Religion, Erziehung*. 2., akt. u. erg. Aufl. Bonn: Bundeszentrale für politische Bildung. 515-536.

—. 1995. "'Cultural Studies': Post-Political Theory in a Post-Fordist Public Sphere." *Amerikastudien* 40.4: 709-724.

O'Sullivan, Tim, et al. 1994. *Key Concepts in Communication and Cultural Studies*. 2. Aufl. London: Routledge.

Posner, Roland. 1991. "Kultur als Zeichensystem: Zur semiotischen Explikation kulturwissenschaftlicher Grundbegriffe." In: Assmann, Aleida, Dietrich Harth (Hg.). *Kultur als Lebenswelt und Monument*. Frankfurt am Main: Fischer. 37-74.

Ryan, Michael. 1982. *Marxism and Deconstruction: A Critical Articulation*. Baltimore: Johns Hopkins University Press.

Schmidt, Siegfried J. 1994. "Die Wirklichkeit des Beobachters." In: Merten/Schmidt/Weischenberg (Hg.). *Die Wirklichkeit der Medien*. 3-19.

Schulze, Gerhard. 1995 [1992]. *Die Erlebnisgesellschaft: Kultursoziologie der Gegenwart*. 5. Aufl. Frankfurt am Main: Campus.

Seeber, Hans Ulrich. 1996. "Literaturwissenschaft und/oder Kulturwissenschaft: Vorwort." *Anglia* 114.3: 307-309.

Slotkin, Richard. 1973. *Regeneration Through Violence: The Mythology of the American Frontier, 1600-1860.* Middletown: Wesleyan University Press.

—. 1992. *Gunfighter Nation: The Myth of the Frontier in Twentieth-Century America.* New York: Atheneum.

Smith, Henry Nash. 1957. "Can American Studies Develop a Method?" *American Quarterly* 9: 197-208.

—. 1978 [1950]. *Virgin Land: The American West as Symbol and Myth.* Cambridge: Harvard University Press.

Sollors, Werner. 1986. *Beyond Ethnicity: Consent and Descent in American Culture.* New York: Oxford University Press.

Thompson, Edward P. 1965 [1963]. *The Making of the English Working Class.* London: Gollancz.

Tylor, Edward B. 1958 [1871]. *Primitive Culture. Part I: The Origins of Culture.* New York: Harper and Row.

Vogt, Jochen. 1999. "Ausblick: Literatur im Medienwandel." In: ders. *Einladung zur Literaturwissenschaft.* München: Fink. 241-262.

von Hallberg, Robert (Hg.). 1984. *Canons.* Chicago: University of Chicago Press.

Wehler, Hans-Ulrich. 2001. "Ein Kursbuch der Beliebigkeit." *Die Zeit* 31: 37.

Wersig, Gernot. 1998. "Probleme postmoderner Wissenskommunikation." *Rundfunk und Fernsehen* 46: 209-236.

West, Cornel. 1993. "New Cultural Politics of Difference." In: During (Hg.). *The Cultural Studies Reader.* 203-220.

Williams, Raymond. 1958. *Culture and Society 1780-1950.* London: Chatto and Windus.

—. 1977. *Marxism and Literature.* Oxford: Oxford University Press.

—. 1988 [1976]. *Keywords: A Vocabulary of Culture and Society.* 3. Aufl. London: Fontana.

—. 1999 [1989]. "The Future of Cultural Studies." In: ders. *The Politics of Modernism: Against the New Conformists.* Hg. Tony Pinkney. London: Verso. 151-162.

4. Zeitschriften

American Quarterly. Baltimore: Johns Hopkins University Press (seit 1949).

Amerikastudien. Heidelberg: Winter (seit 1972).

Cultural Critique. New York: Telos (seit 1985).

Cultural Studies. London: Routledge (seit 1987).

European Journal of Cultural Studies. London: Sage (seit 1998).

International Journal of Cultural Studies. London: Sage (seit 1998).

Journal for the Study of British Cultures. Tübingen: Narr/Francke/Attempto (seit 1994).

Media, Culture and Society. London: Sage (seit 1979).

Prospects: An Annual of American Cultural Studies. New York: Cambridge University Press (seit 1975).

Social Text. Durham/NC: Duke University Press (seit 1979).

Theory, Culture & Society: Explorations in Critical Social Science. London: Sage (seit 1982/83).

Index

narr studienbücher

Laurenz Volkmann
Klaus Stierstorfer
Wolfgang Gehring (Hrsg.)

Interkulturelle Kompetenz

Konzepte und Praxis des Unterrichts

narr studienbücher, 2002, 248 Seiten,
€ 17,90/SFr 31,70
ISBN 3-8233-4986-4

Im Zeitalter der Globalisierung, Massenmigrationen und des immer schneller und komplexer werdenden Informationsaustauschs sieht sich der fremdsprachliche Unterricht neuen Herausforderungen gegenüber. Die Vorbereitung auf den beständig wachsenden Austausch mit anderen Kulturen entwickelt sich zu einer herausragenden Anforderung der Lehrpläne. Methoden- und Themenwahl sollten sich entsprechend im Blick auf eine Sensibilisierung für die stets unterschiedlich zu definierenden zielkulturellen Codes orientieren. Das neue, umfassende Lernziel ‚Interkulturelle Kompetenz' versteht sich über rein ‚faktische', landeskundliche Kenntnisse hinaus als differenziertes Wissen über diese zum Teil ungeschriebenen Verhaltens- und Kommunikationsmuster, wie sie sich in den unterschiedlichen Alltagspraktiken von Gesprächsführung und Höflichkeitsformeln, des Essens und Trinkens, von Gestik und Mimik etc. ausdrücken. Verschiedene Beiträger aus allen Schulbereichen sowie Spezialisten aus Wirtschaft und beruflicher Bildung stellen in diesem Band unterrichtsbezogene Analysen und zur Nachahmung anregende Fallbeispiele vor.

 **Gunter Narr Verlag Tübingen**
Postfach 2567 · D-72015 Tübingen · Fax (07071) 75288
Internet: http://www.narr.de · E-Mail: info@narr.de

narr studienbücher

Ansgar Nünning
Roy Sommer (Hrsg.)

Kulturwissen-schaftliche Literatur-wissenschaft

narr studienbücher, 2004, 231 Seiten,
€ 18,90/SFr 33,40
ISBN 3-8233-6031-0

Kann die Literaturwissenschaft von einer kulturwissenschaftlichen Reformierung profitieren oder tut sie besser daran, an ihrer traditionellen philologischen Ausrichtung festzuhalten? Diese Frage ist seit Jahren immer wieder zum Gegenstand oftmals hitziger Debatten geworden und hat nach wie vor nichts von ihrer Aktualität eingebüßt. In diesem Buch wird sie von führenden Vertreterinnen und Vertretern der drei großen literaturwissenschaftlichen Fächer (Anglistik/Amerikanistik, Germanistik, Romanistik) grundlegend diskutiert. Der Band steckt die vielfältigen Chancen einer kulturwissenschaftlich orientierten Literaturwissenschaft ab, setzt sich aber zugleich auch kritisch mit den methodischen Problemen auseinander, die sich aus der Neuorientierung ergeben. In einem ersten Teil wird zunächst das Spektrum der aktuellen Debatten um das Thema ausgeleuchtet, anschließend wird an exemplarischen Projekten die Praxis kulturwissenschaftlichen Arbeitens erläutert, im dritten Teil des Bandes schließlich wird die Perspektive auf transdisziplinäre Aspekte ausgeweitet. Auf diese Weise leistet der Band einen wichtigen Beitrag zur aktuellen Standortbestimmung von Kultur- und Literaturwissenschaft.

 **Gunter Narr Verlag Tübingen**
Postfach 2567 · D-72015 Tübingen · Fax (07071) 75288
Internet: http://www.narr.de · E-Mail: info@narr.de

UTB Literaturwissenschaft

Stefan Neuhaus

Grundriss der Literaturwissenschaft

UTB 2477 M, 2003, XII, 263 Seiten,
54 Abb., € 13,90/SFr 25,10
UTB-ISBN 3-8252-2477-5

Der Band vermittelt das Grundwissen der Literaturwissenschaft, mit Schwerpunkt auf der neueren deutschen Literatur. Im Unterschied zu herkömmlichen Einführungsbüchern wird das gesamte literaturwissenschaftliche Arbeitsfeld vermessen (Gattungslehre, Literaturgeschichte, Literaturtheorie) und durch ein Kapitel zur Praxis des Studierens ergänzt. Am Schluss des Bandes steht eine Probeklausur, mit der die Leser ihren Lernerfolg selbst kontrollieren können. Da für einen Studienanfänger der Literaturwissenschaft alles graue Theorie ist, werden die wichtigen Informationen nicht aneinander gereiht, sondern auf kurzweilige Weise vermittelt und mit zahlreichen Beispielen illustriert, die vor allem eines erhalten sollen: die Freude der Studierenden an der Literatur.

„Diese Einführung in die Grundlagen der Literaturwissenschaft und der Germanistik hebt sich durch 2 Besonderheiten aus der Fülle vergleichbarer Einführungen heraus: Sie stellt die Germanistik schonungslos als ein Hochschulfach in der Krise dar, und sie vermeidet allen Wissenschaftsjargon, ist allgemein verständlich und anschaulich geschrieben und flüssig und anregend zu lesen. Adressaten sind die Studienanfänger und unter ihnen vor allem diejenigen, die vom Universitätsbetrieb und von der methodischen Zersplitterung der Literaturwissenschaft verunsichert und frustriert sind. Trotz der bewusst einfachen Darstellungsweise sind alle wesentlichen Aspekte literaturwissenschaftlicher Fachgrundlagen beschrieben, ohne dass es dabei zu Verkürzungen oder Verzeichnungen kommt. Eine sympathische, hilfreiche, für Studienanfänger vorrangig zu empfehlende Einführung." *ekz-Informationsdienst 46/03*

Preisänderungen vorbehalten

A. Francke

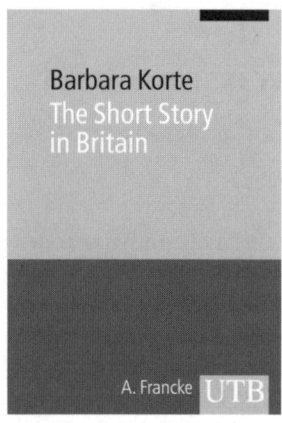

Barbara Korte

The Short Story in Britain

A Historical Sketch and
Anthology

UTB 2478 M, 2003, XII, 300 Seiten,
€ 19,90/SFr 34,90
UTB-ISBN 3-8252-2478-3

Dieses Buch widmet sich mit der Short Story einer literarischen
Gattung, deren Bedeutung für den Literaturunterricht weiterhin
wächst. Es stellt die Geschichte der Short Story in Britannien
kompakt vor, konzentriert sich dabei jedoch nicht wie die meisten
vorliegenden Studien auf das 19. und 20. Jahrhundert, sondern
deckt das gesamte historische Spektrum vom kurzen Erzählen der
Renaissance bis zu neuesten postmodernen Beispielen ab. Ein
Anthologieteil mit 16 Texten ergänzt die literaturgeschichtliche
Darstellung und gibt Gelegenheit, sich Klassiker wie weniger
bekannte Beispiele der Gattung durch eigene Lektüre zu erschließen. Das ausführliche und zum Teil annotierte Literaturverzeich-
nis ist ein wichtiges Hilfsmittel zum Selbststudium. Der Band ist in
englischer Sprache verfasst, aber auf die Erfordernisse des Litera-
turunterrichts an deutschsprachigen Universitäten und Schulen
zugeschnitten. Er eignet sich damit optimal zur Prüfungsvorberei-
tung, als Seminargrundlage und Anregung für den Unterricht in
der Schule.

Preisänderungen vorbehalten

A. Francke

UTB Anglistik

Englische Versdichtung –
16. Jahrhundert bis zur Gegenwart

Arno Löffler /
Eberhard Späth (Hrsg.)

English Poetry

Eine Anthologie für das Studium

UTB 2376 S, 4., ergänzte Aufl., 2003,
348 Seiten, div. Tabellen, € 19,90/SFr 34,90
UTB-ISBN 3-8252-2376-0

Diese bewährte Anthologie, die nunmehr in vierter Auflage erscheint, bietet eine Auswahl bedeutender und repräsentativer englischer Gedichte aus der Zeit vom 16. Jahrhundert bis zur Gegenwart. Der Band ermöglicht es dem Leser, die abgedruckten Texte selbständig, ohne weitere Hilfsmittel zu erschließen und ist somit ein ideales Arbeitsbuch für Studenten und Schüler. Den sorgfältig edierten Texten folgen jeweils Kommentare, Wort- und Sacherklärungen sowie Angaben zu weiterführender Literatur. Die Herausgeber haben darauf geachtet, dass die wichtigsten Formen der englischen Versdichtung vertreten sind und ihre literaturgeschichtliche Entwicklung erkennbar wird. Zudem werden thematische und motivische Beziehungen sichtbar gemacht, die zum Vergleich herausfordern. Dadurch soll sowohl das Verständnis der Einzeltexte als auch das der geistes-, gattungs- und sozialgeschichtlichen Kontexte gefördert werden.

Preisänderungen vorbehalten

A. Francke